가족 주의보

THE
FAMILY
UPSTAIRS

Lisa Jewell

옮긴이 **김원희**

서울대학교 국어국문학과 졸업. 오래도록 책 속의 낯선 미로를 따라 걸으며, 또 다른 미로 속 주민들과의 만남을 고대하고 있다. 북스피어에서 제프리 디버 외 『세상의 모든 책 미스터리』, 이언 랜킨 외 『백만 불짜리 속편 미스터리』, 사라 파레츠키 『침묵의 시대에 글을 쓴다는 것』, 소피아 베넷 『윈저노트, 여왕의 비밀 수사 일지』를 번역했다.

THE FAMILY UPSTAIRS by Lisa Jewell
Copyright © 2019 by Lisa Jewell
All rights reserved.
This Korean edition was published by Booksphere Publishing House in 2023 by arrangement with Lisa Jewell c/o Curtis Brown Group Ltd (UK) through KCC(Korea Copyright Center Inc.), Seoul.

리사 주얼

가족 주의보

Lisa Jewell

THE FAMILY UPSTAIRS

김원희 옮김

북스피어

차
례

그들이 오기 전에 내 유년기가 평범했다고 말한다면 부정확한 표현이 되리라. 그건 평범함과는 거리가 먼 삶이었다. 다만 그것만이 내가 아는 세계의 전부였기에 평범하게 느껴졌을 뿐. 30년의 세월이 지난 지금에야 그 시절이 얼마나 기이했던가 비로소 실감이 난다.

그들이 왔을 때 나는 11살이 될 무렵이었고 여동생은 9살이었다.

그들은 5년 동안 우리와 함께 살며 모든 것을 어둡게, 아주 어둡게 물들였다. 그동안 우리 남매는 살아남는 법을 배워야만 했다.

그리고 내가 16살, 여동생이 14살 되던 해 그 아기가 태어났다.

1
장

1

리비는 도어 매트에 떨어져 있던 편지를 집어 들어 뒤집어 보았다. 한껏 격식을 차린 편지 같다. 편지 봉투만 봐도 양질의 크림색 종이로 만든 데다 안쪽에 박엽지까지 덧댄 듯하다. 우편물 소인을 보니 *스미스킨, 러드와 로일 법률 사무소 / 폰트가, 우편 번호: 남서3*이라고 적혀 있다.

부엌으로 들어간 리비는 식탁 위에 편지를 올려놓은 다음 주전자에 물을 받고 머그잔에 티백을 넣었다.

이게 무슨 편지인지는 봉투를 뜯어 보지 않고도 거의 확실히 알 수 있다. 지난달에 25세가 되었으니까. 여태껏 무의식적으로 이 편지를 기다려 왔으니까.

하지만 막상 봉투가 눈앞에 있으니 선뜻 뜯어 볼 엄두가 나지 않았다.

일단 엄마에게 전화를 걸었다.

"엄마. 그거 왔어. 유산 관리인이 보낸 편지."

수화기 너머로 불안한 정적이 흐른다. 리비는 천 킬로미터도 넘게 떨어진 데니아스페인 알리칸테주의 해안 도시의 집, 눈부시게 하얀 가구 세트와 상큼한 연두색 집기들이 어우러진 부엌에 앉아 있는 엄마의 모습을 떠올렸다. 아담한 테라스로 나가는 유리 미닫이문 너머로 저 멀리 지중해가 보이는 그 부엌에서 지금 핸드폰을 귀에 대고 있겠지. 핸드폰에는 엄마가 자기만의 *반짝이*라고 부르는 크리스털 케이스를 씌워 놨을 테고.

엄마가 입을 열었다.

"아. 그래. 이런. 열어 봤니?"

"아니, 아직. 일단 차를 한잔 마시는 중이야."

엄마는 또 한 번 "그래"라고 중얼거리더니 이렇게 물었다.

"계속 통화할까? 편지 다 읽을 때까지?"

"응. 그게 좋겠어."

진한 커피를 들이켠 것처럼 약간 숨 가쁜 느낌이 든다. 직장에서 영업 프레젠테이션을 하려고 벌떡 일어서기 직전에 가끔 그러듯. 리비는 머그잔에서 티백을 꺼낸 다음 자리에 앉았다. 손가락으로 봉투 모서리를 쓰다듬으며 숨을 들이마신다.

그러고는 엄마에게 말했다.

"좋아. 이제 읽어 볼게. 지금 봉투 뜯고 있어."

엄마는 여기 적혀 있을 내용을 알고 있다. 아니면 적어도 대강 짐작은 하고 있으리라. 신탁물이 무엇인지 공식적으로 들은 적은 한 번도 없지만 말이다.

엄마는 찻주전자와 10파운드짜리 지폐 한 장이 전부일 거라고 누누이 말했는데, 정말 그럴지도 모른다.

리비는 목청을 가다듬고 봉투 덮개 아래로 손가락을 스르륵 밀어 넣었다. 그러고는 두꺼운 크림색 종이 한 장을 꺼내 재빨리 훑어보았다.

리비 루이즈 존스 님께

저는 1977년 7월 12일에 체결된 헨리와 마티나 램 신탁의 수탁인으로서, 동봉한 명세서에 기재된 대로 귀하께 할당된 재산을 분배하고자 하니……

리비는 이 안내문을 내려놓고 동봉된 서류를 꺼냈다.

"어때?"

"아직 읽는 중이야."

서류를 훑어보던 리비의 시선이 거기 적힌 부동산 주소에 고정되었다. 남서3 구역, 체이니워크 16번지.

리비는 바로 그곳이 자기 생부모가 거주하다 사망한 집일 거라 짐작했다. 생부모의 집이 첼시에 있었다는 것도, 규모가 큰 저택이었다는 것도 알지만 이미 오래전에 사라졌겠거니 하고 살았는데. 문과 창문이 전부 판자로 막힌 빈집 상태로 방치되다 매각됐을 거라고.

방금 읽은 주소가 뭘 뜻하는 건지 깨닫자 목구멍에서부터 숨이 턱 막힌다.

리비는 입을 열었다.

"어―,"

"뭔데?"

"읽어 보니까…… 아냐, 그럴 리가 없는데."

"뭔데 그래!"

"집이야. 나한테 집을 남겼대."

"첼시에 있는 집?"

"응."

"집을 통째로?"

"그런 거 같아."

안내문을 보면 다른 사람의 이름은 전혀 없고 본인에게 곧 신탁 재산이 지급된다고만 하니, 이 상황이 도무지 이해가 안 간다.

"세상에. 아니, 그런 집이면 집값만 해도 대체 얼마나……."

리비는 숨을 훅 들이마시고 천장을 올려다보았다.

"뭔가 잘못된 거겠지. 분명히 무슨 착오가 있는 거야."

"사무소로 찾아가 봐. 전화 걸어서 약속 잡아. 그리고 그쪽 사무실에서 실수한 모양이라고 얘기해. 뭔가 착오가 있다고 말야."

"그런데 착오가 아니면 어떡해? 이게 정말이라면?"

"뭐, 그럼—" 수화기 너머로 담배를 한 모금 깊이 빨아들이는 소리가 들린다. "그럼 넌 아주 부자가 되겠지."

리비는 전화를 끊고 부엌을 둘러보았다. 5분 전까지만 해도 자신의 형편에 맞는 부엌은 딱 이 정도였고 자신이 구할 수 있는 거처는 딱 이 집 정도였다.

세인트올번스의 변두리, 테라스식 단층집이 늘어선 이 조용한 동네가 분수에 맞았다.

예전에 인터넷으로 검색해 봤던 여러 아파트나 주택이 아직 기억난다. 햇살이 잘 드는 테라스부터 쾌적한 주방 겸 식당, 걸어서 5분 거리 역세권이라든지, 고전적인 돌출형 납 틀 유리창, 잔디밭 너머로 성당 종소리가 들리는 듯한 풍경까지, 그야말로 완벽한 장소를 홀린 듯 쳐다보며 숨을 살짝 헐떡였더랬다.

그러다 가격을 확인하고는 언감생심 저런 집을 넘보다니 얼마나 바보 같은 꼴인가 생각했다.

결국 직장과 가깝고 기차역에서도 그리 멀지 않은 곳을 구하기 위해 나머지 조건은 전부 타협했다. 이 집의 문지방을 넘을 땐 어떤 직감도 반짝이지 않았으며, 부동산 중개인을 따라 내부를 구경하는 동안 심장이 두근거리는 느낌도 전혀 들지 않았다.

그래도 리비는 저가 생활용품점을 뒤지며 제일 쓸 만한 물건들만 심혈을 기울여 고른 다음 제 나름대로 자랑스러운 보금자리를 꾸몄고, 서툴게 개조되어 약간 불편한 이 원룸 아파트에서도 이젠 제법 만족감을 느낀다. 자신이 산 집이고, 손수 꾸민 집이니까. 이 집은 자기만의 것이었다.

하지만 첼시에서 가장 고상한 거리에 우뚝 선 주택을 소유하게 된다고 생각하니 이 집은 갑자기 어처구니없는 농담처럼 보였다. 5분 전까지 자신이 가치를 두던 모든 것도.

예컨대 직장에서 막 얻어 낸 연봉 1500파운드 인상, 6개월 동안 저축한 돈으로 다음 달에 여자들끼리 즐기기로 한 바르셀로나 주말여행, 지난 주말에 임금 인상을 자축하며 스스로에게 '사 준' 맥_{Mac. 에스티 로더 산하의 미국 화장품 브랜드} 아이섀도, 빡빡하게 관리한 한

15

달 생활비에 구멍을 내 가며 하우스 오브 프레이저 백화점에서 달콤하게 반짝거리는 찰나를 즐길 때 밀려드는 은은한 전율, 손끝에서 아무 무게감 없이 달랑거리는 자그마한 맥 봉투, 화장품 가방에 작고 새카만 아이섀도 케이스를 쏙 넣는 짜릿함, 이제 이 값비싼 화장품이 자신의 것이며 바르셀로나에 가서 이걸로 눈 화장을 해 볼 거라는 사실이 주는 만족감, 바르셀로나에 가면 오랫동안 탐내다 엄마한테 크리스마스 선물로 받은 프렌치 커넥션_{영국의 패션 브랜드} 레이스 원피스도 입어 봐야겠다는 생각.

5분 전까지만 해도 리비가 인생 속에서 찾는 기쁨은 주로 소박했다. 손꼽아 기다리고 갈망하며, 차곡차곡 비축하거나 열심히 노력해서 얻어 내야 하는 종류였고. 그러한 기쁨이란 대개 크게 보면 아무 의미도 없지만 인생의 밋밋한 표면을 빛나게 해 줄 만한 사소한 사치였다. 매일 아침 벌떡 일어나 출근해서 그럭저럭 좋아하지만 사랑하지는 않는 일을 해 나갈 수 있게 동력을 부여해 주는 작은 사치.

이제 리비는 첼시에 집 한 채를 갖게 되었다.

생활의 균형이 산산조각 난 지금, 방바닥에는 예전 삶의 편린들이 어지러이 흩어져 있다.

그녀는 값비싼 봉투에 편지를 다시 스르륵 밀어 넣고 차를 마저 마셨다.

2

코트다쥐르_{프랑스 남부 마르세유에서 이탈리아 국경에 이르는 지중해에 면하여 있}_{는 지역}에 당장이라도 폭풍우가 닥칠 기세다. 수평선 위에 시커먼 자줏빛으로 몰려드는 비구름이 루시의 정수리 위로 묵직하게 드리워졌다.

루시는 한 손으로 머리를 감싸고 다른 한 손으로는 딸의 빈 접시를 집어 땅바닥에 내려놓았다. 개가 그레이비소스와 닭 부스러기를 핥을 수 있게끔.

루시는 아들에게 말했다.

"마르코. 다 먹어야지."

"난 배 안 고파."

마르코가 대꾸한다.

루시의 몸속에서 분노가 치솟았다. 관자놀이마저 욱신거리는 듯하다. 폭풍이 점점 다가오고 있다. 이젠 뜨거운 공기를 서늘하게 식히는 습기가 피부로 느껴진다.

"이게 끝이야."

루시가 말한다. 소리 지르지 않으려 애쓰다 보니 딱딱거리는 말투가 나왔다.

"오늘 먹을 건 이게 전부라고. 돈도 완전히 바닥났어. 이게 다야. 이따 잘 시간에 배고프다고 징징대 봐야 소용없으니까 지금 먹어, 좀."

마르코가 끈덕지게 고개를 가로젓다가 치킨커틀릿을 칼로 자른다.

루시는 아들의 정수리를 바라보았다.

덥수룩한 밤색 머리가 쌍가마에서부터 소용돌이를 그린다. 그녀는 자기네 가족이 다 함께 마지막으로 머리를 감은 게 언제였나 떠올려 보려고 애쓰지만 도무지 기억나지 않았다.

스텔라가 말했다.

"엄마, 디저트 먹어도 돼?"

루시는 스텔라를 내려다보았다. 5살 된 딸아이는 루시가 저지른 실수 중 최고로 잘한 일이다. 스텔라에게 지금은 안 된다고 대답해야 한다. 맏이인 마르코를 아주 엄하게 나무라는 중이니 동생에게만 상냥하게 굴면 안 되지.

하지만 스텔라는 아주 얌전하고 고분고분하고 순하다. 저런 아이가 단걸 먹겠다는데 어찌 거절할 수 있겠는가?

"오빠가 커틀릿을 다 먹으면—" 루시는 침착하게 설명했다. "우리 같이 아이스크림을 나눠 먹을 수 있어."

10분 전에 제 몫을 깨끗이 다 먹은 스텔라에게는 명백히 부당한 일이다. 제 오빠가 다 먹을 때까지 참고 기다려 줘야 할 이유도 없고. 하지만 스텔라의 나이에는 부당하다는 사고를 하긴 이른 모양이다. 그래서 그냥 고개를 끄덕이며 이렇게 말한다.

"얼른 먹어, 오빠!"

마르코가 커틀릿을 다 먹자 루시는 그 접시도 바닥에 내려놓아

개에게 넘겨주었다. 이제 아이스크림을 먹을 차례다. 뜨거운 초 콜릿 소스와 으깬 프랄린을 얹고 분홍색 포일로 만든 야자수 꼬 치도 꽂아 놓은 세 가지 맛 아이스크림이 유리그릇에 담겨 나온 다.

다시금 머리가 지끈지끈해진 루시는 수평선을 바라보았다. 어 서 피난처를 찾아야 한다. 그것도 최대한 빨리.

그녀는 계산서를 갖다 달라고 말한 다음 받침 접시에 카드를 올려놓았다. 그러고는 카드 단말기에 번호를 입력하면서 이제 그 계좌에 잔액이 없을 뿐 아니라 어디에도 돈이 없다는 사실을 떠 올리고 숨을 죽였다.

루시는 스텔라가 유리그릇을 깨끗이 핥는 동안 기다렸다가 탁 자 다리에 매어 놓았던 개 줄을 풀고 가방들을 그러모아 두 개는 마르코에게, 한 개는 스텔라에게 건네주었다.

"우리 어디로 가는 거야?"

마르코가 묻는다.

진지하게 쳐다보는 갈색 눈동자엔 무거운 불안감이 어려 있다.

루시가 한숨을 내쉰다. 그러면서 구시가지 쪽 길을 올려다보고 바다로 이어지는 길을 내려다본 뒤 자기 개까지 한번 쳐다보았 다. 마치 녀석이 괜찮은 제안을 건넬지도 모른다는 듯이.

개는 싹싹 핥을 접시가 또 있나 싶은 눈빛으로 루시를 열렬히 쳐다본다.

갈 곳은 딱 한 군데뿐인데 그곳만큼은 정말이지 가고 싶지 않다. 하지만 루시는 어떻게든 미소를 되찾으려 애썼다.

"자, 그럼, 할머니 보러 가자!"

마르코가 앓는 소리를 낸다.

스텔라도 머뭇거리는 기색이다.

둘 다 바로 지난번에 스텔라의 할머니와 함께 지냈을 때 어땠는지 기억하고 있다.

사미아는 한때 알제리에서 유명한 영화배우였다. 이제는 70세나 되고 한쪽 눈이 멀었으며, 성인이 된 장애인 딸과 함께 라리안 _{프랑스 니스의 교외 지역} 고층 건물 구역의 추레한 7층 아파트에 살지만 말이다. 일찍이 55세에 남편과 사별했고 지금은 하나뿐인 아들, 즉 스텔라의 아빠와도 연락이 닿지 않는 상태다.

그는 3년 전 실종된 뒤로 쭉 소식이 없다. 사미아는 루시에게 노골적으로 싫다는 티를 냈고 응당 그럴 만했다. 하지만 그 집에 찾아가면 비를 피할 지붕과 누워 쉴 바닥이 있고, 이부자리와 수돗물도 쓸 수 있다. 스텔라의 할머니는 지금 당장 루시가 자기 아이들에게 줄 수 없는 모든 것을 가지고 있는 셈이다.

"딱 하룻밤만. 일단 오늘 밤만 거기서 보내자. 내일부터 어디서 지낼지 엄마가 계획을 세워 볼게. 약속해."

사미아의 집에 도착하자 때마침 비가 내리기 시작했다.

빗방울 하나하나가 작은 물 폭탄처럼 뜨거운 보도에 떨어져 탁탁 튄다.

그라피티가 휘갈겨진 엘리베이터를 타고 7층으로 올라가는 동안 빨지 않은 옷과 기름진 머리카락, 너무 오래 신은 운동화에서 올라오는 꿉꿉한 냄새가 루시의 콧속으로 흘러들었다.

뻣뻣한 털로 온몸이 뒤덮인 개한테서 특히나 지독한 냄새가 풍긴다.

"안 되겠어." 사미아가 현관문 앞을 가로막고 서서 말했다. "우리 집은 안 돼. 마지가 아프거든. 간병인이 오늘 밤에 여기서 자야 해서 빈방이 없어. 정말 누울 공간이 없다니까."

하늘에서 천둥이 쾅 내리쳤다. 등 뒤의 하늘이 눈부신 흰색으로 번쩍인다. 장대비가 세차게 쏟아진다.

루시는 절박한 눈으로 사미아를 바라보며 말했다.

"여기 말고는 저희가 갈 데가 없어서 그래요."

"알아. 그건 알지. 내가 스텔라는 맡아 줄 수 있어. 그런데 미안하지만 너랑 남자애랑 개까지 들이긴 힘들겠어. 다른 데를 찾아보는 게 좋을 거야."

스텔라가 엄마의 다리에 몸을 찰싹 붙인다. 루시는 아이의 조그만 몸에서 흘러나오는 불안한 떨림을 느꼈다.

"난 엄마랑 같이 있고 싶어."

아이가 루시의 귀에 대고 속삭인다.

"엄마랑 떨어져서 지내기 싫어."

루시는 쭈그리고 앉아 딸의 손을 잡았다. 그러고는 아이 아빠를 빼닮은 초록빛 눈동자, 드문드문 짙은 금발로 염색한 흔적이 남은 갈색 머리카락, 길고 무더운 여름 동안 까무잡잡하게 탄 얼굴을 바라본다.

스텔라는 예쁜 아이다. 이따금 길 가던 사람들이 루시를 붙들고는 살짝 탄성을 지르며 아이가 참 예쁘다고 칭찬할 정도다.

"아가야." 루시가 딸을 달랬다. "여기 있으면 몸이 보송보송할 거야. 샤워도 할 수 있고. 할머니가 동화책도 읽어 주실 거고⋯⋯."

"네가 좋아하는 이야기 읽어 줄게." 사미아도 고개를 끄덕이며 맞장구친다. "달 이야기 있잖니."

스텔라가 엄마 품에 더 세게 파고들었다.

루시는 인내심이 사그라드는 것을 느꼈다.

사미아의 침대에서 자고, 달 이야기를 듣고, 샤워하고 나서 깨끗한 잠옷으로 갈아입을 수만 있다면 그녀는 뭐든 다 내어 주리라.

"딱 하룻밤만 여기서 자, 아가야. 엄마가 내일 아침에 바로 데리러 올게. 알았지?"

스텔라가 루시의 어깨에 머리를 기댄 채 끄덕거렸다.

숨을 들이마시며 눈물을 참는 기색이 고스란히 느껴진다.

"알았어, 엄마."

딸이 대답하자 루시는 어느 한 사람이라도 마음을 바꾸기 전에 얼른 아이를 사미아의 아파트로 밀어 넣었다.

그 뒤 루시와 마르코와 개는 돌돌 만 요가 매트를 등에 짊어진 채 폭우 속으로, 어둠이 내려앉는 밤거리로 정처 없이 걸음을 옮졌다.

일행은 한동안 고가 도로 아래서 비를 피했다. 뜨겁고 축축한 아스팔트 위로 끊임없이 쉭쉭대며 굴러가는 자동차 타이어 소리 때문에 귀가 먹먹하다. 비는 하염없이 내린다.

마르코는 무릎 위에 개를 앉힌 다음 녀석의 등에다 제 얼굴을 대고 있다가 루시를 올려다보았다.

"우리는 왜 이렇게 거지같이 살아?"

"왜 그런지 너도 알잖아."

루시가 쏘아붙인다.

"엄마가 어떻게 좀 해 볼 순 없어?"

"나도 노력하고 있어."

"아닌데. 엄마는 우리가 다 같이 망해 가는데도 손 놓고 있잖아."

"*나도 노력하고 있다니까.*"

루시는 격분한 눈으로 마르코를 쏘아보며 씩씩거렸다. "매일매일 1분 1초 노력한다고."

마르코가 의심스럽다는 듯 루시를 쳐다본다. 이 아이는 너무도 영리한 데다 제 엄마를 지나치게 잘 알고 있다. 루시는 한숨을 쉬었다.

"내일 바이올린을 되찾아 올 거야. 그럼 다시 돈벌이를 할 수 있지."

"수리비는 어떻게 낼 건데?"

아들이 눈을 가늘게 뜨며 묻는다.

"방법을 찾아볼게."

"무슨 방법?"

"나도 몰라. 됐니? 잘 모르겠지만 무슨 수든 생기겠지. 죽으란 법은 없으니까."

그다음에 아들한테서 고개를 돌리고는 평행선을 그리며 정면으로 돌진해 오는 눈부신 헤드라이트를 쳐다보았다.

머리 위에서 대포가 터지듯 요란하게 천둥이 치고 또다시 하늘이 번쩍인다.

안 그래도 억수로 퍼붓던 빗줄기가 더더욱 거세어지는 듯하다.

루시는 배낭 바깥쪽 주머니에서 고물 같은 스마트폰을 꺼내 전원을 켰다. 배터리가 8퍼센트밖에 안 남았다는 표시를 보고 다시 꺼 두려는 순간 화면에 뜬 일정 알림이 눈에 들어온다. 벌써 몇 주째 알림이 떠 있었지만 차마 삭제할 수가 없었다.

알림에는 간단히 이렇게만 적혀 있다.

아기가 25살이 됨.

3

첼시, 1980년대 후반

내 이름은 아버지와 똑같이 헨리이다. 둘의 이름이 똑같다 보니 가끔 헷갈리는 경우도 있었지만, 아버지를 부를 때 어머니는 '여보', 여동생은 '아빠'라 하고, 다른 사람들은 거의 다 '램 씨'나 '선생님'이라고 했기 때문에 그럭저럭 수월하게 구별할 수 있었다.

아버지는 할아버지의 유일한 유산 상속인이었기에 그분의 재산을 고스란히 물려받았다. 할아버지는 슬롯머신으로 부를 축적했다고 한다.

나는 할아버지를 본 적이 없다. 아버지가 태어났을 때 이미 고령이었던 분이니. 아무튼 그분의 이름은 해리였고 블랙풀 출신이었다. 또 듣자 하니 어지간히 끔찍한 인간이었던 모양이다.

아버지는 살면서 단 하루도 노동한 적 없이 그저 할아버지가 죽기만 기다리며 빈둥거렸다. 그러면 당연한 수순으로 부자가 될 수 있으니까.

아버지는 수중에 유산이 들어온 날 곧바로 첼시의 체이니워크에 있는 우리 집을 샀다.

할아버지가 위독하던 시기에 이미 집을 보러 다니다가 벌써 몇 주 동안 그 저택에 눈독 들이고 있었던 것이다.

그러면서 자기가 유산 상속 절차를 미처 밟기 전에 다른 사람이 먼저 그 집을 매입하겠다고 나설까 봐 노심초사하던 참이었다.

구입 당시 그 저택은 텅 비어 있었다.

아버지는 수년에 걸쳐 수천 파운드를 들여 본인이 '오브제'라 부르던 것들로 집 안을 꽉 채웠다.

나무 벽 위로 툭 불거진 사슴 머리통, 문간 위에 서로 엇갈리게 걸린 수렵용 검, 등받이가 나선형으로 꼬인 마호가니 왕좌, 흠집과 벌레 먹은 자국이 가득한 16인용 중세 연회 탁자, 권총과 가죽 채찍이 꽉 찬 캐비닛, 6미터짜리 태피스트리, 다른 집안 조상들의 음침한 유화 초상화, 책장에 빼곡하게 들어차 있지만 누구도 펼쳐 볼 일 없을 금박 가죽 장정 책들, 앞뜰에 놓인 실물 크기의 대포.

우리 집에는 편안한 의자도, 안락한 공간도 없었다. 죄다 목재와 가죽, 금속, 유리뿐이었다. 모든 것이 단단했다. 특히 내 아버지가 그랬고.

아버지는 지하실에서 역기를 들었고 자기만의 바에 구비해 놓은 자기만의 맥주 통에서 기네스를 따라 마셨다.

또 메이페어런던 메이페어의 새빌로 거리에 고급 맞춤 양복점들이 모여 있다에서 800파운드짜리 수제 정장을 맞춰 입었는데, 굵직한 허리와 근육 때문에 옷이 꽉 끼었다.

머리카락은 옛날 동전 같은 황갈색이었고 손마디가 붉게 불거진 손은 야성적으로 보였다.

아버지는 재규어영국 고급 자동차 브랜드를 타고 다녔다. 골프도 치긴 했지만 썩 좋아하진 않았다. 지나치게 단단하고 뻣뻣한 체격이라 골프채를 휘두르기에 불리했기 때문이다.

아버지는 주말마다 사냥을 하러 나갔다. 토요일 아침이면 몸에 딱 맞는 트위드 재킷을 입고 트렁크에 총을 잔뜩 싣고서 사라졌다가, 일요일 저녁이면 얼음을 채운 플라스틱 상자에 산비둘기 한 쌍을 담아서 돌아오곤 했다.

한번은 길거리에서 올드잉글리시불독을 사 온 적도 있다. 내가 5살 무렵이던 시절 얘기인데, 아버지는 재킷 주머니에 말아 넣고 다니던 50파운드짜리 뻣뻣한 새 지폐로 값을 치르고 어떤 남자한테서 그 개를 샀다. 녀석을 보니 마치 자기 자신 같더라면서.

그러더니 골동품 양탄자에 똥을 눴다는 이유로 개를 없애 버렸다.

내 어머니는 *절세 미녀*였다.

이건 내가 하는 말이 아니라 아버지의 표현이다.

네 엄마는 절세 미녀야.

어머니는 독일인과 터키인이 반반 섞인 혼혈이었다. 이름은 마티나였고 아버지보다 12살 연하였으며, 그 시절엔 유행을 선도하는 인물이기도 했다.

그들이 오기 전까지는 그랬다.

어머니는 짙은 색 선글라스를 끼고 슬론가명품 매장과 호텔, 레스토랑이 밀집한 런던 거리로 가서 아버지의 돈으로 핸드백과 립스틱, 향수를 샀고, 그러다 가끔 사진이 찍혀서 상류층 가십을 다루는 신문에 실리곤 했다. 사람들은 어머니를 사교계 명사라고 불렀다.

하지만 사실은 그렇지 않았다. 파티에 참석하거나 멋진 옷을 차려입긴 했어도 집에서는 그냥 우리 엄마일 뿐이었다. 최고의 어머니까진 아니라 해도 최악 또한 아니었다.

어쨌든 우리 가족이 살던 집, 다시 말해 거대하고 남성적이며 마체테가 주렁주렁 걸린 첼시 저택에서 어머니는 분명 그 무엇보다도 부드러운 분위기를 자아냈다.

어머니는 패션계의 주요 인물들을 서로 소개해 주는 일도 한두 해 정도 했다. 적어도 내 기억에는 그랬다.

그 당시 어머니는 핸드백에 작은 명함을 넣고 다녔는데, 은색 바탕에 '마티나 램 협회'라는 글자가 핫핑크색으로 인쇄된 명함이었다.

사무실은 킹스로드에 있었다. 상가 꼭대기의 햇살 좋은 다락방이었고, 유리 탁자와 가죽 의자들, 텔렉스전화의 자동 교환과 인쇄 전신의 기술을 이용한 기록 통신 방식. 다이얼 따위로 상대 가입자를 호출하여 인쇄 송신기로 통신문을 보내면 상대편의 인쇄 수신기에 자동적으로 기록된다 기기, 투명 플라스틱 옷걸이 등이 그 공간을 채웠다. 흰 백합이 꽂힌 꽃병도 받침대 위에 우뚝 서 있었다.

방학 때면 어머니는 우리 남매를 일터에 데려가곤 했다. 그리고 상자 속에 수북이 쌓여 있던 탐스럽게 희고 빳빳한 종이 더미와 매직펜 한 움큼을 건네주었다.

간간이 전화벨이 울리면 어머니는 "안녕하세요, 마티나 램 협회입니다" 하고 대답했다.

가끔 손님이 찾아와 인터폰으로 호출했는데, 그때마다 여동생과 나는 누가 버튼을 누를 차례인지 따지며 옥신각신했다. 손님들은 주로 목소리가 카랑카랑하고 깡마른 여자들이었고 옷이나 유명 인사들에 관해서만 재잘거리고 싶어 했다.

'협회' 같은 건 없었다. 우리 어머니 외에는 눈이 커다란 10대 여자애 한 명이 경력을 쌓을 셈으로 가끔 출근할 따름이었다. 어떻게 된 일인지 나는 도통 모르겠다. 내가 아는 거라곤 그 다락방 사무실도 은빛 명함도 사라지고 어머니가 그냥 다시 가정주부로 지냈다는 것뿐이다.

우리 남매는 나이츠브리지에 있는 학교에 다녔다. 아마 런던에서 가장 학비가 비싼 학교였을 게다.

그 시절 아버지는 돈을 쓰는 데 거침이 없었다. 돈 쓰기를 즐기고, 많이 쓸수록 흐뭇해했다.

우리 학교 교복은 똥색과 담즙 같은 누런색이 섞인 색깔이었고 남학생은 펑퍼짐한 반바지를 착용했다.

천만다행히도, 내가 그런 옷차림 때문에 수치심을 느낄 나이가 되었을 때쯤 아버지에게는 학교 등록금은 물론이고 해러즈 백화점에서 코듀로이 반바지 교복을 사 줄 돈도 남아 있지 않았다.

이 모든 일이 아주 느리면서도 기이할 정도로 빠르게 벌어졌다. 그들이 온 뒤 우리 부모님, 우리 집, 또 우리 삶에 일어난 모든 변화 말이다.

하지만 첫날 밤, 버디가 커다란 여행 가방 두 개와 고양이를 담은 고리버들 바구니까지 주렁주렁 들고 우리 집 현관문 앞에 나타났을 때만 해도 우리는 그 여자가 앞으로 무슨 영향을 끼칠지, 어떤 사람들을 우리 삶에 불러들이게 될지 전혀 짐작도 할 수 없었다. 결국 그렇게 끝나게 될 거라고는 더욱이 상상도 못 했다.

우리는 버디가 그저 주말 동안 머물다 가려고 찾아온 줄만 알았다.

4

리비의 귀엔 이 고풍스러운 방이 살아 숨 쉬어 온 모든 순간의 속삭임이 들리는 것만 같았다. 지금 자신이 앉아 있는 자리에 앉았던 모든 이들의 숨결까지 하나하나 고스란히 느껴진다.

"1799년부터니까—" 앞서 로일 씨는 리비의 질문에 이렇게 대답해 주었다. "수도에서 제일 오래된 법률 사무소 중 하나랍니다."

이제 그는 광택이 반질반질한 책상 너머에서 리비를 바라보고 있다. 그러다 입가에 희미한 미소를 띠며 말했다.

"자, 자, 그래요. 말하자면 이건 생일 선물이라 볼 수 있죠. 안 그래요?"

리비는 초조하게 미소 지었다.

"저는 아직도 이게 정말인지 확신을 못 하겠어요. 누군가가 저한테 이게 다 스케일 큰 낚시라고 말해 주기만 계속 기다리고 있다니까요."

리비가 고른 표현—스케일 큰 낚시—은 이렇게 엄숙하고 고색창연한 장소에서 뭔가 잘못된 말처럼 느껴졌다. 다르게 표현했더라면 좋았을 텐데.

하지만 로일 씨는 별로 신경 쓰지 않는 것 같았다. 그가 여전히 미소를 머금은 채 몸을 숙여 리비에게 묵직한 서류 더미를 건네준다.

"낚시가 아니라는 건 제가 장담할 수 있습니다, 리비 씨."

그리고 종이 더미에서 뭔가 끄집어내며 말을 이었다.

"자—, 이걸 언제 드리는 게 좋을지 고민이 좀 되더군요. 지금 드리는 게 나은 건지, 아니면 지난번에 편지와 함께 부쳤어야 하는지. 글쎄요, 아무튼 참 조심스럽네요. 파일 안에 있던 건데, 혹시 뭔가 찜찜할 수도 있으니 따로 빼 두었거든요. 하지만 보여 드리는 게 맞는 일 같네요. 그러니 받으세요. 양부모님이 리비 씨에게 생부모에 관해 얼마나 알려 줄 수 있었는지는 모르겠습니다만, 잠깐 이걸 읽어 보면 어떨까 싶군요."

리비는 신문지 조각을 펼쳐 자기 앞에 있는 탁자에 올려놓았다.

사교계 명사가 남편과 동반 자살
10대 자녀들은 실종되고 아기는 무사히 구조되다

경찰은 어제 주민 3명의 동반 자살이 의심된다는 신고를 받고 옛 사교계 명사 마티나 램과 남편 헨리 램의 첼시 자택으로 출동했다. 점심시간에 도착한 경찰은 부엌 바닥에 나란히 누운 램 부부의 시신을 발견했다. 아직 신원이 확인되지 않은 남성 한 명도 시신으로 발견되었다. 1층 방에서는 아기 한 명이 구조되었다. 10개월 된 여아로 추정되는데, 현재 보호 시설로 옮겨졌으며 건강 상태는 양호하다고 한다. 이웃들이 목격한 바에 따르면 최근 몇 년 동안 그 집에는 여러 명의 어린이들이 거주했다고 하며, 램 부부 외의 성인들이 살고 있었다는 목격담 또한 다수 전해지지만 다른 거주자의 흔적은 발견되지 않았다.

사인은 아직 밝혀지지 않았으나 현장에서 채취한 혈액을 검사한 바로는 세 사망자가 음독했을 가능성이 있는 것으로 보인다.

헨리 램(48세)은 부친인 해리 램(랭커셔 블랙풀 출신)의 유일한 유산 상속인이었다. 그는 최근 몇 년간 건강이 좋지 않아 휠체어 신세를 졌다고 한다.

경찰은 현재 램 부부의 아들과 딸(대략 14~16세로 추정)의 행방을 찾기 위해 전국을 수색하고 있다. 이 아동들의 소재에 관해 아는 바가 있다면 조속히 런던 경찰청에 제보 바란다. 최근 몇 년 동안 그 주택에서 램 가족과 함께 지냈을 가능성이 있는 인물 역시 경찰의 지대한 관심사다.

리비는 로일 씨를 쳐다보았다.

"그럼 혹시……? 혼자 남겨진 아이가…… 그게 저예요?"

로일 씨가 고개를 끄덕였다.

리비는 상대의 눈에서 진심 어린 슬픔을 읽을 수 있었다.

"그래요. 정말 비극적인 사연이죠? 참 수수께끼 같은 일이기도 하고요. 그러니까, 실종된 두 자녀 말입니다. 그 아이들도 저택의 신탁 수익자였지만 둘 다 나타나지 않았죠. 그러니 저로서는 그저 짐작만 해 볼 따름입니다. 음, 두 사람이 아마…… 아무튼."

그가 몸을 앞으로 숙이며 넥타이를 꽉 쥐더니 애써 웃음 지어 보였다.

"펜을 드릴까요?"

그러더니 비싸 보이는 볼펜이 가득 담긴 나무통을 내민다.

리비가 볼펜 한 자루를 꺼냈다. 몸통에 회사명이 금색 필기체로 인쇄되어 있다.

리비는 잠시 멍하니 볼펜을 들여다보았다.

오빠.

언니.

동반 자살.

이내 고개를 아주 살짝 흔들고는 목청을 가다듬으며 말했다.

"고맙습니다."

그리고 단단한 볼펜을 손가락으로 꽉 움켜쥐었다. 자기 사인이 어떤 모양이었는지도 기억이 가물가물하다.

서류 가장자리에 군데군데 붙은 화살표 모양 포스트잇이 리비가 서명해야 하는 자리를 콕콕 짚어 주었다. 종이에 펜이 긁히는 소리를 듣기가 고통스러울 지경이다.

로일 씨가 인자하게 리비를 지켜보며 책상 위에 있던 자기 찻잔을 몇 센티미터쯤 밀어냈다가 다시 제자리로 돌려놓았다.

서명을 하는 동안 리비는 지금이 얼마나 중요한 순간인지 매우 강렬하게 실감했다. 눈에 보이지 않는 이 전환점은 자신의 삶을 *여기*에서 *저기*로 데려가 주리라.

이 서류 더미 한쪽에는 트롤리 버스를 타고 리들 슈퍼마켓에 다녀오는 쩨쩨한 일정과 한 해에 고작 일주일간 떠나는 휴가, 11년이나 타고 다닌 복스홀 코사 자동차가 있다. 그리고 다른 한쪽에는 침실 8개짜리 첼시 저택의 열쇠 뭉치가 있다.

리비에게 서류를 다시 넘겨받은 로일 씨는 거의 안도의 한숨을 내쉬며 말했다.

"좋아요, 좋아, 그렇죠."

그는 서류를 휙휙 넘기며 화살표 포스트잇이 가리키는 자리들을 살펴본 뒤 고개 들어 리비에게 미소 지었다.

"그래요. 이제 집 열쇠의 소유권을 넘겨 드릴 때가 된 것 같네요."

그러더니 책상 서랍에서 작고 하얀 안전 봉투를 꺼냈다. 봉투 위에는 '체이니워크 16번지'라 적힌 라벨이 붙어 있다.

리비는 봉투 안쪽을 유심히 들여다보았다. 열쇠가 세 묶음 들어 있었다. 하나는 재규어 로고가 새겨진 금속 열쇠고리, 또 하나는 라이터 겸용인 놋쇠 열쇠고리에 달려 있고, 마지막 하나는 따로 열쇠고리가 없다.

로일 씨가 일어서며 말했다.

"이제 갈까요? 걸어가도 됩니다. 그냥 바로 코앞이니까요."

무지막지하게 더운 여름날이다. 캔버스 신발 밑창으로 돌바닥의 열기가 그대로 느껴졌다. 타오르는 듯한 한낮의 태양이 옅은 구름을 뚫고 이글거렸다.

두 사람은 레스토랑이 즐비한 거리를 걸어갔다. 가게마다 문을 활짝 열어 놓고 단 위에다 야외 테이블을 완비하고는 커다란 직사각형 파라솔을 쳐서 햇빛을 막아 두었다.

특대형 선글라스를 낀 여자들이 삼삼오오 모여 앉아 와인을 마시고 있었다. 그중 몇 명은 리비만큼 젊다. 저들은 왜 출근도 안 하고 여기 있는 걸까, 무슨 수로 월요일 오후에 고급 레스토랑에 앉아 와인을 홀짝이는 걸까 하는 궁금증이 리비의 머리를 스쳤다.

로일 씨가 입을 열었다.

"그러면— 여기가 이제 리비 씨네 동네가 될 수도 있겠네요. 그 집에서 살기로 결정하신다면 말이죠."

리비는 고개를 저으며 살짝 초조한 웃음을 터뜨렸다. 적절한 대답을 떠올릴 수가 없었다. 무슨 말을 해도 바보 같지 않을까.

두 사람은 조그만 부티크와 골동품 가게를 여럿 지나쳤다. 가게 안으로 여우와 곰 청동상이라든지 커다란 샹들리에가 보였다. 반짝거리는 샹들리에는 리비네 집 욕조만 했다.

이윽고 강가에 다다르자 강물이 시야에 채 들어오기도 전에 젖은 개처럼 쿰쿰한 냄새부터 콧속으로 흘러들었다. 널따란 보트들이 서로 스쳐 지나가고, 더 부유한 사람들을 태운 더 작은 보트가 물보라를 일으키며 지나갔다. 은빛 냉각기에 담긴 샴페인, 뱃머리에서 바람을 맞으며 햇빛에 눈을 찡그리는 골든레트리버도 보였다.

로일 씨가 말했다.

"이쪽으로 조금만 더 가면 돼요. 한 일이 분 정도."

리비의 허벅지가 치마에 쓸려서 따끔거렸다. 치마 말고 반바지를 입고 왔더라면 좋았을 텐데. 브래지어 컵이 모이는 가슴 중앙에 땀이 고여 섬유가 축축이 젖어 드는 게 느껴졌다.

보아하니 몸에 딱 붙는 정장과 셔츠를 갖춰 입은 로일 씨 또한 무더위를 견디기 힘든 모양이었다.

"다 왔습니다."

높이와 너비가 제각각인 벽돌집 대여섯 채의 테라스를 돌아보며 로일 씨가 말했다.

리비는 채광창 위에 둥근 글씨체로 적힌 16이라는 숫자를 보기도 전에 어느 쪽이 자기 집인지 곧바로 알아맞혔다. 층마다 창문이 4개씩 보이는 3층짜리 집이고, 과연 외관이 아름답다. 하지만 예전에 상상했던 대로 문과 창문을 전부 판자로 막아 놓은 빈집이다. 굴뚝 통풍관과 홈통에는 잡초가 무성했다. 참 흉물스러운 상태다.

하지만 아주 아름다운 흉물이지. 리비는 숨을 급히 들이마신 뒤 이렇게 말했다.

"정말 크네요."

"네. 방이 총 12개입니다. 지하실 빼고요."

화려하게 장식된 철책과 잡초가 무성한 화단 너머로, 보도에서 멀찍이 떨어진 곳에 저택이 우뚝 서 있다. 연철 캐노피가 정문까지 이어지고 그 왼편에는 콘크리트 블록 위에 실물 크기 대포가 자리 잡았다.

"제가 집주인 역할을 해 드릴까요?"

로일 씨가 현관문 위 판자에 설치된 자물쇠를 가리킨다.

리비가 고개를 끄덕이자 그는 자물쇠를 푼 뒤 손가락으로 나무 판자를 붙잡고 걷어 냈다. 판자가 끔찍한 소리를 내며 떨어져 나가니 그 뒤로 거대한 검은 문이 나타났다. 로일 씨는 손끝을 맞비비고 나서 차근차근 열쇠를 살펴보며 문에 들어맞는 것을 찾았다.

"이 집에 사람이 마지막으로 들어간 게 언제죠?"

리비가 물었다.

"어휴, 몇 년 전에 침수 때문에 한 번 들어갔던 게 마지막 같은데요. 응급 출장 배관공들과 함께 들어가서 몇 군데를 수리하고 그랬죠. 아, 이거네요. 들어갑시다."

두 사람이 복도로 들어섰다. 바깥의 열기와 윙윙거리는 자동차 소음, 메아리치는 강물 소리가 일순 싹 사라진다.

집 안은 서늘했다. 짙은 색의 매끄러운 쪽매널 마룻바닥엔 먼지가 쌓였고 군데군데 흠집도 났다.

앞쪽 계단의 난간은 나선형으로 꼬인 짙은 색 목재인데, 중심기둥 꼭대기는 과일이 넘치도록 쌓인 그릇 모양으로 조각되어 있다.

리넨 폴드 양식주름진 리넨처럼 세로로 무늬를 넣어 패널을 조각하는 방식의 나무 문에는 화려한 청동 손잡이가 달렸다. 더욱 어두운 색 패널로 절반을 두른 벽엔 자줏빛 솜털 벽지를 발랐는데, 이젠 너덜너덜해진 데다 허옇게 좀먹은 자리도 넓게 퍼져 있다.

실내에 가득 찬 먼지 때문에 공기가 텁텁했다. 빛이 새어 들어오는 곳이라고는 문 위쪽마다 뚫린 작은 채광창뿐이다.

리비는 몸서리쳤다. 사방에 목재가 너무 많았다. 빛은 부족하고, 공기도 모자라다. 마치 관 속에 갇힌 듯한 기분이 들었다.

"열어 봐도 될까요?"

리비가 문짝 하나에 손을 대며 물었다.

"뭐든 하고 싶은 대로 하세요. 여긴 리비 씨 집이니까요."

문을 열자 집 뒤편 기다란 직사각형 방이 눈에 들어왔다. 네 개의 창문 밖으로 빽빽하게 뒤엉킨 나무들과 덤불이 내려다보였다. 여기도 목재 천지다. 패널과 나무 덧문들. 발밑엔 또 쪽매 마룻바닥.

"저건 어디로 연결되죠?"

리비는 패널에 붙박인 좁다란 문을 가리키며 로일 씨에게 물었다.

"저 문은— 하인들이 쓰던 계단으로 통하는 문입니다. 다락 층의 작은 방들로 바로 이어지는데, 2층에도 또 숨겨진 문이 있죠. 이런 옛날 주택에서는 아주 흔히 볼 수 있는 구조입니다. 햄스터 우리처럼 지어진 집이라고 할까요."

두 사람은 방마다 층마다 돌며 탐험했다.

"가구들은 다 어떻게 된 거예요? 원래 쓰던 세간살이는요?"

"오래전에 사라졌지요. 이 집 식구들은 연명을 해 나가려고 뭐든 다 팔았거든요. 다들 맨바닥에 매트리스만 깔고 잤다고 합니다. 옷도 직접 만들어 입었고요."

"그럼 형편이 어려웠던 건가요?"

"네. 제 생각엔 정말로 곤궁했던 것 같네요."

리비가 고개를 끄덕였다. 여태껏 자신의 생부모가 가난했을 거란 생각은 해 본 적이 없었다.

물론 그녀도 남몰래 가상의 생부모를 상상해 보곤 했다. 꼭 입양 가정에서 자라는 아이가 아니더라도 한 번쯤 그런 공상에 빠져들기 마련이잖은가.

리비의 상상 속 부모님은 젊고 사교적인 한 쌍이었다. 강변에 있는 집은 두 면이 판유리 통창이었고 테라스가 건물을 감싼 형태였다.

부모님은 작은 암컷 개도 두 마리 키웠는데 녀석들은 다이아몬드가 박힌 목걸이를 걸고 다녔다. 상상 속의 어머니는 패션 홍보업계에 종사했고 아버지는 그래픽 디자이너였다.

부모님은 아직 아기였던 리비를 아침 식탁으로 데려가 높은 의자에 앉히고 브리오슈를 쪼개서 먹여 주곤 했다. 그리고 작은 개들이 한데 웅크리고 누운 식탁 아래서 부부가 서로 다정하게 발장난을 하는 것이다. 부모님은 칵테일파티에서 돌아오는 길에 죽었다. 아마 스포츠카가 얽힌 충돌 사고 때문이었으리라.

"다른 건 없었나요? 유서 말고는요?"

로일 씨는 고개를 저었다.

"공식적으로는 없습니다. 하지만 한 가지가 더 있긴 했죠. 리비 씨가 발견되었을 때 아기 침대에 함께 들어 있던 물건이요. 아직 아기방에 있을 텐데. 그리 가 볼까요……?"

리비는 로일 씨를 따라 2층의 큰 방으로 들어갔다. 여기서는 세 개의 내리닫이 창문 밖으로 강이 내다보였다.

정체된 공기에 먼지가 자욱하고, 위쪽 구석엔 거미줄과 먼지가 커튼처럼 두껍게 늘어져 있었다.

방의 반대편 끝에 뚫린 통로로 가서 코너를 도니 작은 방이 나타났다. 옷방으로 갖춰 놓은 공간이라 테두리 장식이 화려한 흰색 옷장과 서랍장이 세 벽을 차지한다. 그리고 방 한가운데에 아기 침대가 놓여 있었다.

"그럼 이게……?"

"맞아요. 바로 저기서 리비 씨가 발견된 겁니다. 까르륵대며 옹 알거리고 있었다고 다들 그러더군요. 해맑고 태평하게 말이죠."

아기 침대는 금속 레버가 달려 앞뒤로 흔들리는 구조다. 진한 버터밀크 같은 크림색으로 채색된 표면에 하늘색 장미 무늬가 점점이 흩어져 있다. 앞면에는 '해러즈'라는 로고가 새겨진 조그만 금속 배지도 달려 있다.

로일 씨는 뒷벽 선반에 손을 뻗어 작은 상자 하나를 꺼냈다.

"여기 있네요. 이게 리비 씨의 담요 속에 숨겨져 있었어요. 저희 쪽에서나 경찰에서나 모두들 이게 리비 씨를 위한 물건이라고 생각했습니다. 경찰에서 오랫동안 증거물로 보관하다 사건이 흐지부지 끝나 버리자 저희 쪽으로 돌려보내 줬죠."

"이게 뭔데요?"

"열어서 보시죠."

리비는 작은 종이함을 받아 들고 뚜껑을 열었다. 그 안엔 찢어진 신문지 조각이 한가득이었다. 손가락에 뭔가 단단하고 매끌매끌한 게 닿기에 끄집어냈다. 그리고 손끝에서 달랑거리는 물건을 살펴보았다. 금줄에 매달린 토끼 발이었다. 살짝 움찔하는 바람에 금줄이 손에서 미끄러져 나무 바닥에 떨어졌다. 리비가 곧바로 팔을 뻗어 그 물건을 집어 들었다.

토끼 발이, 싸늘한 죽음을 떠올리게 하는 매끈한 털과 날카로운 발톱이 리비의 손에 끌려 온다. 그녀는 다른 한 손으로 금줄을 훑었다.

일주일 전만 해도 새로 산 샌들과 여자들끼리 보낼 휴가, 끝이 손상되어 갈라지는 머리카락, 제때 물을 줘야 하는 실내 화초 생각뿐이었던 머릿속이 이제는 매트리스만 깔고 자던 사람들과 죽은 토끼와 거대하고 으스스한 저택으로 가득 찼다. 옆면에 그려진 하늘색 장미가 묘하게 불길한 느낌을 주는 해러즈 백화점표 대형 요람만 덩그러니 놓인 텅 빈 집.

리비는 토끼 발을 다시 상자에 넣은 다음 어정쩡하게 들고 서 있었다. 그러다 천천히 손을 내려 아기 침대 매트리스의 아래쪽에 갖다 대고는 잠든 아기, 즉 자기 자신의 조그만 몸이 남긴 메아리를, 마지막으로 여기 아기를 눕히고 담요로 꽁꽁 감싸 주며 토끼 발까지 숨겨 넣은 사람의 환영을 더듬어 찾았다.

하지만 물론 이곳에는 아무것도 없다. 그저 곰팡내가 감도는 텅 빈 침대뿐.

리비가 물었다.

"제 이름이 뭐였나요? 혹시 제 이름을 아는 사람이 있었나요?"

"네. 유서에 아기 이름이 적혀 있었어요. 서레니티Serenity. '평온'이라는 뜻라고."

"서레니티요?"

"네. 예쁜 이름 같은데, 조금 별나긴 하죠?"

별안간 리비는 폐소 공포증을 느꼈다. 호들갑을 떨며 이 방에서 뛰쳐나가고 싶었다.

하지만 원래 요란 떠는 스타일이 아니었던 그녀는 대신 이렇게 말했다.

"이제 정원을 보러 나갈 수 있을까요? 신선한 공기를 좀 마시면 좋겠네요."

　루시는 핸드폰을 껐다. 사미아가 연락해 올지도 모르니 배터리를 좀 남겨 두어야 했다. 곧이어 고개 돌려 마르코를 마주 보았다. 아이는 호기심 어린 시선으로 엄마를 쳐다보고 있었다.

　"왜 그래?"

　루시가 물었다.

　"무슨 메시지였어? 엄마 핸드폰에 온 거."

　"메시지라니?"

　"나도 봤어. 방금 전에. '아기가 25살이 됨'이라고 떠 있던데. 그게 무슨 뜻이야?"

　"그냥 아무 뜻도 없어."

　"뭔가 의미가 있겠지."

　"아니라니까. 그냥 친구네 아기 얘기야. 혹시 까먹을까 봐 그 애가 25살이 됐다고 메모해 놓은 것뿐이라고. 카드를 보내 줘야 하니까."

　"어떤 친군데?"

　"영국에 사는 친구."

　"하지만 엄마는 영국에 친구가 한 명도 없잖아."

　"당연히 영국에도 친구들이 있지. 어렸을 적에 영국에서 자랐는데."

　"좋아, 이름이 뭔데?"

"누구 말이니?"

마르코가 불만스레 고함쳤다.

"누구긴 누구야, 엄마 *친구* 이름이 뭐냐고."

"그게 뭔 상관이야?"

루시도 쏘아붙였다.

"그야 엄마가 내 엄마니까 그렇지. 엄마에 관해 이것저것 알고 싶으니까. 봐 봐, 말 그대로 난 엄마에 대해 아무것도 모르잖아."

"말도 안 되는 소리. 많이 알면서도 그러네."

마르코는 얼빠진 듯 눈을 휘둥그레 뜨고 루시를 바라보았다.

"뭘 아는데? 그래, 엄마가 아기였을 때 부모님이 돌아가셨다는 건 알아. 그다음에 런던에서 이모와 함께 자랐다는 거, 이모가 프랑스로 엄마를 데려와서 바이올린 연주를 가르쳐 주었다는 거, 엄마가 18살 때 그분이 돌아가셨다는 것도 알지. 그러니까, 음, 엄마가 겪은 대강의 *사연*까지야 나도 알아. 하지만 세세한 부분은 모른다고. 엄마가 어디서 학교를 다녔는지, 어떤 친구들과 사귀었는지, 주말엔 뭘 하고 지냈는지, 어떤 재미난 일들이 있었는지, 그런 평범한 일상에 대해서는 전혀 모르잖아."

"말하자면 좀 복잡해."

"복잡하다는 건 알아. 하지만 나도 이제 12살이나 됐으니 더 이상은 아기 취급하면 안 돼. 나한테 더 자세히 얘기해 줘야 해."

루시는 몸을 돌려 아들을 물끄러미 바라보았다.

아이의 말이 옳다. 마르코는 12살이고 더 이상 동화 같은 얘기에는 관심이 없다.

이 아이는 누군가의 인생이 주요 사건 다섯 가지 정도로 이뤄지지 않는다는 사실을 안다. 삶이란 그 사이사이의 모든 순간으로 채워진다는 사실을.

루시가 한숨을 내쉬며 말했다.

"못 하겠어. 아직은."

"그럼 언제 말해 줄 건데?"

"금방. 우리가 런던에 가게 되면 전부 다 말해 줄게."

"우리 런던으로 갈 거야?"

루시는 또 한숨을 쉬면서 앞이마에 붙은 머리카락을 떼어 냈다.

"나도 몰라. 지금은 돈이 한 푼도 없는 데다, 너랑 스텔라는 여권도 없지. 거기다 강아지도 딸렸고. 전부 다 그냥⋯⋯."

"아빠가 있잖아." 마르코가 끼어들어 제 의견을 내놓았다. "아빠한테 전화해."

"절대 안 돼."

"공공장소에서 만나면 되지. 그러면 아빠가 아무 짓도 못 할 거야."

"마르코. 우린 네 아빠가 지금 어디 있는지조차 몰라."

이상한 침묵이 흘렀다. 마르코가 개의 털 속에 다시 얼굴을 파묻고 안절부절못한다. 그 초조감이 루시에게도 전해졌다.

"난 알아."

그 말에 루시가 고개를 홱 돌리고 아들을 쏘아보았다.

마르코는 눈을 감았다가 떴다.

"아빠가 학교로 데리러 왔었어."

"언제!"

아이가 어깨를 으쓱했다.

"두어 번 정도. 학기 말 즈음에."

"그런데 나한텐 아무 말도 안 했다고?"

"아빠가 말하지 말라고 했어."

"이런, 미친. 마르코."

루시가 두 주먹으로 땅바닥을 내리쳤다.

"어떻게 된 건데? 그 인간이 널 어디로 데려갔어?"

"아무 데도 안 갔어. 그냥 같이 좀 걸었을 뿐이야."

"그리고?"

"그리고 뭐?"

"뭐라고 그러던? 뭔 짓을 하고 다니는 거지?"

"아니, 그냥 휴가 중이랬어. 부인이랑 같이."

"그럼 지금은 어디 있는데?"

"아직 여기 있어. 여름 내내 여기서 지낸대. 집에서."

"집?"

"응."

"세상에. 마르코! 왜 여태까지 그 얘기를 안 한 거니?"

"엄마가 돌아 버릴 걸 알았으니까."

"돌아 버릴 일 없어. 날 봐. 완전히 말짱하지. 네 아빠가 저 윗동네에서 호사스럽게 놀고먹는 동안 그냥 이 딱딱하고 축축한 맨바닥에 주저앉아 있는 것뿐인데, 뭐. 발 뻗고 잘 곳 하나 없이 이런 고가 도로 밑에서 말야. 대체 내가 돌아 버릴 이유가 뭐 있겠니?"

마르코가 혀를 찼다.

"미─안. 엄마가 다시는 아빠 얼굴 안 보고 싶다고 했었잖아."

"그거야 내가 고속도로 밑에서 자는 신세가 아니었을 때 얘기지."

"그럼 *정말* 아빠랑 다시 만나고 싶은 거야?"

"그 *자식* 만나기 싫어. 하지만 이 엉망진창인 상태에서 벗어날 방법은 찾아야 되고, 지금으로선 그 인간이 유일한 선택지란 말이지. 적어도 내 바이올린을 되찾아 올 돈은 내줄 수 있을 거 아냐."

"아, 그러네, 그럼 우리는 정말 부자가 될 테니까. 그렇지 않아?"

루시는 주먹을 꽉 움켜쥐었다. 아들은 늘 정곡을 찌르는 불쾌한 말을 내뱉는다. 마치 따귀를 철썩 얻어맞는 듯한 기분이 들게끔.

"이제 7월 중순이니까 영국과 독일 학교들이 전부 다 방학을 할 거야. 관광객이 두 배는 많아지겠지. 영국으로 갈 만큼 돈을 모으는 데에 그리 오래 걸리지도 않을 거야."

"왜 그냥 아빠한테 우리 여비를 내 달라고 하면 안 되는 거야? 그럼 그냥 바로 떠날 수 있잖아. 나 진짜 런던에 가고 싶단 말이야. 여기서 벗어나고 싶어. 아빠한테 돈 좀 내 달라고 해 봐. 안 될 게 뭐야?"

"우리가 영국에 간다는 사실을 그 인간한테 알리고 싶지 않으니까. 우리가 떠난다는 걸 아무도 몰라야 돼. 할머니도 마찬가지야. 알았어?"

마르코는 고개를 끄덕였다.

"알았어."

아이가 가슴께에 턱이 닿도록 고개 숙이자 뒤통수에 엉킨 머리카락 뭉치가 보였다. 노숙하며 지낸 한 주 동안 저렇게 됐다. 가슴이 시큰해진 루시는 아들의 가냘픈 목덜미를 손으로 감싸 쥐고 살며시 눌렀다.

"정말 미안하다, 사랑하는 내 아들. 전부 다 엄마가 미안해. 내일 네 아빠를 만나고 나면 만사가 잘 풀리기 시작할 거야. 진짜로."

마르코가 뚱하게 대꾸했다.

"응. 하지만 앞으로도 평범하게 살 일은 없겠지? 응?"

그래. 루시는 속으로만 생각했다. 아마 그럴 일은 없을 거야.

6

첼시, 1988년

맨 처음에 온 건 버디였다.

버디 던롭 - 에버스.

어머니가 전에 어디에선가 만난 적 있던 여자였다. *파티*에서. 버디는 팝 음악 밴드에서 바이올린을 연주했는데, 내 생각엔 어느 정도 유명한 밴드였던 것 같다. 거의 1위를 찍은 정신 사나운 싱글이 한 장 있었고 〈톱 오브 더 팝스_{영국 BBC의 음악 차트 텔레비전 프로그램}〉에도 두 번 이름을 올렸으니.

물론 내가 그런 쪽에 관심을 가졌단 얘기는 아니다. 나는 팝 음악을 좋아해 본 적이 아예 없고 유명인이라는 계층에 약간 혐오감마저 느끼는 편이었다.

우리 집 부엌에 앉아 우리 집의 갈색 머그잔에다 차를 마시던 버디와 마주친 순간 살짝 움찔했다.

가느다랗고 긴 머리칼을 허리까지 늘어뜨리고 벨트로 묶은 남성용 바지에 멜빵과 줄무늬 셔츠, 기다란 회색 코트, 손가락 없는 초록색 장갑을 착용한 여자라니.

우리 집에 그런 여자가 앉아 있으니 너무 엉뚱해 보인다는 생각이 들었다. 원래 우리 집에는 수작업으로 만든 정장과 사선으로 재단된 새틴 드레스를 입고 크리스챤 디올 화장수와 니나 리

치의 '레흐 뒤 땅' 향수 냄새를 풍기는 사람들만 드나들었으니까ㅋ
리스챤 디올과 니나 리치는 모두 프랑스의 고급 패션 브랜드.

버디는 부엌에 들어서는 나를 올려다보았다. 펜슬로 그린 가느다란 눈썹 아래로 보이는 작은 눈, 파란색 눈동자, 제대로 다물리지 않아 작은 치아가 일렬로 드러난 굳은 입, 얼굴에 가득 찬 암울함의 무게를 버티지 못해 찌그러진 듯 보이는 연약한 턱. 나는 상대가 미소를 짓지 않을까 생각했다. 그러나 그 여자는 웃지 않았다.

어머니가 말했다.

"저 애는 헨리예요. 이쪽은 버디 씨란다! 팝 그룹에서 활동하는 분이야. 내가 전에 얘기해 줬지."

"안녕하세요."

"안녕."

버디가 내 인사를 받았다. 난 이해할 수가 없었다. 어떻게 행색은 부랑자나 다름없으면서 말투는 꼭 교장 선생님 같은지.

"버디 씨 그룹이 우리 집을 배경으로 뮤직비디오를 찍고 싶대!"

어머니가 말했다.

이 시점에 내가 좀 무관심한 척하느라 애썼다는 점은 인정한다. 나는 아무 말도 없이 담담한 표정을 지으며 조리대 위의 비스킷 통 앞으로 조용히 걸어갔다. 그리고 늘 그랬듯 방과 후 간식으로 몰티드 밀크 비스킷영국에서 인기 있는 맥아 보리 비스킷 두 개를 집고 우유도 한 잔 따랐다. 그리고 나서야 이렇게 물었다.

"언제요?"

버디가 대꾸했다.

"다음 주에. 원래 정해 둔 장소가 있었는데 침수인지 뭔지 난리가 났대. 망할. 그래서 그냥 취소가 됐지."

어머니가 말을 이었다.

"사정이 그렇다길래 내가 우리 집은 어떨지 한번 둘러보기나 하라고 했어."

"그래서 이렇게 왔지."

"그래서 이렇게 온 거야."

나는 무심히 고개를 끄덕였다.

그럼 언제 밴드가 오는지, 그날 나도 학교를 하루 쉬고 도와도 되는지 묻고 싶었지만 당시 난 무슨 일에든 열의를 보이지 않는 아이였다. 그 당시만이 아니라 언제나 그랬다.

그래서 늘 먹던 대로 '몰티드 밀크'라 새겨진 비스킷의 '티'까지, 글자 아래 나란히 그려진 누운 소와 서 있는 소 사이 지점까지 딱 우유에 담근 다음 묵묵히 먹기만 했다.

"내가 보기엔 아주 멋진걸." 버디가 주위를 손짓했다. "사실 말이지, 여기가 더 좋아. 진짜 완벽해. 그런데 서류 몇 군데다 사인부터 해야 할 거 같아." 그 여자는 눈을 굴리며 말했다. "면책 각서라든지 그런 거 있잖아. 우리가 이 집에 불을 낸다거나, 아니면 여기 걸린 사슴 머리통 하나가 떨어져서 우리 중 누가 맞고 사망한다거나, 뭐 그런 경우에 대비해서 말야."

어머니는 낙하한 사슴 머리통에 맞고 사망하는 사고가 언제 일어날지 모르니 그에 대해 각서를 써 두는 게 마땅하다는 듯이 대답했다.

"그래, 그래. 일리가 있네. 아무튼 일단 남편이랑 상의를 해 보는 게 좋겠어. 하지만 그이도 분명 기뻐할 거야. 남편이 버디 씨네 음악을 아주 좋아하니까."

나는 그럴 리 없다고 생각했다. 아버지가 좋아하는 음악은 주로 럭비 응원가나 저속한 오페라였으므로.

하지만 아버지는 야단법석을 떨고 관심을 받는 데에 흡족함을 느꼈고 자기 집을 정말로 좋아했다. 그래서 이 저택을 마음에 들어 하는 사람이라면 누구든 아버지와 잘 어울릴 수 있었다.

버디는 몇 분 뒤에 자리를 떠다. 나는 버디가 사용한 머그잔 옆에 쌓인 조그만 각질 무더기를 발견하고 약간 메스꺼움을 느꼈다.

비디오 촬영은 이틀 동안 진행됐고 내가 생각했던 것보다 훨씬 더 지루했다. 빛을 절묘하게 조절하거나 후줄근한 밴드 멤버들에게 같은 동작을 몇 번이고 반복시키는 데에 끝도 없이 시간을 들였다.

멤버들은 모두 냄새가 풀풀 날 것 같은 갈색 옷을 비슷비슷하게 맞춰 입었다.

하지만 촬영용 의상은 전부 의상 담당자가 투명 비닐로 싸서 옷걸이째로 가져왔기에 실제로 냄새가 나진 않았다.

하루가 끝날 때쯤 그 밴드의 노래는 마치 덫에 갇힌 파리처럼 내 머릿속에서 맴돌았다.

끔찍한 노래였지만 차트 1위에 올라 9주 동안이나 지긋지긋하게 정상을 지켰다. 여기저기서 스쳐 가는 TV 화면마다 그 뮤직비디오가 나왔고, 화면 속 *우리 집*이 수백만 명의 눈앞에 전시되었다.

잘 만든 뮤직비디오였다. 그 점은 인정해야겠다. 그리고 나는 사람들에게 그 뮤직비디오 속 장소가 바로 우리 집이라고 말하며 살짝 짜릿함을 느꼈다.

하지만 그 짜릿함도 몇 주가 지나니 희미해졌다. 촬영 팀이 떠난 지 한참 지나고 그 싱글이 순위권에서 밀려난 지도 오래되었으며 그 밴드의 다음 싱글이 순위권 밖으로 떨어진 지도 한참이었건만, 구슬 같은 눈에 너덜너덜한 옷을 걸친 버디 던롭 - 에버스는 여전히 우리 집에 있었으니까.

그리고 버디 던롭 - 에버스는 다른 사람들까지 대기시켜 놓고 있었다. 언제든 침략할 태세를 갖추고서.

7

리비는 고급 주방 디자인 회사에 다닌다. 지금은 세인트올번스 중심부, 대성당 근처 쇼룸에서 영업부장으로 활동한다. 리비 밑으로는 영업 매니저와 매니저 보조가 각각 두 명 있고, 위로는 전무와 상무가 한 명씩 있다.

리비는 지난 5년 동안 자기 삶의 중심이었던 사다리의 중간쯤에 올라선 상태다.

지금껏 그녀는 서른 살에 새로이 시작될 삶을 향해 가는 다리를 머릿속으로 차근차근 놓아 왔다.

서른 살이 되면 방 2개짜리 아파트에 살 만큼은 주거 사다리를 올랐으리라. 또한 영업부 중역에 오를 테고, 그게 아니라면 더 좋은 조건을 찾아 이직할 테지.

그러고 나서 현재 온라인과 현실 세계 양쪽에서 물색 중인 괜찮은 남자를 발견해 결혼도 하리라. 팔자 주름이 매력적이고 개와 고양이(혹은 둘 중 하나)를 키우는 남자, 리비의 성인 '존스'와 나란히 쓰기 좋은 재미난 성을 가진 남자, 돈을 리비만큼 벌거나 더 많이 버는 남자, 섹스보다 포옹을 더 좋아하고 멋진 신발을 신고 피부가 곱고 문신이 없으며 훌륭한 어머니를 두었고 발 모양도 매력적인 남자. 키는 최소한 178센티는 되어야 하는데, 180센티 이상이면 더 좋겠지. 귀찮은 짐 없고 좋은 차를 몰며 단단한 복근이 느껴지는 남자. 뭐, 일단은 똥배만 없어도 합격이지만.

이런 남자는 아직 나타나지 않았고 리비도 자기가 붙인 조건이 좀 지나치게 빡빡하다는 점을 알고 있다.

하지만 적합한 남자를 찾아 결혼하기까지 아직 5년이나 더 남은 데다, 아기를 갖기까지는 그 뒤로 5년이 더 남았다.

혹시 첫째 아이가 마음에 든다면 둘째를 낳을 수도 있겠지. 서두를 마음은 없다. 아직은 괜찮다. 마음에 안 드는 녀석에게 데이트 신청을 받으면 단칼에 거절하고, 외출할 땐 멋지게 꾸미고, 사교 모임 초대에도 응하면서 지낼 거다. 늘 긍정적인 생각만 하고, 날씬한 몸매를 유지하고, 정신 똑바로 차리고, 쭉 그렇게 해 나가자고 리비는 마음먹었다.

출근하려고 일어났더니 여전히 후텁지근하다. 아침 8시인데도 공기가 살짝 무지갯빛으로 아롱거렸다.

리비는 밤새도록 침실 창문을 열어 놓고 잤다. '만에 하나라도 창문으로 남자가 기어 들어와 강간할지 모르니 여성들은 창문을 꼭 닫고 자야 한다'는 권고야 리비도 많이 들어 봤지만 말이다.

웬 치한이 침입할 경우 최소한 경보라도 되도록 창턱을 따라 일렬로 유리를 설치해 두었다. 그럼에도 밤새도록 몸을 뒤척였다. 그러는 사이 몸 밑에 깔린 침대 시트가 엉망으로 구겨지고 뒤틀렸다.

잠시 단잠에 들었건만 햇빛 때문에 깨고 말았다.

커튼 사이의 작은 틈으로 레이저처럼 눈부신 빛이 비쳐 들었고 금세 방 안이 다시 달궈지기 시작했다. 잠시 동안 모든 게 평소처럼 느껴졌다.

하지만 곧 이질감이 들었다. 머릿속에 어제 일이 세차게 밀려 들었다. 어두컴컴한 저택과 리넨 폴드 양식의 패널, 비밀 계단, 토끼 발, 요람 옆면에 채색된 하늘색 장미. 진짜로 그런 일이 있었나? 그 집이 아직 그 자리에 서 있으려나? 리비가 다녀간 뒤 먼지가 되어 버린 건 아니고?

오늘 아침 리비는 사무실에 두 번째로 일찍 도착했다. 수석 디자이너인 다이도가 제일 먼저 와서 이미 에어컨을 켜 놓고 자기 책상 앞에 앉아 있었다. 차가운 공기가 축축한 피부에 닿자 아주 시원한 느낌이 들었지만, 30분만 지나도 으슬으슬 떨며 카디건을 챙겨 올 걸 그랬다고 후회할 게 뻔했다.

다이도가 키보드에서 눈을 떼지 않고 말했다.

"좋은 아침이에요. 어떻게 됐어요?"

리비는 어제 다이도에게 유산 상속 문제로 변호사를 만나야 해서 하루 휴가를 낸다고 은밀히 털어놓았었다. 과거에 입양되었던 사연이나 집을 상속받을 가능성에 관해서는 언급하지 않았다. 그저 연로한 친척의 유산이고 몇백 파운드 정도 받게 될 것 같다고 말했을 뿐이다.

다이도는 몇백 파운드가 뚝 떨어질 수 있다는 가능성에도 몹시 흥분했다. 그 순간 리비는 진실을 전부 털어놓았을 때 상대가 보일 반응을 자신이 과연 감당할 수 있을지 의문이 들었다.

하지만 주말까지는 단짝 친구 에이프릴을 만나지 못할 텐데 그

밖에는 얘기 나눌 사람이 정말 하나도 없었다. 이 화요일 아침에 사무실엔 단둘뿐이니, 지금 다이도에게 속을 털어놓는 게 좋을지도 모르겠다는 생각이 들었다.

어쩌면 자기보다 12살이나 많은 다이도가 이 터무니없는 상황을 납득하는 데에 도움이 될 만한 의견을 내줄지도 모르잖은가. 뭔가 현명하고 유용한 조언 말이다.

"제가 집을 한 채 상속받았거든요."

리비가 네스프레소 커피 머신에 물을 부으며 운을 뗀다.

"하. 하."

다이도가 이렇게 대꾸했다. 리비의 말을 못 믿는 게 분명하다.

"아니, 정말이에요. 첼시의 강변에 있는 집이에요."

"런던 첼시?"

다이도는 벌어진 입을 다물지 못했다.

"네."

"〈메이드 인 첼시런던의 부유한 젊은이들의 일상을 그리는 리얼리티 쇼〉에 나오는 것 같은 집?"

리비가 다시 한 번 말했다.

"네. 강변에 있는 집인데, 엄청 크더라고요."

"리비 씨 지금 장난치는 거 아니죠?"

리비는 미소 지으며 고개를 저었다.

"그런 거 아니에요."

"세상에. 그럼 이제 갑부라 이거네요?"

"아마 그런 거 같아요."

"그런데도 화요일 아침에 노스본 키친 회사로 이렇게 출근했군요. 평범한 사람처럼."

"상황을 찬찬히 이해해 보는 중이에요."

"세상에, 리비 씨, 나라면 지금 당장 세인트 마이클스 매너 호텔 야외석에 앉아 샴페인을 마시면서 생각을 정리하겠어요."

"8시 40분밖에 안 됐는데요."

"뭐, 그럼 차 한잔에 에그 베네딕트를 곁들이는 걸로 하죠. 도대체 여기서 뭐 하는 거예요?"

여기 있을 이유가 없다고 생각하니 리비의 평정심이 흐트러지고 무너져 내리기 시작했다. 그녀가 죽을힘을 다해 꽉 붙들고 있던 견고한 사다리가 산더미 같은 금화에 파묻혀 버렸고, 지금껏 목표한 서른이 일찌감치 찾아왔으며, 모든 게 다 변했다는 생각이 스쳐 지나갔다.

"어제에야 알게 됐는걸요! 아직 그 집을 팔지도 않았고요. 팔수 없을지도 몰라요."

"그래, 맞아요. 템스강이 내려다보이는 첼시 주택을 사려는 사람이 아무도 없을 테니까요."

대략 6백만에서 7백만 파운드 정도.

어제 리비가 가까스로 용기를 내 물어보자 변호사는 그렇게 견적을 내주었다. 그 금액에서 대리인에게 지불해야 할 경비와 수수료를 제해야 하며 상속세도 내야 한다고 했다. "최종적으로 3백

50만 파운드 내외로 얻게 될 겁니다." 로일 씨는 말했다.

그러더니 손 내밀어 리비와 하이파이브를 했다. 신문에서 젊은 세대에 관해 읽고는 리비도 그런 부류이리라 착각한 것이겠지. 꽤나 민망한 행동이었다.

리비가 다이도에게 말했다.

"집 상태가 엉망이에요. 그리고 사연도 좀 있어요."

"사연?"

"네. 어떤 사람들이 거기서 죽었대요. 먼 친척들이요. 뭔가 좀 수상쩍은 사건이었나 봐요."

리비는 요람에 남겨진 아기에 대해 말하려던 찰나에 입을 닫았다.

"설마!"

"그렇다니까요. 좀 충격적이죠. 그래서 일단은 그냥 모든 게 평소대로인 것처럼 행동하려고 해요."

"계속 세인트올번스에서 주방 가구를 판매할 거라고요?"

아무것도 변하지 않는다고 생각하자 평정심이 차차 제자리로 돌아오는 느낌이 들었다.

"네. 저는 세인트올번스에서 계속 주방 가구를 판매할 거예요."

8

결국 마르코와 루시는 해변에서 하룻밤을 보냈다.

비는 새벽 2시쯤 그쳤고 두 사람은 짐을 챙겨 20분 동안 시내를 가로질러 프롬나드 데장글레프랑스 니스의 지중해를 따라 조성된 유명 산책로. '영국인의 산책로'라는 뜻로 갔다. 그리고 축축한 자갈 바닥 위에 요가 매트를 깔고 사롱말레이시아, 인도, 스리랑카, 인도네시아 등지에서 남녀 구분 없이 허리에 둘러 입는 옷을 둘러쓴 다음 하늘을 한참 올려다보았다. 힘 빠진 먹구름 조각들이 서로서로 뒤쫓듯 커다란 분홍빛 달을 스쳐 가다 수평선 위로 햇빛이 번져 나오기 시작할 때까지.

8시에 루시는 자기 배낭과 지갑 바닥에 떨어진 동전까지 탈탈 털었다. 한데 모아 놓고 보니 크루아상과 커피를 사 먹을 정도는 되었다.

둘은 벤치에 앉아 아침을 먹었다. 잠도 제대로 못 자고 지독히 고생스러운 밤을 버텼기에 둘 다 무기력했다.

그러고 나서 스텔라를 데려오기 위해 다시 시내를 가로질러 사미아의 아파트로 갔다.

딱 점심시간인 데다 모자가 숙소도 못 잡고 노상에서 잔 게 분명한데도 사미아는 점심 식사를 권하지 않았다.

스텔라는 목욕을 한 뒤 깨끗한 옷으로 갈아입은 상태였다. 부드러운 곱슬머리도 차분히 빗어 넘겨 폭신폭신한 분홍색 머리핀으로 고정해 놓았다. 다 함께 다시 시내를 되짚어 걸어가는 동안 루시는 자신과 마르코가 여자아이를 유괴한 것처럼 보일 거라고 묵묵히 생각했다.

"내가 스텔라를 하룻밤 더 데리고 있어도 돼."

아까 사미아는 스텔라의 어깨에 손을 얹은 채 제안했다. 스텔라가 사미아에게 잡힌 어깨를 살짝 움츠렸다. 눈치채기 힘들 만큼 미미한 동작이었지만 루시는 아이가 고개를 흔드는 모습을 놓치지 않았다.

"마음 써 주셔서 감사한데, 오늘 밤 묵을 곳을 찾았거든요."

루시는 마르코의 이글대는 시선을 어깨 너머로 느낄 수 있었다. 엄마의 거짓말에 화가 잔뜩 났으리라.

"아무튼 정말, 정말 감사드려요. 진심으로요."

사미아는 고개를 살짝 삐딱하게 기울이고 실눈을 떴다. 루시의 처지에 대해 잠자코 따져 보는 듯했다. 루시는 자신의 행색이나 양육 능력, 사미아의 귀한 아들이 야반도주하는 데에 자기가 일조했다는 점에 대해 혹독한 판결이 내려지길 기다리며 숨을 죽였다.

하지만 사미아는 그저 복도 중간쯤에 놓인 탁자 쪽으로 천천히 걸어간 다음 숄더백에서 조그만 지갑을 꺼냈다. 그리고 지갑을 들여다보더니 20유로짜리 지폐를 한 장 꺼내 루시에게 건네주었다.

"가진 게 이것뿐이네. 이게 전부야."

돈을 받아 든 루시는 몸을 기울여 사미아를 껴안았다.

"감사해요. 복 받으실 거예요."

이제 그녀와 아이들과 개는 오후 뙤약볕 아래 프롬나드 데장글레를 걷고 있다. 가방 속은 빨래방에서 찾은 깨끗한 옷으로 꽉 차고 배 속은 빵과 치즈와 코카콜라로 꽉 찼다. 루시 일행은 이곳 니스의 해변을 따라 늘어선 수많은 해변 클럽 중 한 군데로 향했다. '블루 에 블랑'이라는 클럽이다.

옛날엔 루시도 여기서 식사를 했다. 마르코의 아빠와 여기 식탁에 앉아서 수북이 쌓인 해산물을 열심히 까먹고 곁에 놓인 샴페인이나 화이트와인 스프리처와인을 베이스로 탄산수를 섞어 제조하는 칵테일도 한잔 마셨다.

그동안 작은 노즐에서 차가운 물이 간간이 뿜어져 나와 주위를 시원하게 해 주었다. 어울리지 않게 트렌디한 파란색과 흰색 폴로 셔츠를 차려입은 지치고 나이 든 웨이터들은 이제 루시를 알아보지 못하리라. 12년 전의 그녀는 시선을 확 끌어당기는 미인이었으니.

한 여자가 레스토랑 입구의 높은 좌석에 앉아 있었다. 금발인 프랑스 남부 여자들만 지닌 고유한 특색이 느껴졌는데, 아마 바닐라색 머리카락과 까무잡잡하게 그을린 피부의 대비에서 나오는 분위기이리라.

그 여자가 루시를 무심히 힐끗 쳐다보고 루시와 마르코와 개의 상태를 훑어본 다음 다시 자기 컴퓨터 화면으로 시선을 돌렸다.

루시는 그 여자가 다른 데로 주의를 돌릴 때까지, 나머지 일행이 해변에서 올라오길 기다리는 척하며 손으로 눈에 그늘을 만들고 수평선을 바라보았다. 이윽고 그 여자는 자기 일행 다섯 명과 합류해 점심을 주문하기 시작했다.

"지금이야." 루시가 쉭쉭댔다. "지금."

그러면서 개를 품에 끌어안고 스텔라를 앞으로 밀었다. 샤워 구역 방면으로 이어지는 레스토랑 뒤편 나무 바닥을 최대한 태연한 걸음걸이로 지나는 동안 심장이 쿵쿵 뛰었다. 루시는 똑바로 앞만 보았다. 왜 그러는지 몰라도 스텔라가 반쯤 가서 멈췄다.

"계속 가."

루시가 한 번 더 쉭쉭거린다. 그리고 마침내 일동은 눅눅하고 칙칙한 샤워 구역의 어둠 속에 들어섰다.

나무 벽에 박힌 수많은 표지판마다 「블루 에 블랑 비치 클럽 고객 전용 공간입니다」라 적혀 있다. 콘크리트 바닥은 축축하게 젖은 데다 모래투성이이며 공기는 퀴퀴하다. 루시는 스텔라를 오른쪽으로 이끌었다. 만약 다른 사람 눈에 띄는 일 없이 저 나무 문을 열고 샤워실로 들어갈 수만 있다면 아무 문제 없을 것이다.

루시 일행은 무사히 안으로 들어갔다.

샤워실은 텅 비어 있었다.

루시와 마르코는 거의 여드레 만에 처음으로 옷을 벗는 셈이다. 루시는 팬티를 버릴 쓰레기통을 찾았다. 절대로 다시 주워 입고 싶지 않았다. 그다음엔 배낭에서 샴푸와 컨디셔너, 비누, 수건을 꺼냈다. 그리고 샤워 부스로 개를 데리고 들어가 온몸의 털과 꼬리 아래, 목걸이 아래, 귀 뒤까지 샴푸를 발라 문질러 주었다.

개는 이게 꼭 필요한 일임을 아는 듯 얌전히 서서 루시에게 몸을 맡겼다.

루시는 개를 씻긴 뒤 바깥에서 기다리고 있던 스텔라에게 넘겼다. 개가 몸을 털자 털에서 떨어진 물방울들이 스텔라의 몸에 후두둑 튄다. 아이가 키득거린다.

이제 루시는 샤워기 아래 서서 머리 위로, 눈과 귀로, 팔 아래로, 다리와 발가락 사이로 흘러내리는 따뜻한 물줄기를 온몸으로 만끽했다. 지옥 같았던 지난 한 주가 먼지와 흙탕물, 소금기와 함께 씻겨 내려가기 시작하는 느낌이 들었다.

루시는 샴푸로 머리를 감고 뽀득대는 소리가 날 때까지 머리카락을 잡아당겼다. 그다음에 칸막이 아래로 마르코에게 샴푸 병을 넘겨주었다. 그리고 둘 사이 틈새로 모여들어 섞이는 비눗물을, 그 칙칙한 회색빛을 지켜보았다.

루시가 마르코에게 잔소리했다.

"목뒤도 좀 구석구석 닦아, 마르코. 엄청 떡졌더라. 겨드랑이도. 너 겨드랑이 꼭 씻어야 해."

그 뒤 세 사람은 타월을 두르고 나와 나무 벤치에 나란히 앉았다. 나무판 틈새로 희미하게 반짝이는 파란 하늘과 저쪽에서 오가는 사람들의 모습이 보이고 햇볕에 데워진 목재와 튀긴 마늘 냄새도 코로 들어온다.

루시는 한숨을 내쉬었다. 제법 후련한 기분이 들지만 아직 다음 단계로 뛰어들 준비가 다 된 건 아니다.

　세 사람은 체취 제거제를 뿌리고 깨끗한 옷을 입었다. 루시가 얼굴에 로션을 바르며 아이들에게도 선크림을 건네준다. 그녀는 세면도구 가방 바닥에서 작은 향수병도 꺼내 귀 뒤와 가슴골에 뿌렸다. 그리고 젖은 머리카락을 뒤통수로 틀어 올려 플라스틱 집게 핀으로 고정한 다음 거울을 들여다본다.

　이제 마흔 살이고, 노숙자에다, 배우자도 없고, 돈도 한 푼 없다. 남들에게 하는 자기소개는 다 거짓말이다. 이름조차도 가짜다. 그녀는 유령이다. 살아 숨 쉬는 유령.

　마스카라와 립글로스를 바른 루시는 햇볕에 그을린 가슴골 위에 펜던트가 자리 잡도록 금목걸이를 매만지고 나서 아이들을 쳐다보았다. 참 예쁘다. 개도 늠름해 보인다. 모두들 몸에서 향기가 난다. 점심도 잘 먹었다. 지난 며칠을 통틀어 그 어느 때보다도 좋은 상태다.

　루시가 지저분한 옷을 배낭에 밀어 넣고 지퍼를 꽉 채우며 마르코에게 말했다.

　"됐다. 이제 아빠 보러 가자."

9

첼시, 1988년

나는 계단에서 쭉 지켜봤기에 아래층 상황을 미리 파악할 수 있었다.

검은 곱슬머리에 챙 모자를 쓴 남자가 우리 집에 들어섰다. 끈으로 묶는 커다란 장화에 트위드 바지를 넣어 입고 작업복 같은 방수 재킷을 걸친 차림새였다. 닳아빠진 가죽끈으로 한데 묶어 놓은 짐도 눈에 들어왔다. 옛날 영화 속 소품처럼 생긴 낡은 여행 가방들과 고리버들로 만든 고양이 바구니였다. 그리고 남자 곁에는 잠옷 같은 드레스를 입은 버디가 서 있었다.

아버지를 부르는 어머니의 목소리가 들렸다.

"여보! 이리 와서 저스틴 씨랑 인사해요!"

지켜보고 있자니 아버지가 잇새에 시가를 문 채로 거실에서 나왔다. 북슬북슬한 녹색 점퍼 차림이었다.

아버지는 남자의 손을 지나치게 꽉 쥐며 말했다.

"그러면— 버디 씨의 남자친구분입니까?"

버디가 끼어들었다.

"파트너예요. 저스틴은 내 파트너예요."

그러자 아버지는 버디를 빤히 쳐다보았다. 마치 폭력을 쓸까 말까 고민해 보는 듯이. 누가 자신을 일부러 웃음거리로 만들려

한다는 느낌이 들 때 종종 보이던 반응이었다. 하지만 금세 표정이 풀어졌다. 아버지가 애써 미소 지으며 말을 이었다.

"그래요. 물론 그렇겠죠. 그게 신식이잖습니까?"

버디는 내 어머니에게 자신과 *파트너*가 며칠 머무를 곳이 필요하다고 미리 얘기해 두었다. 고양이를 키운다는 이유로 집주인에게 내쫓겼다는데—대체 어떤 멍청이가 임대 계약 조건도 확인하지 않고 고양이를 들인단 말인가? 고작 11살밖에 안 되고 셋집에서 살아본 적 없는 나도 그 정도는 알았다—아무튼 그런 상황에 버디는 달리 의지할 사람이 떠오르지 않았다고 했다.

이제 42세나 된 나는 사람들을 내 뜻대로 움직이고 싶을 때 종종 이 뻔한 표현을 써먹곤 한다. *달리 의지할 사람이 떠오르질 않더라고요.* 이렇게 말하면 당신이 조종하려는 사람은 빠져나갈 구멍이 없다. 유일한 선택지는 항복뿐이다. 내 어머니가 택한 방법도 바로 그거다.

하지만 우리 집엔 방이 이렇게나 많잖아. 손님을 들이는 문제로 내가 불평하자 어머니는 이렇게 타일렀다. *더구나 딱 며칠 동안이고.*

내 생각에 어머니는 그저 자기 집에 팝 스타를 들이고 싶었던 것 같다.

여동생이 날 스쳐 지나 계단을 내려가더니 복도에 놓인 고양이 바구니를 보고 숨을 작게 들이쉬며 멈춰 섰다.

"이름이 뭐예요?"

동생은 바구니를 막아 놓은 창살 안을 들여다보려고 무릎을 꿇으며 말했다.

"여자애란다. 이름은 수키야."

버디가 대꾸했다.

"수키."

동생이 창살 사이로 손가락을 집어넣자 고양이는 손에 몸을 비비적거리며 큰 소리로 가르랑댔다.

저스틴이라는 남자가 무대 소품 같은 여행 가방을 집어 들고 물었다.

"저희 짐을 어디에 두면 될까요, 마티나 씨?"

"꼭대기 층에 두 분이 머물기 좋은 멋진 방이 있어요. 애들아, 손님들을 노란 방으로 좀 안내해 드릴래?"

동생이 앞장섰다. 우리 둘 중에선 늘 그 애가 더 사교적이었다. 어른들을 대할 때 동생은 꽤나 호감을 보였지만 나는 상대적으로 더 겁을 먹는 편이었다. 그때 동생은 녹색 파자마 차림이었고 나는 타탄체크 가운 아래 파란색 펠트 슬리퍼를 신고 있었다. 거의 9시가 다 되었으니 곧 잠자리에 들 시간이었다.

동생이 꼭대기 층 계단으로 통하는 비밀 문을 열었다. 패널에 숨겨진 문을 보고 버디가 물었다.

"와. 대체 우릴 어디로 끌고 가는 거니?"

"뒷계단이요. 노란 방으로 연결되거든요."

"하인용 통로 말이니?"

버디가 콧방귀를 뀌며 받아쳤다.

"네."

동생은 발랄하게 대답했다. 나하고 겨우 한 살 반 터울이었지만 그 나이엔 비밀 계단 꼭대기에 숨은 방에서 머무는 일이 누구에게나 흥미진진한 모험으로 받아들여지진 않는다는 점, 격조 높은 큰 침실로 안내받지 못하면 푸대접받았다고 느껴 불쾌해하는 사람들도 있다는 점을 아직 헤아리지 못하는 게 당연했으니.

비밀 계단을 올라가면 기다랗고 좁은 복도로 연결되는 나무 문이 나왔다. 복도 벽은 울퉁불퉁하고 흔들거렸으며 마룻장은 뒤틀리고 덜그럭거려서 운행 중인 열차 안을 걷는 듯한 느낌도 들었다.

노란 방은 꼭대기 층에 있는 방 네 칸 중에서 제일 좋은 방이었다. 천장에 뚫린 창문 세 개, 노란색 로라 애슐리 벽지와 색을 맞춰 노란 이불 커버를 씌운 커다란 침대, 파란색 유리 갓을 씌운 현대적인 탁상 조명이 조화를 이뤘다. 어머니가 미리 꽃병에다 노란색과 빨간색 튤립도 꽂아 두었다.

나는 방 안을 둘러보는 버디의 얼굴을 관찰했다. 버디는 마치 '이 정도면 괜찮은 것 같네'라고 말하는 듯 마지못해 턱을 살짝 젖혔다.

우리는 그들을 방에 남겨 두고 나왔다. 여동생이 먼저 계단을 깡충깡충 뛰어 내려갔다. 나는 그 아이를 따라 응접실을 지나 부엌으로 들어갔다.

아버지가 와인병의 코르크 마개를 따고 있었다. 어머니는 프릴 달린 앞치마를 입고 샐러드를 뒤적였다.

"저 사람들 얼마나 오래 있을 거예요?"

나는 불쑥 이렇게 물어보고야 말았다. 내가 미처 속내를 감추지 못하고 건방진 소리를 하자 아버지의 안색이 어두워졌다.

"아. 별로 오래 머물진 않을 거야."

어머니가 레드와인 식초병에 코르크를 다시 쑤셔 넣고 한쪽에 치워 두며 상냥한 미소를 지었다.

"저희 좀 늦게 자도 돼요?"

동생이 당장의 욕심에만 급급하여 뒷일은 아랑곳없이 보챘다.

어머니가 대답했다.

"오늘 밤은 안 돼. 내일이면 몰라도. 그럼 이제 주말이니까."

나는 아버지의 인내심을 건드리지 않는 선에서 아주 조심조심 물었다.

"그다음엔 저 사람들도 떠날까요? 주말 지나면요?"

어머니의 시선이 내 어깨 뒤로 넘어가기에 나도 고개를 돌렸다. 버디가 고양이를 안고 문간에 서 있었다. 갈색과 흰색 털이 섞이고 이집트 여왕처럼 생긴 고양이였다.

버디는 나를 바라보며 말했다.

"꼬마야, 우린 잠깐 동안만 여기서 지낼 거야. 저스틴이랑 내가 집을 구할 때까지만."

"제 이름은 헨리예요."

나는 우리 집에 들어온 외부인이 방금 날 '꼬마'라고 부른 데에 몹시 당황했다. 다른 어디도 아닌 우리 집에서.

버디가 날카롭게 나를 쳐다보며 고쳐 말했다.

"헨리. 그래, 헨리. 미안해."

여동생은 안달 난 눈빛으로 고양이를 쳐다보고 있었다. 버디가 말을 건넸다.

"네가 한번 안아 볼래?"

동생이 고개를 끄덕였다. 고양이는 동생의 품으로 옮겨가기가 무섭게 고무줄 튕기듯 몸을 180도 뒤틀며 빠져나갔다. 그러면서 동생의 팔 안쪽에 시뻘건 발톱 자국을 호되게 남겼다. 동생은 눈물이 그렁그렁하면서도 대범한 미소를 지어 보였다.

어머니가 법석을 떨며 젖은 행주로 동생의 팔을 톡톡 두들기자 그 아이는 "괜찮아요" 하고 말했다.

"헨리, 화장실 찬장에서 소독 연고 좀 갖다줄래?"

어머니가 내게 지시했다.

나가는 길에 나는 버디를 힐끗 쳐다보았다. 난 그 여자가 내 동생한테 부주의하게 고양이를 넘겨줬다는 사실을 알고 있었다. 내가 다 안다는 사실을 그 여자도 눈치채길 바랐다. 그때 버디도 나를 쳐다보았는데, 눈이 너무 작아서 눈동자 색깔조차 거의 알아볼 수 없었다.

이제 와 생각해 보면 나는 이상한 남자애였다. 살다 보면 가끔 나와 비슷한 아이들을 만나게 된다. 좀처럼 웃지 않으면서 늘 심각하고 신중하고 주위를 경계하는 아이들.

내 짐작엔 버디도 어린 시절에 아주 이상한 아이였을 거다. 어쩌면 내게서 자신의 모습을 발견했을지도 모른다. 그렇다 하더라도 버디는 나를 싫어하는 게 분명했다. 확실히 알 수 있었다. 그야 나 또한 마찬가지였고.

복도를 지나다 저스틴과 마주쳤다. 그 남자는 찌그러진 블랙매직영국의 초콜릿 브랜드 상자를 들고 길을 잃은 듯 머뭇대고 있었다.

"부모님은 저쪽에 계시니?"

그가 부엌 쪽을 대충 가리키며 물었다.

"네. 부엌에요. 저 아치를 지나가면 나와요."

"메르시 보쿠정말 고마워."

저스틴이 말했다. 11살이 채 안 된 나도 그 남자가 가식적으로 굴고 있다는 건 충분히 느낄 수 있었다.

그러고 나서 곧 우리 남매는 잠자리에 들어야 했다. 동생은 팔 안쪽에 반창고를 붙인 채로, 나는 배탈이 날 조짐을 느끼며 침실로 향했다. 어린 시절 나는 감정 기복이 위장에 그대로 반영되는 체질이었다.

그날 밤 늦게 위층에서 어슬렁거리는 그들의 발소리가 들렸다. 나는 머리 위에 베개를 얹고 다시 잠을 청했다.

다음 날 아침 각별히 일찍 부엌으로 내려갔더니 포장을 뜯지 않은 블랙 매직 초콜릿 상자가 식탁 위에 놓여 있었다. 셀로판 포장지를 뜯고 싶은 충동이 일었다.

그런 소소한 반항을 감행하면 단기적으로는 기분이 좀 나아지 겠지만 장기적으로는 훨씬 불쾌해질 터였다.

등 뒤에서 어떤 움직임이 느껴져 돌아보니 고양이가 문틈을 비집고 들어오는 중이었다. 여동생의 팔에 난 상처가 생각났고 '저 여자애가 제대로 안지 못해서 생긴 사고지, 수키는 절대 일부러 할퀴지 않는단 말씀'이라 말하는 듯 짜증스레 혀를 차던 버디의 모습도 떠올랐다.

그 생각을 하니 마음속에서 격한 분노가 부글부글 끓어올랐다. 그래서 나는 큰 소리로 쉿쉿 위협하며 부엌 밖으로 고양이를 쫓아냈다.

그날 학교에 가서 몇 시간만이라도 평범한 일상을 보내니 거의 안도감이 들 정도였다. 초등학교에서 보내는 마지막 학기가 막 시작된 참이었다.

우리 학년에서 가장 어린 축이었던 나는 다음 달이면 11살이었는데, 그땐 더 큰 학교로 전학 갈 예정이었다. 집과도 더 가깝고 반바지도 안 입는 학교였다.

그 무렵 난 전학 문제에 아주 집착했다. 반바지를 입는 학교라든지 여태껏 함께 자라 온 또래 애들한테는 아예 흥미를 잃어버렸으니까.

나는 나 자신이 남들과 다르다는 점을 또렷이 자각했다. 완전히 달랐다. 주위엔 나 같은 사람이 없었다. 나는 더 큰 학교에 가서 나와 비슷한 사람들에게 둘러싸여 지내는 환상을 품었다. 큰 학교에서라면 모든 게 더 나아지겠지. 5주만 더 버티면 길고 지루한 여름이 찾아올 테고, 그 뒤엔 새로운 생활이 시작되리라.

그해 여름이 끝날 무렵 내 삶의 전망이 얼마나 달라질지, 내가 기다리던 모든 것이 얼마나 금세 멀고 먼 꿈처럼 느껴지게 될지는 전혀 생각지도 못했다.

10

리비는 뒷문을 열어 놓고 부엌 탁자 앞에 앉아 있었다. 늦은 오후 햇빛이 시들며 뒷문 밖 안뜰이 어둑어둑해졌지만 바깥에 나가 앉기엔 아직 너무 습했다.

그녀는 다이어트 콜라와 얼음이 가득 담긴 텀블러를 손에 들고 있다. 집에 들어오자마자 샌들을 벗어 던졌기에 지금은 맨발이다. 이제 로즈 골드 색상의 노트북을 열고 크롬 브라우저를 띄운다.

나흘 전, 그러니까 그 편지가 도착해서 모든 게 뒤집어지기 전에 자신이 마지막으로 입력한 검색어가 '살사 댄스 지역 강좌'라니 좀 놀라울 정도였다. 그때 자기가 무슨 생각을 하고 있었던 건지도 거의 상상이 안 된다. 아마 남자를 만나 보려는 생각이었던 것 같은데.

리비는 새 탭을 열고 천천히, 초조하게 *마티나와 헨리 램 부부*라는 검색어를 입력했다.

곧바로 《가디언》에 실린 2015년 기사 링크가 눈에 띄었다. 링크를 클릭하자 '서레니티 램과 토끼 발에 얽힌 기이한 사건'이라는 기사가 떴다.

서레니티 램이 나였던 거지. 그게 *나야.* 내가 서레니티 램이야. 동시에 리비 존스이기도 하지. 리비 존스는 세인트올번스에서 주방 가구를 판매하고 살사 댄스를 배우러 가고 싶어 해. 서레니티 램은 목재로 벽을 두른 첼시 저택의 방 안, 채색된 요람 속에 누워 있지. 몸을 감싼 담요 안엔 토끼 발이 숨겨져 있고.

아무리 봐도 한쪽이 다른 한쪽으로 넘어가며 포개지는 접점을 찾기가 어려웠다. 양어머니가 나를 처음 품에 안았을 때라고 봐야 할까? 리비는 상상해 보았다. 하지만 그때는 아직 지각 능력이 없었다. 그러니 서레니티에서 리비로 전환되며 자기 정체성의 필라멘트가 소리 없이 꼬였다 풀리는 과정도 의식하지 못했다.

리비는 콜라를 한 모금 홀짝이고 기사를 읽기 시작했다.

11

앙티브니스 남서쪽의 해안 도시에 우뚝 선 주택은 말라 죽은 장미처럼 칙칙한 붉은색이고 셔터는 하늘색으로 페인트칠되어 있다. 한때 루시가 살았던 집이다. 아주 오래전, 마르코의 아빠와 결혼해서 살던 시절.

이혼한 지 10년이 지났지만 여전히 그의 이름을 입에 올리기가 힘들다. 그 이름을 부를 때 혀와 입술에 느껴지는 감각이 속을 뒤집어 놓는다.

하지만 루시는 지금 그 남자의 집 앞에 서 있고, 그의 이름은 마이클이다. 마이클 리머.

진입로에 빨간색 마세라티가 주차되어 있는데 보나 마나 빌린 차일 게 뻔했다. 마이클은 팔색조 같은 사람이지만 *본인이 응당 누려야 한다고 생각하는 만큼 부를 거머쥔 사람*은 아니니까.

마르코가 자동차를 구석구석 열렬히 훑어보고 있다. 루시는 아이의 표정과 숨죽인 동작, 경외심이 깃든 눈빛에서 적나라한 갈망을 고스란히 읽을 수 있었다.

루시가 중얼거렸다.

"저거 아빠 차 아니야. 그냥 빌린 거지."

"어떻게 알아?"

"그냥 알아. 확실해."

루시는 스텔라의 손을 꽉 쥐며 안심시켜 주었다. 스텔라는 지금껏 마르코의 아빠를 만나 본 적이 한 번도 없었다. 하지만 엄마가 그 사람을 어떻게 생각하는지는 아주 잘 알고 있다. 다 함께 문 앞으로 간 다음 루시가 놋쇠 초인종을 눌렀다. 멜빵바지를 입고 라텍스 장갑을 낀 가정부가 문가로 다가왔다. 그리고 미소 지으며 인사했다.

"봉주르_{안녕하세요.}"

"리머 씨 계신가요?"

루시는 가장 바르고 명확한 영국식 억양으로 물었다.

"위_{네.}" 가정부가 대답한다. "네, 정원에 계세요. 잠시만 기다려 주세요." 그러더니 멜빵바지 주머니에서 조그만 검은색 노키아 핸드폰을 꺼냈다. 이어서 라텍스 장갑 한쪽을 벗고 번호를 누르며 루시를 올려다봤다.

"누구시라고 전할까요?"

"루시. 루시랑 마르코예요."

"선생님, 루시라는 숙녀분께서 오셨어요. 마르코라는 남자아이도요." 가정부가 고개를 끄덕였다. "네, 알겠습니다. 네. 네." 그 다음에 전화를 끊고 핸드폰을 다시 주머니에 슥 넣었다.

"리머 선생님께서 안으로 안내해 드리라 하시네요. 들어오세요."

루시는 눈을 깜빡이며 고개를 끄덕이고는 몸집이 작은 가정부를 따라 복도를 지나갔다. 그러면서 돌계단 아래쪽을 보지 않으려고 눈을 돌렸다. 임신 4개월째였을 때 마이클에게 떠밀려 팔과 갈빗대가 부러진 자리였으므로.

그에게 머리채가 붙들려 몇 번이고 머리통을 쾅쾅 들이박았던 복도 벽도 외면한다.

루시가 폭행당한 이유는 마이클이 그날 직장에서 스트레스를 받았기 때문이었다—아무튼 그는 한 시간 뒤 집에서 나가려는 루시를 붙잡으며 그렇게 해명했다. 너무 사랑한다고, *너 없이는 살 수 없으니* 떠나지 말라고 사정하면서 말이다. 참 아이러니하지 뭔가. 그 남자는 다른 여자와 결혼해 여기서 멀쩡히 잘 살고 있으니까.

아주 익숙한 뒷문에 다가가자 루시의 손이 떨렸다. 저 커다란 두 짝짜리 여닫이문을 열면 박각시나방들이 나팔 모양 꽃을 빨아먹고 그늘진 구석에선 바나나 나무들이 자라는 멋들어진 열대 정원이 펼쳐진다.

꽃으로 덮인 돌 정원에 작은 폭포수가 졸졸 흘러내리고 남쪽 끝의 수영장 속 청량한 하늘색 수면이 오후 햇살을 받아 반짝이는 곳이다.

그리고 이제 그 남자가 보였다. 마이클 리머. 수영장 옆 테이블을 끼고 앉아 한쪽 귀엔 무선 이어폰을 꽂고, 제 앞에다 노트북이며 핸드폰 두 대, 작은 맥주병도 하나 올려놓았다. 정신없이 바쁜 사업가 행세를 해 봤자 다 연기라는 게 저 맥주에서 들통난다.

"루시!"

마이클이 활짝 웃으며 일어섰다. 루시가 도망쳤던 10년 전만 해도 운동으로 다져진 탄탄한 몸매를 뽐내던 남자지만, 이제 48살이나 먹었으니 어떻게 38살 때와 같겠는가. 그는 그 사실을 숨겨 보려고 선탠한 배에 힘을 주었다. 그리고 이어폰을 뺀 다음 루시에게 다가왔다.

"루시!"

두 팔을 뻗으며 더 따뜻한 말투로 한 번 더 불렀다.

루시가 움찔했다. 저 팔뚝. 그녀를 꼼짝 못 하게 짓누르고 문이나 벽에 쾅쾅 처박는 팔뚝.

"마이클."

루시는 멀찍이 물러나며 조심스럽게 대꾸했다.

그러자 마이클은 쭉 뻗은 팔로 루시 대신 마르코를 꽉 끌어안았다.

"네가 엄마한테 말했나 보구나?"

마르코가 고개를 끄덕였다.

마이클은 짐짓 혼내는 표정을 지어 보였다.

그러더니 루시의 다리에 딱 달라붙어 있는 스텔라에게 눈길을 돌렸다.

"이쪽은 누구지?"

"스텔라라고 해. 내 딸이야."

마이클이 감탄했다.

"우와. 정말 예쁜 아이네. 만나서 반갑다, 스텔라."

그리고 손 내밀어 악수를 청했다. 루시는 딸아이를 떼어 놓고 싶은 마음이 굴뚝같지만 간신히 참았다.

"얘는 누구야?"

그가 개를 내려다보며 물었다.

"피츠제럴드야. 줄여서 피츠라 불러도 되고."

"F. 스콧 피츠제럴드에서 따온 거야?"

"맞아, F. 스콧의 이름을 따왔어."

아드레날린이 조금 솟는 느낌이다. 예전에 마이클이 강요하던 질의응답 시간이 기억났다. 루시가 얼마나 멍청하고 무식한지 확인하고, 마이클 같은 과분한 남자를 만난 게 행운이라는 점을 보여 주려는 의도였다.

하지만 루시의 내면 깊은 곳에는 작고 단단하고 확실한 주관이 항상 자리하고 있었다. 그래서 그가 틀렸음을, 자신이 언젠간 탈출구를 찾을 것이며 그러고 나면 결코 돌아보지 않을 것임을 늘 상기할 수 있었다.

그런데 지금 여기 찾아와 그의 질문에 쭈뼛쭈뼛 대답하며 돈을 좀 달라는 말을 막 꺼내려는 참이니. 거의 원점으로 돌아간 것이다.

"그래, 안녕 피츠." 마이클이 개의 턱살을 잡아당겼다. "너 참 귀엽기도 하다."

그러더니 뒤로 물러나 루시와 아이들을 찬찬히 뜯어보았다. 그 옛날 루시를 응징할까 말까 고민하며 재어 보던 것과 똑같은 시선이었다. 웃음과 포옹으로 마무리될지 손가락이 부러지거나 팔이 비틀려 꺾여야 끝날지 알 수 없는 그 살얼음판 같은 시간.

"자, 자, 자. 모두들 참 보기 좋다. 진짜 사랑스러운 가족인걸. 뭐 좀 마실래? 주스 줄까?"

그러면서 루시를 쳐다봤다.

"애들이 주스 마셔도 되나?"

루시가 고개를 끄덕이자 마이클은 집 뒤편 테라스 그늘에 물러서 있던 가정부를 향해 외쳤다.

"조이! 아이들에게 주스 좀 갖다줘요! 고마워요! 루시, 당신은? 와인? 맥주?"

루시는 일주일 넘게 술을 마시지 못했다. 맥주를 들이켜고 싶어 죽을 지경이다. 하지만 그럴 수 없었다. 앞으로 30분 정도는 정신을 바짝 차려야만 한다. 때문에 고개를 가로저었다.

"괜찮아. 나도 주스가 좋겠어."

"주스 세 잔 부탁해요, 조이. 고마워요. 나는 맥주 한 병 더. 아, 감자 칩도 좀 줘요. 으음, 그거 뭐냐, 물결 모양으로 썰린 거 있죠? 좋아요."

그리고 다시 루시를 바라보았다. 여전히 눈을 동그랗게 뜨고 소년 같은 분위기를 풍긴다.

"앉아, 앉아."

모두들 마이클이 끌어다 놓은 의자에 앉았다. "그래—" 그가 새로이 운을 뗀다.

"루시 루, 도대체 그동안 어떻게 지낸 거야?"

루시는 어깨를 으쓱하고 웃었다.

"알잖아. 쭉 살아 나가고, 점점 나이를 먹고, 점점 지혜로워지는 거지."

"그동안 내내 여기서 지냈던 거야?"

"응."

"영국엔 아예 안 돌아가고?"

"그렇지."

"그럼 딸은…… 아이 아빠는? 결혼했어?"

루시가 대답했다.

"아니. 그냥 몇 년 같이 살았어. 그러다 3년 전쯤 그 사람이 '가족들을 보러 간다'며 알제리로 돌아갔는데 그 뒤로는 아무 소식이 없네."

마이클은 스텔라의 아빠가 잠적한 게 신체적 폭력만큼이나 잔혹하다는 듯 움찔 놀란 표정이다. 참을 수 없을 만큼 아이러니했다.

"그럴 수가. 너무하군. 그럼 혼자서 아이 둘을 키우는 거야?"

"응, 딱 그렇지."

조이가 쟁반을 들고 돌아왔다. 쟁반 위엔 차가운 오렌지 주스가 담긴 유리병, 종이 재질 컵 받침을 깐 유리잔 세 개, 감자 칩이 담긴 아담한 은그릇, 작은 종이 냅킨과 빨대가 한가득이었다. 마이클이 주스를 따라 모두에게 한 잔씩 건네주고 물결 모양 감자 칩도 권했다. 아이들은 과자 그릇에 맹렬히 손을 뻗쳤다.

루시가 다그쳤다.

"천천히 먹어."

"괜찮아. 박스로 쟁여 놨으니까. 그래, 지금은 어디 살아?"

"여기저기서."

"그럼 지금도……?"

그러면서 바이올린을 연주하는 시늉을 했다.

루시가 쓴웃음을 지었다.

"뭐, 그랬지. 맞아. 어떤 총각파티에서 술 취한 영국 놈이 내 바이올린을 낚아채 도망가기 전까진 말야. 악기를 돌려받으려고 30분이나 그놈들 패거리를 쫓아다녔는데 결국 벽 너머로 내던져 버렸지. 이젠 수리 중이고. 사실 수리는 다 됐다고 볼 수 있어. 그런데……."

두려움 때문에 루시의 입속이 바싹 말랐다.

"바이올린을 되찾아 올 돈이 없어서."

마이클은 '저런, 딱하기도 하지' 하는 눈빛을 보였다. 루시를 해친 뒤 마치 자기가 한 짓이 아닌 것처럼 의식이 분리되면 종종 저런 표정을 지었다. 대개 본인이 저지른 짓이라는 사실을 곧이어 떠올리고 끔찍한 자책감에 빠져들곤 했지만.

"얼만데?"

마이클은 벌써 몸을 비틀며 뒷주머니에 넣어 둔 지갑을 더듬어 찾았다.

"110유로야."

루시가 약간 목멘 소리로 답했다.

루시의 시선은 지폐를 꺼내는 마이클의 손에 머문다.

그가 지폐 여러 장을 반으로 접어 루시에게 건넸다. "여기. 좀 더 보탰어. 우리 아들 머리라도 좀 자르게."

그러면서 마르코의 머리카락을 다시 한 번 거칠게 쓰다듬었다.

"루시 너도 미용실에 한번 들르면 좋겠네."

저 눈빛. 루시의 머리카락을 힐끗 볼 때 스치는 끔찍하고 음울한 실망의 눈빛. *넌 스스로를 가꾸지 않는구나. 노력이 부족하다니까. 내가 널 어떻게 사랑하겠니. 네가, 씨팔, 아무, 노력도, 하지를, 않는데.*

루시가 지폐를 받아 들려고 하자 마이클은 손아귀에 좀 더 힘을 줬다. 알아차리기 힘들 만큼 미세하게 잡아당기는 느낌이 루시의 손에 전해졌다. 지배와 권력이라는 더러운 게임을 벌이려는 기미가 돌았다. 마이클이 미소 지으며 손에서 힘을 뺐다. 루시는 돈을 숄더백에 넣고 말했다.

"고마워. 정말 고마워. 몇 주 안에 돌려줄게. 약속해."

그가 뒤로 기대앉아 다리를 살짝 벌리고 음산하게 미소 지었다.

"아냐. 돌려받고 싶지 않아. 하지만……."

루시는 문득 등골이 서늘해졌다.

"한 가지만 약속해 줘."

루시의 미소가 차갑게 얼어붙었다.

"보고 싶어. 그러니까, 더 자주 봤으면 좋겠어. 자기랑 마르코. 그리고 물론 너도."

마이클은 스텔라에게 음험한 눈길을 던지며 윙크했다.

"난 여름 내내 여기 있거든. 9월 중순까지. 뭐, 새 일을 구할 때까지 잠시 쉬는 거지."

"그럼 아내분은……?"

"레이철은 먼저 돌아가야 했어. *영국에서 긴히 처리할 일이 있다네.*"

그가 경멸조로 말했다. 레이철이라는 사람은 뇌신경외과 의사일 수도 있고 혹시 정치인일지도 모를 일이다. 수백, 수천 명의 생명줄을 손에 쥐고 있을지도 모른단 얘기다.

하지만 마이클로 말할 것 같으면, 여자가 한순간이라도 자기 말고 다른 데로 관심을 돌릴 경우 무슨 이유가 됐든 한심하다며 비웃는 인간이다. 설령 아기 때문이라 해도 마찬가지다.

"아. 안타까운 일이네."

"뭐, 상관없어. 나 혼자만의 공간이 좀 필요했거든. 왜냐하면…… 지금 내가 뭐 하고 있게?"

루시는 곧바로 고개를 가로젓고 미소 지었다.

"지금 소설을 쓰고 있거든. 사실 *자서전*이 될 수도 있고. 아님 소설과 회고록을 한데 버무리거나. 반쯤 자전적인 글 같은 거지. 아직 잘 모르겠어."

이런, 저 남자 자기만족에 푹 빠진 것 같네. 꼭 내가 '우와, 마이클, 굉장하다. 당신은 정말 똑똑해'라고 말해 주길 기다리는 듯한 표정인걸. 루시는 생각했다. 하지만 그 대신 저 인간의 면전에 대고 웃음을 터뜨리며 이렇게 말하고 싶었다. 하, 당신이 소설을 쓴다고? 설마 진담은 아니겠지?

"멋지네. 정말 재미있겠어."

"그래야겠지. 하지만 머리를 식히는 시간도 꽤 많아. 그야 놀랄 일도 아니지. 그러니 너희들을 더 자주 보면 진짜 좋을 거야. 같이 놀기도 하고. 수영장도 좀 쓰고."

루시는 그의 시선을 좇아 수영장을 바라보았다. 문득 숨이 차고 폐가 팽창했다 오그라든다. 완벽하게 청록색으로 빛나는 물 아래 머리가 처박혔던 기억에 심장이 쿵쿵 뛰었다.

정수리를 거세게 찍어 누르던 그의 손. 폐가 거의 터질 때까지 누르고, 또 누르던 손.

그러다 갑자기 풀려난 루시는 수면 위로 머리를 쳐들고 숨이 막혀 캑캑거렸다. 그사이 마이클은 풀장에서 몸을 일으키더니 일광욕 의자에 걸어 둔 타월을 잡아채 몸에 두른 다음 뒤도 한 번 안 돌아보고 집으로 성큼성큼 걸어 들어갔다.

나중에 마이클이 말했었다.

"그때 내가 널 죽일 수도 있었어. 죽이고 싶었다면 말야. 너도 알지? 내가 널 죽일 수도 있었다고."

당시 루시는 이렇게 물었다.

"왜 안 죽였는데?"

"귀찮았거든."

지금 루시는 이렇게 말한다.

"뭐. 그럴 수도 있겠지. 올여름에 우리도 꽤 바쁘긴 하지만."

마이클이 거들먹거리는 투로 말을 받았다.

"그래. 물론 그렇겠지."

루시가 집을 돌아보며 다른 얘길 꺼냈다.

"있잖아. 난 당신이 이 집을 팔았을 거라고 쭉 생각했어. 몇 년 동안 다른 사람들이 여기 사는 걸 봤거든."

마이클이 대답했다.

"휴가철에 세를 준 거야."

루시는 그 목소리에서 수치심을 포착할 수 있었다. 대단한 남자, 광채가 나는 남자, 부와 명예를 거머쥔 마이클 리머가 자신의 앙티브 저택을 외지인들에게 휴가용 별장으로 세놓을 정도로 몸을 낮춰야 했다는 생각 때문이리라.

"아깝다는 생각이 들었지."

그가 다시 기운차게 말을 잇는다.

"계속 빈집으로 놔두다니. 다른 사람들이 여기서 즐거운 시간을 보낼 수도 있는데 말야."

루시는 고개를 끄덕였다. 구질구질한 거짓말을 굳이 밀어붙이고 싶다면야 들어 주지. 마이클은 '다른 사람들'을 혐오하는 사람이다. 그러니 집 안을 구석구석 소독하고 나서야 여기 돌아와 살 수 있을 것이다.

루시가 아이들에게 고개 돌려 미소 지으며 말했다.

"참. 이제 우린 슬슬 일어나 봐야겠는걸."

마이클이 만류했다.

"아냐. 좀 더 놀다 가! 그래도 괜찮잖아? 술 한 병 따도 좋고. 애들은 수영장에서 물장구치고 놀면 되지. 재미있을 거야."

"악기점이 금방 문 닫을 시간이라."

루시는 초조한 마음을 드러내지 않으려 조심했다.

"꼭 지금 바로 바이올린을 찾아야 돼. 그래야 당장 오늘 밤부터 일할 수 있을 테니까. 아무튼 고마워. 정말 고마워. 애들아, 인사 해야지?"

아이들이 고맙다고 인사하자 마이클은 싱긋 미소 지었다.

"예쁜 아이들이야. 진짜 예쁘네."

그가 현관문까지 바래다주었다. 루시를 껴안고 싶은 기색이지만 그녀는 잽싸게 무릎을 꿇고 개 목걸이를 바로잡으며 피했다. 문간에 선 마이클은 어쭙잖은 자동차의 보닛 너머로 루시 일행을 지켜보았다. 입가엔 여전히 미소가 감돌았다.

잠깐 동안 루시는 곧 토할 것처럼 속이 메슥거렸다. 잠시 걸음을 멈추고 숨을 깊이 들이마신다. 그러고 나서 막 모퉁이를 돌려고 할 때쯤 피츠가 갑자기 쪼그리고 앉더니 마이클의 집 벽에다 똥을 한 무더기 쌌다. 오후 햇살이 그대로 내리쬐는 자리였다. 루시는 똥을 주우려고 가방 속에서 비닐봉지를 꺼내려다 멈췄다. 한 시간 안에 저 똥은 햇볕을 받아 브리 치즈처럼 보글보글 끓을 거다. 마이클이 다음에 집을 나설 땐 딱 저 똥부터 보게 되겠지. 혹시 똥을 밟을지도 모른다.

루시는 개똥을 그냥 내버려 두었다.

마르코가 걱정스레 바라보며 물었다.

"엄마?"

그녀는 스텔라의 손을 잡고 보도로 올라서며 말했다.

"괜찮아. 이제 엄마 바이올린 찾으러 가자."

12

리비는 토요일에 친구네 집 바비큐 파티에 갈 생각이었다. 어서 그날이 오길 고대하고 있기도 했고. 친구 에이프릴이 '회사 사람 중에서 섹시한 남자를 하나 초대했는데, 내 생각엔 네가 진짜 마음에 들어 할 거 같아. 대니라는 남자야'라 말했으니까.

그러나 토요일 아침이 밝아 오며 구름 없이 새파란 하늘 아래 또다시 무더운 하루가 펼쳐지는 지금, 유리창을 열려고 손을 대면 벌써부터 뜨끈뜨끈한 지금, 리비는 섹시한 대니도, 맛있다고 소문난 에이프릴표 스파이시 쿠스쿠스 샐러드도, 오렌지빛으로 반짝이는 아페롤 스프리츠이탈리아의 대표적인 식전주로 감귤향 리큐르 아페롤과 스파클링 와인, 탄산수를 섞어 만든다 잔을 손에 들고 고무 풀장에 발을 담그는 호사도 영 구미가 당기지 않았다. 그녀의 머릿속을 가득 채운 건 오로지 서레니티 램과 토끼 발에 얽힌 기이한 사건뿐이었다.

리비는 에이프릴에게 문자 메시지를 보냈다.

진짜 진짜 진짜 진짜 미안. 즐거운 하루 보내. 이따 저녁에도 아직 기운이 남아 있다면 알려줘. 저녁 술 한잔하러 잠깐 들를게.

그러고 나서 샤워를 한 뒤 열대 무늬 점프 슈트를 입고 금색 가죽 샌들을 신었다. 이어서 팔과 어깨에 선크림을 바르고, 선글라스를 머리띠처럼 이마 위로 올리고, 가방에 그 집 열쇠가 잘 들어 있나 확인한 다음 런던행 열차에 올라탔다.

리비는 대문을 둘러싼 나무판자 위의 자물쇠에 열쇠를 꽂고 돌렸다. 자물쇠가 스르륵 열리자 현관문에 또 다른 열쇠를 꽂았다. 마음속으로는 누군가 자기 어깨에 손을 얹고 지금 뭐 하는 거냐고, 허가받고 이 집 문을 따는 거냐고 물어봐 주기를 반쯤 기대하면서.

이윽고 집 안에 들어섰다. 자기 집에. 그리고 이 안엔 리비 혼자뿐이다.

문을 닫자 아침 시간 자동차 소음이 곧바로 잦아들고 타는 듯 달궈졌던 목덜미도 서늘해졌다.

잠시 그녀는 미동도 하지 않았다.

그리고 자기가 지금 서 있는 공간에 경찰이 출동한 모습을 상상해 보았다. 부패한 시체들에서 뿜어져 나오는 악취 때문에 손으로 얼굴을 가리는 경관들이 눈앞에 보였다. 그들은 옛날식 헬멧을 쓰고 있었다. 기사에 사진이 실렸기 때문에 그 당시 경찰이 어떤 모습인지 리비도 알고 있다. 알리 샤와 존 로빈 순경. 두 경관은 '우려를 느낀 이웃'이 익명으로 경찰서에 제보한 사항을 조사하러 출동했다. 그 '우려를 느낀 이웃'이 누군지는 끝내 밝혀지지 않았다.

리비는 사라진 지 오래된 샤와 로빈의 발자국을 따라 부엌으로 들어갔다. 점점 더 악취가 심해진다고 상상한다.

샤 순경은 파리 소리를 회상했다. 그는 누가 이발기나 전동 칫

솔을 켜 놓은 줄 알았다고 말했다. 시신들은 부패가 진행된 지 얼마 지나지 않았기에 검은 머리에 매력적인 외모의 40대 여성과 좀 더 나이 들고 머리가 희끗희끗한 남성의 모습을 아직 식별할 수 있었다고 한다.

두 시신은 손을 잡고 있었다. 그 옆에 또 다른 남성의 시신도 있었는데, 검은 머리에 장신이며 40세쯤으로 추정되었다. 그들은 모두 검은색 옷을 입고 있었다. 여성은 튜닉과 레깅스, 두 남성은 일종의 가운 차림이었다. 알고 보니 전부 집에서 직접 만든 옷이었다. 그 뒤 경찰은 뒷방에서 재봉틀과 쓰레기통에 담긴 검은 천 자투리를 발견했다.

윙윙거리는 파리 소리만 빼곤 온 집 안이 쥐 죽은 듯 조용했다. 경찰은 만약 식탁 위에 남겨진 쪽지에 아기 얘기가 적혀 있지 않았더라면 아기를 찾아볼 생각은 못 했을 거라고 밝혔다. 수색 과정에서 안방 안쪽으로 더 깊이 들어가야 나오는 옷방을 놓칠 뻔했지만, 그때 무슨 소리가 들렸다. "우" 하는 소리였다고 샤 순경은 회고했다.

"우."

천천히 계단을 올라 침실로 들어간 리비가 문가 한 귀퉁이에서 옷방을 들여다봤다.

거기 아기가 있었다! 지극히 포동포동하고 건강한 모습으로! 로빈 순경은 그렇게 말했다. *지극히 포동포동하고 건강한 모습으로!*

채색된 요람을 보자 살짝 소름이 끼쳤다. 하지만 리비는 불안감이 둔해질 때까지 꿋꿋이 요람을 응시했다. 머잖아 요람에 손을 댈 수 있을 만큼 무심해졌다. 아기 침대 머리맡에서 안을 들여다보는 두 젊은 경관의 모습을 상상해 본다. 새하얀 아기용 통옷을 입은 자기 자신의 모습도 그려 보았다. 생후 10개월밖에 안 되었지만 이미 셜리 템플처럼 풍성한 곱슬머리를 기른 아기, 친절해 보이는 사람들 둘이서 자기를 내려다보자 신이 나서 두 발로 허공을 차는 아기.

로빈 순경이 말했다.

"아기는 일어서려고 했습니다. 침대 옆면을 잡아당기면서 기를 쓰고 밖으로 나오려 했지요. 우리는 어떻게 해야 할지 알 수 없었습니다. 그 아기 역시 현장 증거였으니까요. 아기를 안아 올릴까? 지원 요청을 해야 하나? 참 당황스러웠습니다."

두 경관은 아기를 들어 올리지 않기로 결정한 모양이었다. 샤 순경은 상부의 지시를 기다리는 동안 아이에게 노래를 불러 주었다. 리비는 그때 일이 기억났으면 싶었다. 그 친절한 젊은 경관이 자신에게 무슨 노래를 불러 주었을까? 즐겁게 노래했을까? 아니면 민망해했을까? 샤 순경은 훗날 다섯 명의 자녀를 얻게 되었지만 서레니티 램을 요람에서 발견했던 당시엔 아직 육아 경험이 없었다.

범죄 수사 팀이 곧 저택에 도착했다. 그중엔 아기 호송 전담 요원도 있었다. 펄리시티 메저스라는 여성 경관이었고 당시 41세였다. 66세가 된 지금은 갓 은퇴하여 세 번째 남편과 함께 알가르브에 살고 있다. 기사는 그 경관의 말을 인용했다.

"정말 사랑스러운 아기였어요. 곱슬곱슬한 금발 머리에 영양 상태도 좋고 보살핌을 잘 받은 아이였죠. 생글생글 웃는 인상에 꼭 껴안고 싶을 만큼 귀여웠어요. 아이가 버려져 있던 환경을 고려하면 영 부합하지 않는 일이었습니다. 현장은 정말이지 고딕풍으로 음산했거든요. 그래요, 정말, 정말 음산했어요."

리비가 요람을 밀자 오랜 세월을 증명하듯 애처롭게 삐걱거리는 소리가 났다. 누구를 위해 산 물건일까? 궁금증이 들었다. 나를 위해 새로 산 걸까? 아니면 이미 여러 세대에 걸쳐 아기들을 재우던 침대일까? 이젠 자신의 이야기에 다른 사람들도 끼어 있다는 사실을 알기에 이런 생각이 드는 거다. 마티나와 헨리 램 부부, 수수께끼의 남자 말고도. 사라진 두 아이 말고도.

이웃들은 두 명이 아니라 '여러' 아이들이 여기 있었으며 '들락날락하는' 사람들도 눈에 띄었다고 증언했다. 이 집 안엔 신원을 확인할 수 없는 혈흔과 DNA, 각질, 머리카락, 기묘한 쪽지와 벽에 휘갈긴 낙서가 가득했고, 나무 벽에는 비밀 통로가 숨겨져 있으며 정원에는 약초가 무성했다. 정원에서 기른 몇 가지 약초는 동반 자살로 보이는 램 부부의 죽음에도 이용되었고.

우리는 이 부서진 육신으로부터, 추잡한 세상으로부터, 고통과 실망으로부터 우리 자신을 해방시켜 주렵니다. 우리 아이의 이름

은 서레니티 램이고 생후 10개월입니다. 부디 이 아이를 좋은 분들께 보내 주십시오. 늘 평화가 함께하길, HL, ML, DT.

부패해 가는 시신 곁 쪽지에는 이렇게 적혀 있었다.

리비는 방에서 나와 천천히 집 안 여기저기를 돌아다니며 자살 사건이 벌어진 뒤 발견된 기이한 흔적을 찾아보았다. 기사에 따르면 사건 당일 밤 이 집에 남아 있던 게 누구였든지 옷장 문을 활짝 열어 놓고 냉장고에는 음식을 그대로 두었으며 반쯤 읽다 만 책은 바닥에 펼쳐 놓고 떠나 버렸다. 벽에 접착테이프로 붙여 두었던 종이들도 찢겨 나가고 귀퉁이만 남아 덜렁거렸다.

리비는 부엌 벽에 붙은 누렇고 퍼석한 접착테이프 한 조각을 찾아냈다. 테이프에 붙은 작은 종잇조각을 잡아당겨 손바닥에 올려놓고 잠시 들여다봤다.

침몰하는 배에서 탈출하던 사람들이 다른 이들 눈에 띄지 않게 없애려던 종이엔 뭐가 적혀 있었을까?

시골풍 부엌에는 커다랗고 녹슨 냉장고가 버티고 있었다. 크림색과 베이지색이 섞인 미국식 냉장고인데, 리비가 생각하기에 1980년대 영국에서는 꽤나 보기 드문 물건이었을 듯하다.

냉장고 문을 열고 안을 들여다봤다. 점점이 얼룩진 곰팡이, 금이 가고 부서진 플라스틱 얼음 틀 두 개 말고는 아무것도 없었다.

부엌 찬장 안에서는 텅 빈 에나멜 깡통들과 너무 오래되어 벽돌처럼 단단해진 밀가루 한 봉지가 나왔다. 흰색 찻잔 한 세트,

크롬 도금 찻주전자, 허브와 향신료가 담긴 오래된 단지들, 토스트 선반, 검은색으로 페인트칠된 커다란 쟁반도 있었다. 검은색 페인트를 긁어내자 은 표면이 드러났다. 리비는 왜 은 쟁반을 검게 칠한 걸까 의아했다.

그러다 동작을 멈췄다. 방금 무슨 소리가 들렸는데.

위층에서 뭔가 움직인 것 같았다.

리비는 쟁반을 다시 찬장에 밀어 넣고 계단 아래로 가서 섰다. 또 그 소리가 들렸다. 둔탁하게 쿵 하는 소리다. 심장 박동이 빨라졌다. 층계참으로 살금살금 걸어가 보았다. 또 소리가 난다. 그리고 또. 그러고 나서―그 소리에 리비의 심박수가 두 배로 뛴다―누군가가 헛기침을 했다.

로일 씨야. 리비는 생각했다. 분명 그 변호사, 로일 씨일 거야. 다른 사람일 리가 없지. 아까 문을 잠그고 들어왔으니까. 확실해.

리비가 소리쳐 불렀다.

"안녕하세요! 안녕하세요, 로일 씨!"

하지만 침묵이 흘렀다. 즉각적이며 고의적인 침묵이다.

"저기요!"

리비가 다시 소리쳤다.

침묵이 집 꼭대기에 곰처럼 잠잠히 도사리고 있었다. 숨죽인 쿵쿵 소리가 귀에 들리는 것만 같다.

리비는 이 집에서 도망친 아이들을, 그리고 아기였던 자신을 돌보기 위해 뒤에 남은 정체 모를 인물을 생각했다. 또 온갖 낙서

와 라디에이터에 매달린 천 조각, 벽에 남은 손톱자국, 자신의 부모가 남긴 어색한 쪽지, 삐걱거리는 아기 침대에 채색된 파란 장미, 벽에서 찢겨 나간 종이, 핏자국, 그녀를 이곳에서 발견한 경찰의 콧속에서 '몇 주 동안이나' 지워지지 않았다는 시체 썩는 냄새를 생각했다.

그다음엔 단짝 친구 에이프릴의 깔끔한 잔디밭, 친구가 만든 매콤한 쿠스쿠스, 아페롤 스피리츠의 눈부신 오렌지색, 얼음처럼 차가운 풀장 바닥에 들러붙는 발바닥을 생각했다. 대니라는 섹시한 남자를, 둘이서 낳게 될지 모르는 아기들을 생각했다.

리비가 서른 살이 되면. 혹은 좀 더 일찍이라도. 그래, 더 일찍이면 어때? 뭐 하러 미루겠어? 음침하고 오싹한 내력, 곰팡이 핀 냉장고와 말라 죽은 정원과 다락방에서 헛기침하며 쿵쿵거리는 존재를 싹 다 포함해 이 저택을 팔아 버리면 된다. 그녀는 지금 당장 이 집을 팔아 부자가 될 수 있고, 대니와 결혼해 아기를 낳을 수도 있다. 여기서 벌어진 일에 대해서는 이제 관심 없다. 더 이상은 알고 싶지 않다.

리비는 핸드백 속 열쇠들을 더듬어 찾았다. 그리고 커다란 나무 현관문과 외부 판자의 자물쇠를 잠근 뒤 안도하며 뜨거운 보도에 발을 디뎠다. 곧이어 가방에서 핸드폰을 꺼내 에이프릴에게 문자 메시지를 보냈다.

나 먹을 쿠스쿠스도 좀 남겨 놔. 한 시간 안에 갈게.

13

루시는 악기 수리점의 미약한 불빛 아래서 바이올린을 이쪽저쪽으로 돌려 보았다.

턱 밑에 바이올린을 끼고 재빨리 가장조 음계를 세 옥타브 넘나들어 보고 아르페지오 연주도 해 보며 음질이 고른지, 불협화음이나 끽끽거리는 소음은 나지 않는지 확인했다.

그런 다음 뱅상 씨에게 활짝 웃어 보였다.

그녀가 프랑스어로 말했다.

"놀랍네요. 전보다 더 좋아졌는데요."

가슴속이 부드럽게 누그러진다. 해변이나 고가 도로 밑에서 잠을 자는 동안엔 바이올린 없이 지내는 게 얼마나 마음을 힘들게 했는지, 악기를 망가뜨린 술 취한 머저리들에게 자신이 얼마나 커다란 분노를 품고 있었는지 깨닫지 못했다.

하지만 그보다도, 스스로가 얼마나 바이올린 연주를 그리워하고 있었는지 미처 깨닫지 못했다.

루시가 20유로 지폐를 세서 카운터에 올려놓자 뱅상 씨는 수첩에 영수증을 써서 뜯어 주었다. 그다음에 카운터 위의 진열대에서 츄파춥스 막대사탕 두 개를 꺼내 아이들에게 한 개씩 건네주었다.

그가 마르코에게 말했다.

"어머니를 잘 챙겨 드리렴. 네 동생도 잘 보살피고."

가게 밖으로 나오자마자 시원한 저녁 공기가 온몸을 감쌌다. 루시는 막대사탕 포장지를 풀어 스텔라에게 돌려주었다. 그러고 나서 다 함께 관광 센터 쪽으로 걸어갔다. 그동안 아이들은 사탕을 빨아 먹고 개는 뜨거운 보도를 킁킁거리며 버려진 닭 뼈나 엎질러진 아이스크림을 찾았다. 루시는 아직 식욕이 없었다. 마이클과 만나고 나니 밥맛이 싹 달아나 버렸다.

이른 식사를 하러 온 손님들이 막 도착하던 참이었다. 나이 든 관광객, 아니면 어린 자녀를 데리고 온 관광객 무리다. 이들은 늦은 식사를 즐기는 손님들보다 까다로운 편이다.

늦게까지 남는 손님들은 술을 마시러 오는 무리다. 이들은 여기, 그러니까 속이 비치는 하늘하늘한 치마와 끈 달린 민소매 상의를 입고 커다란 가슴과 햇볕에 탄 근육질의 팔을 드러냈으며 코에는 피어싱, 발목엔 발찌를 한 여자, 그 뒤쪽 그늘에 피곤한 기색으로 요가 매트를 깔고 앉아 있는 예쁜 아이들 둘, 발 위에 머리를 올리고 쉬는 꾀죄죄한 잭 러셀 테리어가 있는 쪽으로도 스스럼없이 다가온다.

이런 손님들은 잘 시간을 넘겨 짜증 부리는 아기들을 달래느라 정신 팔릴 일도 없고 쓸데없이 냉소적인 호기심을 품지도 않는다. 예컨대 루시가 마약이나 술을 사는 데 돈을 써 버리지 않을지, 아이들과 개를 그저 돈벌이 수단으로 앉혀 놓은 건지, 혹시 돈을 충분히 벌지 못한 날엔 집에 가서 애들을 때리지나 않을

지 하는 궁금증 말이다. 전부 다 직접 들어 본 얘기들이다. 루시는 여태까지 별별 추궁을 다 들었다. 그러면서 점점 낯이 두꺼워졌다.

루시가 배낭에서 모자를 꺼냈다. 마르코는 예전에 이 모자를 '돈 모자'라 부르곤 했는데, 요즘은 '구걸 모자'라 부른다. 아들은 이 모자를 아주 싫어한다.

루시는 앞쪽 땅바닥에 모자를 내려놓고 바이올린 케이스를 열었다. 그리고 아이들이 뒤에 편히 자리 잡았는지 확인했다. 마르코는 읽을 책을 꺼내 놓았고 스텔라는 색칠 놀이를 하고 있었다.

마르코가 진력이 난 눈빛으로 루시를 올려다봤다.

"우리 여기 얼마나 오래 죽치고 있어야 돼?"

13살이 되려면 아직 몇 달이나 남았는데도 너무나 청소년 같은 태도였다.

"우리 숙소인 블루하우스에서 일주일 묵을 만큼 돈을 벌 때까지."

"그게 얼만데?"

"하룻밤에 15유로야."

"왜 그냥 아빠한테 돈을 좀 더 달라고 부탁하지 않은 거야? 아빠가 선뜻 내줬을지도 모르는데. 100유로쯤 더 줄 수도 있었다고. 아무렇지도 않게."

"마르코. 왜 그런지 알잖아. 그 인간이 나한테 무슨 짓을 했는지 너도 알잖아. 너한테도 그렇고. 자, 이제 엄마 일 좀 하게 해 주라."

마르코가 혀를 차며 눈살을 찌푸리고는 자기 책으로 눈길을 떨궜다.

루시는 바이올린을 턱으로 들어 올리고 오른발을 멀찍이 뻗어 발끝을 세웠다. 그다음에 눈을 감고 숨을 깊이 들이마신 뒤 연주하기 시작했다.

근사한 밤이다. 어젯밤 폭풍우가 지난 뒤 하늘이 평온하게 개고 그리 덥지도 않다. 그러니 사람들도 좀 더 느긋해졌다. 오늘 밤엔 많은 사람들이 발길을 멈추고 루시의 바이올린 연주를 감상했다. 그녀는 포그스와 덱시스 미드나이트 러너스의 곡들을 연주했다. 루시가 어림짐작하기론 *컴 온 아일린* 한 곡을 연주하는 동안에만도 모자 안에 얼추 15유로쯤 쌓였다. 사람들은 웃음을 머금고 춤췄다. 어느 30대 커플은 막 약혼한 김에 루시에게 10유로를 쾌척했다. 나이 든 여자 한 명은 옛날에 자기 아버지도 바이올린을 켜곤 했기에 바이올린 연주를 들으면 행복한 어린 시절이 떠오른다며 5유로를 건넸다. 9시 반까지 세 군데를 돌며 거의 70유로를 모았다.

루시는 아이들과 개, 가방을 끌어모았다. 눈도 제대로 못 뜰 정도인 스텔라를 보니 딸아이가 유아차에 타던 시절이 문득 그리워졌다. 그땐 밤중에 스텔라를 유아차에 가뿐히 누였다 들어 올려 그대로 침대까지 옮길 수 있었는데.

하지만 이제는 아이를 열심히 깨워서 억지로 걷게 시켜야 하고, 너무 피곤하다고 칭얼거려도 아이에게 소리 지르지 않으려 노력해야만 한다.

캐슬 파크로 올라가는 언덕 중턱쯤까지 10분 정도 걸어가면 블루하우스가 나온다. 그곳은 폭이 좁고 기다란 형태에 지중해가 건너다보이게 설계되었으며 원래는 연한 하늘색 외관이었다.

한때는 고상한 연립 주택이었으나 이제는 풍파에 찌들어 표면이 잿빛으로 바래고 벗겨졌으며 유리창은 금이 가고 배수관엔 담쟁이덩굴이 다닥다닥 달라붙은 형편이다.

주세페라는 남자가 1960년대에 주택을 사들인 뒤 황폐해지든 말든 방치하다 다른 사람에게 매각했는데, 새 건물주는 떠돌이 노동자들에게 방을 세주었다. 한 방에 한 가족씩 밀어 넣어 욕실은 같이 쓰게 하고 오로지 현금만 받았다. 또한 바퀴벌레만 들끓을 뿐 다른 편의 시설은 전혀 없었다.

예전 건물주인 주세페는 건물 관리와 보수를 맡는 대가로 저렴한 방세만 내고 1층 원룸에서 계속 지낼 수 있었다.

주세페는 루시를 끔찍이 아꼈다.

"나한테 딸이 있었더라면―,"

누누이 이렇게 말할 정도다.

"딱 너랑 닮은 아이였을 거야. 장담해."

바이올린이 고장 난 뒤 몇 주 동안 방세를 전혀 내지 않은 루시는 언제 집주인한테 쫓겨날까 노심초사하며 지냈다. 그러던 중

주세페가 방세를 대신 내주었다는 얘기를 다른 세입자에게 전해 들었다. 루시는 그날 바로 가방을 싸 들고 작별 인사도 없이 떠나 버렸다.

블루하우스로 접어드는 모퉁이에 다다른 지금, 그녀는 가슴이 조마조마해지고 공황 상태에 빠져들었다. 우리한테 내줄 방이 없으면 어쩌지? 인사도 없이 떠난 내게 화난 주세페 아저씨가 면전에서 문을 쾅 닫아 버리면 어쩌지? 혹시 그분이 떠났다면? 죽었을지도 모르잖아? 아예 집이 불타 없어졌으면 어쩌지?

하지만 어김없이 주세페가 문가로 와서 방범 체인 틈새로 빼꼼 내다보더니 미소 지었다. 덥수룩하게 자란 희끗희끗한 수염 사이로 누런 이가 언뜻 보인다. 그는 케이스에 든 바이올린을 슥 보고서 더욱 활짝 웃었다.

이어서 체인을 풀고 문을 열며 말한다. "우리 루시. 우리 아가들. 우리 강아지! 얼른 들어와!"

피츠가 미친 듯이 기뻐하며 펄쩍 뛰어 안기는 바람에 주세페는 하마터면 엉덩방아를 찧을 뻔했다. 스텔라는 두 팔로 그의 다리를 감싸 안았다. 그는 자신에게 몸을 딱 붙인 마르코의 정수리에다 뽀뽀해 주었다.

루시가 말했다.

"70유로 가져왔어요. 이 정도면 일주일은 너끈하겠죠."

"바이올린 찾았구나. 기간은 신경 쓰지 말고 마음 편히 지내. 좀 야위어 보인다. 너희 모두 야윈 것 같아. 나한테 빵이랑 햄밖에 없는데, 별로 좋은 햄은 아니지만 버터는 좋은 게 있거든. 그러니까⋯⋯."

루시 일행은 주세페가 사는 1층 원룸으로 따라 들어갔다. 개는 곧장 소파 위로 뛰어올라 몸을 둥글게 말고 *드디어*라고 말하는 듯한 눈길로 루시를 쳐다보았다. 주세페는 아담한 부엌으로 가서 **빵과 햄**, 조그맣고 오톨도톨한 오랑지나_{프랑스의 오렌지 향 탄산음료} 유리병 세 개를 가지고 왔다. 루시는 피츠 옆에 앉아 녀석의 목을 쓰다듬으며 숨을 내쉬었다. 잔뜩 엉켰던 마음속이 풀어지고 펼쳐지며 편안히 제자리를 찾는 듯한 기분이 들었다. 잠시 후 배낭에 손을 넣어 핸드폰을 더듬어 찾았다. 밤사이에 결국 배터리가 나갔다. 루시는 충전기를 찾은 다음 주세페에게 말했다.

"제 핸드폰 좀 충전해도 될까요?"

"당연하지, 애야. 이쪽에 빈 콘센트 있어."

충전기를 꽂고 전원 버튼을 누른 다음 화면이 켜지길 기다렸다.

그 알림이 여전히 떠 있었다.

아기가 25살이 됨.

다탁 앞에 앉은 루시는 아이들이 빵과 햄을 먹는 모습을 물끄러미 지켜보았다. 지난주에 겪은 수모가 해안가의 발자국처럼 차차 씻겨 내려가기 시작했다. 아이들은 안전하고 눈앞에 음식도 있다. 바이올린도 되찾았다. 몸을 누일 침대가 있고, 지갑에 돈도 들어 있다.

주세페도 아이들이 먹는 모습을 지켜봤다. 그러다 루시를 힐끗 쳐다보고 미소 지었다. "너희들 걱정을 얼마나 많이 했는지 몰라. 그동안 어디 있었니?"

루시가 가볍게 대꾸했다.

"아. 친구랑 같이 지냈어요."

"그게 아—,"

마르코가 입을 뗀다.

루시는 아들을 팔꿈치로 쿡 찌르며 주세페에게 몸을 돌렸다. "아저씨가 뭘 했는지 다 들었거든요, 고집쟁이 같으니라고. 그런 식으로 계속 지낼 순 없었어요. 도저히 그건 안 되겠더라고요. 하지만 떠나겠다고 말씀드릴 수도 없었죠. 그래 봐야 아저씨가 그냥 여기서 지내라고 절 설득할 게 뻔하잖아요. 그래서 슬그머니 빠져나갈 수밖에 없었던 건데, 사실 저흰 잘 지냈어요. 진짜로 아주 잘 지냈어요. 자, 저희 좀 보세요! 모두 모두 말짱하죠."

그러면서 개를 끌어당겨 무릎 위에 앉히고 꽉 끌어안았다.

"바이올린도 무사히 되찾았고?"

"네, 바이올린도 찾아왔어요. 그래서…… 방이 있나요? 저희가 늘 쓰던 방이 아니어도 괜찮아요. 어느 방이든 상관없어요. 정말 아무 방이나 다 좋거든요."

"방은 있어. 뒤쪽 방이라 경치도 안 보이고 좀 컴컴하지만 말야. 거기다 샤워기가 고장 나서 수도꼭지만 쓸 수 있고. 대신 하룻밤에 12유로만 내면 돼."

"네, 네, 좋아요!"

루시가 개를 내려놓고 일어나 주세페를 껴안았다. 퀴퀴한 노인 냄새가 살짝 코를 찌르지만 아무렴 어떠랴.

"고마워요. 정말 고마워요."

그날 밤 세 사람은 집 뒤쪽 어두컴컴한 방의 비좁은 더블베드에서 다 함께 잠을 청했다. 바깥의 뜨거운 아스팔트 위에서 쉭쉭거리는 타이어 소리, 고물 플라스틱 선풍기가 방 이쪽저쪽으로 회전하며 삐걱거리는 소리, 옆방 사람들이 켜 놓은 텔레비전 소리, 커튼과 창문 사이 어딘가에 갇힌 파리 소리가 경쟁하듯 울려 퍼졌다. 스텔라가 루시의 얼굴 위에 주먹을 올리고 잤다. 마르코는 잠결에 미약하게 신음하고 개는 코를 골았다. 그러거나 말거나 루시는 일주일 남짓 만에 처음으로 깊고 진득한 잠에 푹 빠져들었다.

14

첼시, 1988년

원래 1988년 9월 8일에 나는 더 큰 학교에서 이튿날을 보냈어야 했지만, 지금쯤이면 아마 너도 내가 그해에 새 학교로 옮겨 가지 못했다는 사실을 다 짐작하고 있을 거다.

마음이 잘 통하는 단짝들, 평생 가는 친구들, 내 사람들을 만나게 되리란 꿈을 품고서 오랫동안 그 학교에 들어가는 날만 고대하며 지냈는데. 그해 여름 나는 어머니에게 한 번씩 물어보았다.

"우린 언제 해러즈 백화점에 교복 사러 가요?"

그러면 어머니는 이렇게 대꾸하곤 했다.

"그사이에 네가 껑충 클지도 모르니까 방학 끝날 때까지 기다려 보자."

하지만 방학이 슬슬 끝나 갈 때까지도 해러즈 백화점엔 가지 않았다.

우린 독일에도 가지 않았다. 보통은 슈바르츠발트의 할머니 댁에 놀러 가 커다랗고 한적한 집에서 한두 주 정도 머물곤 했는데. 지상에 설치한 눅눅한 수영장이 있고 발밑으론 보드라운 솔잎이 밟히는 곳이었다.

하지만 보아하니 그해 여름 우리는 할머니 댁에 다녀올 형편이 안 되는 모양이었고, 독일에 비행기를 타고 갈 여유도 없다면 대체 학교 등록금은 어떻게 마련할 수 있을까 하는 의문이 들었다.

9월 초가 되자 부모님은 지역 공립학교 몇 군데에 원서를 내고 대기 명단에 우리 이름을 올렸다. 가계가 어렵다는 말을 부모님이 직접적으로 꺼낸 적은 한 번도 없지만, 우리 집에 재정적인 문제가 있는 건 분명했다. 나는 거친 공립 중학교에서 괴롭힘 당할 걱정에 며칠씩이나 배앓이를 했다.

아아, 참으로 사소하고 하찮은 걱정거리요 시시하기 짝이 없는 고뇌였다. 11살 시절의 나는 어땠더라. 평균 키에 깡마르고 살짝 괴짜 같은 소년. 어머니에게 물려받은 파란 눈과 아버지에게 물려받은 밤색 머리카락, 막대기에 꽂아 놓은 감자 같은 무릎, 못마땅하게 굳어진 가느다란 입술, 약간 거만한 행동거지, 제 인생의 각 시기가 이미 어딘가에 말끔하게 새겨져 있으며 그 수순에 따라 앞으로의 삶이 펼쳐지리라고 확신하는 버르장머리 없는 소년. 이제 와 돌이켜 보면 어찌나 아둔하고 시건방진 남자애인지. 몽상에 찬 눈을 껌뻑이는 그 조그만 얼굴을 철썩 후려갈기고 싶을 따름이다.

저스틴은 정원에 웅크리고 앉아 자기가 기르던 식물을 만지작거리고 있었다.

"약을 조제하는 게 내 일이야."

그는 거의 혼수상태에 빠진 듯 느릿느릿한 말투로 내게 설명했다.

"약초를 심고 기르고 복용하는 거지. 거대 제약 회사들은 지구를 오염시키는 데 앞장서고 있어. 앞으로 20년 안에 이 나라는 처방약 중독자들로 바글바글해질 테고 건강 보험은 병든 국가의 사탕 값을 대 주느라 허덕거릴 거야. 나는 시간을 되돌려서 가벼운 병을 치료하는 데는 땅에서 자라는 자연 재료를 이용하고 싶어. 두통을 치료하려고 8가지 종류의 화학 약품을 쓸 필요는 없거든. 너희 어머니도 이제 알약은 그만 먹고 내가 만든 팅크를 써 보고 싶으시대."

나는 저스틴을 쳐다보았다. 우리 가족은 알약을 꼬박꼬박 챙겨 먹는 편이었다. 건초열이나 감기, 복통, 두통, 성장통, 숙취에도 알약을 먹었다. 심지어 어머니는 본인이 '슬픈 기분'이라 부르던 상태를 다스릴 때도 알약에 의지했다. 아버지는 아버지대로 심장약과 탈모약을 복용했고. 알약이 온 집 안에 널려 있었단 말이다. 그런데 아무래도 이제 우리는 허브를 길러서 직접 약을 만들어 먹는 단계에 이른 모양이었다. 도무지 믿을 수가 없었다.

여름 방학 동안 아버지는 경미한 뇌졸중을 앓았다. 그 후유증으로 살짝 다리를 절뚝이게 되었고 말도 좀 어눌해졌다. 뭐라 딱 꼬집긴 어렵지만 어떤 면에서는 더 이상 예전의 아버지가 아니게 됐다고 볼 수 있다.

아버지의 주치의인 브로틴 박사는 지극히 무미건조하고 나이를 가늠하기 어려운 남자였으며 길모퉁이 6층짜리 건물에 살면서 진료를 했다.

아버지가 병원에 하루 입원했다 돌아온 뒤 브로턴 박사가 우리 집에 찾아왔다. 그리고 아버지와 함께 정원에서 시가를 피우며 뇌졸중 예후에 관해 이야기를 나눴다.

"헨리, 내 생각에 지금 자네한테 필요한 건 정말로 유능한 재활 물리 치료사에게 치료를 받는 거야. 유감스럽게도 내가 아는 재활 물리 치료사는 죄다 끔찍하게 형편없지만 말이야."

브로턴 박사와 함께 웃던 아버지가 말했다.

"잘 모르겠습니다, 이제는. 아무것도 모르겠어요. 하지만 기꺼이 시도해 보겠습니다. 원래의 내 모습으로 돌아가기 위해서라면 정말로 뭐든지 시도해 봐야죠."

그때 버디는 저스틴의 허브 정원을 가꾸고 있었다. 더운 날이어서 얇은 모슬린 티셔츠만 한 장 입었는데, 옷 속으로 유두가 고스란히 비쳐 보였다. 버디가 축 처진 캔버스 모자를 벗고 아버지와 브로턴 박사 앞에 가서 섰다.

그 여자는 두 손을 엉덩이에 얹으며 운을 뗐다. "제가 굉장한 사람을 하나 알거든요. 기적을 일으키는 사람이죠. 기력을 이용해서 치료하는데, 사람들 몸속의 '기'를 움직일 줄 안대요. 제 지인들도 그 덕에 요통이나 편두통에서 해방됐어요. 제가 그 사람을 이리로 불러올게요."

아버지가 뭐라 반대 의견을 꺼냈지만 버디는 그냥 밀고 나갔다.

"아니에요. 헨리 씨, 정말로 제가 최소한 이 정도는 해 드려야해요. 최소한 말이에요. 지금 당장 연락할게요. 이름은 데이비드예요. 데이비드 톰슨."

그날 아침 나는 어머니와 함께 부엌에 머물렀다. 어머니가 치즈 스콘을 만드는 동안 곁에서 구경하던 중이었다. 그때 초인종이 울렸다. 어머니는 앞치마에 손을 닦았다. 그리고 부슬부슬하게 드라이한 단발 파마머리 끝부분을 초조하게 매만지며 말했다.

"아, 톰슨 가족인가 보다."

내가 물었다.

"톰슨 가족이라니— 그게 누군데요?"

어머니가 명랑하게 대답했다. "친구들. 버디와 저스틴의 친구들이야. 남편이 물리 치료사인데, 네 아빠가 건강을 되찾을 수 있게 도와줄 거야. 그리고 부인은 숙련된 선생님이지. 너희 둘을 홈스쿨링해 주신대. 잠시 동안만. 참 잘된 일 아니니?"

갑자기 전해 들은 데다 꽤나 충격적인 사실이었다. 하지만 어머니가 바로 현관문을 여는 바람에 더 자세히 물어볼 겨를도 없었다.

나는 떼 지어 들어오는 일가족을 지켜보았다. 살짝 벌어진 입을 미처 다물지 못한 채로.

9살이나 10살쯤 된 여자애가 맨 먼저 들어섰다. 단발로 자른 검은 머리에 멜빵 반바지 차림이었고, 무릎은 까지고 뺨엔 초콜릿 얼룩이 묻었으며 꾹 억눌린 힘 같은 게 희미하게 느껴졌다. 듣자 하니 그 애의 이름은 클레먼시인 듯했다.

뒤이어 내 또래거나 좀 더 나이가 많은 듯한 금발 남자애가 들어왔다. 키가 컸고, 검은 깃털 같은 속눈썹은 깎아지른 듯한 광대뼈 가장자리까지 드리워졌다. 말쑥한 파란 반바지 주머니에 손을 넣은 자세였으며, 앞머리를 자연스레, 상당히 반항적인 느낌으로 휙 넘겨 눈을 드러냈다. 그 남자애의 이름은 피니어스였다. 줄여서 핀이라 부르라고 했다.

두 아이의 어머니가 뒤따라 나타났다. 덩치가 우람하고 가슴이 밋밋하며, 창백한 피부에 금발 머리를 길게 기른 여자였는데, 태도가 약간 불안해 보였다. 이 사람의 이름은 샐리 톰슨이었다.

그리고 맨 마지막으로 들어온 아버지, 데이비드 톰슨은 어깨가 떡 벌어지고 늘씬한 체형에 큰 키, 짧게 자른 검은 머리, 햇볕에 그을린 피부, 강렬한 파란 눈, 통통한 입술이 인상적이었다. 그가 한 손으로 내 손을 꽉 쥐고 다른 쪽 손으로 감쌌다.

"만나서 반갑다, 젊은 친구."

낮고 부드러운 목소리였다.

내 손을 놔준 다음엔 두 팔을 높이 쳐들었다.

데이비드 톰슨은 우리 모두에게 차례로 미소를 보내며 말했다.

"모두들 만나서 반갑습니다."

그날 밤 데이비드는 우리 모두를 데리고 나가서 저녁을 먹겠다고 고집했다.

목요일이었고, 여전히 후텁지근했다.

나는 겉치장을 하는 데 시간을 꽤 들였다. 평소대로 내 옷이 깨끗한지, 가르마는 깔끔한지, 소매가 똑바른지 확인하는 정도를 넘어 좀 더 멋을 부렸던 것이다.

나는 피니어스라는 남자애의 엄청난 미모만이 아니라 옷을 입는 스타일에도 매료되었다. 그 남자애는 캐주얼한 파란색 반바지에다 칼라 아래로 흰색 줄무늬가 들어간 빨간색 폴로 셔츠를 입고, 흰색 발목 양말에 새하얀 아디다스 운동화를 맞춰 신고 있었다.

나는 그만큼 자연스럽게 멋스러운 옷을 찾아내려고 옷장을 뒤졌다. 내 양말은 전부 종아리까지 올라오는 것뿐이었고, 발목 양말 같은 건 여동생한테만 있었다. 내 반바지는 죄다 모직이었고 셔츠는 죄다 단추 달린 와이셔츠뿐이었다.

잠깐은 오래된 학교 체육복을 입을까 하는 고민까지도 해 봤다. 하지만 마지막 체육 수업 때 체육복 가방에 옷을 쑤셔 넣은 뒤로 여태 그대로 방치했다는 사실을 깨닫자마자 그 아이디어도 내다 버렸다.

결국 나는 밋밋한 파란색 티셔츠와 청바지를 입고 고무 밑창 스니커즈를 신기로 결정했다. 피니어스처럼 앞머리 몇 가닥을 이마로 늘어뜨리려 해 봤지만 내 머리칼은 고집스럽게 제자리로 돌아가 버렸다.

나는 방에서 나가기 전에 20초 동안 나 자신의 모습을 빤히 들여다보았다. 끔찍이도 멍청해 보이는 얼굴, 평범하기 짝이 없는 티셔츠, 조잡한 디자인의 존 루이스 백화점표 남아용 청바지가 혐오스러웠다. 숨죽여 끙 소리를 내고 벽을 발로 찬 다음 아래층으로 내려갔다.

핀은 복도 계단 양쪽에 하나씩 놓인 커다란 나무 의자 중 한쪽에 앉아 책을 읽고 있었다. 나는 모습을 드러내기 전에 잠시 난간 사이로 그 애를 바라보았다.

정말로 난 그때까지 살면서 핀처럼 아름다운 존재를 한 번도 본 적이 없었다.

그 애의 윤곽을 관찰하는 사이 뺨이 달아올랐다. 섬세한 입술 선을 보고 있자면 최고로 빨갛고 부드러운 점토로 빚은 듯하여 꼭 손끝으로 다듬은 자국이 남아 있을 것만 같았다. 높이 솟은 광대뼈는 부드러운 새미무두질한 염소나 양의 부드러운 가죽 같은 피부를 찢고 나올 듯했다. 두근거리게도 그 애의 얼굴엔 콧수염이 날 듯한 기미마저 느껴졌다.

내가 내려오자 핀은 앞머리를 한 번 더 젖힌 다음 무심한 시선으로 날 올려다보았다. 그리고 곧장 자기 책으로 다시 눈길을 돌렸다.

나는 핀에게 무슨 책을 읽는지 물어보고 싶었지만 그러지 않았다. 왠지 민망한 기분이 들었고, 어디에 있어야 할지 어떤 자세로 서 있어야 할지 알 수가 없었다.

하지만 금세 다른 사람들이 나타났다. 일단 내 어머니와 아버지, 이어서 클레먼시라는 여자애와 내 여동생이 함께 이쪽으로 왔다. 두 여자애는 벌써 서로 편하게 수다를 떨었다.

그다음엔 샐리, 이어서 저스틴과 버디가 등장했고, 마지막으로 데이비드 톰슨이 계단 꼭대기에 모습을 드러냈다. 저 위로 신성하게 비쳐 드는 둥근 빛에 온몸이 감싸이다시피 한 채로.

그 시절 어린 소년의 눈으로 본 데이비드 톰슨에 대해 뭐라 말할 수 있을까?

음, 일단 그 남자가 아주 잘생겼다고 말할 수 있겠다. 부드럽게, 거의 여성스럽게 잘생긴 그의 아들과 달리 좀 더 전통적인 느낌의 미남이었다. 색칠한 듯 검고 빽빽한 수염이 까슬까슬하게 자랐고, 눈썹은 윤곽이 뚜렷하고 짙었으며, 온몸에서 동물적인 에너지와 강력한 영향력이 스며 나왔다.

데이비드는 누구와 나란히 서든지 상대방을 더 왜소해 보이게 만드는 능력이 있었다. 실제로 상대가 더 작지 않더라도 말이다.

당시 나는 그를 보고 섬뜩함을 느끼는 동시에 그 매력에 사로잡혔다고도 말할 수 있겠다.

그리고 내 어머니가 그 남자 앞에서 이상하게 굴었다는 점 또한 확실히 말할 수 있다. 교태를 부렸다는 건 아니고, 오히려 몸가짐을 더 조심했다는 뜻이다. 마치 그 남자 곁에 있는 자기 자신을 못 믿겠다는 듯이.

데이비드는 거들먹거리면서도 견실했고, 따뜻하면서도 차가웠다. 나는 그 남자가 싫었지만 다른 이들이 왜 그를 사랑하는지는 알 수 있었다.

하지만 전부 다 나중 얘기다. 우선은 첫 장면부터, 그러니까 모두가 서로에게 최상의 모습을 보여 주었던 첫날 저녁 식사부터 이야기하자.

우리는 첼시 키친의 기다란 테이블에 끼어 앉았다. 정말 딱 8인용 테이블이었다.

아이들은 모두 한쪽 끝에 붙어 앉아야 했는데, 그 말인즉 어느새 나와 피니어스의 팔꿈치가 맞닿았다는 얘기다.

그 애와 가까이 있자니 너무도 짜릿했고 말초 신경이 날뛰는 듯했다.

아직 너무 어려서 이게 무슨 감각인지 이해조차 할 수 없었지만, 견디기 힘들 만큼 몸이 아릿하게 달아올랐다. 그래서 그 애를 등지고 돌아앉을 수밖에 없었다.

나는 기다란 테이블로 시선을 내리깔고 아버지 쪽을 힐끗 보았다.

상석에 앉아 있는 아버지를 보는 순간 내 마음속 무언가가 곤두박질치는 느낌이 들었다. 줄이 풀린 승강기가 수직 통로로 맹렬히 추락하듯.

그땐 내가 느낀 감정을 잘 이해할 수 없었지만, 이제는 당시 내가 경험한 것이 번뜩 예지가 찾아오는 오싹한 순간이었노라고 말할 수 있다.

남달리 키가 큰 데이비드 톰슨과 동석하자 내 아버지는 갑자기 쪼그라든 것처럼 보였다. 예전엔 상석을 차지한 아버지의 모습이 지당하고도 확고해 보였는데 이젠 영 위태위태했다. 뇌졸중으로 인한 후유증은 빼놓더라도 테이블에 모여 앉은 사람들 모두가 아버지보다는 야무져 보였다. 심지어 나조차도 말이다.

아버지는 옷차림부터가 잘못되었다. 재킷은 너무 꽉 끼고, 가슴 주머니에 꽂은 화려한 진분홍색 손수건은 적갈색 머리카락과 안 어울렸다. 더구나 아버지는 자기 자리에서 자꾸 들썩였고, 필요 이상으로 메뉴를 오래 들여다보았다.

그러는 사이 사람들의 대화는 마치 바람 부는 날의 구름처럼 아버지의 머리 위로 휙휙 지나갔다.

나는 그런 아버지의 모습을 지켜보았다. 또한 데이비드 톰슨이 자기 말을 강조하려고 테이블 건너 내 어머니 쪽으로 몸을 숙였다가 다시 뒤로 기대앉아 어머니의 반응을 주시하는 모습도 지켜보았다.

나는 이 모든 것을 보았다. 전부 다 보았다. 그리고 바로 눈앞에서 권력 투쟁이 막 시작되었으며, 심지어 그 순간부터도, 출발점부터도 내 아버지가 패배하고 있다는 사실을 이미 알아차렸다. 무의식적이지만 엄청나게 거북한 수준으로 말이다.

15

월요일 아침에 리비는 20분 늦게 출근했다.

다이도가 놀란 눈으로 리비를 올려다봤다. 리비는 절대로 지각하는 법이 없는 사람이니까.

다이도가 말을 건넸다.

"마침 리비 씨한테 전화해 볼까 하던 참이었어요. 괜찮은 거예요?"

리비는 고개를 끄덕이고 가방에서 핸드폰과 립밤, 카디건을 꺼낸 다음 책상 밑에 가방을 밀어 넣었다. 그리고 머리를 풀었다 다시 묶고 의자를 꺼낸 뒤 털썩 주저앉았다. 리비가 마침내 입을 열었다.

"죄송해요. 어젯밤에 잠을 통 못 잤거든요."

"안 그래도 리비 씨더러 안색이 안 좋다고 말하려 했는데. 더워서 못 잔 거예요?"

리비는 고개를 끄덕였다. 하지만 더위 때문이 아니었다. 머릿속이 문제였지.

"그래, 내가 커피 한잔 진하게 만들어다 줄게요."

평소 리비라면 "아니에요, 아니에요, 제 커피는 제가 직접 가져올게요"라 말했으리라. 하지만 오늘은 다리가 천근만근이고 정신이 산란했기에 그저 고개를 끄덕이며 고맙다고 말했다.

리비는 커피를 내리는 다이도의 모습을 지켜보았다. 검게 염색한 머리가 찰랑이는 모습이라거나 검은 튜닉 원피스의 주머니에 한쪽 손을 넣고 서 있는 습관, 뭉툭한 모양의 진녹색 벨벳 운동화, 자그마한 두 발을 넓게 벌리고 선 자세, 이 모든 게 안도감을 불러온다.

다이도가 리비의 탁자에 컵을 내려놓으며 말했다.

"자. 약발이 들면 좋겠네요."

리비는 5년 동안 다이도와 알고 지냈다. 그리고 상대에 관해서 속속들이 알았다.

어머니가 유명한 시인이었고 아버지는 유명한 신문 편집 기자였다는 점, 세인트올번스에서 가장 멋들어진 저택 중 한 곳에서 자랐으며 가정 교사에게 교육을 받았다는 내력을 안다. 또 남동생이 겨우 스무 살의 나이로 사망했다는 사실, 다이도가 11년째 섹스를 한 적 없다는 사실도 안다.

현재 부모님의 사유지 한구석에 있는 아담한 집에 살며 10대 시절 타던 말을 아직도 돌본다는 점, 그 말의 이름이 스팽글스라는 것까지도 안다. 어릴 적 살던 멋진 저택의 경우, 부모님이 유언장을 통해 다이도 말고 내셔널 트러스트_{시민의 모금, 기부, 증여를 통해 자연미가 뛰어나거나 역사적 의미가 깊은 장소 등을 확보하여 보전하는 민간단체. 영국에서는 이러한 시민 환경 운동이 1907년에 법제화되었다}에 기증하기로 했지만 다이도가 개의치 않는다는 사실도 안다.

리비는 다이도가 PG 팁스 홍차, 베네딕트 컴버배치, 말, 헤이즐넛 초콜릿, 코코넛 워터, 닥터 후, 비싼 매트리스 토퍼, 조 말론 오렌지 블로섬 향수, 볶음 요리, 난도스_{남아프리카 공화국에 본사를 둔 치킨} 체인점, 피부 관리를 좋아한다는 사실을 안다.

하지만 실제로 다이도의 집에 놀러 가거나 가족 또는 친구를 만나 본 적은 한 번도 없었다. 근무 시간 외에는 만나지도 않았다. 저 윗동네 호화 호텔에서 연례 크리스마스 파티를 할 때나 가끔 환송회에서 한잔할 때를 빼고는. 다이도가 *어떤 사람*인지는 사실 잘 모르는 셈이다.

하지만 다이도를 쳐다보던 리비는 불현듯 깨달음을 얻었다. 이 직장 동료야말로 지금 자기한테 꼭 필요한 사람이라는 게 너무도 또렷하게 보였다.

토요일 밤에 리비는 에이프릴네 뒤뜰에 앉아 대니와 가볍게 시시덕거리면서도—그 남자는 사실 그렇게 섹시하진 않았는데, 얼굴은 8살짜리 남자애 같은 느낌이었고 손도 아주 자그마했다—한편으로는 자신에게 닥친 정신 나간 일들, 저택과 신문 기사와 사망한 부모와 다락방에서 헛기침하던 존재에 관해 이야기할 수 있는 사람을 찾아 여기저기 두리번거렸다.

하지만 주위에는 자기 같은 사람들, 평범한 삶을 살아가는 평범한 사람들, 아직도 부모님 집에서 얹혀살거나 애인 혹은 친구와 좁은 아파트를 구해 동거하는 사람들, 학자금 대출을 다 갚지 못한 사람들, 무난한 직업, 무난한 꿈, 인공적으로 선탠한 피부, 핸드백에 들어갈 만큼 조그만 강아지, 하얀 치아, 깔끔한 머리카락을 지닌 사람들밖에 없었다.

리비는 극도로 이질적인 두 장소 사이에 끼여 버렸다는 기분이 들었고 결국 11시도 되기 전에 자리를 떴다. 집에 돌아와서는 노트북 앞에 앉아 다시 인터넷을 뒤지며 서레니티 램에게 무슨 일이 일어났던가 알아보았다.

하지만 해답을 얻기보단 더 많은 의문만 솟아났다. 새벽 2시에 마침내 노트북을 탁 닫고 침대에 누웠지만 도무지 숙면할 수가 없었다. 꿈속에서는 내내 기이한 주제가 반복되며 위험에 부딪히기만 했다.

리비가 말을 꺼냈다.

"조언이 좀 필요한데요. 첼시 집 문제로요."

다이도는 목걸이에 매달린 큼지막한 원반 모양 은 펜던트를 만지작거리며 대답했다.

"아, 그래요. 어떤 종류의 조언이요?"

"음, 사실, 그 문제를 놓고 그냥 얘기라도 좀 해 봤으면 좋겠어요. 다이도 씨는…… 집에 대해 좀 아시잖아요? 다이도 씨라면 아실 거란 생각이 들었거든요."

"뭐, 제가 잘 아는 집 한 채가 있는 건 사실이죠. 전반적인 주택에 관해서라면 아는 게 없지만. 어쨌든 좋아요, 뭐, 얘기해 봅시다. 저녁 먹으러 와요."

"언제요?"

"오늘 어때요?"

"네, 저야 좋죠. 저녁에 봬요."

다이도의 집은 아름다웠다.

중앙 현관문 양쪽으로 납 틀 유리창이 배치된 형태에 조그만 분홍색 장미가 문간 위로 자라났고, 밖에는 개폐식 황갈색 지붕이 달린 검정색 피아트 스파이더가 주차되어 있었다.

반짝반짝 빛나는 차 덕분에 집이 더욱 멋져 보이는 동시에 집 덕분에 차가 더욱 멋져 보이는 광경이었다. 그러니 리비는 가방에서 핸드폰을 꺼내 인스타그램에 올릴 사진을 찍지 않고는 배길 수 없었다.

펑퍼짐한 꽃무늬 바지에 검은색 민소매를 받쳐 입은 다이도가 문 앞에서 맞아 주었다. 머리카락이 얼굴로 흘러내리지 않게 커다란 빨간색 선글라스로 고정한 상태였다.

지금은 맨발인데, 여태껏 투박한 작업화를 신은 다이도의 모습만 보아 왔던 리비는 장밋빛 페디큐어를 완벽하게 칠한 작고 흰 발을 보고 깜짝 놀랐다.

리비가 작은 문을 지나 바닥에 테라코타 타일이 깔린 흰색 복도로 들어서며 감탄했다.

"정말 예쁘네요. 그냥 예쁘단 말밖에 안 나와요."

다이도의 집 안엔 가보나 유산 아닐까 싶은 물건이 가득하고 할인판매점에서 산 건 하나도 없었다. 벽에는 밝은 색채의 추상화가 걸려 있었다.

리비는 다이도의 어머니도 예술가였다는 점을 떠올렸다. 언젠가 그런 얘기를 들었다.

다이도를 따라 집 뒤편 두 짝 유리문 바깥으로 나가자 완벽하게 꾸민 아담한 시골풍 정원이 나왔다.

둘은 꽃무늬 방석을 깐 고풍스러운 로이드 룸 라탄 의자에 앉았다.

아름다운 뒤뜰을 바라보던 리비의 머릿속에 문득 다이도가 사실은 노동을 안 해도 되는 사람일지도 모르겠다는 생각이 들었다.

고급스러운 주방 가구를 디자인하는 일은 그저 다이도의 소소하고 재미난 취미 활동일지도 모른다.

다이도는 퀴노아와 아보카도 샐러드 한 그릇, 버터 감자 구이 한 그릇, 호밀빵 한 덩어리, 리비가 사 온 프로세코 스파클링 와인을 따를 유리잔 두 개를 가지고 왔다.

"여기서 얼마나 오래 사셨어요?"

리비는 호밀빵에 버터를 바르며 물었다.

"23살 때 홍콩에서 돌아온 뒤부터요. 원래 우리 어머니의 별장이었죠. 어머니가 나를 위해 남겨 주셨어요. 물론 저택은 남동생이 상속받기로 되어 있었고요. 하지만, 뭐, 그 뒤로 상황이 바뀌었지요……."

리비는 멀거니 미소 지었다. '저택'. '별장'. 완전히 다른 세상 얘기였다.

"정말 유감이에요."

다이도가 동의했다.

"그래요. 하지만 저택은 저주 같아요. 나랑 아무 상관도 없는 일이라 다행이라니까요."

리비도 고개를 끄덕였다. 일주일 전만 해도 거대하고 멋진 저택이 왜 저주인지 전혀 짐작할 수 없었겠지만, 이젠 조금 더 이해가 가는 입장이 됐다.

"그래서, *리비 씨 집*에 대해 얘기해 볼래요? 전부 다 말해 봐요."

리비는 와인을 한 모금 홀짝이고 식탁에 잔을 내려놓은 다음 의자에 깊숙이 기대앉았다.

"기사를 찾았는데요. 《가디언》지에 실린 건데, 그 집이랑 제 부모님, 저에 대한 기사예요."

"리비 씨요?"

리비가 팔꿈치를 손으로 문지르며 말했다.

"네. 전부 다 좀 괴상해요. 기사에 따르면 저는 광신자 집안에서 태어났다네요."

그렇게 내뱉으니 무시무시하게 들린다. 그 단어를 쓰지 않으려고, 생각조차 하지 않으려고 최선을 다해 왔는데. 그 말은 자신이 지금껏 푹 빠져들어 살던 한심한 환상 속 세계와는 전혀 들어맞지 않았다. 리비는 다이도가 흥분하여 살짝 안절부절못하는 모습을 바라보았다.

"뭐라고요?"

"광신자 집안이요. 그 기사에 따르면 첼시의 저택에 일종의 광신자 무리가 살았대요. 여러 사람들이 거기 모여 살았고, 모두 극도로 검소하게 생활했다네요. 마룻바닥에서 자고, 직접 만든 가운을 입고. 그런데……."

리비는 가방에 손을 넣어 기사가 인쇄된 종이를 꺼냈다.

"보세요, 이분들이 제 부모님이었대요. 제가 태어나기 5년 전에 자선 무도회에서 찍은 사진이에요. 아니, 그러니까, 저 모습 좀 보세요."

다이도가 기사를 받아 들고 들여다보았다. "어머." 다이도도 놀란다.

"매력이 철철 넘치는데요."

"그러니까요! 제 어머니는 사교계 명사였대요. 패션 홍보 회사도 경영했고요. 한때 오스트리아 왕자하고도 약혼했었다는데. 입이 떡 벌어지게 멋진 여자잖아요."

어머니의 얼굴을 보게 되니 경이로웠다. 부스스한 검은 머리와 꿰뚫어 보는 듯한 파란 눈이 묘하게 프리실라 프레슬리를 연상시켰다.

어머니는 홍보업계에서 일했던 경력까지 통틀어 리비가 어린 시절 품었던 모든 환상에 완벽하게 부응하는 삶을 살았다.

아버지는…… 음, 옷을 아주 잘 차려입었지만 리비가 상상하던 것보다 더 작고 통통했으며 빨간 머리였다. 빨간 머리는 리비의 환상과는 거리가 멀어도 너무 멀었다. 그리고 확실히 리비 본인의 신체적 특질과도 거리가 멀었다.

사진 속 헨리 램은 아내보다 키가 작았다. 약간 거만하게 턱을 기울인 채, 마치 무슨 골칫거리가 생길 거라 생각하는 듯 묘하게 방어적인 태도로 사진사를 쳐다보았고. 그는 아내의 허리에 팔을 둘렀는데, 사진엔 손끝만 살짝 보였다.

마티나 램은 반지 낀 손가락으로 어깨에 걸친 실크 숄을 움켜 쥔 자세였다. 이브닝드레스가 골반 가장자리께에서 움푹 들어간 것도 눈에 띄었다.

기사에 따르면 이게 그 '유명 인사 커플'이 뭇사람의 시야에서 사라지기 전에 마지막으로 찍힌 사진이었다. 그리고 6년 뒤 부엌 바닥에서 사망한 채로 발견되고 만 것이다.

"저한테 오빠랑 언니도 있었대요."

리비가 말했다. 자신이 새롭게 충격에 빠져 숨 쉴 틈도 없이 말을 너무 빨리 내뱉고 있다는 사실을 느끼면서.

다이도가 리비를 힐끗 올려다보았다.

"우와. 오빠랑 언니는 어떻게 됐어요?"

"아무도 몰라요. 변호사는 둘 다 죽었을지도 모른다고 생각하는 것 같아요."

이거다. 며칠째 리비를 짓눌러 온 지독히 무거운 사실들 중에서도 가장 무거운 사실. 그 사실이 두 사람 사이에 망치처럼 무겁게 내리꽂혔다.

"세상에. 그건…… 그러니까, 대체 뭐가 어떻게 됐길래?"

리비는 어깨를 으쓱했다.

"이웃 신고를 받고 출동한 경찰이 부엌에서 제 부모님과 또 다른 남자의 시신을 발견한 거예요. 세 사람은 일종의 동반 자살을 했고요. 그리고 생후 10개월 된 제가 발견됐죠. 건강하고 밝은 모습으로 위층 아기 침대에 누워 있었대요. 하지만 제 오빠와 언니는 흔적도 없었어요."

다이도는 입을 떡 벌린 채 의자 깊숙이 기대앉았다. 그리고 잠시 동안 아무 말도 하지 않았다. "알겠어요." 다이도가 몸을 앞으로 숙이고 앉아 양 손바닥 아래쪽으로 관자놀이를 꾹 눌렀다.

"그러니까, 광신자 집단이 있었군요. 리비 씨 부모님은 웬 남자랑 동반 자살을 결행했고요……."

리비가 고개를 끄덕였다.

"정원에서 직접 기른 약초로 음독을 했대요."

다이도의 입이 다시 벌어졌다. "그래요." 메마른 목소리로 말을 잇는다.

"어련히 그랬겠죠. 미친. 그다음엔 또 뭐예요?"

"그 집에 다른 사람들도 살고 있었는데, 아마 아이들이 딸린 가족일 거예요. 하지만 경찰이 도착했을 땐 아무도 없었어요. 시체들과 저뿐이었지요. 다른 아이들은 전부 그냥…… *사라져 버린* 거예요. 그 뒤론 아무 소식도 없고요."

다이도는 몸을 부르르 떨며 가슴에 한 손을 얹었다.

"리비 씨 오빠랑 언니도 포함해서요?"

"네. 당시 몇 년이나 남의 눈에 거의 띄지 않았대요. 그래서 이웃들은 멀리 기숙학교에 가 있을 거라 짐작했고요. 하지만 그 어느 학교도 두 아이가 자기네 학생이었다고 확인해 주지 않았죠. 아마 둘 중 한 명은 부모님이 사망한 뒤에도 그 집에 좀 더 머물렀을 거예요. 누군가가 며칠 동안 저를 돌봐줬으니까요. 기저귀도 새걸로 갈아 준 상태였대요. 그리고 사람들이 저를 요람에서 꺼냈을 때 이게 같이 발견됐어요."

리비는 가방에서 토끼 발을 꺼내 다이도에게 넘겨주었다.

"제 담요 안에 꽁꽁 싸매 놨더래요."

"행운의 징표인 거네."

"그런 것 같아요."

"동반 자살했다는 다른 남자 말인데. 그건 누구였어요?"

"아무도 몰라요. 그저 유서에 적힌 이니셜뿐, 그 남자의 신원을 확인할 수 있는 서류가 하나도 없었어요. 실종 신고도 전혀 들어오지 않았고, 경찰 몽타주를 보고 그 남자의 얼굴을 알아보는 사람도 전혀 없었지요. 떠돌이가 아니었을까 추정되는데, 어쩌면 집시였을지도 모르고요. 그러면 저것도 설명이 되겠지요."

리비가 다이도의 손에 들린 토끼 발을 가리켰다.

다이도가 단어를 음미하며 발음했다.

"집시라. 그것 참."

"그리고 그 집 자체도 이상해요. 컴컴하고요. 토요일 아침에 들어갔더니 무슨 소리가 들리더라고요. 위층에서."

"무슨 소리였는데요?"

"음, 사람 소리였어요. 사람이 움직이거나 헛기침하는 소리요."

"이웃집에서 난 소리가 아닌 게 확실해요?"

"밖에서 들렸을 수도 있겠죠. 하지만 정말로 그 집 꼭대기 층에서 나는 소리 같았거든요. 이젠 거기 다시 들어가기가 무서워요. 기분 같아서는 그냥 매물로 내놔서 처분해 버리고 깨끗이 손 털어야겠다 싶어요. 하지만……."

"오빠랑 언니가 걸려요……?"

"네, 제 오빠랑 언니요. 진실, 제 내력, 전부 다 그 집에 단단히 묶여 있으니 제가 집을 팔아 버리고 나면 절대 자초지종을 알아낼 수 없을지도 몰라요."

다이도는 잠시 신문 기사를 들여다보다 고개 들어 리비를 쳐다보았다.

그리고 신문 기사 맨 위쪽을 손끝으로 톡톡 두드렸다. "여기요. 이 사람. 기자 말이에요." 이어서 눈을 가늘게 뜨고 기자 이름을 읽었다.

"밀러 로. 지금 꼭 필요한 사람이잖아요? 리비 씨는 이 기자한테 연락해 봐야 해요. 탐사 보도를 내보낸 뒤 이렇게나 오랜 시간이 지났는데 갑자기 리비 씨한테서 이메일이 떡하니 오면 기자가 얼마나 놀랄지 한번 생각해 봐요. 세레니티 램 본인이 나타나다니. 실제 토끼 발까지 딱 가지고서."

잠시 두 사람 다 입을 다물고 정원 탁자 위에 놓인 토끼 발을 묵묵히 내려다보았다. 은은하게 어룽거리는 저녁 햇살이 그 위로 물결친다.

리비는 다이도에게서 기사를 넘겨받아 기자 이름을 찾았다. *밀러 로.* 흔치 않은 이름이다. 구글 검색으로 찾아볼 만하다. 가방에서 핸드폰을 꺼내 이름을 검색했다. 1분 안에 《가디언》에서 그 기자의 이메일 주소를 찾아냈다. 그리고 다이도 쪽으로 핸드폰 화면을 돌려 검색 결과를 보여 주었다.

다이도가 지혜로운 얼굴로 고개를 끄덕였다. "잘했어요." 그러더니 와인 잔을 집어 리비를 향해 치켜들었다.

"서레니티 램을 위하여. 그리고 밀러 로를 위하여. 한쪽이 다른 한쪽의 진실을 끌어내 주기를."

16

루시는 다음 날 아침 5시 반에 일어났다.

그녀가 침대에서 조심스레 미끄러져 내려오자 개도 폴짝 뛰어 내려와 간이 부엌까지 따라왔다. 개 발톱이 리놀륨 바닥에 부딪혀 탁탁거렸다.

주세페는 조리대에 티백과 인스턴트커피, 길쭉한 초콜릿 브리 오슈 한 봉지를 두고 갔다. 냉장고에는 우유도 한 병 들어 있었다.

루시는 냄비에 물을 부어 끓이고 방 한구석 플라스틱 의자에 잠시 앉아 커튼이 내려진 창문을 바라보았다. 이윽고 일어서서 커튼을 열어젖힌 다음 다시 자리에 앉아 건너편 건물을 내다보았다.

이른 새벽 햇빛이 캄캄한 창문마다 오렌지빛으로 반사되며 회색 담벼락도 잠시 분홍색으로 물들이는 시간이다. 세탁 세제 같은 파란색 하늘 위엔 원을 그리며 빙빙 도는 새들이 한가득이었다.

교통 체증은 아직 시작되지 않은 때라 주위에서 들리는 소음이라곤 물이 끓어오르며 꾸준히 부글대는 소리와 그 아래서 가스불이 탁탁거리는 소리뿐이었다.

루시는 핸드폰을 들여다봤다. 볼 건 아무것도 없었다. 피츠가 의미심장한 눈으로 그녀를 지그시 바라봤다. 루시가 현관문을 열고 길거리로 이어지는 뒷문도 조용히 연 다음 개에게 밖으로 나가라고 손짓했다. 녀석은 루시를 스쳐 지나가 잠깐 다리를 들고 건물 바깥에다 오줌을 누고는 다시 안으로 뛰어 들어왔다.

이제 루시는 배낭을 가까이 끌어다 놓고 안쪽 주머니 지퍼를 열었다. 그 안에 자신의 여권이 들어 있었다. 여권을 펼쳐 보았다. 짐작은 하고 있었지만 역시나 3년 전에 만료되었다. 마지막으로 여권을 사용했던 때는 마르코가 두 살배기인 시절이었다.

마이클과 루시, 마르코가 다 함께 마이클의 부모님을 만나러 뉴욕에 다녀왔었다. 그러고서 머지않아 마이클과 헤어졌고, 이후로는 여권을 사용한 적이 없었다.

애초에 루시에게 여권을 만들어 준 것도 마이클이었다. 몰디브로 신혼여행을 가려고 예약하던 중에 마이클이 "자기야, 여권 좀 줘 봐. 세부 정보가 필요하거든" 하고 말했었다.

"난 여권 없는데."

루시가 대꾸했다.

"음, 그럼 최대한 빨리 갱신해야겠어. 안 그러면 신혼여행도 못 가."

루시는 한숨을 쉬며 마이클을 올려다보았다.

"저기. 난 여권 없어. 됐지? 여권 같은 건 아예 만들어 본 적도 없다고."

그러자 마이클은 잠시 가만히 루시를 응시했다. 살짝 벌어진 윗입술과 아랫입술 틈새로 간사한 꿍꿍이가 고스란히 보이는 듯했다.

"하지만……."

"나는 차 안에 앉은 채로 이리 건너왔어. 훨씬 더 어렸을 때. 아무도 나한테 여권을 보여 달라고 하지 않았고."

"누구 차였는데?"

"몰라. 그냥 차."

"그럼, 뭐야, 모르는 사람 차를 탔다는 얘긴가?"

"아니, 그런 건 아니고."

"하지만, 어떻게 할 계획이었는데? 만약에 누가 여권을 보여 달라고 하면 어쩔 작정이었지?"

"모르겠어."

"그럼, 지금까지 어떻게 살아온 거야? 내 말은……."

루시가 아주 간결하게 대답했다.

"글쎄, 당신이 날 처음 봤을 때처럼 살아왔지. 바이올린 연주를 하고 동전을 받는 거야. 숙소엔 1박 요금씩 내고 머물면서."

"어렸을 때부터?"

"응, 어렸을 때부터."

그때 루시는 키 크고 다정한 미국 남자, 매력 넘치게 미소 짓는 마이클을 철석같이 믿었다. 그 시절 마이클은 루시에게 영웅이나 다름없었다.

거의 한 달 동안 매일 밤 꼬박꼬박 찾아와 루시의 연주를 지켜보고, 살면서 루시처럼 아름다운 바이올린 연주자는 한 번도 본

적이 없다고 말해 준 남자. 장미색으로 칠한 우아한 집에 루시를 데려가 금색 모자이크 타일이 깔린 샤워 부스에서 30분 동안 샤워를 하게 해 준 뒤 몸을 말리라며 보드라운 타월을 건네주고 젖은 머리카락을 빗겨 주던 남자.

맨어깨에 그의 손끝이 스치자 루시는 몸이 다 떨릴 정도였다. 그가 루시의 꼬질꼬질한 옷을 가정부에게 맡겼고, 깨끗이 빨고 다려 종이부채처럼 차곡차곡 갠 옷은 루시가 머문 손님 방 침대 커버 위로 살포시 돌아왔다. 그 시절 마이클은 그저 온화하고 통크게 퍼 주는 호인이자 경외심을 불러일으키는 남자일 뿐이었다. 당연히 루시는 그를 믿었다.

그래서 마이클에게 자기 얘기를 모조리 다 털어놓았다.

"괜찮아. 이제 자기는 안전해. 이젠 마음 놓아도 돼."

마이클은 녹색이 도는 갈색 눈동자를 반짝이며 루시를 쳐다보다 이렇게 말했고, 곧 여권을 만들어 주었다. 누가 어떻게 그걸 마련해 준 건지 루시는 전혀 몰랐다. 여권에 기재된 정보는 정확하지 않았고, 이름이나 생년월일, 출생지도 틀렸다. 어쨌든 그 덕에 몰디브에도, 바베이도스에도, 또 이탈리아와 스페인, 뉴욕에도 다녀왔고 그동안 아무도 뭐라 캐묻지 않았으니 훌륭한 여권이라 할 만했다.

하지만 이제 그 여권은 만료되었다. 루시에게는 새 여권을 얻을 방도도, 영국으로 돌아갈 방도도 없다. 아이들이나 개에게 여권이 없다는 사실은 말할 것도 없고.

루시는 여권을 접고 한숨을 내쉬었다. 이 장애물을 피해 가는 방법이 두 가지 있는데, 하나는 위험하고 불법적이며 다른 하나는 덮어 놓고 훨씬 위험했다. 그 밖에 다른 대안이라고는 아예 아무 데도 가지 않는 길뿐이다.

이렇게 생각하니 24년 전 영국을 떠나던 때의 기억이 생생히 떠올라 머릿속을 휘젓는다. 루시는 이미 수천 번 되풀이했던 대로 그 마지막 장면들을 재생했다.

마지막으로 등 뒤에서 철컥 닫히던 문소리, 한밤중 어둠 속에서 체이니워크를 달려 내려가며 *"금방 돌아올게, 약속할게, 약속할게, 약속할게"*라 몇 번이고 숨죽여 속삭이던 자신의 목소리, 심장이 쿵쾅쿵쾅 뛰고 숨은 턱턱 막히던 감각, 자신의 악몽이 끝나는 동시에 시작되던 그 순간.

17

첼시, 1988년

피니어스 톰슨은 거의 2주나 지나서야 내게 말을 걸기로 마음 먹었다. 글쎄, 혹시 반대로 내가 먼저 물꼬를 텄을지도 모르지. 그 애도 분명 자기 나름의 입장이 있었겠지만 내 기억으로는(물론 전적으로 *내* 기억이다) 그 애가 먼저 말을 걸었다.

나는 평소처럼 부엌에서 어정거리며 어른들의 대화를 엿듣고 있었다. 어머니가 다른 여자 둘과 이야기를 나누고 있었는데, 그 여자들은 이제 우리 집에 눌러앉은 듯 보였다.

아무튼 대체 뭐가 어찌 되어 가는 건지 제대로 알려면 여자들 얘기에 귀를 기울이는 수밖엔 없었다. 이때쯤 나는 무의식적으로 그렇게 판단했다. 여자들의 수다를 무시하는 자는 형편없는 꼴을 당하는 법.

그 무렵 버디와 저스틴은 벌써 거의 5달째, 톰슨 가족은 2주째 우리 집에 살고 있었다.

이날 부엌에서 오간 대화는 이틀에 한 번꼴로 되풀이되는 주제였다. 샐리와 데이비드 부부가 어디서 살 것이냐 하는 성가신 문제 말이다.

그 시점까지도 난 샐리와 데이비드가 잠깐 동안만 우리 집에 머물 거라는 잘못된 믿음에 애처롭게 매달리고 있었기에 번번이

귀를 쫑긋 세웠다.

며칠마다 그 가능성이 곧 실현될 듯 장황한 얘기가 오가며 샐리와 데이비드가 떠나리라는 느낌이 잠시 감칠나게 공기 중에 감돌다가, 이번 '가능성'에 내재된 결점이 *짠* 하고 발견되어 다시 원점으로 돌아가는 식이었다.

이날 떠오른 '가능성'은 치직에 있는 주거용 선박이었다. 데이비드의 환자 중 한 명이 선박 주인인데, 앞으로 1년 동안 배낭여행을 다닐 예정이라서 자신의 턱수염도마뱀들을 돌봐줄 사람이 필요한 모양이었다.

샐리가 내 어머니와 버디에게 이렇게 말했다.

"그런데 침실이 딱 하나뿐이야. 그것도 아주 조그만 침실이고. 물론 데이비드와 내가 거실 침대에서 잘 수도 있겠지만, 동물 사육장 때문에 좀 비좁지."

버디가 손톱 옆 거스러미를 뜯어내며 끼어들었다. 그럴 때마다 각질이 고양이 등 위로 떨어졌다.

"어휴. 몇 개나 있는데?"

"사육장 말이야?"

"그래, 뭐가 됐든."

"모르겠네. 한 6개쯤. 그것들을 차곡차곡 쌓아 올릴 방법을 찾아야 될 것 같아."

어머니가 물었다.

"그런데 아이들은 어쩌려고? 그 애들이 방을 같이 쓰고 싶어 할까? 더구나 더블베드라며. 내 말은, 핀도 이제 곧 청소년이 될 텐데…….”

“아, 괜찮아, 당분간만 그렇게 지내는 건데, 뭐. 정착할 곳을 찾을 때까지만.”

나는 고개 들어 올려다보았다. 보통 이 지점에서 계획이 흐지부지되곤 했으니까.

바보 같은 계획이었음이 확실해지는 순간 샐리는 “아, 뭐, 일시적인 거니까”라고 담담하게 중얼거리곤 했다. 내 어머니는 이렇게 만류하고. *음, 말도 안 돼, 우리 집에 이렇게 공간이 남아도는데. 서둘러 결정하려고 애쓸 것 없어.* 그러면 샐리는 누그러진 표정과 몸짓으로 내 어머니의 팔에 손을 올리고 미소 지으며 “자기한테 언제까지고 이렇게 신세를 질 순 없어”라 말했다. 이에 내 아름다운 어머니는 매력적인 독일식 억양으로 또 대꾸하는 것이다. *말도 안 돼, 샐리, 그런 쓸데없는 소리 하지 마. 그냥 천천히 생각해 봐. 언젠가 좋은 대안이 나오겠지. 완벽한 대안 말야.*

9월 말의 어느 날 오후도 그런 식으로 흘러갔다. 주거용 선박으로 이사하겠다는 계획은 수면 위에 떠오르는가 싶더니 8분 만에, 기록적인 속도로 빠르게 물 건너가 버렸다.

솔직히 말해 나는 톰슨 가족이 우리 집에서 지내는 바람에 마음이 몹시 어지러웠다.

한편으로 그들은 우리 집을 뒤죽박죽으로 어지르고 있었다. 물건들을 어질렀다는 게 아니라, 그냥 그 사람들 자체, 그들의 형상, 그들이 내는 소리, 그들이 풍기는 냄새, 그들이 주는 이질감으로 혼란을 일으켰다는 얘기다.

내 여동생과 클레먼시는 시끄러운 것과 더 시끄러운 것의 지독한 동맹처럼 찰싹 붙어 다녔다. 그 애들은 최대한 시끄러워지는 게 목표인가 싶은 이상한 가상 놀이에 푹 빠져 아침부터 잠들기 직전까지 집 안을 뛰어다녔다.

그뿐만이 아니라 두 아이는 버디에게 바이올린을 배우고 있었는데 이 역시 철저한 귀 고문이었다.

물론 데이비드 톰슨도 있었다. 그 남자의 카리스마 넘치는 존재가 우리 집의 모든 층에 스며드는 것만 같았다. 그는 자기가 머무는 위층 침실만이 아니라 내 아버지의 바가 꾸며진 거실까지도 어떻게든 강탈해 일종의 체육실로 사용했다.

언젠가 문틈으로 살짝 들여다보니 바닥에 엎드려 손끝으로만 팔 굽혀 펴기를 하려고 폼 잡는 데이비드의 모습이 보였다.

그리고 이 모든 것의 대척점에 핀이 있었다. 내게 말을 걸기는커녕 눈길조차 주지 않으려는 핀. 내가 그 자리에 아예 없는 듯 행동하는 핀. 핀이 그렇게 행동할수록 나는 날 바라봐 주지 않는 그 애 때문에 앓다 죽을 것만 같은 기분이 들었다.

그러다 마침내 그날 놀라운 일이 일어났다. 나는 샐리와 데이비드 부부가 우리 집에 더 머물기로 확정되는 꼴을 확인한 다음 부엌에서 나오다 반대쪽에서 오던 핀과 거의 부딪힐 뻔했다.

핀은 글자가 찍힌 빛바랜 면 티셔츠와 무릎이 찢어진 청바지 차림이었다.

그 애가 날 보고 멈추더니 처음으로 내 눈을 마주 보았다. 나는 숨을 죽였다. 뒤죽박죽인 머리를 굴리며 무슨 말을 꺼내 볼까 고민했지만 단 한 마디도 건질 수 없었다.

나와 핀은 한쪽으로 몸을 피하다 또 마주쳤다. 나는 "미안해"라 말하며 다른 쪽으로 비켜섰다. 그러면서 이제 그 애가 말없이 날 스쳐 갈 거라 생각했다. 하지만 핀은 불쑥 이렇게 말했다.

"우리가 여기서 쭉 지낼 예정인 거 알지?"

"뭐라고?"

"내 부모님이 이사 가네 마네 하는 소리 해도 그냥 무시해. 우린 아무 데도 안 가. 그게 말이지, 저번에 브르타뉴에서는 2년이나 얹혀살았어. 원래는 그저 휴가 때만 잠깐 머물기로 했었는데." 그리고 말을 멈추더니 한쪽 눈썹을 치켜올렸다.

분명 무슨 대답이든 해야 하는 상황이었지만 나는 바보처럼 멀거니 서 있었다. 여태껏 이렇게 아름다운 사람과 이렇게나 가까이서 마주 본 적은 한 번도 없었다. 그 애의 숨결에선 스피어민트 향이 났다.

핀이 나를 빤히 쳐다보았고, 나는 그 얼굴에 스쳐 지나가는 실망의 빛을 놓치지 않았다. 어쩌면 딱히 실망이랄 것도 없는 체념 같기도 했다. 이런 내 행동이 그저 자신의 짐작을 확인해 줄 뿐이라는 듯. 이미 나를 따분하고 둔감하며 관심 둘 가치도 없는 녀석이라 여기고 있었던 것처럼 말이다.

"왜 너희 가족은 집이 없는 거야?"

나는 결국 이렇게 물었다.

"우리 아빠가 집세를 낼 수 없을 만큼 쪼들리니까."

핀이 어깨를 으쓱했다.

"그럼 집이 있었던 때가 한 번도 없어?"

"아니, 예전엔 있었는데 아빠가 집을 팔았지. 우리 가족이 여행을 떠날 수 있게."

"하지만 학교는 어쩌고?"

"학교가 뭐?"

"그렇게 지내면 학교는 언제 가?"

"난 6살 때부터 학교 안 다녔는데. 공부는 엄마가 가르쳐 줘."

"우와. 그럼 친구들은 어떻게 만나?"

그러자 핀은 미심쩍은 눈빛으로 나를 바라보았다.

"친구들 못 사귀어서 아쉽지 않아?"

핀이 눈을 가늘게 떴다.

"아니."

간결한 대답이었다.

"눈곱만큼도 안 아쉬워."

이제 핀은 금방이라도 자리를 뜰 것 같았다. 나는 그 애가 가 버리는 게 싫었다. 그 애 입에서 나는 스피어민트 냄새를 맡고 싶었고, 그 애에 대해 더 많이 알고 싶었다. 나는 핀의 손에 들린 책을 내려다보며 물었다.

"무슨 책 읽어?"

핀이 힐끗 내려다보더니 표지가 보이게 책을 뒤집었다. 루크 라인하트의 『다이스 맨』이었다. 그 당시엔 들어본 적 없는 소설이었지만 훗날 나도 그 책을 대략 30번쯤은 읽었다.

"좋은 책이야?"

"책은 다 좋아."

"그렇지 않아. 진짜 나쁜 책들도 읽어 봤는걸."

구체적으로 『빨간 머리 앤』을 떠올리는 중이었다. 이전 학기에 강제로 읽은 건데, 그렇게 시시하고 짜증 나는 책은 태어나서 처음 봤다.

핀이 침착하게 반박했다.

"그건 나쁜 책들이 아니라— 너한테 재미가 없었던 책들인 거지. 둘은 전혀 다른 문제야. 너무 엉망으로 써서 아무도 출판해 주지 않을 책이나 나쁜 책이라고 할 수 있는 거야. 일단 출판된 책이라면 모두 누군가에겐 '좋은 책'이 될 수 있어."

나는 고개를 끄덕였다. 나무랄 데 없는 논리였다.

핀이 손에 쥔 책을 힐끗 내려다보며 말했다.

"이 책 거의 다 봤는데. 혹시 관심 있으면 다 읽고 빌려줄까?"

나는 또 한 번 고개를 끄덕였다.

"좋아. 고마워."

핀은 곧 자리를 떴다. 하지만 나는 그 자리에 그대로 서 있었다. 머리가 찡찔하고 손바닥은 축축이 젖어 들었다. 특별하고 새로운 뭔가가 내 가슴속을 가득 채웠다.

위층 계단참에서 기척이 들려왔다. 나는 저 위를 흘끗 올려다보고 재빨리 걸음을 옮겼다. 누구도 보고 싶지 않았고 누구하고도 말을 섞고 싶지 않았다. 핀과 처음으로 이야기 나눈 황홀감을 깎아 먹을 만한 짓은 하나도 하고 싶지 않았다.

18

밀러 로는 자신에게 다가오는 리비를 보고 일어섰다. 인터넷에서 기자 프로필 사진을 미리 봤던 리비는 바로 상대를 알아보았다. 그 사진을 찍은 뒤로 수염을 길렀고 살도 좀 찌긴 했지만 말이다.

밀러 로는 엉망진창으로 무너진 샌드위치를 반쯤 먹은 참이었다. 수염엔 노란 소스가 살짝 묻어 있었다. 그가 냅킨에 손을 닦더니 리비와 악수했다.

"리비 씨, 우와, 만나서 반갑습니다. 정말 반가워요!"

런던 말씨를 쓰는 사람이었다. 눈동자는 짙은 파란색이고 리비의 손을 감싼 손은 큼지막했다.

"여기 앉으세요. 뭘 좀 드실래요? 여기 샌드위치가 진짜 맛있어요."

리비는 차에 깔린 듯 뭉개진 샌드위치를 힐끗 내려다보고 말했다.

"방금 아침을 먹고 와서요."

"커피가 좋으세요? 아니면 차?"

"그럼 카푸치노 한잔 마실게요. 감사합니다."

리비는 웨스트엔드 거리의 세련된 카페 카운터에 선 밀러 로를 지켜봤다. 그의 제안으로 세인트올번스와 사우스노우드의 중간 지점인 이곳에서 만난 것이다.

밀러는 골반에 걸치는 헐렁한 청바지와 빛바랜 티셔츠, 초록색 면 재킷을 입고 발목까지 올라오는 부츠를 신었다. 배가 불룩 나오고 머리가 큰 체형에 짙은 갈색 머리카락이 풍성하다. 딱 보면 마치 곰처럼 좀 위압감을 주는 사람이지만 그 나름대로 매력이 없진 않았다.

밀러가 카푸치노를 가지고 돌아와 리비 앞에다 내려놓았다.

"만나러 와 주셔서 정말 감사합니다. 오시는 길이 불편하지 않으셨다면 좋겠네요."

그는 더 이상 먹을 생각이 없다는 듯 샌드위치를 한쪽으로 밀어 놓았다.

"괜찮았어요. 환승 없이 15분이면 오더라고요."

"세인트올번스에서 오신 거 맞죠?"

"네."

"세인트올번스, 좋은 동네죠."

리비도 맞장구쳤다.

"맞아요. 마음에 드는 곳이에요."

밀러가 잠시 의미심장한 눈으로 리비를 바라보다 말했다.

"그러니까— 리비 씨가 그 아기군요."

리비가 초조하게 웃었다.

"그런 것 같네요."

"그리고 그 집을 상속받으셨다고요?"

"네, 맞아요."

"우와. 순식간에 대반전이네요."

"진짜 그래요."

리비도 수긍했다.

"직접 들어가 보셨나요?"

"그 집에요?"

"네."

"두어 번 가 봤어요."

밀러가 의자 깊숙이 기대앉았다.

"세상에. 저도 어떻게든 허락받고 들어가 보려고 무진장 애썼죠. 법률 사무소 사람한테 제 첫째 애라도 내어 줄 기세로 애걸복걸했다니까요. 어느 날 밤엔 심지어 무단 침입하려고도 했었고요."

"그럼 그 집에 직접 들어가 보신 적은 한 번도 없는 거예요?"

밀러는 씁쓸하게 웃었다.

"네, 전혀요. 창문으로 기웃거려 보기도 하고, 심지어 뒤쪽 집들 창문으로 보면 뭔가 더 보일까 싶어서 거기 사는 이웃들을 구워삶기도 했죠. 하지만 실제로 그 집에 들어가 본 적은 한 번도 없어요. 직접 보니 어때요?"

"어두컴컴해요."

리비가 말했다.

"나무 패널이 되게 많고요. 뭔가 이상하더라고요."

"아마 그 집을 팔 계획이시겠죠?"

"네, 팔 거예요. 하지만—,"

리비는 다음 말을 생각하며 손끝으로 커피잔 테두리를 천천히 훑었다.

"우선 거기서 무슨 일이 있었는지 알고 싶어요."

밀러 로는 들릴락 말락 하게 그르렁거리는 소리를 내며 한 손으로 턱수염을 문질러 노란 소스 얼룩을 떨어냈다.

"제발, 리비 씨만이 아니라 저도 꼭 좀 알고 싶어요. 그 기사 때문에 제 인생의 2년을 고스란히 날렸습니다. 넋이 나간 채 그 문제에만 병적으로 집착하며 2년이란 시간을 조졌다고요. 결혼 생활도 무너졌고. 그런데도 제가 찾아 헤매던 답은 결국 얻지 못했어요. 정답은커녕 아예 근처에도 가지 못했죠."

그러더니 리비를 보며 미소 지었다. 리비는 그가 잘생겼다고 생각했다. 나이가 몇 살쯤 됐을까 가늠해 보지만 도통 모르겠다. 25살에서 40살 사이, 그중 몇 살이라고 하든 이상하지 않을 것 같다.

리비는 가방에 손을 넣어 체이니워크 저택 열쇠 뭉치를 꺼낸 다음 밀러 앞에 내려놓았다.

밀러의 시선이 테이블에 놓인 열쇠들에 꽂혔다. 리비는 그 눈빛에 흐르는 갈망의 물결을 알아볼 수 있었다. 그가 테이블 위로 손을 뻗으며 물었다.

"이런, 세상에, 제가 좀 봐도 될까요?"

"물론이죠. 얼른 보세요."

밀러는 열쇠를 하나하나 들여다보고 열쇠고리를 만지작거렸다. 그러다 리비를 올려다보며 물었다.

"재규어네요?"

"그런 것 같아요."

"헨리 램, 그러니까 리비 씨 아버지 말인데, 한때는 어지간히 우쭐거리며 잘 노는 남자였죠. 주말엔 시끌벅적하게 사냥을 나가고, 다음 날에 할 일이 있어도 애너벨스₁₉₆₃년 개업한 런던의 고급 회원제 클럽에서 밤늦게까지 파티를 즐기곤 했거든요."

리비는 명랑한 말투로 대답했다.

"알아요. 저도 기자님 기사 읽어 봤어요."

"맞네요. 물론 읽어 보셨겠죠."

잠시 침묵이 흐른다. 밀러가 샌드위치 가장자리를 떼어내 입에 넣었다. 리비는 커피를 한 모금 마셨다.

밀러가 다시 입을 열었다.

"그래서— 이제 어떻게 하시게요?"

"제 오빠와 언니를 찾고 싶어요."

"그럼 그분들이 리비 씨와 연락하려 시도한 적은 한 번도 없고요?"

"네, 전혀요. 혹시 짚이는 데가 있으신가요?"

"막 짚어 보는 거라면야 얼마든지 가능하지요. 하지만 중요한 문제는 이겁니다. 그 집의 신탁 수익자가 리비 씨라는 사실을 두 남매가 알까요? 만약 안다고 치면, 현시점에 상속이 이뤄졌다는 사실도 알게 될까요?"

리비는 한숨을 쉬었다.

"모르겠어요. 변호사님 말씀으로는 한참 전에 제 오빠가 태어났을 때 이 신탁이 체결됐대요. 원래는 오빠가 25살이 되면 집을 상속받기로 되어 있었고요. 하지만 오빠는 끝내 자기 몫의 재산을 넘겨받으러 오지 않았죠. 그다음엔 언니 차례인데, 언니 역시 모습을 드러내지 않았어요……. 당연히 법률 사무소에서도 두 사람에게 연락할 방도가 없었고요. 어쨌든 뭐, 그 집이 제게 상속되리란 사실을 알 가능성은 있다고 봐요. 만약에 두 사람이 아직…….."

*아직 살아 있다면*이라 말하려다 그냥 삼켰다.

리비가 이어서 말했다.

"그리고 그 남자—제 부모님과 함께 죽은 남자 말이에요. 수많은 단서를 추적했지만 계속 막다른 길에 부딪히더라고 기사에 쓰셨던데요. 그래서 그 사람의 정체까지는 끝내 알아내지 못하신 건가요?"

"네, 열 받게도 못 알아냈습니다."

밀러는 수염을 문질렀다.

"한 인물의 이름을 특정하긴 했습니다만 결국 추적을 단념해야 했죠. 그 점이 내내 답답했어요. 데이비드 톰슨이라는 이름이 자꾸만 맴돌더라고요."

리비가 밀러에게 어리둥절한 시선을 던졌다.

"유서에 이니셜이 적혀 있던 거 기억나세요? ML, HL, DT. 그래서 DT라는 이니셜이 들어간 실종자들의 이름을 알려 달라고 경찰에 문의했죠. 경찰에서 찾아 준 38명 중 한 명이 데이비드 톰슨이었습니다. DT라는 이니셜에 맞는 실종자 38명이요. 신원 미상의 사망자와 연령대가 얼추 비슷한 실종자는 10명이었는데, 저는 한 명씩 살펴보며 죄다 목록에서 지워 나갔죠.

그런데 데이비드 톰슨이라는 사람은 흥미로웠습니다. 저도 잘 모르겠지만 왠지 그 남자의 사연엔 뭔가 바로 이거구나 싶은 느낌이 있었죠. 햄프셔 출신의 42세 남성. 평범한 가정 환경. 하지만 1988년에 아내 샐리와 두 자녀, 그러니까 피니어스와 클레먼시를 데리고 프랑스에서 영국으로 돌아온 이후로는 어디에도 그에 관한 기록이 없었습니다. 네 식구가 생 말로에서 포츠머스까지 페리를 타고 왔는데요. 그게 언제냐면……"

밀러는 잠깐 노트를 휙휙 넘겼다.

"1988년 9월이군요. 그 이후로 네 사람은 그야말로 아무런 흔적도 남기지 않았습니다. 의사 진단서도, 세금 내역도, 학적부도, 병원 진료 기록도, 아무것도 없죠. 다른 친족들은 데이비드네 식구를 '외톨이들'이라 불렀어요. 무슨 유산 상속을 두고 불화와 앙심이 싹트는 바람에 크게 의가 상했다고 합니다. 그래서 오랜 세월이 흐를 동안 누구도 데이비드 가족이 어디 사는지 궁금해하지 않았던 거죠. 데이비드 톰슨의 모친이 말년에 마지막 화해를 이루고 생을 마무리하기로 마음먹은 뒤 아들 가족을 실종 신고할 때까지 말이에요. 경찰은 형식적인 수색을 벌였고, 데이비드나 그 식구들의 자취를 찾아내지 못했습니다. 그러고 나서 데이비드의 모친마저 사망하니 다시는 누구도 데이비드 톰슨이나 샐리 톰슨의 행방을 묻지 않게 됐죠. 2년 전 제가 나서기 전까지는요."

밀러가 한숨을 내쉰다.

"저는 그 가족의 행방을 추적하려고 몹시 애를 썼습니다. 피니어스. 클레먼시. 보기 드문 이름이죠. 그 사람들이 어딘가에서 사회생활을 했더라면 쉽게 찾을 수 있었을 거예요. 하지만 전혀, 아무 흔적도 없었거든요. 아무튼 저는 기사를 내보내야 보수를 받으니, 그 사건에서 손을 뗄 수밖에 없었죠."

그러면서 고개를 절레절레 흔들었다.

"이제 아시겠어요? 왜 이 취재가 2년이나 걸렸는지, 어쩌다 제가 거의 말라 죽을 뻔했는지? 이 기사에만 매달리는 바람에 아내까지 절 떠났단 말이에요. 아시겠어요? 저는 말 그대로 좀비처럼 수색만 하고 다녔어요. 그 사건 얘기만 하고, 그 사건 생각만 했죠."

밀러는 한숨을 토하며 열쇠 다발을 손가락으로 훑었다.

"그렇지만, 좋아요. 한번 해 봅시다. 그 집에 살던 사람들 모두에게 대체 무슨 일이 있었던 건지 알아내자고요. 리비 씨한테 무슨 일이 있었던 건지, 또 리비 씨의 오빠와 언니에게 무슨 일이 있었던 건지 캐내 봅시다."

밀러가 리비와 악수하려고 손을 뻗었다.

"시작해 볼까요, 서레니티 램 씨?"

리비도 그의 손을 맞잡으며 답했다.

"네. 해 보자고요."

리비는 밀러 로와 아침 식사를 마친 뒤 곧장 쇼룸으로 갔다. 아직 9시 반밖에 안 되었기에 다이도는 리비가 지각했다는 사실도 거의 알아채지 못할 뻔했다. 그러다 뒤늦게 깨닫고 깜짝 놀라며 다급하게 속삭였다.

"어머, 세상에! 그 기자 만났구나! 어떻게 됐어요?"

리비가 대답했다.

"굉장했어요. 오늘 저녁에 그 집에서 만나기로 했어요. 조사를 시작하려고요."

다이도는 코를 살짝 찡그렸다.

"리비 씨랑 그 남자랑 둘이서?"

"네."

"흠, 그게 정말 좋은 생각일까요? 괜찮을 거 같아요?"

"네? 왜요?"

다이도가 눈을 가늘게 뜨고 쳐다보았다.

"글쎄요. 겉보기와는 다른 사람일 수도 있잖아요. 아무래도 내가 같이 가야 할 거 같아요."

리비가 천천히 눈을 깜빡이더니 미소 지었다.

"그냥 그렇게 말씀하시지 그랬어요."

다이도는 다시 자기 노트북 화면을 들여다본다.

"무슨 말인지 모르겠네요. 난 그냥 리비 씨를 보호해 주고 싶을 뿐이라고요."

리비가 여전히 미소를 띤 채 말을 이었다.

"좋아요. 저를 '보호'해 주셔도 돼요. 7시에 밀러 씨랑 만날 건데요. 그럼 우리는 611번 버스를 타는 게 좋겠어요. 아셨죠?"

다이도가 단호하게 컴퓨터 화면을 들여다보며 대답했다.

"네. 알았어요. 그건 그렇고—,"

그러면서 갑자기 올려다봤다.

"지금껏 출간된 애거사 크리스티 소설은 한 권도 안 빼놓고 다 읽었거든요. 그것도 두 번씩. 그러니까 내가 꽤 도움이 될지도 몰라요."

19

루시는 아이들이 더 자게 놔두고 마르코에게 쪽지만 한 장 써서 침대 머리말 탁자에 올려 두었다. 쪽지엔 이렇게 적었다.

여권 문제를 처리하러 나가. 몇 시간 있다가 돌아올게. 동생한테 먹을 것 좀 차려 줘. 피츠는 주세페 아저씨랑 같이 있어.

아침 8시에 집에서 나온 뒤 시내를 가로질러 한참 걷는 경로를 택했다. 잠시 걸음을 멈추고 벤치에 앉았다. 부드러운 아침 햇살에 피부가 따스해진다. 8시 45분에 자리에서 일어난 루시는 점차 뜨거워지는 햇볕을 피해 그늘을 따라 다시 걸었다.

9시, 마침내 마이클의 집 앞에 도착했다. 황금색으로 번쩍거리는 금파리들이 전날 아침 피츠가 싼 똥 위에 다닥다닥 붙어 있었다.

루시는 굳은 얼굴로 미소 지으며 아주 천천히 초인종을 눌렀다. 이내 속이 뒤집어지며 명치께가 쓰라렸다.

가정부 조이가 나오더니 루시의 얼굴을 알아보고 미소 지었다. "좋은 아침이에요! 마이클 씨 부인이시죠! 예전에 말이에요! 두 분 사이에 아들을 두셨다면서요. 저는 마이클 씨에게 아들이 있는지 몰랐지 뭐예요!" 조이는 한 손으로 가슴을 꾹 누르고 서서 진심으로 기쁜 표정을 지었다. "정말 예쁜 아이더라고요. 자, 들어오세요."

집 안은 조용했다. 루시가 물었다.

"마이클이랑 만날 수 있을까요?"

"네, 그럼요. 지금 샤워하고 계세요. 테라스에서 잠시 기다려도 괜찮으시겠어요?"

조이는 루시를 테라스로 안내하며 의자에 앉으라고 권했다. 그러고는 루시가 물 한 잔이면 된다고 말해도 한사코 커피와 아몬드 비스킷을 내오겠다고 우겼다. 마이클은 저렇게 괜찮은 사람을 곁에 둘 자격이 없는데. 마이클이란 작자는 그 어떤 것도 받을 자격이 없다.

루시는 숄더백에 손을 넣어 낡은 여권과 조그만 지갑을 꺼냈다. 지갑 안엔 스텔라와 마르코의 사진이 들어 있었다. 아몬드 비스킷은 도무지 소화가 안 될 것 같아 커피만 마셨다.

알록달록한 딱새가 머리 위 나무에 앉아 정원에 먹잇감이 없나 살펴보고 있었다. 루시는 새에게 주려고 비스킷을 부숴 바닥에 떨어뜨렸다. 하지만 딱새는 알아채지 못하고 날아가 버렸다. 루시의 배 속이 꿀렁거리며 요동쳤다. 9시 반이다.

드디어 흰 티셔츠와 연두색 반바지를 나무랄 데 없이 깔끔하게 차려입은 마이클이 맨발로 나타났다. 숱이 줄어든 머리카락은 아직 물기가 덜 말랐다.

"어이쿠, 이런."

그가 루시의 양쪽 뺨에 자기 뺨을 가볍게 대며 말했다.

"이틀 동안 두 번이나 와 주다니. 생일이라도 된 기분이네. 아이들은 안 데리고 왔어?"

"응. 더 자게 내버려 뒀어. 어젯밤에 엄청 늦게 잤거든."

"그럼 다음에 또 만나지." 마이클은 환하게 함박웃음을 지으며 루시의 기분을 잡친 다음 자리에 앉아 다리를 꼬았다. "그래, 어인 일로 이렇게 행차하셨는지?"

루시가 여권 위쪽에 손끝을 대자 마이클의 시선도 거기 꽂힌다.

"그게— 내가 고향에 꼭 가야만 해. 내 친구가 아프대. 죽을지도 몰라. 그 아이를 만나고 싶어, 너무 늦기 전에…… 그러니까 혹시 그 애가…… 아무튼."

왼쪽 눈에서 눈물이 또르르 흘러내려 여권 위에 기막히게 떨어졌다. 루시는 눈물을 닦아 냈다. 원래 울 계획은 없었지만 어쩌다 보니 이렇게 됐다.

"아아, 자기야." 마이클이 손을 뻗어 루시의 두 손을 감싼다.

루시는 억지로 미소를 짜내며 그의 위로에 고마워하는 표정을 지으려 애썼다.

"정말 큰일이네. 뭐 때문이래? 암이야?"

루시가 고개를 끄덕였다.

"난소암이래."

그러고는 마이클에게 잡힌 손을 빼내 입가에 대고 흐느낌을 참는다.

"다음 주에 가고 싶은데 여권이 만료됐어. 더구나 아이들을 위한 여권도 없고. 당신한테 이런 부탁 해서 너무너무 미안해. 어제 내 바이올린 수리비도 너그럽게 베풀어 줬는데. 다른 선택지가 있었더라면 정말 당신한테 부탁할 일 없었을 거야. 혹시 그 사람들이랑 아직 알고 지내? 나한테 이 여권 만들어 준 사람들."

루시가 손가락으로 눈가를 닦더니 애처롭게 마이클을 올려다봤다. 여전히 매력적으로 보이기를 바라면서.

"음, 이런, 아니. 연락은 안 하는데. 하지만 기다려 봐, 노력해 볼게." 마이클이 루시의 여권을 자기 쪽으로 끌어당겼다. "이건 나한테 맡겨 놔."

"여기. 사진도 가져왔어. 아아, 그리고 미친 소리처럼 들릴지 모르지만 개한테도 여권이 필요해. 몇 가지 백신 접종을 제때 못 해서 일반적인 방법으로는 데려갈 수가 없거든. 그리고 어쨌든 얼마나 오래 걸릴지도 모를 일이고……."

"개를 데려간다고? 죽어 가는 친구를 보러 가는데?"

"정말로 달리 선택의 여지가 없어."

"글쎄, 내가 맡아 주면 어때?"

루시는 자신의 소중한 개가 여기서 저 괴물 같은 놈과 지낸다는 생각에 너무 질겁하는 티를 내지 않으려 자제했다.

"하지만 갑자기 개랑 어떻게 같이 지내려고?"

"으음, 어휴, 모르겠네. 데리고 놀고, 산책시키고, 밥 주고, 그럼 되나?"

"그 정도로 끝나는 게 아냐. 아침마다 개를 데리고 화장실에 가야 해. 똥도 일일이 치워 줘야 하고."

마이클이 눈을 굴리며 말했다.

"조이가 원래 개를 좋아해. 그러니까 집에 개가 있으면 아주 좋아할 거야. 나도 그렇고."

물론 그렇겠지. 루시는 생각한다. 마이클한테는 개똥을 대신 치워 줄 사람들이 있지.

"글쎄. 역시 개를 데리고 가는 게 낫겠어. 아이들이 피츠한테 엄청 정을 붙였고, 그야 나도 마찬가지거든……."

"어떻게 하면 될지 내가 한번 알아볼게. 내 생각에 개 여권까지는 살짝 어려울 것 같기도 한데. 어쨌든 노력은 해 볼게."

루시가 고마운 척 눈을 커다랗게 뜨고 말했다.

"정말 고마워, 마이클. 얼마나 안심이 되는지 말로 다 표현할 수도 없을 정도야. 정말이지 어젯밤에 친구 사정을 메시지로 읽고는 어떻게 그 애를 보러 갈지 걱정하느라 밤새 한잠도 못 잤거든. 고마워."

"뭐, 아직 아무것도 한 게 없는데."

"그야 그렇지만. 그래도 벌써 너무 고마운걸."

루시는 마이클의 상냥한 얼굴이 오싹하게 변하는 순간을 목도했다.

"정말정말 고마워?"

그 말에 그녀는 억지로 웃어 보였다. 이 대화가 어디로 흘러갈지는 잘 알고 있다. 마음의 준비도 했고.

"정말, 정말, 정말 고마워."

마이클이 의자 등받이에 몸을 기대며 미소 지었다.

"아― 난 그 소리를 듣는 게 좋더라."

루시도 미소로 답하며 머리카락을 손으로 쓸어내렸다.

마이클의 시선은 덧문 내려진 저 위쪽 창문을 거쳐 부부 침실로 향했다. 부부 강간이 여러 차례 일어났던 곳이다. 이윽고 그가 다시 루시에게 시선을 고정했다. 몸서리가 나는 걸 꾹 참고 루시가 말했다.

"봐서 다음에."

마이클은 눈썹을 치켜올리며 한쪽 팔을 뻗어 의자 등받이 오른쪽에 턱 걸쳤다.

"지금 나한테 인센티브를 주는 거야?"

"어쩌면."

"네 스타일 마음에 들어."

루시는 미소 지었다. 그리고 똑바로 고쳐 앉아 핸드백 끈을 집어 들었다.

"하지만 지금은 쿨쿨 자는 아이들에게 돌아가 봐야 해."

둘 다 자리에서 일어섰다.

루시가 머뭇거리며 말을 꺼냈다.

"당신 생각엔 언제쯤……."

마이클이 대답했다.

"지금 바로 작업 들어갈 거야. 전화번호 알려 주면 좋은 소식 들어오자마자 연락할게."

"지금 당장은 내가 핸드폰이 없거든."

루시의 말에 마이클은 얼굴을 찌푸렸다.

"하지만 좀 아까는 어젯밤에 친구 소식을 메시지로 받았다며?"

해변에서 일주일 동안 노숙하다 보면 다른 건 몰라도 임기응변만큼은 늘기 마련이다.

"아, 숙소 전화로 걸려 온 거야. 누가 쪽지에 적어 놨다가 전해 주더라고."

"그래, 그럼 어떻게 연락할까? 네 숙소로 전화하면 될까?"

루시가 침착하게 대꾸했다.

"아냐. 그냥 당신 전화번호를 줘. 공중전화로 걸게. 금요일에 전화하면 될까?"

마이클이 자기 전화번호를 종이에다 끄적여서 건네주었다.

"그래, 금요일에 전화해. 그리고 이거……."

주머니에 손을 넣어 반으로 접힌 지폐 뭉치를 꺼내더니 20유로 몇 장을 빼내 루시에게 쥐여 주었다.

"핸드폰 하나 사. 제발 좀."

루시는 돈을 받아 들고 고맙다고 말했다. 이젠 잃을 게 아무것도 없다. 여권을 얻기 위해서 영혼을 파는 계약에 이미 서명한 참이니까.

20

첼시, 1989년

여러 달이 휙휙 지나갔다. 13살이 된 피니어스는 목젖이 튀어나오고 금빛 콧수염도 살짝 돋아났다. 나는 키가 2센티 넘게 컸고 드디어 머리카락도 뒤로 넘길 수 있을 만큼 자랐다.

여동생과 클레먼시는 점점 더 심각하게 끈끈한 사이가 되어서 자기들만의 암호로 이야기를 나눴다. 그뿐 아니라 꼭대기 층 빈 침실에 침대 시트와 거꾸로 뒤집은 의자들로 은신처를 만든 다음 둘이 처박혀서 시간을 보냈다.

버디의 밴드는 인기 차트 48위에 그친 끔찍한 싱글을 발표했다. 버디는 발끈해서 팀을 탈퇴해 버린 뒤 음악실에서 전문적으로 바이올린을 가르치기 시작했지만, 그러든 말든 음악 잡지 기자들의 안중에는 전혀 들지 못했다.

한편 저스틴은 내 아버지의 정원을 자기 사업장으로 바꿔 버리고는, 신문 뒷면 광고란에 약초 치료법 광고를 내서 자기가 조제한 약을 팔았다.

샐리는 부엌 식탁에 우리 모두를 모아 놓고 매일 4시간씩 공부를 가르쳤고, 데이비드는 월즈엔드의 교회 강당에서 대체 의학 강좌를 주 3회 열고 주머니에 현금을 두둑이 채워 집에 돌아왔다.

수개월 전에 핀이 내놓은 예측이 전적으로 옳았던 것이다.

톰슨 가족은 어디로도 가지 않고 우리 집에 들어앉았다.

이제 와 체이니워크의 저택에서 톰슨 가족과 함께 지낸 시절을 되돌아보면 몇 가지 변곡점들, 즉 운명이 완전히 뒤틀리고 서사가 소름 끼치게 왜곡되어 버린 중심축들이 정확하게 보인다.

나는 첼시 키친에서 다 함께 식사하던 저녁, 내 아버지가 이미 권력 투쟁에서 패배하고 있다는 느낌이 들던 순간을 기억한다. 아버지는 너무도 쇠약한 상태라서 투쟁이 시작되었다는 것조차 깨닫지 못했지만 말이다.

그리고 나는 데이비드에게 거리를 두던 어머니의 모습도 기억한다. 그 남자가 자신에게 욕정을 품을 일 없도록 생기를 억누르던 모습. 그래, 어디서부터 모든 일이 시작되었는지는 기억난다.

하지만 그날 밤부터 아홉 달이 어떻게 흘러간 건지, 어쩌다 내 부모님의 허락하에 외부인들이 우리 집을 구석구석 완전히 점령하는 지경까지 이르렀는지는 도무지 모르겠다.

아버지는 집 안에서 벌어지는 여러 가지 일에 관심을 보이는 척했다. 저스틴과 함께 정원을 어슬렁거리며 여러 줄로 쪼르르 심은 약초나 묘목에 감탄하는 척하기도 했고, 매일 저녁 7시면 커다란 술잔 절반에 못 미치게 위스키를 따르고 데이비드와 함께 부엌 식탁에 앉아 꾸역꾸역 정치와 세계정세에 대해 이야기하기도 했다.

지금 무슨 말을 하는지 감을 잡고 있다는 느낌을 주느라고 눈을 약간 부릅뜨면서. (아버지가 내는 모든 의견은 옳거나 그르거나, 좋거나 나쁘거나 식의 흑백 논리였고 세계관은 투박하기 짝이 없었으니, 참 민망한 일이었다.)

또 아버지는 우리가 부엌에서 수업을 받을 때 가끔 동석했다가 우리 모두의 영특함에 엄청나게 감격한 표정을 짓곤 했다. 나는 아버지에게 대체 무슨 일이 일어난 건지 이해할 수가 없었다. 마치 헨리 램이 자기 육신만 남겨 두고 집을 떠나 버린 것 같았다.

나는 주위에서 벌어지는 모든 일에 대해, 내 세계가 완전히 뒤집혀 버리는 상황에 대해 아버지와 이야기해 보고 싶은 마음이 간절했다. 하지만 그랬다가는 아버지가 마지막까지 붙들고 있던 당신의 존재감마저 딱지처럼 뜯겨 나가게 될까 봐 두려웠다. 아버지는 너무도 취약하게 망가져 버린 사람 같았다.

5월 초 어느 날, 점심 무렵에 모헤어 모자와 코트를 움켜쥐고 현관에 서서 지갑 안을 확인하는 아버지의 모습이 내 눈에 띄었다. 마침 그날 수업도 다 끝나고 심심하던 차였다.

"어디 가세요?"

나는 물었다.

"클럽에."

아버지가 대답했다.

아, 아버지의 클럽. 피커딜리 샛길에 있는 담배 연기 자욱한 방들이 기억났다. 나도 예전에 한 번 가 본 곳이었다.

어머니가 외출해야 하는데 베이비시터를 제때 못 부른 날, 아버지는 집에 틀어박혀서 어리고 맹한 두 아이와 놀아 주는 대신 우리를 택시 뒷좌석에 태우고 자기 클럽에 데리고 갔다. 여동생과 내가 구석에 앉아 레모네이드와 땅콩을 먹는 동안 아버지는 다른 남자들과 시가를 피우며 술을 마셨다. 나로서는 죄다 낯선 아저씨들뿐이었다. 그날 나는 클럽의 분위기에 홀딱 반한 나머지 베이비시터가 영영 나타나지 않길 기도했다. 마냥 거기 죽치고만 싶었으니까.

"저도 가도 돼요?"

아버지는 내가 어려운 수학 문제를 물어보기라도 한 듯 멍한 눈으로 날 쳐다보았다.

"제발요. 조용히 있을게요. 입 꾹 닫고."

그러자 아버지가 계단 쪽을 힐끗 올려다보았다. 이 난제에 대한 해답이 계단참에 곧 나타나리라 기대하는 것처럼.

"수업은 다 들었고?"

"네."

"좋아."

나는 재킷을 챙겨 입고 아버지와 함께 집을 나섰다. 거리로 나온 뒤 아버지가 손 흔들어 택시를 불렀다.

클럽에 들어간 아버지는 아는 사람을 하나도 찾지 못했다. 주문한 음료가 나오길 기다리는 동안 아버지가 나를 바라보다 물었다.

"그래, 요즘 어떻게 지내냐?"

"혼란스러워요."

나는 이렇게 운을 뗐다.

"혼란스럽다고?"

"네. 우리 일상이 어떻게 굴러가고 있는지 생각하면요."

여기까지 말하고서 숨을 죽였다. 예전에 내가 이런 식으로 버릇없게 말하면 아버지는 분명 얼굴을 찡그리며 날 쳐다보고, 어머니에게 시선을 돌린 다음 이런 행동거지를 용납해도 된다고 생각하느냐, 우리 아이가 이런 식으로 자라도 되느냐 험악하게 물었을 테니까.

하지만 이날 아버지는 고개 들어 옅은 파란색 눈으로 나를 바라보며 그냥 "그래"라고만 말했다.

그리고 즉시 눈길을 돌렸다.

"아빠도 혼란스러우세요?"

"아니, 아들아, 그렇지 않아. 혼란스럽진 않지. 일이 어떻게 되어 가는 건지 아빠는 정확히 파악하고 있으니까."

어떻게 되어 가는지 알며 통제권도 쥐고 있다는 뜻인지, 아니면 어떤 상황인지는 알지만 막을 방도가 전혀 없다는 뜻인지 나로선 알 수 없었다.

나는 물었다.

"그래서요? 이게 다 뭐예요?"

우리 음료가 나왔다. 내 앞엔 흰 종이로 만든 컵 받침에 올린 레모네이드 한 잔, 아버지 앞엔 위스키와 물. 아버지는 내 질문에 답하지 않았다. 그래서 대답을 듣긴 글렀구나 생각했다. 하지만 그때 아버지가 한숨을 내쉬며 이렇게 말했다.

"아들아. 살다 보면 때때로 갈림길에 다다르기도 해. 네 엄마와 나는 그런 갈림길을 만난 거야. 엄마는 이쪽, 아빠는 저쪽, 그렇게 서로 반대쪽으로 가고 싶어 했지. 하지만 엄마가 이겼어."

나는 눈을 치켜떴다.

"그 사람들을 죄다 우리 집에서 재우는 게 엄마 뜻이라고요? 진짜로 엄마가 그 사람들을 원하는 거예요?"

"그 사람들을 원하냐고?"

아버지는 뭔가 황당한 질문이라도 들은 듯 뚱하게 되물었다. 황당한 구석이라곤 전혀 없었는데도 말이다.

"엄마는 그 사람들을 죄다 데리고 살길 원하는 거예요?"

"참 나, 난들 알겠냐. 네 엄마가 뭘 원하는지 이젠 나도 모르겠다. 자, 아빠가 충고 하나 할 테니 잘 들어라. 절대 여자랑 결혼하지 마라. 여자란 겉모습은 근사할지 몰라도 네 인생을 아주 망쳐 놓는 존재니까."

당최 말이 안 되는 소리였다. 여자랑 결혼한다는 게―결혼할 생각은 추호도 없었지만, 어쨌든 결혼을 한다면야 여자랑 하겠지 달리 무슨 방법이 있겠는가―위층 사람들과 대체 무슨 상관이지?

나는 뭔가 알기 쉽고 명료한 설명이 따라오길 바라며 아버지를 쳐다보았다. 하지만 아버지에겐 그럴 만한 공감 능력도 없었고, 사실 뇌졸중을 겪은 이후로는 쉽고 명료하게 표현할 수 있는 어휘력조차 없었다.

아버지는 재킷 주머니에서 시가를 꺼내 피울 준비를 하며 한동안 꾸물댔다. 그러다 마침내 물었다.

"그럼 넌 그 사람들이 별로 마음에 안 드냐?"

"네. 마음에 안 들어요. 언제가 됐든 우리 집에서 나가긴 할까요?"

"글쎄, 내가 관여할 수 있는 입장이었다면……."

"하지만 아빠 집이잖아요. 당연히 이 모든 일에 관여하고 계신 거죠."

나는 아버지를 지나치게 몰아붙인 게 아닐까 걱정되어 숨을 죽였다.

하지만 아버지는 그저 한숨만 쉬었다.

"너야 그렇게 생각했겠지, 그렇지?"

아버지의 둔감함 때문에 미칠 지경이었다. 나는 비명을 지르고 싶었지만 간신히 이렇게 말했다.

"그냥 그 사람들한테 나가라고 하시면 안 돼요? 우리 집을 원상회복하고 싶다고 말씀해 주세요. 우리 남매가 다시 학교에 가고 싶어 한다고, 이제 그만 우리 집에서 나가 주면 좋겠다고 해 주시면 안 되나요?"

"안 돼. 그렇겐 못 해."

"아니, 왜요?"

내 목소리가 한 옥타브 높아졌다.

아버지의 몸이 일순 움찔했다.

아버지가 쏘아붙였다.

"말했잖아. 네 엄마가 결정한 일이라고. 엄마한테는 그 사람들이 필요해. *그 남자*가 필요해."

"그 남자요? 데이비드 씨요?"

"그래, 그 남자가 네 엄마의 공허한 인생에 활력을 불어넣어 주는 모양이다. 삶에 '의미'를 부여해 주나 봐. 자, 이제―," 아버지가 신문을 펴 들며 딱딱거렸다. "너 아까 입 꾹 닫고 있겠다고 했지. 약속을 좀 지키는 게 어떠냐?"

21

밀러 로는 체이니워크 저택 바깥에 서서 핸드폰을 들여다보고 있었다. 그날 아침 웨스트엔드 거리의 카페에서 봤을 때보다 더 부스스해 보이는 몰골이었다. 그는 리비와 다이도가 다가오는 모습을 보고 똑바로 서더니 미소 지었다.

리비가 먼저 말했다. "밀러 씨, 이쪽은 다이도예요. 제 동료……," 그러다 말을 고쳤다. "제 *친구*예요. 다이도 씨, 이쪽은 밀러 로 기자님이에요."

서로 악수를 한 뒤 세 사람 다 몸을 돌려 집을 마주했다. 저녁 햇살을 받은 강 저편은 온통 금빛으로 물든 반면 이 집은 그늘 속에 잠겨 있었다.

"리비 존스 씨." 다이도가 감탄했다. "이럴 수가. 진짜 대저택을 손에 넣었군요."

리비는 미소 지으며 돌아서서 자물쇠를 열었다. 하지만 나머지 일행과 복도에 붙어 서서 두리번거리고 있으려니 자기가 이 집의 주인이라는 게 실감이 안 났다. 아직도 변호사가 얼른 나타나 주길, 그리고 권위 있게 앞장서서 안내해 주길 바라는 마음뿐이었다.

"사방에 목재가 너무 많다는 게 무슨 뜻인지 알겠네요." 밀러가 말했다. "그게 말이죠, 예전에 이 집엔 박제된 동물 머리랑 사냥용 칼이 가득했거든요. 실제 왕좌도 떡하니 있었던 모양이고요.

바로 여기⋯⋯," 그러면서 계단 양쪽 지점을 가리키더니 비꼬듯 덧붙였다. "왕과 왕비를 위한 자리랄까요."

"왕좌에 대한 얘기는 누구한테 들으셨나요?"

다이도가 물었다.

"헨리와 마티나의 옛 친구들이요. 70년대부터 80년대 초반까지 여기 놀러 와 시끌벅적한 디너파티를 벌이던 무리죠. 헨리와 마티나 부부가 사교계 유명 인사였고 자녀들은 아주 어렸던 시절 얘기입니다. 듣자 하니 아주 휘황찬란했던 모양이에요."

"그럼, 그 옛 친구란 사람들은—" 다이도가 또 묻는다. "만사가 암담해졌을 때 죄다 어디 있었던 거예요?"

"에휴, 진정한 친구라 보긴 어려운 사람들이었죠. 아이들이 학교에서 사귄 친구들의 부모라든지 지나가는 이웃, 여러 나라에서 온 어중이떠중이들이었어요. 헨리와 마티나에게 진심으로 마음을 쓰는 사람은 아무도 없었습니다. 다들 그냥 '그런 부부가 있었지' 기억이나 하는 정도죠."

"이 집에 있던 왕좌도 기억할 테고요."

리비가 말했다.

"그래요. 이 집 왕좌도요."

밀러는 미소 지었다.

"가족들은 어떻게 된 거예요? 일가친척은 어디 있었나요?"

다이도가 물었다.

"음, 헨리한테는 가족이 없었습니다. 외동이었고 부모님은 두 분 다 돌아가신 뒤였으니까요. 마티나의 경우 아버지와는 소원해진 상태였습니다. 어머니는 재혼하여 독일에서 새 가정을 꾸렸는데, 마티나를 찾아오려고 꾸준히 시도한 모양입니다. 1992년엔 아들 한 명을 여기로 보내기까지 했고요. 그 남자가 닷새 동안 매일 찾아와 문을 두드렸지만 아무 응답도 없었다고 합니다. 안에서 무슨 소리가 들렸고, 커튼이 움직이는 것도 보였대요. 전화는 먹통이었고요. 마티나의 어머니는 왜 딸과 만나려는 노력을 더 열심히 하지 않았을까 자책하며 평생 마음의 짐을 내려놓지 못했습니다. 이쪽 좀 둘러봐도 될까요……?"

밀러는 이제 왼쪽으로 방향을 틀어 부엌으로 다가갔다.

리비와 다이도도 뒤를 따라갔다.

"그러니까 여기가 아이들이 수업을 받았던 곳이죠." 밀러가 말했다. "서랍마다 종이와 교재와 공책이 가득 차 있었습니다."

"누가 아이들을 가르쳤는데요?"

"우린 모르죠. 헨리 램은 아니었을 겁니다. 헨리는 중등 과정 학력고사에 전부 낙제해서 고등 교육을 받지 못했거든요. 마티나도 아닐 것 같고요. 마티나의 모국어는 영어가 아니었으니까요. 그렇다면 우리가 그저 상상만 해 볼 뿐인 수수께끼의 '다른 사람들' 중 한 명이겠죠. 그리고 십중팔구 여성일 겁니다."

"교과서들은 다 어떻게 됐어요?"

리비가 물었다.

"모르겠습니다. 혹시 아직 여기 있으려나요?"

리비는 부엌 한가운데 놓인 커다란 나무 탁자를 쳐다보았다. 양쪽에 서랍이 두 개씩 달려 있었다. 숨을 참으며 서랍을 차례차례 잡아당겨 본다. 안은 텅 비어 있었다. 그제야 그녀는 한숨을 내쉬었다.

"아마 경찰에서 증거로 확보했겠죠." 밀러가 말을 이었다. "그 뒤에 폐기했을 거예요."

"경찰이 증거물로 또 뭘 가져갔나요?"

다이도가 물었다.

"가운이랑 침구, 약 조제에 쓴 도구도 전부 가져갔죠. 병이나 쟁반 같은 것들. 비누. 수건. 타월. 섬유 조직도 물론 확보했고. 그런 것들이에요. 하지만 정말로, 그밖에는 아무것도 없었다고 합니다. 벽에 걸린 그림도 없고, 장난감이라든지 신발도 없었다네요."

"신발이 없었다고요?"

다이도가 되묻자 리비는 고개를 끄덕였다. 밀러의《가디언》기사에서 가장 충격적인 지점 중 하나였다. 집 안에 사람들이 바글거렸는데 신발은 한 켤레도 나오지 않았다니.

다이도가 주위를 휙 둘러보며 말했다. "이 주방은 70년대엔 세련미의 극치였을 거예요."

밀러도 동의했다.

"그렇겠죠? 최고급이기도 하고요. 나중에 전부 다 팔아 치우고 말았습니다만, 원래 이 집에 있던 세간살이는 거의 다 해러즈 백화점에서 산 것들이었으니까요. 백화점 영업부 기록 담당자 덕분에 저는 헨리 램의 구매 내역을 쭉 확인할 수 있었습니다. 이 집을 매입한 날부터 사들인 모든 집기, 침대, 전등 갓, 소파, 옷, 매주 배달된 꽃, 미용실 예약, 화장품, 타월, 음식, 뭐든지 다요."

"제 요람도요."

"네, 요람도 포함해서요. 제 기억엔 1977년, 아들 헨리가 갓난 아이였을 때 구입한 요람이었죠."

"그럼 저는 그 요람에 세 번째로 누운 아기였던 거네요?"

"네, 그런 것 같아요."

다 같이 집 전면부의 작은 방 쪽으로 가는 동안 다이도가 물었다.

"기자님은 어떻게 추측하세요? 여기서 무슨 일이 일어났다고 생각하시나요?"

"요점만 간단히요?"

"요점만 간단히."

"이상한 사람들이 부잣집에 들어와 살게 된다. 이상한 일들이 벌어지고 10대 아이들 몇 명 빼곤 모두 사망한다. 그 아이들은 소리 소문 없이 사라진다. 그리고 물론 아기도 있죠. 세레니티. 그 밖의 인물이 한때 여기 살았다는 증거도 있습니다. 약초 정원을 조성한 사람 말이에요. 저는 꼬박 한 달 동안 영국의 모든 약제사는 물론이고 그 당시 런던에 체류했을 가능성이 있는 해외 약제사까지 추적하고 다녔습니다. 하지만 아무것도 못 건졌어요. 아무엇도요."

세 사람은 벽도 바닥도 전부 목재인 방에 섰다. 저쪽 벽엔 거대한 석조 벽난로가 보이고 이쪽 벽엔 허물어진 마호가니 바가 있었다.

밀러가 진지하게 설명했다.

"여기서 장비가 발견됐습니다. 처음에 경찰은 그게 고문 기구일 거라 추정했지만, 잘 보니 집에서 만든 체조 기구 같았어요. 동반 자살한 세 사람의 시신은 매우 마르고 근육질이었지요. 여기는 그 사람들이 운동하던 방이었던 게 분명합니다. 집 밖으로 절대 나가지 않다 보니, 실내 생활의 부정적인 영향을 줄여 보려고 노력했던 건지도 모르죠. 그래서 저는 또 꼬박 한 달 동안 제가 찾을 수 있는 체조 선생을 전부 추적했습니다. 80년대부터 90년대 초반에 첼시에서 활용된 이 체조법에 대해 아는 사람이 있는지 알아보려고요. 하지만 이번에도 또 허탕이었습니다." 그러더니 밀러는 갑자기 몸을 확 돌려 리비를 쳐다보았다. "비밀 계단은 찾으셨나요? 다락방으로 가는 계단이요."

"네, 변호사님이 집을 안내해 주던 날 그 계단도 보여줬어요."

"자물쇠도 보셨어요? 아이들 방에 걸려 있는 거?"

리비는 등줄기를 타고 흐르는 전율을 느꼈다.

"그땐 아직 기자님 기사를 읽기 전이었어요. 그래서 유심히 보지 않았는데요. 지난번에 여기 왔을 때……," 그리고 잠시 멈칫했다. "지난번에 꼭대기 층에서 무슨 기척이 들리는 것 같길래 겁을 집어먹고 바로 나갔거든요."

"같이 가서 한번 볼까요?"

리비가 고개를 끄덕였다.

"좋아요."

"제 부모님 집에도 이런 비밀 계단이 하나 있는데." 다이도가 난간을 꽉 잡고 좁다란 계단을 올라가며 말했다. "어렸을 적에 그 계단만 보면 늘 겁이 나서 안절부절못했죠. 심술궂은 귀신이 양쪽 문을 다 잠가 버리면 나는 중간에 갇힌 채 영영 오도 가도 못하겠구나 생각하며 벌벌 떨곤 했다니까요."

그런 상상을 하니 리비의 발걸음이 빨라졌다. 꼭대기 층에 다다를 때쯤엔 살짝 숨이 찼다.

"괜찮아요?"

밀러가 다정하게 물었다.

리비는 웅얼거렸다.

"음. 그럭저럭요."

그때 밀러가 손을 귀에 갖다 대고 말했다.

"저 소리 들려요?"

"무슨 소리요?"

"저 삐걱거리는 소리 들리세요?"

리비는 눈을 크게 뜨고 고개를 끄덕였다.

"너무 덥거나 너무 추울 때 오래된 집에서 나는 소리예요. 집이 신음하는 소리죠. 지난번에 리비 씨가 저 소리를 들은 거예요. 집이 내는 신음 소리."

너무 더우면 집이 헛기침 소리도 내나? 리비는 그렇게 물어볼까 고민하다 그냥 넘어가기로 마음먹었다.

이제 밀러는 주머니에서 핸드폰을 꺼내 카메라로 전방을 촬영하면서 걸었다. "세상에." 그가 꽤 큰 소리로 속삭였다. "이거야. 바로 이거야."

그리고 왼편 첫 번째 방문을 향해 카메라를 들이댔다.

"보세요."

리비와 다이도 둘 다 그곳을 쳐다보았다. 방문 바깥에 자물쇠가 달려 있었다. 두 사람은 밀러를 따라 옆방 문으로 시선을 옮겼다. 거기도 자물쇠가 달려 있다. 그 옆에도, 그 옆에도 전부.

"방 4개 모두 밖에서 문을 잠글 수 있어요. 경찰은 저기가 아이들이 자던 방일 거라고 추정합니다. 저기서 약간의 혈흔과 벽에 남긴 자국들이 발견됐죠. 보세요. 심지어 화장실조차 밖에 자물쇠가 달려 있어요. 들어가 볼까요?"

밀러가 방 한 군데의 문손잡이를 잡았다.

리비는 고개를 끄덕였다.

밀러의 기사를 처음 읽었을 때 그녀는 다락방에 관한 부분을 대충 훑어보기만 했었다. 그 글이 무엇을 암시하는지 생각만 해도 도저히 참을 수가 없었으니까. 이제는 그저 빨리 해치워 버리고 싶을 뿐이다.

하얗게 칠한 벽에 샛노란 굽도리널이 둘린 큼지막한 방이었다.

휑한 마룻바닥, 창문에 걸린 너덜너덜한 흰 커튼, 구석에 놓인 얇은 매트리스들 말고는 아무것도 없었다. 옆방도 똑같았다. 그 옆방도. 네 번째 침실로 들어갈 때 리비는 저 문 뒤에 어떤 남자가 있을 듯한 확신에 숨을 죽였다. 하지만 아무도 없다. 여기도 똑같이 그냥 맨바닥에 흰 커튼, 흰 벽뿐인 빈방이었다. 막 방문을 닫고 나오려는데 밀러가 멈춰 서더니 카메라로 방 저쪽 끝에 놓인 매트리스를 찍었다.

"뭐지?"

밀러는 매트리스 가까이로 다가갔다. 그리고 매트리스를 벽에서 약간 떼어 놓은 다음 거기 끼여 있는 뭔가를 카메라로 확대했다.

"뭔데요?"

밀러가 물건을 집어 들고 일단 카메라로 비춰 본 뒤 맨눈으로도 살펴보았다.

"양말이에요."

"양말이요?"

"네. 남성용 양말이네요."

백지처럼 텅 빈 다락방 침실을 배경으로 양말의 선명한 빨간색과 파란색이 기묘하게 확 튀었다.

"이상하네요."

리비가 말했다.

"이상한 정도가 아니에요. 불가능한 일이죠. 왜냐하면, 자, 보세요—."

밀러는 양말을 돌려 리비와 다이도에게 보여 주었다.

양말엔 갭$_{Gap}$ 로고가 새겨져 있었다.

다이도가 물었다.

"이게 왜요? 뭐가 문제인지 잘 모르겠는데요."

밀러가 대답했다.

"요즘 로고예요. 저 로고로 바뀐 지 불과 몇 년밖에 안 됐거든
요."

그는 리비의 눈을 물끄러미 들여다보았다.

"이 양말은 최근 거예요."

22

금요일 오후 5시, 루시는 길모퉁이 공중전화로 마이클에게 전화했다. 그가 곧바로 받더니 이렇게 말했다.

"너일 거라고 생각했지."

그 목소리 뒤에 숨은 음탕한 미소가 그대로 느껴졌다.

"잘 지냈어?"

루시가 명랑하게 물었다.

"아, 나야 아주 좋지. 넌 어때?"

"나도 잘 지냈어."

"핸드폰 아직 안 샀나? 이건 유선전화 번호인데. 그렇지?"

"아는 사람이 처리해 주기로 했어. 그런데 수리가 필요해서, 내일 받게 될 거야."

루시는 술술 거짓말했다.

"잘됐네. 좋아. 이게 그냥 안부 전화가 아니라는 사실을 아니까 말인데, 네가 소소하게 *부탁*한 일이 잘 진행되고 있는지 궁금하겠지?"

루시는 가볍게 웃었다.

"아주 궁금하지."

마이클이 말을 이었다.

"으음. 루시 루, 너 내가 너무 좋아서 환장하게 될걸. 이 몸이 완벽하게 마련해 놨으니까. 네 여권이랑, 마르코, 네 딸, 개 여권까지 싹. 사실 내가 이번 일에 돈을 워낙 펑펑 써서 개 여권은 덤으로 해 주더라고!"

새삼 점심 먹은 게 위장에 턱 얹히는 느낌이 들었다. 루시는 마이클이 여권에 돈을 얼마나 썼는지, 그 대가로 뭘 얼마나 요구할지에 대해 생각하고 싶지 않았다. 어쨌든 억지로 웃으며 "아아! 그것 참 친절한 사람들이네!" 하고 말했다.

"친절은 개뿔."

마이클이 이어서 물었다.

"그래서, 한번 이리 올래? 와서 여권 가져가게?"

"당연하지! 좋아. 오늘 말고, 내일이나 일요일쯤?"

"일요일에 와. 와서 점심 먹어. 일요일엔 조이가 쉬는 날이니까 우리끼리 집을 독차지할 수 있단 말이지."

위액이 역류해 목구멍까지 치솟는 느낌이 든다.

"몇 시에?"

루시는 간신히 쾌활한 말투를 짜냈다.

"1시로 하자. 바비큐 그릴에 스테이크를 좀 구울게. 넌 예전에 곧잘 하던 요리 만들면 되겠다. 거 왜, 뭐더라? 빵이랑 토마토 든 거 있잖아?"

"판자넬라."

"바로 그거야. 하, 맞아, 너 그거 진짜 맛있게 만들었잖아."

"아. 고마워. 내가 여전히 손맛을 발휘할 수 있으면 좋겠네."

"그렇고말고. 네 손맛. 네 손맛이 진짜진짜 그립다."

루시는 웃으며 대화를 마무리했다. 그럼 일요일 오후 1시에 보자고, 그때까지 잘 지내라고.

그다음에 전화기를 내려놓고 화장실로 달려가 속을 게워 냈다.

23

첼시, 1990년

1990년 여름, 내가 막 13살이 되었을 때였다. 어느 날 오후 층계참에서 어머니와 마주쳤다. 어머니는 깨끗이 빤 침구 더미를 건조용 벽장에 넣고 있었다. 옛날엔 일주일에 한 번씩 옆면에 금색으로 상호를 적은 소형 용달차가 와서 우리 빨랫감을 싣고 갔다. 그리고 며칠 뒤 티 없이 깨끗해진 세탁물 꾸러미를 돌려보냈다. 돌돌 말아 리본으로 묶거나 나무 옷걸이에 걸어 비닐 시트까지 씌운 상태로.

"세탁소는 어떻게 된 거예요?"

내가 물었다.

"세탁소라니?"

그때쯤 어머니는 머리를 길게 길렀다. 내가 아는 한 다른 사람들이 우리 집에 들어와 살게 된 뒤로 2년 동안 어머니는 한 번도 머리를 자르지 않았다. 마찬가지로 버디와 샐리도 긴 머리를 고수했다. 예전에 단발이었던 어머니의 머리는 이젠 정중앙에서 가르마를 타 어깨뼈 아래까지 늘어뜨린 스타일로 바뀌었다. 혹시 다른 여자들과 똑같아지려고 노력하는 중인 걸까 궁금했다. 내가 핀과 똑같아지려고 애쓰던 것처럼.

"기억 안 나요? 하얀 용달차를 타고 와서 우리 빨래를 수거해

가는 할아버지가 있었잖아요. 엄마가 종종 그 할아버지 걱정도 했고요. 그렇게 작은 몸집으로 빨래를 한꺼번에 다 들고 갈 수 있을지 모르겠다면서."

어머니의 눈동자가 천천히 왼쪽으로 움직였다. 마치 꿈속의 일을 떠올리는 듯했다. 그러다 이렇게 말했다.

"아, 그래. 세탁소 할아버지를 깜빡 잊고 있었네."

"어째서 그 할아버지가 이젠 안 오는 거죠?"

어머니가 양쪽 손끝을 맞비볐다. 난 불안한 눈으로 어머니를 바라보았다. 그 몸짓이 무슨 뜻인지 나도 알았고, 오랫동안 얼추 짐작은 하고 있던 바였다. 그러나 그 사실을 직접 확인한 건 이때가 처음이었다. 우리가 가난한 처지라는 사실.

"아니, 그럼 아빠 돈은 다 어디로 간 건데요?"

"쉿."

"이해가 안 된단 말이에요."

"쉬이잇!"

어머니가 내 팔을 부드럽게 끌어당겨 자기 침실로 데려가더니 침대에 앉혔다. 그러더니 내 손을 붙잡고 날 뚫어지게 쳐다보았다. 나는 어머니가 눈 화장을 전혀 하지 않았다는 점을 눈치챘고, 언제부터 화장을 관뒀을까 궁금해했다. 오랜 기간에 걸쳐 너무 많은 것들이 너무도 천천히 변했기에 가끔은 접합점을 분간하기가 어려울 정도였다.

"엄마한테 약속해야 돼. 꼭, 꼭 약속해. 아무한테도 말 안 하기로 약속하는 거다. 네 동생한테도, 다른 아이들한테도. 어른들한테도. 아무한테도. 알았어?"

나는 힘껏 고개를 끄덕였다.

"이건 너한테만 얘기하는 거야. 엄마가 널 믿으니까. 너는 분별 있는 아이니까. 그러니까 엄마 실망시키면 안 돼, 알았지?"

나는 더욱더 힘껏 고개를 끄덕거렸다.

"네 아빠 돈은 진작에 다 떨어졌어."

나는 침을 꿀꺽 삼켰다.

"뭐, 그러니깐, 몽땅 다요?"

"사실 그래."

"그럼 우린 어떻게 먹고사는 거예요?"

"그동안 아빠가 채권과 주식을 팔아 왔어. 아직 예금 계좌가 몇 개쯤 남아 있는데, 일주일에 30파운드씩만 쓰면서 지낸다면 적어도 한두 해는 버틸 만할 거야."

"일주일에 30파운드라고요?"

내 눈이 휘둥그레졌다. 원래 어머니는 싱싱한 꽃다발을 사는 데만도 일주일에 30파운드쯤이야 가볍게 쓰곤 했으니.

"하지만 그렇게 사는 건 불가능하잖아요!"

"그렇지 않아. 데이비드가 우리와 함께 머리를 모으고 전부 잘 계획했으니까."

"데이비드 씨요? 아니, 그 아저씨가 돈 문제에 관해 뭘 아는데요? 자기 집조차 없는 사람이잖아요!"

"쉿."

어머니가 입술에 손가락을 올리고 경계의 눈빛으로 침실 문을 힐끗 보았다.

"헨리, 우리를 믿어야 해. 우리는 어른이잖아. 너는 그냥 우리만 믿으면 돼. 버디는 바이올린 레슨으로 돈을 벌어 오고 있어. 데이비드도 체육 수업으로 돈을 벌고. 또 저스틴도 돈을 많이 벌어들이지."

"그래요, 하지만 그 사람들이 돈을 얼마나 벌든 우리하고는 아무 상관도 없잖아요?"

"음, 아냐. 모두들 서로 돕고 있어. 우린 함께 잘 헤쳐 나가고 있단다."

바로 그때 불쑥 이런 생각이 들었다. 아주 강렬하고 명확하게.

"그럼 이제 코뮌이 됐다는 얘기예요?"

나는 몸서리치며 물었다.

어머니는 별 우스꽝스러운 소리를 다 듣겠다는 듯 웃었다.

"아냐! 당연히 아니지!"

"그렇잖아요. 생각해 보세요. 개별적인 사람들 여럿이서 커다란 집에 모여 살면서 노동과 수입을 공유하는 건데."

"얘야……."

나는 간절히 물었다.

"아빠가 그냥 집을 팔면 안 돼요? 우리 가족끼리 작은 아파트로 이사 가면 되죠. 그럼 정말 좋을 거예요. 수중에 돈도 많아질 거고요."

"하지만 이건 돈 문제만이 아니야. 너도 알지, 응?"

"그럼 뭔데요? 돈 말고 뭐가 문제예요?"

어머니가 한숨 지으며 엄지손가락으로 부드럽게 내 손을 문질렀다.

"그게, 음, 엄마의 문제이기도 한 것 같구나. 말하자면 내가 스스로에 대해 어떻게 느끼는지, 또 오랫동안 내 안에 얼마나 슬픔이 가득했는지. 그리고 이 모든 게 얼마나―."

그러면서 커튼이 치렁치렁하고 샹들리에가 반짝이는 으리으리한 침실을 손으로 가리켰다.

"내게 행복을 주지 못하는지. 정말로 그렇거든. 그런데 데이비드가 와서 다른 방식으로 살아갈 수도 있다는 걸 보여줬어. 덜 이기적인 삶의 방식 말야. 우린 가진 게 *너무 많아*, 헨리. 알겠니? 너무, 너무 많아. 그리고 너무 많이 가지고 있으면 거기 질질 끌려 내려가고 말아. 돈이 거의 바닥난 지금이 오히려 변화하기 좋은 시점이지. 우리가 무엇을 먹는지, 무엇을 이용하고 소비하는지, 무엇으로 하루하루를 채우는지 생각해 보기 좋은 때란 말이야. 우리는 계속 **빼앗으려고만** 할 게 아니라 세상에 베풀 줄 알아야 해. 있잖니, 데이비드는……."

그 이름을 말하는 어머니의 목소리는 숟가락으로 와인 잔을 두드리듯 맑게 울렸다.

"그 사람은 자기가 번 돈을 자선 단체에 기부해. 그리고 이제 우리도 데이비드가 모범을 보인 대로 똑같이 기부하고 있지. 궁핍한 사람들에게 베풀면 본인에게도 참 이롭거든. 우리의 예전 생활은 너무 낭비가 심했어. 아주 나빴지. 알겠니? 하지만 이제 데이비드가 곁에서 인도해 주니 우리는 균형을 똑바로 잡아 나갈 수 있어."

어머니의 말이 무슨 뜻인지 완전히 이해하기 위해 잠시 찬찬히 생각해 보았다.

나는 마침내 이렇게 물었다.

"그러니까, 저 사람들이랑— 쭉 같이 지낼 거라고요?"

어머니가 살짝 미소 지으며 대꾸했다.

"그래. 맞아. 그랬으면 좋겠어."

"이제 우리는 가난하고요?"

"아냐. 얘야, 가난한 게 아니란다. 우린 짐을 벗어 버린 거야. 우린 자유야."

24

리비, 밀러, 다이도 세 사람은 양말을 떨어뜨린 수수께끼의 인물이 어디로 출입할 수 있었나 알아내려고 집 안을 구석구석 살펴보았다.

집 뒤편에 커다란 유리문이 있었다. 문밖 돌계단을 내려가면 정원으로 이어졌다. 이 문은 안에서 잠기는 구조인데, 열려고 해 보니 역시 잠긴 상태였다.

문과 문틀의 틈새로 등나무가 무성하게 자란 걸 보면 적어도 몇 달 동안은 열린 적이 없었던 듯했다.

먼지 쌓인 내리닫이창을 하나씩 밀어 보지만 전부 잠겨 있었다. 컴컴한 구석마다 자세히 들여다봐도 비밀 문 같은 건 전혀 눈에 띄지 않았다. 이 집은 단단히 막힌 철옹성처럼 보였다.

세 사람은 리비의 열쇠 다발을 들고 이 유리문에 맞는 열쇠가 나올 때까지 하나씩 다 끼워 보았다. 위쪽 자물쇠는 열린다. 하지만 아래쪽 자물쇠에 맞는 열쇠가 없었다. 서랍과 선반, 찬장도 싹 뒤져 보았다. 여벌 열쇠는 아무 데도 안 보였다.

밀러가 고개 돌려 리비를 쳐다보며 말했다.

"혹시 제가 유리판을 한 장 들어내면 어떨 거 같아요? 괜찮으시겠어요?"

리비가 되물었다.

"들어내요? 어떻게요?"

그러자 밀러는 팔꿈치를 들어 보였다.

리비가 움찔하며 대답했다.

"한번 해 보죠, 뭐."

밀러는 충격을 완화하기 위해 너덜너덜한 사라사 커튼을 덧댔다. 유리를 팔로 내리찍자 금이 가더니 완벽하게 두 조각으로 쪼개졌다. 그가 구멍으로 팔을 쑥 넣어 문손잡이를 돌렸다. 문이 끼익 소리를 내며 천천히 열린다. 문틈에 자란 등나무 덩굴도 갈가리 찢겨 나갔다.

밀러는 뒷문에서 가장 가까운 쪽의 드넓은 잔디밭을 가리켰다.

"자, 보세요. 바로 여기서 약재를 재배한 겁니다."

"리비 씨 부모님을 죽게 만든 약초 말인가요?"

다이도가 물었다.

"네. *벨라도나*, 다시 말해 가짓과에 속하는 강력한 독초죠. 당시 경찰이 커다란 벨라도나 덤불을 발견했습니다."

세 사람은 정원 안쪽으로 걸어 들어갔다. 키 크고 잎이 무성한 아카시아 나무 그늘 아래라서 컴컴하고 서늘했다. 나무 그늘과 나란히 놓인 곡선형 벤치가 집 뒤편을 마주 보고 있었다. 지난 20년을 통틀어 런던의 여름 날씨가 이렇게 더운 적이 없을 정도인데도 이 벤치는 축축하고 곰팡이 핀 상태였다.

리비는 팔걸이에 손끝만 살짝 얹었다. 그리고 화창한 아침에 여기 앉은 마티나 램의 모습을 상상해 보았다. 지금 리비가 손가락을 댄 자리에 찻잔을 올려놓고 앉아 머리 위에서 빙빙 도는 새들을 바라보는 모습. 리비의 상상 속에서 마티나는 다른 한 손으로 볼록한 배를 감싸고 그 속에서 발로 차거나 몸을 둥글게 마는 아기의 움직임을 느끼며 미소 짓는다.

그다음 상상은 1년 후 저녁 식사 시간에 독약을 먹고 부엌 바닥에 누운 마티나에게로 옮겨 간다. 아무 이유 없이, 위층에 자신의 아기를 홀로 남겨 둔 채로 죽어 가는 마티나.

리비는 손을 얼른 거두고 몸을 홱 돌려 집을 바라보았다.

여기서는 거실 뒤쪽을 가로지르는 커다란 창문 3개가 보였다. 그 위층엔 뒤편 침실 한 칸당 2개씩인 작은 창문이 총 4개, 거기 더해 계단 꼭대기에 뚫린 더 작은 창문 1개가 정중앙에 자리 잡고 있었다. 다시 그 위쪽으로는 다락 층 침실마다 하나씩 배치된 차양 달린 좁다란 창문 4개, 화장실 가는 길목의 조그만 원형 창문 1개가 보였다. 그 위로는 평평한 지붕과 굴뚝 3개 너머로 파란 하늘이 펼쳐졌다.

다이도가 까치발을 들고 격하게 손가락질하며 외쳤다.

"저기 봐요! 저기! 저거 사다리예요? 아님 비상계단인가?"

"어디요?"

"저쪽이요! 보세요! 저 굴뚝 바로 뒤에 빨간 게 숨어 있죠. 잘 봐요."

리비의 눈에도 번쩍이는 금속이 보였다. 그녀는 벽돌이 돌출된 벽면과 처마 상단 가장자리, 측면 벽돌 돌출부에 부착된 배수관, 바짝 붙어 선 이웃집 정원 담장, 콘크리트 벙커처럼 보이는 시설과 정원까지 차례차례 눈으로 훑어 내렸다.

리비가 제자리에서 빙글 돌았다. 뒤쪽은 나뭇잎이 수북이 뒤덮인 오래된 벽돌 벽으로 가로막혀 있었다. 그녀는 확신에 찬 걸음걸이로 풀을 헤치고 나아갔다. 잡초 속의 맨땅을 발로 더듬어 찾으며 한 걸음 한 걸음. 우거진 풀에 늘어져 있던 오래된 거미줄이 옷과 머리카락에 달라붙었다. 하지만 계속 걸어갔다. 어디로 가야 할지 알 것 같았다. 이미 마음속에 각인되어 있는 듯이. 리비는 자기가 뭘 찾고 있는지 알았다. 이윽고 박살 난 나무 문이 눈앞에 나타났다. 짙은 녹색으로 페인트칠되고 경첩이 떨어져 나간 그 문은 뒷집 정원의 잡초투성이 후미로 통했다.

밀러와 다이도는 리비 뒤에 서서 어깨 너머로 나무 문을 건너다보았다. 리비가 있는 힘껏 문을 밀고 이웃집 정원을 들여다본다.

그곳은 관리가 안 되어 지저분한 상태였다. 잔디밭 한가운데에 놓인 기우뚱한 해시계나 먼지 앉은 자갈길이 눈에 띄었다. 가구나 아이들 장난감은 전혀 없었다. 집 옆면을 따라 내려가면 여기서부터 길거리까지 곧장 이어질 것 같았다.

리비는 절단기로 부러뜨린 자물쇠에 손을 대며 말했다.

"이제 알겠네요. 보세요. 집 안에서 자다 간 사람이 누구든 간에 이 문으로 들어와서 정원을 가로질러 저쪽 콘크리트 건물로 올라간 거예요."

그러면서 일행을 다시 정원으로 이끌었다.

"그리고 정원 담장 위로 올라가 배수관을 타고 저 평평한 지점까지 올라간 거죠. 저 위에, 보이시죠. 그다음엔 툭 튀어나온 벽돌로 올라가서 지붕과 사다리로 이동했고요. 우린 이제 저 사다리가 어디로 연결되는지만 알아내면 돼요."

리비가 밀러를 쳐다보았다. 밀러도 그녀를 마주 보며 말했다.

"저는 몸이 영 굼뜬데요."

이어서 리비의 시선이 다이도에게 꽂혔다. 다이도 역시 볼을 부풀리며 난색을 표했다.

"에이, 말도 안 돼요."

세 사람은 다시 집으로 돌아가 다락 층으로 올라갔다. 역시 복도 천장에 작은 나무 문이 있었다. 뚜껑을 밀어 올리는 구조다. 리비가 밀러의 어깨 위에 올라타고 그 문을 밀었다.

"뭐가 보여요?"

"먼지 쌓인 터널이요. 문이 또 하나 있네요. 저를 좀 더 높이 밀어 올려 주세요."

밀러가 끙 앓는 소리를 내며 한 번 더 리비를 높이 들었다. 리비는 널빤지에 매달려 몸을 끌어 올렸다. 여기 위쪽은 열기가 무지막지했다. 금세 땀에 젖은 옷이 살에 척 달라붙기 시작했다. 터널을 따라 기어가 또 다른 문을 밀자 곧바로 눈부시게 쨍쨍한 햇살이 내리쬔다. 드디어 평평한 지붕 위로 빠져나왔다. 말라 죽은 화분 몇 개와 플라스틱 의자 두 개, 꽁초로 가득 찬 재떨이가 보였다.

이제 양손을 엉덩이에 올리고 서서 경치를 조망한다. 강 건너편 남쪽 기슭이 초저녁 햇살을 받아 장밋빛 도는 금색으로 반짝였다. 뒤쪽으로는 이 동네와 킹스로드 사이에 격자 모양으로 뻗은 좁다란 골목길들이 보였다. 맥주 마시는 사람들로 가득한 노천 테이블이며, 조각보처럼 다닥다닥 붙은 뒤뜰이나 주차된 차들도 전부 내려다보였다.

"뭐가 보여요?"

밑에서 크게 외치는 다이도의 목소리가 들렸다.

리비가 대답했다.

"전부 다 보여요. 진짜로 전부 다."

리비는 죽은 식물과 재떨이, 플라스틱 의자를 다시 힐끗 내려다봤다.

넌 누구지? 속으로 이렇게 묻는다. 살짝 한기가 들며 팔뚝에 소름이 돋았다. *대체 넌 누구야?*

25

마르코는 눈을 가늘게 뜨고 루시를 바라봤다.

"우리는 왜 못 가는데? 이해가 안 돼."

루시가 한숨을 쉬고 작은 손거울을 들여다보며 아이라인을 고쳐 그렸다.

"그냥 별거 아니라니까. 이번에 네 아빠가 큰 도움을 줬는데, 나더러 혼자 오라더라고. 그래서 혼자 가는 거야, 됐지?"

"하지만 아빠가 엄마를 때리기라도 하면 어쩌려고?"

루시는 움찔하지 않으려 애썼다.

"그 사람은 날 때리지 않을 거야, 알았지? 우리 결혼 생활이 엉망진창으로 꼬이긴 했지만 이젠 부부가 아니잖아. 과거는 묻어두고 앞으로 나아가는 거야. 사람들은 변한다고."

거짓말을 하는 동안엔 차마 아들을 쳐다볼 수 없었다. 그랬다간 자신의 눈빛에 깃든 공포를 들키고 말리라. 마르코는 루시가 뭘 하려는지 알아챌 것이다. 하지만 왜 그런 일을 하려는지는 도통 알 수가 없겠지. 왜냐하면 이 아이는 루시가 어떤 어린 시절을 보냈는지, 24년 전에 어디서 도망쳐 나왔는지 전혀 모르니까.

마르코가 명령조로 말했다.

"암호가 필요해. 내가 엄마한테 전화할 테니까 혹시 무서우면 그냥 '피츠는 *어때?*'라고만 말해. 알겠지?"

루시는 고개를 끄덕이며 미소 지었다.

"알았어."

그리고 마르코를 끌어당겨 귀 뒤쪽에 뽀뽀해 주었다. 아이도 순순히 몸을 맡겼다.

몇 분 뒤 스텔라와 마르코는 부엌에 서서 엄마가 떠나는 모습을 지켜보았다.

"엄마, 오늘 예뻐 보여."

스텔라가 말했다.

루시는 가슴이 내려앉는 것만 같았다.

"고마워, 딸아. 4시쯤 돌아올게. 엄마가 여권 가지고 올 거니까 이제 우리 런던 갈 계획도 세워 보자."

그리고 이를 다 보이며 활짝 웃었다. 스텔라가 루시의 다리를 끌어안았다. 잠시 후 루시는 딸을 떼어 놓은 다음 뒤돌아보지 않고 건물을 나섰다.

피츠의 똥은 여전히 그 자리에 있었다. 금파리들이 지난번보다 두 배는 더 많이 다닥다닥 붙어 있다. 그 꼴을 보니 이상하게 기운이 솟았다.

마이클이 문을 열었다. 오늘은 선글라스를 머리 위에 걸치고 헐렁한 반바지에 새하얀 티셔츠를 입었다. 마이클은 루시가 사들고 온 토마토와 빵, 안초비 봉투를 받아 들었다. 그러더니 루시에게 덤벼들어 양쪽 뺨에 키스했다. 루시는 그 숨결에서 맥주 냄새를 맡을 수 있었다.

"오늘 너무 예쁜 거 아냐? 우와. 들어와, 들어와."

루시는 마이클을 따라 부엌으로 들어갔다. 벌써 조리대 위에 종이를 깔고 스테이크 두 덩이를 얹어 놓았다. 은빛 얼음통에 담긴 와인 한 병도 눈에 띄었다. 에드 시런의 노래가 소노스 스피커에서 흘러나왔다. 마이클은 오늘 아주 흥겨워 보였다.

"마실 거 한 잔 줄게. 뭐가 좋아? 진토닉? 블러디메리? 와인? 맥주?"

"맥주 마실게. 고마워."

루시는 마이클이 건넨 페로니 맥주를 한 모금 마셨다. 딱 한 모금 마셨을 뿐인데 벌써 머리가 띵했다. 아침을 든든히 먹고 나왔어야 했다는 생각이 퍼뜩 들었다.

"건배."

마이클이 맥주병을 들어 보였다.

"건배."

루시도 그대로 따라 했다. 조리대 위의 그릇에 마이클이 제일 좋아하는 물결 모양 감자 칩이 담겨 있길래 한 움큼 가득 집었다. 자제력을 유지할 수 있을 만큼은 맨정신이어야 하지만 오늘 여기 와서 견디기로 각오한 일을 해치울 만큼은 취해야만 했다.

루시는 각기 다른 서랍에서 도마와 칼을 찾고 쇼핑백에서 토마토를 꺼내며 물었다.

"그래서— 요즘 집필은 잘 되어 가?"

"어휴, 그런 거 물어보지 마." 마이클이 눈을 굴리며 말했다.

"그렇게 *생산적인 한 주*는 아니었다고만 해 두자."

"원래 다 그런 거 아닐까? 아무래도 정신적인 작업이다 보니까."

마이클이 커다란 접시를 넘겨주며 말을 받았다.

"흠. 한편으론 그렇지. 그런데 다른 한편으로 일류 작가들은 전부 그냥 꾸준히 써 나가잖아. 말하자면 '비도 오는데 조깅하러 나가지 말아야겠다' 생각하는 거나 마찬가지야. 다 그저 핑계일 뿐이다 이거지. 그러니까 난 더 열심히 노력해야 돼."

그러면서 미소 짓는 마이클은 한순간 정말로 겸손하고 진실해 보일 정도였다. 그래서 잠깐 동안 루시는 오늘만큼은 자기가 짐작했던 것처럼 흘러가지 않을지도 모르겠다고 생각했다. 어쩌면 그냥 함께 점심 먹으며 이야기 나누는 게 다일지도 모른다고, 마이클이 여권을 건네준 다음에 문간에서 포옹만 한 번 하고 선선히 보내 줄지도 모른다고.

"뭐 어때." 루시는 부엌칼로 토마토를 썰며 말했다. 지나치게 예리한 칼날에 토마토가 꼭 버터처럼 부드럽게 잘렸다. "글 쓰는 일도 다른 직업이랑 똑같지 않을까. 어찌 되든 묵묵히 앉아서 끝까지 다 하는 수밖에 없는 거지."

마이클이 맞장구쳤다.

"바로 그거야. 정확해."

그러고는 절반 남은 맥주를 죽 들이켜고 빈 병을 쓰레기통에 떨궜다. 이어서 냉장고를 열고 또 한 병 꺼내더니 루시에게 내밀

었다. 루시는 고개를 가로저으며 아직 거의 꽉 차 있는 맥주병을
내보였다.

마이클이 채근했다.

"얼른 비워. 내가 너 주려고 귀한 상세르 와인을 얼음에 담가
놨으니까. 네가 제일 좋아하는 거잖아."

루시가 다시 맥주병을 입술에 갖다 대며 말했다.

"미안한데— 내가 금주한 지 꽤 오래됐거든."

"아, 그래?"

루시가 덧붙였다.

"일부러 끊은 건 아니고. 그냥 돈에 쪼들리다 보니 그렇게 됐
네."

"뭐, 그럼 지금부터 금주 종결 작전에 돌입해 볼까? 자, 얼른
쭉 들이켜."

날 선 목소리다. 다정한 듯 들리지만 실상은 시비조에 더 가까
웠다. 유쾌한 권유가 아니라 명령인 것이다. 루시는 미소 지으며
절반쯤을 한 번에 들이켰다.

마이클이 유심히 지켜보며 말했다.

"착하지. 착해. 나머지도 다 마셔야지."

루시가 암울하게 웃음 짓고서 나머지 맥주도 꿀꺽 털어 넣었
다. 너무 빨리 목구멍으로 넘기다가 숨이 막힐 지경이었다.

마이클이 냉혹한 상어처럼 히죽 웃었다.

"아, 착하다. *착한 아이*네."

이어서 빈 병을 치워 주고는 몸을 돌려 찬장에서 와인 잔 두 개를 꺼냈다. 그러더니 정원으로 이어지는 문을 가리켰다. "자, 가 볼까?"

"이것부터 끝낼게."

루시는 아직 반밖에 안 썰린 토마토를 보여 주었다.

마이클이 명령했다.

"나중에 해. 우선 술부터 마시자고."

루시는 감자 칩 그릇과 핸드백을 챙긴 뒤 마이클을 따라 테라스로 나갔다.

마이클이 테이블에 커다란 유리잔 두 개를 내려놓고 와인을 따른 다음 루시 몫을 밀어 주었다. 한 번 더 건배한 뒤엔 꽁꽁 옭아매는 듯한 시선으로 루시를 빤히 바라보았다.

"그래, 루시 루, 말해 봐. 전부 다 털어놓아 보라고. 지난 10년 동안 뭘 하고 지낸 거야?"

루시가 새된 소리를 냈다.

"하! 대체 어디서부터 시작하라는 거야?!"

"네 딸의 아빠 얘기부터 시작하는 건 어때?"

루시는 속이 뒤집혔다. 마이클의 머릿속엔 루시가 다른 남자와 섹스했다는 생각이 쭉 맴돌았을 게 뻔했다. 지난번에 그의 시선이 스텔라에게 꽂힌 순간 예견했던 바다.

루시가 입을 열었다.

"아, 정말로— 별로 말할 거리도 없어. 완전히 엉망진창이었거든. 하지만 난 스텔라를 얻었으니까. 뭐, 그런 거지. 알잖아."

마이클은 루시에게 몸을 기울이고 녹색이 감도는 갈색 눈으로 뚫어져라 쳐다봤다. 입은 미소 짓고 있지만 눈에는 웃음기가 없었다.

"아니. 난 진짜 모르겠는데. 누구였어? 그 남자랑은 어디서 만났지?"

루시는 이 집 어딘가에 숨어 있는 여권들을 떠올렸다. 지금은 마이클을 화나게 할 수 없는 처지다. 자신에게는 스텔라의 아빠야말로 일생일대의 사랑이었다고, 여태껏 살면서 그렇게 아름다운 남자는 본 적이 없다고, 아주 섬세한 피아니스트여서 그의 연주를 들으면 눈물이 났다고, 그 남자 때문에 마음이 산산이 부서졌으며 그를 못 본 지 3년이 흐른 지금까지도 그 부서진 조각들을 주머니 속에 넣어 다닌다고 말할 순 없는 노릇이었다.

"완전 개새끼였어."

그녀는 이렇게 말하고 나서 잠시 와인을 한 모금 꿀꺽 삼켰다.

"그냥 예쁘장하기만 하지 머리가 텅텅 빈 놈이었다니까. 더구나 범죄자였는데, 나는 그 녀석을 안쓰럽게 생각했어. 사실 그놈한텐 내가 아까웠지. 스텔라야 말할 것도 없고."

확신에 찬 목소리가 나온다. 아무리 눈을 똑바로 쳐다보며 말해도 마이클은 이게 다 자기를 두고 하는 얘기라는 사실을 모르니까.

이런 설명을 듣자 마이클은 잠시 만족스러운 표정을 지었다.

미소가 부드러워지니 다시금 진실해 보인다.

"그 멍청한 자식이 지금은 어디 있다고?"

"줄행랑을 쳐 버렸어. 알제리로 돌아갔대. 자기 어머니 가슴에 대못을 박았지. 그 녀석 어머니는 내 탓을 하고 말야."

루시는 어깨를 으쓱했다.

"하지만 사실 그놈은 언제든 제 어머니를 실망시킬 녀석이었어. 언제나 주변 사람들 모두를 실망시키기 마련이었고. 그런 인간들 중의 하나였으니, 뭐."

마이클이 다시 루시에게 몸을 기울였다.

"그 남자를 사랑했어?"

루시가 비웃는 투로 콧방귀를 뀌며 여전히 마이클을 염두에 두고 말했다.

"말도 안 되지. *아니.*"

마이클이 승인해 주듯 고개를 끄덕였다.

"그럼 그동안 다른 사람은 없었어?"

루시는 고개를 저었다. "없어." 역시 거짓말이지만 이런 얘기라면 더 쉽게 내뱉을 수 있었다.

"아무도 없었어. 어린아이 둘이랑 간신히 하루 벌어 하루 먹고 살았는걸. 뭐랄까, 만약에 누굴 만났더라도 어차피 잘 안됐을 거야. 세상살이 법칙이 그렇잖아."

그리고 어깨를 으쓱했다.

마이클이 진지한 눈빛으로 루시를 쳐다봤다.

"그래. 알 것 같아. 있잖아, 루시— 언제든 네가 부탁했다면 난 바로 도와줬을 거야, 알지? 너는 그저 부탁만 하면 되는 거였다고."

루시는 애처로이 고개를 흔들었다.

그러자 마이클이 말했다.

"그래. 알아. 자존심이 너무 세지."

사실과 거리가 너무 먼 말이라 거의 우스울 정도지만 루시는 이심전심이라는 표정으로 고개를 끄덕였다.

"당신은 나를 너무 잘 알아."

루시의 말에 마이클이 웃음 지었다.

"여러모로 우린 진짜 최악의 조합이었어. 아니, 세상에, 예전에 우리가 함께 보낸 시간을 떠올려 봐. 어휴, 그때 우린 *미쳤었어!* 하지만 다른 의미로 환장하게 끝내줬잖아, 안 그래?"

루시는 가까스로 미소를 쥐어짜며 고개를 끄덕이지만 차마 *그렇다*는 대답은 못 하겠다.

"어쩌면 그때 우리가 더 열심히 노력해 봐야 했는지도 몰라."

마이클이 벌써 자기 잔을 새로 콸콸 채웠다. 그러더니 겨우 두 모금밖에 안 마신 루시의 잔까지 넘치도록 채웠다.

"살다 보면 좋은 일이든 나쁜 일이든 그냥 겪어 내야만 할 때가 있잖아."

루시가 별 의미 없이 이렇게 말했다.

"정말 그래, 루시."

마이클은 루시가 방금 아주 심오한 말이라도 한 것처럼 맞장구쳤다. 그리고 와인을 꿀꺽 들이켠 다음 물었다.

"내 아들은 어떤지도 죄다 얘기해 봐. 그 녀석 똑똑해? 운동 잘해?"

다정한 아이야? 루시는 소리 없이 속으로만 묻는다. *착해? 어린 여동생도 잘 보살피고? 내가 중심을 잃지 않도록 도와주는 역할도 해? 좋은 냄새가 나? 노래 부를 수 있어? 사람들의 초상화를 더없이 아름답게 그려 줄 수 있을까? 나보다 나은 삶, 내가 물려준 이 진절머리 나는 생활보다 더 나은 삶을 누릴 자격이 있는 아이야?*

루시가 대답했다.

"제법 똑똑해. 수학이랑 과학은 평균 정도지만 불어, 미술, 영어는 우수해. 그런데 운동은 안 좋아해. 전혀."

그러고는 마이클의 눈빛에 실망의 그림자가 스치지 않나 유심히 살펴보았다. 하지만 그는 현실적인 입장을 보였다. "모든 걸다 잘할 순 없는 법이야. 그런데 그 녀석 참 잘생겼단 말이지. 아직 여자애들한테 관심 가지는 낌새는 없고?"

"겨우 12살밖에 안 됐는걸."

루시가 약간 퉁명스럽게 대꾸했다.

"그 정도면 다 컸지. 설마 우리 아들이 게이일지도 모른다고 생각하는 건 아니지?"

루시는 마이클의 얼굴에다 와인을 확 뿌리고 떠나 버리고 싶었다. 하지만 그 대신 이렇게 대꾸했다.

"모를 일이지. 그런 조짐은 없는데. 하지만 방금 전에 말했듯이 아직 그런 쪽엔 정말 관심을 안 보이거든. 어쨌든——" 이쯤에서 말을 돌렸다. "나는 들어가서 판자넬라를 마저 만들어 보는 게 좋겠어. 먹기 전에 재료를 잘 재워 둬야 하니까."

그리고 자리에서 일어섰다. 마이클도 따라 일어났다.

"그럼 나는 바비큐 구워야겠다."

마이클은 부엌 쪽으로 돌아선 루시가 미처 발걸음을 떼기도 전에 두 손을 붙들고 돌려세웠다. 마이클을 마주한 루시는 상대의 눈이 벌써 초점을 잃고 빙빙 돈다는 사실을 알아챘다. 고작 1시 반밖에 되지 않았는데. 마이클이 양손을 루시의 엉덩이에 얹고 자기 쪽으로 끌어당겼다. 그러더니 루시의 머리카락을 귀 뒤로 쓸어 넘기고 몸을 바짝 붙이며 속삭였다.

"너를 절대로 보내 주지 말았어야 했어."

마이클은 루시에게 가볍게 입맞춤한 다음 엉덩이를 쓰다듬었다. 그리고 부엌으로 걸어 들어가는 루시의 뒷모습을 지켜봤다.

26

첼시, 1990년

데이비드가 우리 재산을 전부 자선 단체에 기부하라고 지시하고 있을 뿐 아니라 우리와 영원히 함께 살 거라는 얘기를 어머니에게 듣고 얼마 지나지 않은 때였다. 나는 그 남자가 버디에게 키스하는 장면을 우연히 목격했다.

당시에 그 장면은 여러 가지 측면에서 구역질을 일으켰다.

우선, 알다시피 나는 버디의 외모에서 혐오감을 느껴 왔다.

데이비드가 버디의 앙상한 엉덩이에 손을 올리고, 버디의 작고 딱딱한 입술과 데이비드의 큼지막하고 두툼한 입술이 맞닿은 가운데, 축축한 동굴 같은 두 사람의 입속에서 그 여자의 역겨운 혀가 상대의 혀를 더듬어 찾는다고 생각하면. 우웩.

두 번째로, 나는 전통적인 가치를 고수하는 편이었기 때문에 간통 장면을 목격하자 마음속 깊이 충격을 받았다.

그리고 세 번째 끔찍한 점은 당시에 즉각적으로 떠올리진 못했는데, 사실 그럴 수밖에 없었다. 내가 무심코 본 게 어떤 결과를 불러올지 뚜렷하게 알 수 없었으니까.

하지만 데이비드와 버디가 포개진 모습을 본 순간 나는 분명 온몸을 관통하는 두려움 같은 감정을 느꼈다. 두 사람이 차라리 깊이 봉인되어 있는 게 나은 뭔가를 서로의 내면에서 끌어낼지도 모른다는 직감이 들었던 것이다.

토요일 아침에 일어난 일이었다. 샐리는 어느 촬영장에 사진을 찍으러 갔다. 저스틴도 시장에 노점을 차려 약초 치료제를 팔려고 일찌감치 집에서 나갔다. 내 어머니와 아버지는 실내복 차림으로 정원에 앉아 신문을 읽으며 머그잔에 담은 차를 마시고 있었다.

나는 8시 반에 눈을 떴는데, 나로서는 늦게 일어난 셈이었다. 원래부터 일찍 자고 일찍 일어나는 체질이어서 10대 시절에도 저녁 9시 넘어 잠자리에 드는 경우가 거의 없었으니까.

눈을 비비며 방에서 나오자마자 버디의 방 문간에 서로 뒤엉켜 있는 두 사람의 모습이 보였다. 버디는 모슬린 잠옷 차림이었다. 데이비드는 허리띠가 달린 검은색 면 가운을 입고 있었다. 버디가 그의 무릎 사이에 다리를 밀어 넣어 두 사람의 사타구니가 꽉 맞닿았다. 데이비드는 점이 많고 창백한 버디의 목에, 버디는 데이비드의 왼쪽 엉덩이에 한쪽 손을 올린 자세였다.

나는 곧장 내 방으로 물러났다. 심장이 거세게 뛰었고 속이 완전히 뒤집혔다. 양손을 목에 갖다 대고서 메스꺼움과 공포를 가라앉혀 보려 애썼다. 숨죽여 *씨팔*이라고 중얼거렸다가 다시 한 번 제대로 내뱉었다. 잠시 뒤 문을 살짝 열어 보니 두 사람은 사라진 뒤였다. 나는 어떻게 해야 할지 알 수 없었다. 누군가에게 말해야만 했다. 그래서 핀에게 털어놓았다.

핀은 커튼처럼 내린 금발 머리를 얼굴 뒤로 휙 넘겼다. 그 애는 사춘기를 거치며 더더욱, 말도 안 되게 잘생겨졌다. 아직 14살밖에 안 되었는데 벌써 키가 180센티미터도 넘었다. 내가 아는 한 핀은 여드름조차 전혀 나지 않았다. 여드름이 하나라도 돋았다면 내가 금세 알아차렸을 터였다. 핀의 얼굴을 요모조모 연구하는 게 사실상 내 취미 생활이었으니까.

나는 핀에게 얼굴을 들이대고 다급하게 식식거렸다.

"할 얘기가 있어. 정말, 정말 중요한 얘기야."

우리는 정원 끝까지 걸어가 아침 햇살이 내리비치는 곡선형의 벤치 앞에 멈춰 섰다. 나무들마다 꽃이 피어나고 잎사귀가 우거져서 집 안에서는 우릴 볼 수 없는 위치였다. 핀과 나는 얼굴을 마주 보았다.

내가 말을 꺼냈다.

"내가 방금 뭘 봤는데. 진짜, 진짜 안 좋은 거."

핀이 눈을 가늘게 뜨고 날 쳐다보았다. 접시에 담아 놓은 버터를 고양이가 홀랑 먹어 치웠다거나 그 비슷하게 유치하고 시시한 목격담을 늘어놓겠거니 짐작하는 게 분명했다. 나 같은 녀석한테 진짜로 충격적인 소식을 전할 만한 능력이나 있겠느냐는 태도였다.

"너희 아버지랑 버디 씨를 봤어……."

상관없으니 말이나 빨리 해 보라는 듯하던 표정이 싹 사라졌다. 핀은 깜짝 놀란 눈으로 날 바라보았다.

"버디 씨네 커플이 쓰는 방에서 아까 너희 아버지랑 버디 씨가 함께 나왔는데, 둘이 키스하고 있더라."

이 말을 듣더니 핀은 살짝 동요했다. 내가 충격을 준 것이다. 드디어, 2년 만에 핀이 나를 제대로 쳐다보고 있었다.

나는 핀의 턱 근육이 씰룩이는 모습을 놓치지 않았다. 그 애가 거의 으르렁거리듯 다그쳤다.

"씨팔, 너 지금 구라 치는 거야?"

나는 고개를 절레절레 흔들었다.

"진짜야. 내가 봤다니까. 방금, 20분쯤 전에. 맹세코 정말이야."

쳐다보고 있자니 핀의 두 눈에 금세 눈물이 가득 고였다. 그 애는 울음을 참으려고 안간힘을 썼다. 어떤 사람들은 나더러 공감 능력이 부족하다고 말한다. 그게 사실일지도 모른다. 핀이 속상해할 수도 있겠다는 생각은 한순간도 떠오르지 않았으니. 그래, 충격이야 받겠지. 분개하고 역겨워할 테고. 하지만 속상해할 줄은 몰랐다.

"미안해. 난 그냥⋯⋯."

핀이 고개를 저었다. 그 애의 아름다운 금발 머리가 얼굴로 흘러내렸다가 다시 옆으로 넘어가며 단호하면서도 애달프게 용감한 표정이 드러났다.

"괜찮아. 말해 줘서 고마워."

잠시 정적이 흘렀다. 어떻게 해야 할지 도무지 알 수 없었다. 핀의 관심을 한 몸에 받긴 했지만 그 애에게 상처를 주고 말았으니. 나는 핀의 큼지막한 손을 바라보았다. 그 애는 햇볕에 탄 두 손을 무릎께에서 깍지 끼고 있었다. 그 손을 들어 올려 어루만지고 입술에 가져다 대고 키스로 고통을 씻어 주고 싶었다. 강렬한 육체적 욕구가 몸속 중심에서부터 끓어올랐다. 실로 고통스러운 갈망이었다. 나는 핀의 손에서 재빨리 시선을 거두고 내 맨발 사이 땅바닥을 내려다보았다.

"어머니께 말씀드릴 거야?"

마침내 내가 이렇게 물었다.

핀은 고개를 가로저었다. 머리카락이 다시 흘러내려 얼굴을 뒤덮었다.

"그럼 엄마는 죽을 만큼 괴로워할 거야."

핀이 지극히 간결하게 대답했다.

나는 무슨 뜻인지 알아들은 것처럼 고개를 끄덕였다. 하지만 사실은 그렇지 않았다. 그 당시 나는 겨우 13살이었다. 그것도 막 13살이 된 시점이었다.

버디와 데이비드가 잠옷 바람으로 격렬하게 키스하는 광경이 토 나온다는 거야 나도 알았다. 결혼한 남자가 아내 이외의 여자와 키스하는 게 잘못된 행동이라는 것도 알았다. 하지만 나로서는 그런 감정들을 도무지 어림짐작할 수 없었다. 그게 다른 사람에게 어떤 감정을 불러일으킬지도 상상이 안 갔다. 자기 남편이 버디에게 키스했다고 해서 왜 샐리가 죽고 싶어 한다는 건지 정말 이해할 수가 없었다.

"동생한테는 말할 거야?"

"미친, 아무한테도 말 안 할 거라고."

핀이 쏘아붙였다.

"돌겠네. 너도 그러면 안 돼, 진짜로. 아무한테도 말하지 마. 내가 시키지 않는 한 그냥 가만히 있으라고. 알았어?"

나는 다시 고개를 끄덕였다. 갑자기 영문도 모르는 상황에 처하고 말았기에, 핀이 이끄는 대로 따를 수 있어 안심이 됐다.

이제 핀과 단둘이 보내는 시간도 슬슬 끝날 때가 된 듯했다. 핀은 곧 일어나서 안으로 들어갈 테고 내게 같이 들어가자고 청할 마음은 없을 게 분명했다. 그러면 집 뒤편을 바라보는 이 벤치에 나 혼자 남겨지겠지. 내 안에서 아직도 요동치는 모든 바람과 갈망과 벌겋게 달아오른 욕구를 떠안은 채로. 그리고 나는 방금 전에 그런 일이 벌어졌음에도 우리가 서로 예의 바르게 말을 삼가는 장소로 돌아가 평소대로 지내리란 사실 또한 알고 있었다.

"우리 오늘 나가서 놀자." 내가 가쁜 숨을 몰아쉬며 말했다. "뭐든 해 보자."

핀이 고개 돌려 나를 쳐다보았다.

"너 돈은 좀 있어?"

"아니. 하지만 얼마쯤은 가져올 수 있어."

"나도 좀 구해 올게. 10시에 현관에서 만나자."

핀은 잠시 서 있다 자리를 떴다. 나는 그 애의 뒷모습을 지켜보았다. 티셔츠 아래로 비치는 척추의 모양, 넓은 어깨, 땅바닥을 딛는 커다란 발, 애처롭게 떨군 아름다운 머리까지.

나는 아버지의 방수 코트 주머니에서 동전을 한 움큼 찾아냈다. 어머니의 지갑에서는 2파운드를 슬쩍 꺼냈다. 그다음엔 앞머리를 빗고 몇 주 전에 어머니가 옥스퍼드 거리의 염가 상점에서 사다 준 저지 점퍼를 입었다. 이제껏 해러즈 백화점이나 피터 존스 백화점에서 샀던 어떤 옷보다도 백 배는 멋졌다.

핀은 페이퍼백을 손에 쥐고 계단 밑 왕좌에 앉아 있었다. 오늘날까지도 내 머릿속에서 핀은 늘 이런 모습이다—다만 내 환상 속에선 그 애가 책을 내리고 환한 눈으로 날 올려다보며 미소 짓는다는 점만 다를 뿐이다. 실제로는 내가 가까이 가도 거의 알은척조차 안 해 주었으니까.

핀이 천천히 일어나더니 집 안을 한번 슬쩍 둘러보았다.

"좋아, 보는 눈은 없군."

그러더니 내게 자기를 따라 현관문 밖으로 나오라고 손짓했다.

"우리 어디로 가는 거야?"

나는 숨죽이고 핀을 뒤쫓아가며 물었다.

핀이 팔을 들어 신호를 보내더니 연석으로 다가갔다. 곧 택시가 멈춰 섰다.

택시에 올라탄 뒤 나는 말했다.

"택시비를 낼 여유가 없어. 나 지금 2파운드 50센트밖에 없는데."

"걱정하지 마."

핀이 침착하게 대꾸했다. 그리고 재킷 주머니에서 10파운드짜리 지폐 한 뭉치를 꺼내며 눈썹을 치켜올렸다.

"세상에. 그거 어디서 났어?!"

"우리 아빠 비자금이야."

"너희 아버지한테 비자금이 있다고?"

"응. 아빠는 아무도 모른다고 생각하지. 하지만 난 모르는 게 없다는 말씀."

"아버지가 눈치채지 않을까?"

"그럴지도 모르지. 모를 수도 있고. 어느 쪽이든 누가 가져갔는지 증명할 방법이 없잖아."

택시로 켄싱턴 하이 스트리트까지 가서 내렸다. 나는 눈앞의 빌딩을 올려다보았다. 기다란 전면부 위쪽으로 아치형 창문 12개가 뚫렸고 '켄싱턴 마켓'이라는 글자가 크롬으로 박혀 있었다. 정문에서 뭔가 금속성으로 쿵쿵거리고 불안감을 조성하는 음악 소리가 흘러나왔다.

핀을 따라 건물 안으로 들어선 나는 이내 미로처럼 어지러운 토끼굴 한복판에서 겁을 집어먹었다. 구불구불한 복도마다 작은 상점들이 다닥다닥 붙어 섰는데, 가게 앞엔 저마다 오색찬란한 머리, 새카만 아이라인, 찢어진 가죽옷, 허연 입술, 조각조각 이어 붙인 시폰, 망사, 귀걸이, 통굽, 코와 얼굴 피어싱, 개 목걸이, 빳빳하게 세운 앞머리, 치렁치렁한 장식, 망사 페티코트, 탈색한 머리, 분홍색 깅엄 체크, 허벅지까지 덮는 PVC 재질 부츠, 앵클 부츠, 야구 점퍼, 구레나룻, 벌집처럼 둥글게 틀어 올린 머리, 이 브닝드레스, 새카만 입술, 빨간 입술 등등으로 치장한 무표정한 남녀가 가득했다.

그들은 껌을 씹거나 베이컨 샌드위치를 먹거나 손톱에 검은색 매니큐어 바른 새끼손가락을 쳐든 자세로 꽃무늬 찻잔에 담긴 차를 마시거나 했다. 징 박힌 가죽끈에 매어 놓은 페럿도 한 마리 보였다.

가게마다 따로 음악을 틀어 놓았기 때문에 마치 라디오 채널을 휙휙 바꾸며 걷는 듯한 기분이 들었다. 핀은 지나가는 길에 빈티지 야구 점퍼나 등판에 *빌리*라고 수놓인 실크 볼링 셔츠, LP가 가득 꽂힌 선반, 징 박힌 가죽 벨트 등을 만져 보았다.

나는 아무것도 건드리지 않았다. 왠지 겁이 났다. 작은 상점을 또 하나 스쳐 갈 때 향냄새가 훅 끼쳤다. 머리카락도 피부도 하얀 여자가 바깥 의자에 앉아 있다가 나를 잠시 올려다보았다. 그 싸늘한 파란 눈을 보자 심장이 철렁했다.

바로 옆에 앉은 여자는 무릎에 아기를 앉히고 있었다. 아무리 봐도 아기가 머물기에 좋은 장소는 아닌 듯했는데.

우리는 한 시간 동안 이 낯선 곳의 복도를 이리저리 돌아다녔다. 그러다 꼭대기 층의 이상한 카페에 가서 베이컨 샌드위치와 아주 진한 차를 주문하고 사람들을 구경했다.

핀은 사하라 사막에서나 둘러야 할 것처럼 생긴 남성용 흑백 스카프와 내게는 전혀 생소한 음악이 담긴 7인치 싱글 LP 몇 장을 샀다. 또 뱀과 칼이 여럿 그려진 검은색 티셔츠를 내게 권하며 자기가 사 주겠다고 했다. 사양하긴 했지만 나도 마음 한구석으론 그 옷이 마음에 들었다. 핀은 통굽 군화를 신어 보겠다면서 오톨도톨한 고무 밑창을 댄 파란색 스웨이드 신발을 가지고 왔다. 그러고는 전신 거울에 자기 몸을 비춰 보았는데, 커튼처럼 드리운 앞머리를 이마 위로 쓸어 넘기자 갑자기 몽고메리 클리프트와 제임스 딘을 반씩 섞어 놓은 1950년대 스타처럼 멋지게 변신했다.

나는 은색 숫양 머리 장식으로 고정할 수 있는 끈 타입의 넥타이를 샀다. 가격은 2파운드였다. 펑크족 카우보이처럼 보이는 남자가 가느다란 넥타이를 종이 가방에 쓱 넣어 주었다.

한 시간 뒤 우리는 평범한 토요일 아침 군중 속으로, 가족끼리 쇼핑하러 나오거나 버스에 오르내리는 사람들 사이로 녹아들었다.

그리고 1.5킬로미터 남짓 걸어가 하이드 파크 벤치에 앉았다.

"이거 봐."

핀이 오른쪽 손바닥을 펼쳤다.

나는 작고 구깃구깃한 투명 봉투를 내려다보았다. 그 봉투 안에 아주 조그맣고 네모난 종이가 두 장 들어 있었다.

"그게 뭔데?"

"에이시드Acid. LSD라고 불리는 환각제 '리세르그산 디에틸아마이드'의 다른 속칭야."
핀이 대답했다.

무슨 말인지 알 수가 없었다.

"LSD."

그 애가 고쳐 말했다.

LSD가 뭔지는 나도 들어 봤다. 히피니 환각이니 하는 소리가
따라붙는 마약 아닌가.

내 눈이 휘둥그레졌다.

"뭐라고? 하지만 어떻게……? 그런 게 왜 너한테 있어?"

"아까 음반점 주인 있잖아. 자기한테 이게 있다고 슬쩍 *귀띔해*
주더라. 난 물어보지도 않았는데. 아마 내가 더 나이 들어 보였나
봐."

나는 조그만 봉투에 든 네모난 종잇조각들을 빤히 바라보았다.
그게 뭘 의미하는지 생각하자 머리가 어질어질했다.

"너 설마……?"

"아니. 적어도 지금은 안 해. 하지만 다음에 해 봐야겠지? 집에
돌아간 다음에. 너도 낄래?"

나는 고개를 끄덕였다. 핀과 함께 시간을 보낼 수만 있다면 무
슨 일이든 기꺼이 할 작정이었다.

핀은 공원이 내려다보이는 호화로운 호텔로 나를 데려가 샌드

위치를 사 주었다. 그곳에서는 은테 둘린 접시에 샌드위치를 담고 포크와 나이프까지 내주었다. 우리는 높다란 창문 옆에 나란히 앉았다. 지금 우리 둘의 모습이 어떻게 보일까 궁금했다. 다 큰 청년처럼 키 크고 잘생긴 남자애와 후줄근한 저지 재킷을 입은 땅꼬마 친구라니.

"어른들이 지금 뭐 하고 있을 것 같아?"

"뭘 하든 알 게 뭐야."

내 물음에 핀이 대꾸했다.

"경찰을 불렀을지도 몰라."

"내가 쪽지 남겨 놨어."

나는 이런 착실한 행동에 깜짝 놀라서 물었다.

"아. 뭐라고 적었는데?"

"나랑 헨리는 놀러 나갔다, 이따 돌아오겠다, 이렇게 적었지."

나랑 헨리. 심장이 두근거렸다.

"어떻게 된 건지 얘기해 줘. 브르타뉴에서 말인데. 그 집 식구들이랑은 어떻게 지냈어?"

핀이 고개를 가로저었다.

"알고 싶지 않을걸."

"아냐, 정말 알고 싶어. 어떻게 된 거야?"

핀은 한숨을 내쉬었다.

"아빠가 문제였어. 남의 물건을 가로챘지. 그리고 이렇게 말했어. '아, 이런, 나는 우리가 모든 것을 공유하기로 다 함께 합의한 줄 알았는데.' 하지만 그 물건은 대대로 물려받은 가보 같은 거였단 말이야. 천 파운드쯤은 나가는 물건이었어. 아빠는 그걸 그냥 시내로 들고 가서 팔아 버린 다음에 '누군가'가 집에 침입해서 도둑질하는 장면을 목격한 척했다니까. 돈은 몰래 감춰 놓고. 결국 그 집 아버지가 소문을 듣고 진상을 파악했어. 온 집 안이 뒤집어졌지. 우리는 바로 다음 날 쫓겨났어."

그러고는 어깨를 으쓱했다.

"뭐, 다른 자잘한 문제도 있었지만 핵심은 그거였달까."

나는 핀이 자기 아버지의 돈을 슬쩍하고도 왜 죄책감을 느끼지 않는지 문득 이해가 갔다.

데이비드는 본인이 운동 강좌로 많은 돈을 벌고 있다고 주장하지만, 사실 일주일에 두어 번 교회 강당에 히피 몇 명 앉혀 놓고서 돈을 벌어 봐야 얼마나 벌겠는가? 그가 바로 코앞에서 서슴없이 우리 집안 물건을 내다 팔 수도 있었을까?

그 사람은 벌써 내 어머니를 세뇌시켜 우리 집의 재정 관리를 오롯이 넘겨받은 상태였다. 어쩌면 우리 은행 계좌에서 마음대로 돈을 인출해 왔을지도 모르지. 그 돈이 전부 빈곤한 사람들을 돕는 자선 단체로 가는 것처럼 내 어머니를 속였을지도 모르고.

내가 데이비드 톰슨에 대해 품고 있던 막연한 의혹들이 단단한 실체를 갖추기 시작했다.

"넌 아버지를 어떻게 생각해? 좋아해?"

나는 접시 한구석의 어린잎 채소를 만지작거리며 물었다.

핀이 간단히 대답했다.

"아니. 경멸해."

나는 안심하며 고개를 끄덕였다.

핀도 똑같은 물음을 던졌다.

"넌 어때? 네 아버지가 좋아?"

"우리 아빠는 약해."

나는 이렇게 대답하는 동시에 이 말이 사실임을 명명백백하게
실감했다.

"모든 인간은 약해. 이 세상에선 늘 그게 지랄맞은 문제라니까.
너무 약해서 제대로 사랑할 줄도 모르지. 너무 약해서 크게 비뚤
어질 수도 없고."

핀의 말에 담긴 힘 때문에 숨이 턱 막혔다. 이처럼 진실한 말은
생전 처음 들어 본다는 느낌이 곧바로 밀려왔다. 지금까지 일어
난 모든 나쁜 일의 기저에는 인간의 약함이 뿌리 내리고 있는 것
이다.

핀이 비싼 샌드위치값을 내려고 10파운드 뭉치에서 지폐 두 장
을 빼냈다. 나는 그 모습을 지켜보다 말했다.

"못 갚아 줘서 정말 미안해."

핀은 고개를 흔들었다.

"내 아빠는 네가 가진 모든 것을 빼앗고 네 인생을 파탄 낼 거
야. 최소한 내가 이딴 거라도 해야 되지 않겠냐."

27

리비와 다이도, 밀러는 문을 잠그고 나와 술집으로 갔다. 아까 리비가 옥상에 올라갔을 때 눈여겨봐 둔 술집이었다. 사람들이 바글바글하지만 야외에 높은 테이블이 하나 비었길래 주변의 빈 의자를 끌어다 앉기로 했다.

"그게 누구일 거 같아요?"

다이도가 빨대로 진토닉을 휘저으며 물었다.

밀러가 대답했다.

"노숙자는 아니에요. 물건이 너무 적어요. 아시겠죠. 실제로 거기 사는 거라면 이런저런 물건이 더 많이 널려 있어야 되거든요."

"그럼 그냥 가끔 들락거리는 사람일 거라고 생각하세요?"

리비가 물었다.

"제 추측으론 그렇습니다."

"그래서 제가 지난주에 왔을 때 누가 실제로 위층에 *있었던* 거고요?"

"역시 제 추측일 뿐이지만 그럴 것 같네요."

리비는 몸서리쳤다.

밀러가 말했다.

"보세요. 제 생각은 이렇습니다. 리비 씨는 1993년 6월쯤에 태어났죠?"

"6월 19일이에요."

생년월일을 밝히는데 불쑥 오싹한 느낌이 들었다. 그걸 누가 알까? 어쩌면 사회 복지 단체에서 그냥 지어낸 날짜일지도 모른다. 아니면 양어머니가 지어냈거나? 스스로에 대해 확실히 파악하고 있다는 자신감이 어느새 손가락 사이로 미끄러져 내려가기 시작했다.

"그래요. 자, 리비 씨가 태어났을 때 오빠와 언니는 10대였으니 막내의 생일이 언제인지 기억하고 있을 겁니다. 거기에 만약 리비 씨가 25살 생일에 그 집을 상속받게 된다는 사실까지 알고 있다면 어떨까요? 그럼 두 사람이 집으로 돌아오고 싶어 하는 게 말이 되죠. 리비 씨를 보기 위해서……."

리비가 숨을 헉하고 토했다.

"그러니까, 그게 제 오빠일지도 모른다는 말씀이세요?"

"네, 헨리일 수도 있다고 봅니다."

"하지만 오빠가 그때 정말로 집에 있었고 아래층에 있는 게 저라는 사실도 알았다면, 왜 절 보러 내려오지 않았을까요?"

"글쎄, 그건 저도 모르겠네요."

리비는 와인 잔을 들어 입술에 잠시 갖다 대다가 다시 내려놓으며 부정했다.

"아니에요."

단호한 말투다.

"그건 말이 안 돼요."

"상대방이 리비 씨를 겁주지 않으려던 건지도 모르잖아요?" 다이도가 의견을 냈다.

리비도 제 생각을 밝혔다.

"저한테 쪽지를 남길 수도 있었을 텐데요? 변호사한테 연락해서 저랑 만나고 싶다는 의사를 전달해 줄 수도 있었잖아요? 하지만 그러는 대신 뭔가 좀 이상한 사람처럼 다락방에 숨어 있다니."

"음, *실제로* 좀 이상한 사람일지도 모르죠?"

다이도가 말했다.

"전에 조사하실 때 헨리에 대해서는 뭘 알아내셨나요? 제 오빠라는 것 말고요."

리비가 밀러에게 물었다.

"별로 정보가 없더라고요. 헨리가 3살 때부터 11살 때까지 포트먼 학교라는 사립 학교에 다녔다는 건 아는데요. 교사들 말로는 명민한 아이였지만 좀 자기중심적인 면이 강했다고 합니다. 친구도 전혀 없었다더군요. 그러다 1988년에 그 학교를 떠나 켄싱턴의 세인트 하비어 학교에 들어가기로 결정됐지만 끝내 등록을 하지 않았습니다. 그 뒤로는 아무도 헨리의 소식을 듣지 못했죠."

"진짜 이해가 안 돼요. 남들 눈을 피해서 터널과 덤불 속을 살금살금 지나 집으로 들어온다는 것도, 제가 아래층에 있다는 걸 아는데 위층에 숨어서 안 나온다는 것도 이상해요. 그게 헨리라고 *확신*하세요?"

"음, 아뇨, 물론 확신은 못 하죠. 하지만 리비 씨가 거기 갈 거

라는 사실을 아는 사람이 또 누가 있겠어요? 헨리 말고 그 집에
들어가는 방법을 아는 사람이 또 있을까요?"

리비가 대답했다.

"그 집에 살던 사람들 중 하나일 수도 있죠. 나머지 사람들 중
한 명일지도 몰라요."

28

마이클의 접시 주위로 말벌 한 마리가 성가시게 날아다녔다. 마이클이 냅킨으로 탁 때려 쫓아 봐도 자꾸만 돌아와 웽웽거렸다. 루시는 마이클의 주의가 잠시 딴 데로 쏠린 틈에 핸드폰으로 시간을 확인했다.

거의 3시가 다 됐다. 4시까지는 집에 가고 싶었다. 루시는 꼭 여권을 받아야 하지만, 여권을 달라고 부탁하면 피할 길 없는 운명을 앞당기게 되리란 사실 또한 알고 있었다. 마이클의 침대에 누워야만 하는 운명 말이다.

루시가 빈 접시를 치우기 시작했다.

"자. 이거 안으로 들여놓자. 그래야 치근덕거리는 녀석이 꺼질 거야."

마이클이 흐리멍덩한 눈으로 바라보며 고맙다는 듯 미소 지었다.

"그래, 좋은 생각이야. 커피도 좀 마시자고."

루시는 앞장서서 부엌으로 들어가 식기세척기에 그릇을 넣기 시작했다. 커피 머신에서 원두가 분쇄되는 동안 마이클은 루시를 물끄러미 지켜보다 이렇게 말했다.

"정말 몸매 관리 잘했다, 루시. 애 둘 딸린 마흔 살짜리 아줌마 치고는 나쁘지 않은데."

루시가 딱딱하게 미소 지으며 포크 두 개를 전용 바구니에 떨어뜨렸다.

"칭찬 고마워."

어색한 분위기가 흐르고 좀 시큰둥한 느낌도 감돌았다. 두 사람은 다음에 할 일을 놓고 너무 오래 뜸을 들였다. 술을 너무 많이 마셨고, 먹기도 너무 많이 먹었고, 나른하게 산들바람 부는 정원에 너무 오래 앉아 있기도 했다. 루시가 말했다.

"아이들에게 얼른 돌아가 봐야 해."

마이클이 대수롭지 않게 응수했다.

"아. 마르코도 이제 다 컸는데, 뭘. 네가 조금 늦더라도 어린 여동생을 너끈히 돌봐 줄 수 있는 나이잖아."

"그야 그렇지. 하지만 스텔라는 내가 곁에 없으면 좀 불안해하는 편이야."

루시는 마이클의 턱이 살짝 씰룩거리는 모습을 지켜봤다. 마이클은 타인의 나약함에 관해 듣기 싫어한다. 이 남자는 약한 것을 혐오한다.

그가 한숨을 쉬며 물었다.

"그럼— 여권을 받고 싶겠지?"

"응, 그랬으면 좋겠어."

갈빗대 아래서 심장이 하도 쾅쾅 뛰어서 귓구멍에까지 그대로 느껴질 정도였다.

마이클이 고개를 갸웃하며 루시에게 미소 지었다.

"하지만 당장은 너무 서두르지 말자? 알았지?"

그러고는 서재로 들어갔다. 서랍을 여닫는 소리가 루시의 귀에 들렸다. 잠시 뒤 마이클은 여권이 담긴 펠트 주머니를 손에 들고 돌아와 흔들어 보였다.

"다른 건 몰라도 내가 약속은 꼭 지키는 남자거든."

그러면서 천천히 다가왔다. 주머니를 달랑달랑 흔들며, 시종 루시에게 시선을 고정하고서.

루시는 마이클이 지금 뭘 어쩌자는 건지 영문을 몰랐다. 주머니를 홱 잡아채길 기대하는 걸까? 저 인간을 쫓아가야 하나? 뭐야?

루시가 초조하게 미소 지으며 말했다.

"고마워."

곧이어 마이클은 루시의 등허리가 부엌 조리대에 꽉 눌리도록 몸을 밀착했다. 한 손엔 펠트 주머니를 움켜쥔 채 루시의 목 언저리에 입을 바싹 들이댔다. 루시는 목에 닿는 입술 감촉을 느꼈다. 마이클의 신음 소리가 들렸다.

"아아, 루시, 루시, 루시. 이런, 냄새 너무 좋다. 네 감촉도 너무……."

이제 몸을 꽉 맞대고 비볐다.

"너무 좋아. 너는 정말……."

그러더니 다시 신음하며 루시의 입술을 더듬어 찾았다. 루시도 마이클에게 키스했다. 그러려고 여기 온 거다. 이 남자와 섹스하려고 왔고, 이제 이 남자랑 섹스할 참이다. 예전에도 몇 번이고 했던 짓이고 언제든 또 할 수 있는 짓이다. 못 할 것도 없지. 특히나 마이클을 아메드라고, 혹은 아예 모르는 사람이라고 상상한다면, 뭐, 좋다. 할 수 있다. 할 수 있고말고.

루시는 마이클이 입속으로 혀를 밀어 넣게 놔두고 눈을 꽉, 아주 꽉 감았다. 그가 두 손으로 루시를 받치고 조리대 위로 밀어 올린 다음 상대의 다리를 자기 몸에 감았다. 그리고 아파서 움찔할 정도로 루시의 발목을 꽉 움켜쥐었다. 하지만 루시는 멈추지 않고 보조를 맞춰 나갔다. 바로 이 짓거리를 하려고 여기 왔으니까.

등 뒤에서 커피 머신이 보글보글 끓으며 쉭쉭대는 소리를 냈다. 빈 유리잔이 루시의 몸에 부딪혀 조리대 위를 굴러가더니 주전자 옆면을 들이받고 부서졌다. 루시는 깨진 유리에서 손을 떼려고 했지만 마이클이 자꾸만 그쪽으로 그녀의 몸을 밀어붙였다.

그는 루시의 치맛자락을 걷어 올리며 팬티 고무줄을 더듬어 찾았다. 루시는 조리대에 눌린 몸을 달싹이며 유리에서 멀찍이 떨어지려 애썼다. 그렇지만 지금 막 불붙은 기세를 꺾고 싶진 않았다. 탄력 받은 김에 얼른 해치워야만 했다. 그래야 다시 속옷을 주워 입고 여권을 챙겨 아이들이 기다리는 집으로 돌아갈 수 있으니까.

그녀는 마이클이 속옷을 수월하게 벗기도록 거드는 데 집중하려 했지만, 등허리 아래서 유리 파편이 살에 파고드는 느낌이 들었다. 마지막으로 한 번 더 옆으로 움직여 보려 시도하는데 마이클이 갑자기 몸을 빼며 투덜거렸다.

"환장하겠네. 제발 그만 좀 꿈지럭거려라."

그러면서 루시의 몸을 꽉 눌렀다. 그 순간 유리가 피부를 찌르는 바람에 루시는 아파서 비명을 지르며 펄쩍 뛰어올랐다.

"하, 또 뭔데? 진짜 짜증 나게 하네!"

루시의 눈엔 제 얼굴로 내리꽂히는 마이클의 손이 거의 슬로 모션으로 보였다. 곧이어 한 대 철썩 얻어맞자 이빨이 덜그럭거리고 두개골 속에서 뇌가 요동쳤다.

그리고 이제 등허리에서 뜨끈한 피가 흘러내렸다.

"나 다쳤어. 봐 봐. 유리가 깨져서……."

하지만 마이클은 루시의 말을 전혀 듣지 않았다. 대신 루시를 다시 조리대 위에 강제로 눕혀 등 쪽 다른 부위까지 유리에 찔리게 만들었다. 그러더니 그녀의 입을 손으로 틀어막고 성기를 삽입했다. 원래는 이렇게 진행될 일이 아니었다. 합의하에 이뤄질 일이었지. 그렇다면 루시도 순순히 받아 줬으리라. 하지만 이제 유리에 찔려 아프고 피범벅인 데다 마이클이 완전히 격분한 얼굴로 내려다보며 손에서는 탄 고기 냄새를 풍기는데, 정말 그냥 여권만, 저 망할 여권만 좀 받아 가고 싶을 뿐이다. 이런 짓까지 당하고 싶진 않았다.

루시는 손으로 칼을 찾았다. 토마토를 썰 때 쓰던 칼, 토마토를 버터처럼 부드럽게 베는 칼, 마침내 그 칼을 손에 쥐었을 때 마이클의 옆구리에 푹 찔러 넣었다. 티셔츠 밑단 바로 아래, 어린아이 피부처럼 부드럽고 연하고 허연 살에 칼날이 어찌나 쉽게 박히는지 자기가 방금 칼로 찌른 게 맞는지 헷갈릴 정도였다.

루시가 바라보는 사이 마이클의 눈이 잠시 어리둥절하게 흐려졌다가 사태를 깨닫고 확 또렷해졌다. 마이클은 루시에게서 몸을 빼고 비틀비틀 뒷걸음질 쳤다. 그리고 제 옆구리에 뚫린 구멍을, 거기서 뿜어져 나오는 피를 내려다봤다. 두 손으로 막아 보려 해도 피는 계속 콸콸 흘러나왔다.

"이런, 시팔, 루시. 지금 뭔 짓을 한 거야?"

그가 믿기지 않는다는 듯 눈을 커다랗게 뜨고 루시를 쳐다봤다. "좀 도와줘. 시팔."

루시가 행주를 가져다 마이클의 손에 쥐여 주었다. "꽉 붙들고 있어." 그녀는 숨을 가쁘게 몰아쉬며 말했다. "거기 꽉 눌러."

마이클이 행주를 받아 옆구리에 대고 눌렀다. 이어서 다리 힘이 풀리며 바닥으로 풀썩 쓰러졌다. 루시가 다시 일으켜 세워 주려고 해도 뿌리친다. 마이클은 지금 죽어 가는 중이다. 루시의 머릿속에 문득 그런 생각이 떠올랐다. 그녀는 구급대에 전화를 걸면 어떻게 될지 예상해 보았다. 구급대원들이 도착해 자초지종을 물어보겠지. 그러면 마이클에게 강간당했다고 말할 것이다. 증거도 나올 거다. 루시의 등에 여전히 박혀 있는 유리 파편이 증거가 되리라. 마이클의 바지가 여전히 발목까지 내려가 있다는 사실도. 그래, 그쪽에선 루시를 믿어 줄 것이다. 분명히.

"내가 바로 구급차 부를게."

루시가 이렇게 말했지만 마이클의 눈은 초점을 잃고 그저 허공을 떠돌았다.

"계속 숨 쉬어. 계속 숨 쉬어야 해. 얼른 구급차 부를게."

루시는 떨리는 손으로 가방에서 핸드폰을 꺼내 화면을 켜고 구급대 번호 첫 자리를 막 누르려 했다. 그 순간, 사람들이 자신을 믿어 주기야 하겠지만 바로 풀어 주지는 않을 거라는 생각이 번쩍 떠올랐다.

계속 프랑스에 발이 묶인 채 이런저런 질문에 대답해야 할 테고, 자신이 이곳에 불법 체류하고 있다는 점, 사실상 존재하지 않는 인물이라는 점을 밝혀야 할 테고, 그러면 아이들을 빼앗길 뿐 아니라 모든 것이 순식간에 송두리째, 악몽처럼 끔찍하게 흐트러지고 말 것이다.

그리고 런던으로 돌아갈 수도, 그 아기를 볼 수도 없으리라. 아기를 결코 만나 볼 수 없다니, 그건 안 된다, 안 돼, 안 되지. 구급차를 부르면 안 된다.

루시는 아직도 핸드폰 화면에 손가락을 올리고 있었다. 힐끗 내려다보니 마이클은 몸을 바들바들 떠는 중이었다. 옆구리에서는 여전히 피가 흘러나온다. 루시는 구역질이 나서 숨을 헐떡거리며 싱크대를 마주 보고 섰다.

"아, 이런, 이런, 아아, 어떡하지, 어떡하지, 어떡해."

다시 돌아서서 핸드폰과 마이클을 차례로 쳐다보았다. 어떻게 해야 할지 모르겠다. 그러다 마이클의 목숨이 끊어지는 찰나를 목도했다. 전에도 이러한 순간을 목격한 적이 있었다. 루시는 죽음의 순간이 어떤 모습인지 안다. 마이클은 죽었다.

"아, 세상에. 어떡해, 어떡해."

바닥에 털썩 주저앉아 마이클의 맥박을 짚어 보았다. 전혀 뛰지 않는다.

루시는 혼잣말하기 시작했다.

그러다가 자리에서 벌떡 일어섰다.

"자, 좋아. 네가 여기 온 걸 누가 알지? 조이. 마이클이 조이한테 말했을지도 몰라. 하지만 말했다 쳐도 루시 스미스가 온다고 말했을 거야. 그래, 루시 스미스. 하지만 그건 내 본명이 아닐 뿐더러 이제 난 루시 스미스도 아니지. 나는……."

루시가 떨리는 손으로 작은 펠트 주머니를 집어 여권들을 꺼냈다. 그리고 뒤로 휙휙 넘겨 글자를 읽었다.

"나는 마리 밸러리 캐런이야. 좋아, 좋아. 나는 마리 캐런이야. 그래. 루시 스미스란 사람은 존재하지도 않아. 조이는 내가 어디 사는지 모르고. 하지만……."

퍼뜩 떠오르는 게 있었다.

"학교! 마이클은 마르코가 어느 동네 학교를 다니는지 알고 있었어. 하지만 조이한테도 그 얘기를 했을까? 아냐. 조이한테는 말하지 않았을 거야. 당연히 아니지. 그리고 혹시 말했더라도, 사람들은 루시 스미스만 알지 마리 캐런은 모르잖아. 그럼, 여권을 만들어 준 사람들은 어떨까? 아니, 그 인간들은 컴컴한 악의 소굴에 너무 깊이 처박혀 있어. 그러니 누구도 거기까지 찾아볼 엄두는 못 낼 거야. 아이들이야 내가 여기 온 줄 알지만 아무한테도 말할 일 없을 테고. 좋아. 괜찮아."

루시는 중얼거리며 왔다 갔다 했다. 그러다 마이클의 시체를 내려다봤다. 그냥 놔둬야 할까? 조이가 내일 아침 발견하게 그대로 놔두는 게 좋을까? 아니면 시체를 어디론가 숨기고 이곳을 싹 닦아 놓는 게 나을까? 마이클은 덩치 큰 남자다. 어디다 숨겨야 하나? 완벽하게 은닉할 순 없을 테지만, 아이들과 함께 런던에 도착할 때까지만이라도 감춰 둘 순 있겠지.

그래. 루시는 그렇게 하기로 결정 내렸다. 전부 싹 청소해야겠다. 마이클의 시체를 와인 저장실로 끌고 가서 뭘로 덮어 놓는 거다. 내일 조이가 오면 마이클이 잠시 어딘가로 떠났나 보다 생각할 것이다. 그리고 시체에서 냄새가 날 때까지는 실종이라 의심하지도 못할 거다. 그때쯤이면 루시와 아이들은 떠난 지 오래일 테고. 또 모두들 마이클이 떳떳하지 못한 세계에 발을 걸쳐서 그쪽 누군가에게 살해되었을 거라고만 추측하리라.

루시는 싱크대 아래 찬장을 끌어당겨 열었다. 표백제를 꺼내고 새 키친타월도 한 롤 뜯었다.

그러고는 청소를 시작했다.

29

첼시, 1990년

핀과 나는 우리 집 지붕 위에 앉았다. 핀이 그 공간을 발견했다. 나는 그런 데가 존재하는 줄도 몰랐는데. 지붕으로 올라가려면 꼭대기 층 복도 천장의 뚜껑 문을 밀어 열고 사다리를 끌어 내려 천장이 낮은 터널로 올라간 다음 뚜껑 문을 또 하나 밀어 열어야 했다. 그러면 템스강이 놀라우리만치 멋지게 건너다보이는 평평한 지붕 위로 나갈 수 있었다.

지붕 위의 비밀 테라스를 발견한 게 우리가 처음은 아닌 듯했다. 이미 지저분한 플라스틱 의자 두 개와 말라 죽은 식물 화분 몇 개, 작은 탁자가 놓여 있었다.

나는 아버지가 여태 이런 공간을 모르고 지냈다는 게 믿기지 않을 정도였다. 아버지는 우리 집 정원이 북향이라서 저녁 햇살을 즐길 수 없다고 늘 불평했는데, 여기 지붕 위에 하루 종일 햇볕이 내리쬐는 은밀한 오아시스가 숨어 있었다니.

잘 보니 핀이 받아 온 작고 네모난 종이는 더 조그만 종이 네 조각이 한데 합쳐진 형태였다. 그리고 조그만 종잇조각마다 웃는 얼굴이 그려져 있었다.

"우리가 끔찍한 환각을 보면 어쩌지?"

내 입에서 나온 말이지만 형언할 수 없을 만큼 멍청하게 느껴졌다.

"우리 둘이서 절반씩만 해야 해. 처음엔 그렇게 시작하자."

핀이 말했다.

나는 과장되게 고개를 끄덕였다. 마약에 아예 손도 안 댈 수 있다면 더 좋았을 텐데. 나는 정말 그런 짓을 할 타입이 아니었으니까. 하지만 상대가 핀이니 어쩌겠는가. 상투적인 표현이지만 만약 그 애가 나더러 자기를 따라 절벽에서 뛰어내리라 하면 난 두말없이 뛰어내렸을 것이다.

나는 핀이 그 미량의 약을 삼킬 동안 지켜보았다. 그다음에 내가 똑같이 따라 하자 핀도 날 가만히 지켜보았다. 하늘은 수채화 같은 파란색이었다. 햇빛은 약했지만 다락방 위 옥상에 올라와 있자니 피부가 볕에 따스하게 데워졌다. 꽤 오랫동안 아무 느낌도 없었다.

우리는 자기 집 정원에 앉아 있는 사람들이나 한가로이 템스강 위로 떠가는 배들, 강 건너편으로 보이는 발전소처럼 그냥 눈에 보이는 것들에 대해 이야기했다.

30분쯤 지나자 나는 그 약이 가짜인 게 확실하다고, 아무 일도 일어나지 않을 거라고 생각하며 긴장을 풀었다. 이 위기를 무사히 넘길 수 있겠구나 싶었다.

하지만 그때 피부 속부터 피가 뜨끈해지기 시작했다. 하늘을 올려다보니 고동치는 하얀 혈관으로 가득 차 있었고, 바라보면 볼수록 진주층처럼 오묘하게 여러 색채로 빛을 뿜는 듯했다. 나는 하늘이 전혀 파랗지 않으며 저 연한 파란색은 수만 가지 색깔이 공모해 연출한 작품임을, 하늘은 그저 모르는 척 속임수를 쓰고 있을 뿐임을 깨달았다. 사실 하늘은 우리보다 훨씬 더 영리하니까. 알고 보니 우리 기준에서 지각력 없어 보이는 모든 것이 실제로는 우리보다 더 영리한 존재이며 다들 우리를 비웃는 형편이었다.

나는 나무에 달린 잎사귀를 쳐다보며 그 푸르름에 의문을 품었다. 그러면서 이렇게 자문했다. 너희 정말 초록색인 거 맞니? 아니면 사실 아주 쪼끄만 보라색, 빨간색, 노란색, 금색 입자들이 다 같이 파티를 벌이며 웃고 또 웃는 거니? 나는 핀을 힐끗 쳐다보며 물었다.

"네 피부는 정말 흰색이 맞아?"

핀이 자기 피부를 들여다보다 말했다. "아니. 나는……," 그러더니 나를 쳐다보며 큰 소리로 웃어 젖혔다. "난 비늘이 있어! 이거 봐! 비늘이 있다니까. 그리고 너는!" 그 애가 너무 웃긴다는 듯이 날 가리켰다. "넌 깃털이 있네! 와, 이런. 우리 어떻게 된 거야? 완전히 괴물이잖아!"

우리는 옥상에서 1분 동안 동물 울음소리를 내면서 서로를 졸졸 쫓아다녔다. 나는 내 깃털을 쓰다듬었다. 핀은 혓바닥을 쭉 내밀었다. 혓바닥이 어찌나 긴지 우리 둘 다 경악과 경외를 표출했다.

"여태껏 이렇게 긴 혀는 본 적도 없어."

"그야 내가 도마뱀이기 때문이지."

핀이 혀를 말아 넣었다가 다시 내밀었다. 나는 그 모습을 열렬히 들여다보았다. 그리고 혓바닥이 다시 쏙 나왔을 때 몸을 숙여 아랫니와 윗니로 살짝 물었다.

"아야!"

핀이 손가락으로 자기 혀를 쥐고 내 행동에 웃음을 터뜨렸다.

"미안! 난 그냥 멍청한 새야. 그게 벌레인 줄 알았지 뭐야."

그러고 나서 우리는 웃음을 그치고 접의자에 앉아 머리 위로 빙빙 도는 북극광을 가만히 바라보고 또 바라보았다. 핀과 나는 손을 나란히 축 늘어뜨렸는데, 이따금 서로의 손마디가 스치곤 했다. 핀의 살결이 내 몸에 닿을 때마다 그 애의 존재 자체가 내 표피를 뚫고 들어오는 듯했고, 그 애의 본질 일부가 내 본질에 흘러들어 빙빙 돌며 우리 둘이 수프처럼 섞이는 것만 같았다.

그 느낌이 너무나 감질나서 나는 그 애의 정수를 모조리 포획하기 위해 나 자신을 그 애에게 꽂아 넣고만 싶었다. 내 손가락이 핀의 손가락을 휘감았다. 핀도 선선히 손을 내주었다.

그러자 그 애가 내 안으로 흘러 들어오는 게 느껴졌다. 마치 우리가 함께 운하에서 보트를 타던 날, 수문이 열리며 한쪽에서 다른 쪽으로 물이 흐르는 모습을 지켜보던 순간처럼.

내가 고개 돌려 핀을 바라보며 말했다.

"봐 봐. 너랑 나. 우리는 이제 같은 사람이야."

"우리가?"

핀이 눈을 크게 뜨고 날 쳐다보았다.

나는 우리의 손을 가리켰다.

"응. 봐. 우린 똑같아."

핀이 고개를 끄덕였고 우리는 그 뒤로도 한동안 잠자코 앉아 있었다. 얼마나 오래였는지는 모르겠다. 고작 5분이었을지도 모르고 한 시간쯤 됐을지도 모른다. 우리는 손을 맞잡고 하늘을 올려다보며 화학적으로 촉발된 기묘한 몽상 속을 유영했다.

"우리 기분 나쁜 환각 상태에 빠진 건 아닌 거 같지?"

마침내 나는 말했다.

"응. 이건 기분 좋은 환각 상태야."

"최고로 기분 좋은 상태야."

핀도 맞장구쳤다.

"그래. 최고로 기분 좋아."

내가 말했다.

"우리 아예 여기 올라와서 살아야 돼. 침대 갖다 놓고 여기서 사는 거야."

"맞아. 그래야 돼. 지금 당장!"

우리 둘 다 벌떡 일어나 뚜껑 문 아래 다락방 터널로 뛰어내렸다. 터널 벽이 마치 몸속처럼 펄떡펄떡 고동치는 게 눈에 보였다. 목구멍이나 식도 속에 들어온 듯한 느낌이었다. 우리는 뚜껑 문에서 복도로 거의 굴러떨어질 뻔했고, 그리고 나자 갑자기 잘못된 장소에 불시착한 기분이 들었다. 마치 타디스_{영국의 드라마 〈닥터 후〉}

시리즈에 등장하는 전화 부스 형태의 시공간 이동 장치 문을 열고서 자기가 어디로 온 건지 몰라 두리번대는 닥터 후처럼.

"여기 어디야?"

내가 물었다.

"내려온 거야. 아래쪽 세상으로."

"다시 올라가고 싶어."

"베개 가지러 가자." 핀이 제안했다. "빨리 와." 그러면서 내 손을 붙들고 자기 방으로 들어갔다. 우리가 베개를 움켜쥐고 터널로 이어지는 사다리를 막 오르려 할 때 데이비드가 우리 앞에 나타났다.

그는 막 샤워하고 나와 몸이 젖은 채, 아랫도리만 타월로 감싸고 가슴은 훤히 드러낸 상태였다. 나는 그의 젖꼭지를 바라보았다. 시커멓고 가죽처럼 질겨 보였다.

"너희 둘 뭐 하려는 거냐?"

데이비드가 범죄 수사라도 하는 듯한 시선으로 핀과 나를 번갈아 살펴보며 물었다. 목소리가 꼭 낮게 우르릉대는 천둥소리 같았다. 그 남자는 마치 석상처럼 커다랗고 단단했다. 그 앞에 서 있자니 피가 차갑게 식는 느낌이었다.

핀이 말했다.

"베개 가져가려고 하는데요. 저 위로요."

"위?"

핀이 되풀이했다.

"위요. 여긴 아래고요."

"아래라고."

"아래죠."

핀이 대꾸했다.

"너희 둘 대체 왜 그러냐?" 데이비드가 말했다. "나 똑바로 봐라." 그러고는 핀의 턱을 한 손으로 붙잡고 눈을 들여다보았다. "지금 약에 취한 거야?" 그가 내게 시선을 돌리며 물었다. "세상에, 너희 둘 다. 대체 뭘 처먹은 거야? 뭐냐고? 해시시? LSD? 뭐야?"

곧 우리는 아래층으로 끌려갔고 내 부모님과 핀의 어머니도 불려 왔다. 데이비드는 여전히 타월을 두른 채였고 나는 가죽처럼 거친 그의 젖꼭지를 여전히 바라보고 있었다. 아침 먹은 게 배 속에서 꾸르륵거리기 시작했다. 거실에서 우리 둘은 꼬치꼬치 캐묻고 또 캐묻는 어른 네 명과 캔버스 밖을 노려보는 듯한 유화 초상화, 벽에 못 박힌 으스스한 동물 박제에 포위되었다.

어떻게 마약을 산 거냐? 무슨 약을 했지? 어디서 났어? 약값은 어떻게 냈고? 그쪽에선 너희가 몇 살인지 알기나 하는 거냐? 이게 대체 뭐 하는 짓이냐? 자칫하면 죽을 수도 있었다. 너희는 너무 어리다. 대체 뭔 생각으로 이런 짓을 벌인 거냐?

바로 그때 버디가 거실로 들어왔다.

"무슨 일이에요?"

"아, 저리 가." 핀이 버디에게 말했다. "댁이랑은 아무 상관도 없는 일이니까."

"어른한테 감히 그런 식으로 지껄이지 마."

데이비드가 꾸짖었다.

"저건—" 핀이 버디를 가리켰다. "어른이 아니지."

"핀!"

"저 여자는 어른이 아니야. 아예 인간도 아니지. 저건 돼지야.
봐. 저 분홍색 거죽이랑 쪼끄만 눈 좀 보라고. 저건 돼지라니까."

방 안 여기저기서 당혹스럽게 숨을 헉 들이마시는 소리가 났
다. 나는 버디를 바라보며 돼지의 형상을 덧씌워 보려고 했다. 하
지만 내 눈엔 돼지가 아니라 아주 늙은 고양이처럼 보였다. 털이
군데군데 빠지고 눈곱이 덕지덕지 낀 앙상한 고양이 말이다.

그다음에 핀을 쳐다봤더니 그 애는 자기 아버지를 노려보다 입
을 헤벌쭉 벌리고 웃는 참이었다. 그러면서 이렇게 말했다.

"그러니까, 당신은 돼지랑 뽀뽀하는 인간인 셈이지!"

이제 핀은 배꼽이 빠져라 웃어 젖혔다.

"저 여자는 돼지고 당신은 돼지랑 뽀뽀하는 데 환장한 인간이
라고. 뽀뽀할 때 그거 알았어? 저 여자가 돼지라는 거?"

"핀!"

샐리가 얼굴을 찡그렸다.

"아빠랑 버디랑 뽀뽀하는 걸 헨리가 봤대. 지난주에. 그래서 우
리가 허락도 안 받고 아빠 돈을 싹 챙겨서 나간 거야. 난 아빠한
테 화가 났거든. 아무튼 이젠 아빠가 왜 저 여자한테 뽀뽀했는지

알겠다. 그건 아빠가 돼지와 뽀뽀하고 싶었기 때문이야."

핀은 미친 듯이 웃느라 거의 말을 이을 수도 없을 지경이었다. 나도 함께 웃고 싶었다. 핀과 나는 하나였으니까. 하지만 더 이상은 그 감각을 느낄 수 없었다. 그 강렬한 결속은 사라져 버렸고 이제 내 안에는 차갑고 살벌한 공포감만이 가득 찼다.

샐리가 방에서 뛰쳐나갔고 여전히 목욕 타월만 두른 데이비드도 따라 나갔다. 나는 어색하게 버디를 쳐다보았다.

"미안해요."

뭐라 이유를 대긴 애매하지만 일단 사과했다.

버디는 그저 나를 멍하니 쳐다보다 방에서 나갔다.

그러고서 나와 어머니와 아버지만 남았다.

아버지가 자리에서 일어서며 물었다.

"누구 생각이었지? 마약 말이다."

나는 어깨를 으쓱했다. 약 기운이 몸에서 빠져나가는 느낌이 들었고, 나 자신이 다시 현실로 서서히 돌아오는 느낌 또한 들었다.

"모르겠어요."

"그 녀석이지. 안 그래?"

"모르겠어요."

나는 똑같은 대답을 되풀이했다.

아버지가 한숨을 내쉬더니 무뚝뚝한 목소리로 말했다. "이번 일의 여파가 상당할 거다, 이 녀석아. 그 문제도 차차 의논해 봐야겠지. 하지만 일단은 물이랑 먹을 것 좀 차려 주는 게 좋겠군. 뭔가 배 속이 든든한 걸로. 토스트면 될까, 마티나?"

어머니가 고개를 끄덕였다. 나는 민망해하며 어머니를 따라 부엌으로 갔다.

저 위층에서 언성을 높이는 소리가 들렸다. 카랑카랑하게 울리는 샐리의 목소리, 우레처럼 굵직한 데이비드의 목소리, 징징거리는 버디의 목소리. 발소리, 문이 열렸다 닫히는 소리도 들렸다. 어머니는 내게 줄 빵을 토스터에 넣으면서 나와 눈짓을 교환했다.

"그게 사실이니?" 어머니가 물었다. "핀이 데이비드와 버디를 두고 말한 게 정말이야?"

나는 고개를 끄덕였다.

어머니는 헛기침만 하고 아무 말도 덧붙이지 않았다.

잠시 뒤 현관문이 쾅 닫히는 소리가 들렸다. 복도를 내다보니 토요일 노점 장사를 마친 저스틴이 양손 가득 포대를 들고 들어오는 참이었다. 머잖아 위층에서 협주처럼 울려 퍼지던 고함 소리에 저스틴의 목소리도 더해졌다.

위에서 요란한 드라마가 펼쳐질 동안 나는 어머니가 건네준 토스트를 묵묵히 먹었다.

"이제 어떻게 될까요?"

어머니가 대답했다.

"나도 모르겠다. 하지만 좋지 않아. 전혀 좋지 않은 상황이야."

243

나는 지난주에 버디와 데이비드가 키스하는 장면을 목격했을 때의 묘한 두려움, 그리고 마치 두 사람이 열쇠가 되어 서로를 열어 주고 그 안에서 뭔가 몹시 불쾌한 게 풀려 나오는 듯한 느낌을 떠올리며 고개를 끄덕였다. 그다음엔 옥상에서 핀과 손을 맞잡았던 느낌을 떠올렸다. 우리 역시 서로를 열어 주는 열쇠지만 이 경우엔 기막히게 멋지고 좋은 게 풀려 나온다는 생각이 들었다.

　이런 생각을 하다가 시야를 훨씬 더 넓혀 보게 됐다. 나는 핀을 생각했고, 나를 생각했고, 내가 더 이상 한 개체로 존재하는 게 아니라 오로지 핀의 연장선상에만 존재한다는 생각을 했다.

30

루시는 마이클을 지하 와인 저장실에 내려다 놓고 한 시간 넘게 집 안을 청소했다. 그 뒤 현관에서 쓰레기봉투를 갈무리했다. 봉투 안엔 피로 흠뻑 젖은 휴지와 조이의 라텍스 장갑뿐 아니라 빈 와인병과 맥주병, 냅킨, 먹지도 않은 판자넬라 등 점심 식사의 흔적까지 꽉 들어찼다. 그녀는 마이클의 침실 안 화장실에서 반창고를 꺼내 와 등 쪽 상처에다 붙였고, 침대 머리맡 캐비닛 서랍에서 3천 유로를 꺼내 가방에 챙기기까지 했다.

이제 진입로를 지나며 마세라티를 힐끗 쳐다보았다. 이상하게도 슬픔이 파도처럼 밀려들었다. 마이클이 고성능 스포츠카를 몰 일은 두 번 다시 없으리라. 마르티니크행 비행기를 즉흥적으로 예약할 일도, 빈티지 샴페인의 코르크 마개를 딸 일도, 한심한 원고를 집필할 일도, 옷을 다 입은 채 수영장에 뛰어들 일도, 여자에게 빨간 장미 백 송이를 선물할 일도, 누구하고든 섹스할 일도, 키스할 일도 두 번 다시 없으리라…….

다시는 아무도 해치지 못하리라.

슬픈 감정은 곧 지나간다. 루시는 쓰레기봉투를 해안가 커다란 쓰레기 수거함에 던져 넣었다. 몸속에 아드레날린이 흐르는 덕에 중심을 잃지 않고 강하게 버틸 수 있었다. 그녀는 아이들에게 줄 과자와 음료수를 사서 봉지 두 개에 가득 담았다. 5시에 마르코가 문자 메시지를 보냈다. *어디야?*

가게 들렀어. 루시가 답장했다. *금방 집에 갈 거야.*

아이들은 고분고분히 루시를 맞아 주며 믿기지 않는다는 듯한 눈길로 봉지 속에 가득한 군것질거리를 들여다봤다.

"우리 이제 영국으로 갈 거야."

루시는 애써 가볍고 변덕스러운 말투를 꾸며 냈다.

"가서 내 친구의 딸을 만나 생일 축하를 해 줄 거야."

"그 아기 말이지!"

마르코가 말했다.

"그래."

루시가 대답했다.

"바로 그 아기야. 런던 가면 엄마가 어렸을 적에 살던 집에서 지낼 거야. 하지만 우선 우리는 모험을 떠나야 해! 일단은 파리로 갈 거야! 기차 타고! 거기서 다른 기차로 갈아타고 셰르부르까지 간 다음, 다시 작은 배를 타고 건지섬이라는 작은 섬에 가서 하루 나 이틀쯤 앙증맞은 오두막집에 머물 거야. 그러고 나서 드디어 영국으로 가는 배에 올라 런던까지 쭉 가는 거지."

스텔라가 물었다.

"우리 다 같이? 피츠도?"

"응, 피츠도. 하지만 우린 짐부터 싸야 해, 알았지. 그리고 내일 새벽 5시까지 역에 도착해야 하니까 잠도 좀 자 둬야 해! 좋아! 그 러니까 얼른 뭐 좀 먹고, 말끔하게 씻고, 짐 싼 다음에 푹 자자."

루시는 아이들이 짐을 챙기고 음식을 먹을 동안 주세페의 방으로 건너갔다. 피츠가 껑충 뛰어올라 핥으려 하길래 그냥 얼굴을 내줬다. 그리고 주세페를 바라보며 뭐라고 말을 꺼내야 할까 고민했다. 주세페는 신의 있는 사람이지만 이제 노령이어서 쉬이 당혹감을 느낄 때도 많으니까. 루시는 그냥 거짓말하기로 마음먹었다.

"내일 아이들 데리고 휴가를 떠나려고 해요. 몰타로 갈 거예요. 거기 친구들이 있거든요."

"아. 몰타는 정말 멋진 곳이지."

"맞아요."

루시도 맞장구쳤다. 자신이 아는 사람들 중에서 가장 다정한 축인 이를 속이려니 속상했다.

"그렇지만 더워." 주세페가 말을 받았다. "이맘때면 너무 덥지." 그리고 개를 내려다보았다. "내가 피츠를 맡아 줄까?"

맞다, 개. 이 녀석에 대해서는 미처 생각하지 못했다. 루시는 잠깐 어쩔 줄 모르다 평정을 되찾고 이렇게 말했다.

"피츠도 데려갈 거예요. 말하자면 제 불안 증세를 완화해 주는 도우미견인 셈이죠."

"불안 증세가 있어?"

"아뇨. 하지만 그쪽에다 그렇게 얘기했더니 개를 데리고 와도 좋다고 하더라고요."

주세페는 이에 대해 의문을 품지 않으리라. 현대 사회가 어떻게 돌아가는지 완벽하게 이해하지는 못하는 사람이니까. 주세페의 세상은 대략 1987년쯤에 머물러 있다.

"잘됐구나." 그가 피츠의 머리를 만지며 말했다. "너도 휴가를 가게 됐대, 요 녀석아! 즐거운 휴가 말이다! 얼마 동안 머물다 올 거니?"

"2주요. 어쩌면 3주가 될지도 모르고요. 그동안 방이 모자라면 저희 방도 세놓으셔도 돼요."

주세페가 미소 지었다.

"그래도 너희가 돌아왔을 땐 곧바로 방을 쓸 수 있게 확실히 챙길게."

"고마워요." 루시가 주세페의 손을 잡았다. "정말 고마워요." 그리고 꼭 껴안았다. 이 사람을 다시 볼 수 있을지 정말로 전혀 모르겠다. 루시는 눈에 고인 눈물을 들키기 전에 주세페의 방에서 나왔다.

31

"저는 오늘 그 집에서 밤을 새울 겁니다." 밀러가 빈 맥주잔을 테이블에 내려놓으며 말했다. "리비 씨만 괜찮으시다면요."

"어디서 주무시려고요?"

"잠은 안 잘 거예요."

밀러의 얼굴에 단단한 결의가 떠올랐다.

리비는 고개를 끄덕였다.

"알겠어요. 저는 상관없어요."

다 함께 그 집으로 걸어 돌아갔다. 리비가 다시 자물쇠를 열고 나무판자를 걷어 냈다. 다시 집 안에 들어선 세 사람은 잠시 우두커니 서서 위를 올려다보며 무슨 움직임이 느껴지지 않나 귀를 쫑긋 세웠다. 하지만 주위는 고요했다.

"뭐, 그럼—," 리비가 다이도를 슬쩍 쳐다보며 말했다. "우리는 돌아가 봐야겠네요."

다이도가 고개를 끄덕였다. 리비는 현관 쪽으로 한 걸음 내딛다 밀러를 바라보았다.

"괜찮으시겠어요? 여기서 밤새 혼자 계셔야 하는데?"

"이봐요." 밀러가 대답했다. "절 보세요. 어디, 컴컴한 한밤중에, 가운을 걸친 광신자 세 명이 죽어 나간 빈집에 혼자 남는다고 벌벌 떨 사람처럼 보여요?"

"저도 함께 남을까요?"

"아뇨. 집에 가서 포근한 이부자리에 쏙 들어가세요."

밀러는 손가락을 펼쳐 턱수염에 대고 강아지처럼 호소력 짙은 눈으로 리비를 쳐다보았다.

리비가 미소 지었다.

"제가 여기 남았으면 좋겠죠?"

"아뇨, 아뇨. 진짜 아니라니까요."

리비는 웃음을 터뜨리며 다이도를 쳐다봤다.

"그래도 괜찮겠죠? 내일 아침 제시간에 꼭 갈게요. 약속."

"그래요, 여기 있다가—" 다이도가 말했다. "내일 아무 때나 와요. 서두르지 말고요."

다이도를 지하철역까지 바래다주고 어슬렁어슬렁 돌아오는 길, 해가 막 저물어 어둑어둑해졌다. 리비는 첼시의 뜨거운 여름 밤 공기를 온몸으로 흠뻑 느꼈다. 그리고 찢어진 데님 핫팬츠에 커다란 운동화를 받쳐 신은 금발 10대 떼거리나 내리닫이창 너머로 보이는 아름다운 방 안 풍경에 시선을 빼앗겼다. 이 동네 주민으로 사는 환상에도 잠시 빠져들어 보았다. 이 고상한 세계의 일원으로, 첼시 여자로 산다면 어떨까. 리비는 골동품과 치렁치렁한 크리스털 샹들리에와 현대 회화로 가득 찬 체이니워크 저택을 상상했다.

하지만 16번지의 문을 여는 순간 그 환상은 흩어져 버렸다. 이집은 오명으로 얼룩지고 파괴된 상태다.

부엌으로 들어가자 원목 식탁 앞에 앉아 있던 밀러가 올려다보며 말했다.

"얼른 이것 좀 보세요. 여기요."

그는 핸드폰을 손전등처럼 쓰며 서랍 안을 들여다보고 있었다. 리비도 안쪽을 살펴보았다.

"보세요."

밀러가 재촉했다.

서랍 맨 뒤쪽에 누군가가 검은 연필로 이렇게 휘갈겨 놓았다.

나는 핀이다.

32

첼시, 1990년

샐리는 몇 주 뒤 우리 집에서 나갔다. 그리고 며칠 지나지 않아 버디가 데이비드의 방에 아주 들어앉았다. 하지만 저스틴은 집을 떠나지 않고 원래 버디와 함께 쓰던 침실에서 계속 지냈다.

나도 핀도 LSD 소동에 대해서는 전혀 벌을 받지 않았다. 하지만 핀은 자기 아버지가 짜낼 수 있는 어떤 처벌보다도 어머니를 잃는 게 더 고통스러운 벌이라고 느끼는 게 분명했다. 맨 처음에는 자책부터 했다. 그다음엔 버디에게 비난의 화살을 돌렸다. 그애는 버디를 경멸했고 이름 대신 '그거'라고 칭했다. 그 뒤엔 자기 아버지를 비난했다.

그리고 나서 유감스럽게도, 거의 무의식적으로 나를 비난했다. 그 애가 무심코 방아쇠를 당기는 바람에 자기 부모님의 결혼 생활이 끝장나고 말았다 해도, 그 치명적인 탄환과도 같은 끔찍한 사실을 전해 준 사람은 결국 나였으니까. 만약 내가 그 얘기를 하지 않았더라면 아무 일도 일어나지 않았을 터였다. 같이 쇼핑하러 나가지도, LSD를 하지도 않았을 테고, 어느 불쾌한 오후에 '돼지 키스'가 폭로될 일도 없었을 텐데. 상황이 그렇다 보니 우리가 그날 옥상에서 맺은 유대는 그냥 희미해진 정도가 아니라 자욱하게 퍼지는 유독한 연기 속에서 아예 싹 타버렸다.

그 모든 일을 불러온 게 바로 나라는 점엔 나도 수긍할 수밖에 없었다. 그렇다, 그때 내가 뭘 봤는지 핀에게 털어놓았던 의도라든지, 분개와 충격을 끌어내고 싶었던 열망, 핀이 어떤 기분을 느낄지에 대해서는 인식하지도 공감하지도 못했던 경솔함을 생각하면 개인적인 부채감이 밀려왔다. 그리고 나는 그 대가를 치렀다. 진실로 그러하다. 나는 무심결에 핀네 부모님의 결혼 생활을 파괴하면서 나 자신의 일생까지 부지불식간에 파괴하고 말았으니까.

샐리가 떠나고 얼마 지나지 않아 저스틴과 우연히 마주쳤다. 그는 정원 테라스의 탁자에 앉아 허브와 꽃 무더기를 추리고 있었다. 부정을 저지른 여자 친구와 한집에서 살고 있다니, 그 사실이 내겐 슬프고도 약간 불온하게 다가왔다.

저스틴은 예전과 마찬가지로 식물을 길러 수확한 다음 가루로 빻아 작은 캔버스 봉투에 담거나 팅크로 만들어 작은 유리 약병에 넣고 *첼시 약방*이라 적힌 조그만 태그를 동여매며 지냈다. 전과 똑같은 옷을 입고 똑같이 터덜터덜 걸어 다녔으며, 내적인 혼란이나 실연의 상처에 대해서 입 밖으로 꺼내는 일은 결코 없었다.

핀과 잠시 맺었던 관계가 끝나 버린 뒤 마음의 상처로 괴로워하던 나는 저스틴의 머릿속을 살짝 들여다보고 싶은 호기심이 일었다. 그리고 점점 더 맥없이 쪼그라들어 가는 내 부모님은 말할 것도 없이, 샐리는 떠나 버리고 버디와 데이비드는 붙어먹는 상황이다 보니 기묘하게도 이 집에서는 그나마 저스틴이 좀 더 정상적인 사람처럼 보였다.

내가 맞은편에 앉자 저스틴은 고개 들어 푸근하게 쳐다보았다.

"안녕, 얘야. 요새 어떻게 지내니?"

"요새⋯⋯." 나는 다 괜찮다고 말할 뻔했지만 전혀 괜찮지 않다는 사실이 떠올랐다. 그래서 이렇게 말했다. "이상해요."

저스틴이 좀 더 유심히 나를 쳐다보았다.

"뭐, 그거야 확실하지."

우리는 잠시 침묵에 빠져들었다. 나는 저스틴이 가지에서 꽃봉오리를 조심조심 따다 쟁반에 올려놓는 모습을 지켜보았다.

"아저씨는 왜 아직 여기서 지내세요?" 마침내 나는 물었다. "왜냐면, 이젠 버디 씨랑⋯⋯?"

"좋은 질문이야."

저스틴이 나를 올려다보지 않고 말했다. 그리고 꽃봉오리를 또한 개 쟁반에 올려놓고 손끝을 맞비비더니 무릎에 두 손을 올렸다.

"글쎄, 이제 버디랑 함께하진 않지만 그래도 여전히 그 애가 내 일부이기 때문일까? 뭔 소리냐면, 사랑에서 섹스랑 관련 없는 부분도 있거든. 그건 자동으로 소멸되는 게 아냐. 적어도 꼭 그래야 할 필요는 없지."

나는 고개를 끄덕였다. 내게는 확실히 들어맞는 이야기였다.

다시 핀의 손을 잡을 기회는 결코 찾아오지 않을 가능성이 높았고, 속 깊은 대화를 나눌 기회조차 영영 없을지도 모르지만, 그렇다 해서 핀을 향한 내 애정이 약해지지는 않았으니까.

"버디 씨랑 재결합할 수도 있다고 보세요?"

저스틴은 한숨을 쉬었다.

"그래. 어쩌면. 그런데 아마 그럴 일은 없을 거야."

"아저씨는 데이비드란 사람을 어떻게 생각하세요?"

"아."

저스틴의 보디랭귀지가 미묘하게 변했다. 어깨를 좀 더 움츠리더니 양손으로 깍지를 꼈다.

"딱 꼬집어 말하기가 어렵네." 마침내 그가 입을 열었다. "어떤 면에선 대단한 남자 같아. 다른 면에서는—" 그러면서 고개를 저었다. "그 사람을 보면 겁먹게 돼."

"맞아요." 나는 생각보다 더 큰 목소리로 열렬하게 맞장구쳤다. "맞아요." 이번엔 조용히 되풀이했다. "저도 그 사람이 겁나요."

"정확히 어떤 점에서?"

"그 사람은……." 나는 적절한 표현을 고민하며 하늘을 올려다보았다. "사악해요."

저스틴이 껄껄대며 웃음을 터뜨렸다. "하, 그래. 정곡을 찌르는 말이네. 맞아. 사악하지."

그러더니 작고 노란 데이지 모양의 꽃 한 줌과 실뭉치를 내게 넘겨주었다.

"줄기 부분을 묶어서 조그맣게 다발로 만들어 봐."

"이게 뭐예요?"

"금잔화야. 피부 질환을 진정시켜 주지. 약효가 뛰어나."

"그럼 저건요?"

나는 작고 노란 꽃봉오리가 담긴 쟁반을 가리켰다.

"이건 캐모마일이고 차를 끓여 마시면 돼. 냄새 맡아 봐."

내가 꽃봉오리를 받아 들고 코에 갖다 대자 저스틴이 물었다.

"향기가 정말 끝내주지 않아?"

나는 고개를 끄덕였다. 그리고 금잔화 줄기에 실을 감아 리본 모양으로 묶었다.

"이렇게 하면 돼요?"

"아주 훌륭해. 좋아. 참—" 저스틴이 운을 뗐다. "너랑 핀 얘기 들었어. 얼마 전에, 음, 약에 *취했다면서.*"

내 얼굴이 빨갛게 달아올랐다.

"이봐. 나는 거의 18살이 다 될 때까지 마약은 건드리지도 않았 다고! 그런데 넌 지금 몇 살이나 됐지? 12살?"

"13살인데요." 나는 결연히 대답했다. "이제 13살이에요."

"너무 어리잖아!" 저스틴이 감탄했다. "경의를 표하는 바야."

무슨 뜻으로 이런 말을 하는 건지 도무지 알 수 없었다. 내가 지난번에 저지른 일은 어떻게 봐도 아주 나쁜 짓이었는데. 어쨌 든 나는 웃어 보였다.

"있잖아." 저스틴이 공범 같은 말투로 말했다. "사실상 난 여기서 뭐든지 기를 수 있거든. 무슨 소린지 알겠어?"

나는 고개를 가로저었다.

"난 몸에 이로운 작물만 키우는 게 아냐. 다른 종류도 키울 수가 있거든. 원하는 건 뭐든지."

이게 다 무슨 소리인지 정말로 알 수가 없었다. 상대가 나에 대해 뭔가 오해하고 있는 게 아닌가 싶었다. 그래서 정확히 하기 위해 진지하게 고개를 끄덕이고는 이렇게 물었다.

"독약 같은 거 말인가요?"

저스틴은 다시 배꼽을 잡고 껄껄 웃었다. "그래, 뭐, 그런 거지. 좋은 독약도 있고, 나쁜 독약도 있고."

그 순간 뒷문이 열렸다. 누가 나왔나 보려고 우리 둘 다 고개를 돌렸다.

데이비드와 버디였다. 서로의 허리를 팔로 착 감싸고 나온 두 사람은 우리 쪽을 잠깐 흘끗 보더니 정원 반대쪽 끝에 가서 앉았다. 갑자기 분위기가 확 바뀌었다. 마치 구름이 지나며 태양을 가리는 것만 같았다.

"괜찮으세요?"

나는 저스틴에게 입 모양으로만 물었다.

그가 고개를 끄덕였다.

"난 아무렇지도 않아."

그들의 존재가 장막처럼 드리워진 가운데 우리는 한동안 다양한 약초나 묘목에 대해, 또 그 효능에 대해 담소를 나눴다. 저스틴은 가짓과의 독초인 *벨라도나*에 대해서도 이야기해 주었다. 전설에 따르면 맥베스의 병사들이 이 독초를 이용해 덴마크 군대의 침략에 맞섰다고 했다. 그 밖에 *마녀의 약초*라 불리는 독미나리라든지, 주문을 외워 마법을 거는 데 쓰는 약초, 은행나무 같은 최음제 이야기도 나왔다.

"이런 걸 다 어떻게 배우셨어요?"

저스틴은 어깨를 으쓱했다.

"주로 책에서 배웠지. 또 우리 엄마가 정원 가꾸기를 좋아하거든. 그래서 식물과 흙에 둘러싸여서 자라기도 했고. 뭐, 그러니까…… 정말로 자연스럽게 습득한 거지."

샐리가 떠난 뒤로 그 무렵까지 우리는 단 하루도 수업을 받지 못했다. 당시에 나를 포함한 아이들은 따분하고 싱숭생숭해하며 제멋대로 집 안을 휘젓고 다녔다. 할 일이 아무것도 없노라고 누가 불평이라도 하면 번번이 "책 읽어라" 소리만 돌아왔다. 아니면 "산수 좀 풀어라."

그래서 그때 나는 새로운 것을 배울 준비가 된 상태였던 듯하다. 집 안에서 달리 배울 수 있는 거라곤 데이비드의 기이한 체조나 버디의 바이올린 연주뿐이었으니.

"그럼 뭐랄까, 사람들을 조종해서 본인 의지가 아닌 행동을 하게 만들 수 있는 식물도 있나요?"

"음, 물론 환각제를 쓰면 그렇게 몰아갈 수 있지. 환각 버섯 같은 것들."

"아저씨가 그런 식물도 재배할 수 있고요? 지금 이런 정원에서도요?"

"그렇지, 나는 어디서든지 아무거나 다 키울 수 있다고 보면 된단다."

"저도 거들어도 될까요? 식물 키우는 거 도와드려도 돼요?"

"그럼." 저스틴이 선뜻 받아 주었다. "꼬마 도제로 내 밑에 들어와도 좋아, 친구. 그것 참 멋지겠는걸."

데이비드와 버디가 도사린 끔찍한 방 안에서 어떤 베갯머리 대화가 오갔는지는 모르겠다. 그 방문 너머에서 일어나는 일에 관해서는 너무 깊이 생각하고 싶지 않았다. 거의 28년이 지난 지금까지도 그때 들렸던 소리를 떠올리면 소름이 끼친다. 그 시절 나는 매일 밤 머리 위에 베개를 올려놓고 잤다.

아침이면 두 사람은 자아도취에 빠진 듯 거만한 표정을 지으며 함께 계단을 내려오곤 했다. 데이비드는 허리까지 내려오는 버디의 머리카락에 푹 빠져서 시도 때도 없이 만지작거렸다. 머리카락을 손가락에 감아쥐거나 두 손으로 그러모으고, 대화하는 중에도 머릿결을 쓸어내리거나 머리끝을 배배 꼬기 일쑤였다. 언젠가 나는 데이비드가 버디의 머리카락 한 가닥을 집어 들어 콧구멍에 갖다 대고 숨을 깊이 들이마시는 모습도 보았다.

"버디 좀 봐. 머릿결이 기가 막히지 않니."

한번은 데이비드가 이렇게 말한 적도 있다. 그러면서 어깨까지 머리를 기른 내 동생과 클레먼시를 건너다보았다.

"얘들아, 너희도 버디처럼 머리를 기르고 싶지 않아?"

버디가 말했다.

"있지. 여자들이 머리를 길게 기르는 게 아주 영적인 행위라고 보는 종교도 참 많거든."

신앙심이라곤 전혀 없으면서도 데이비드와 버디는 연애 초반에 종교 이야기를 많이 늘어놓았다.

인생의 의미가 무엇인지, 모든 일이 얼마나 지독히 덧없는지에 대해서도 떠들었다. 미니멀리즘과 풍수지리도 입에 올렸고. 그리고 내 어머니한테 자기네 침실을 흰색으로 덧칠해도 괜찮을지, 골동품인 금속 침대 틀을 다른 방으로 옮기고 매트리스를 맨바닥에 깔아도 될지 물어보았다. 두 사람은 에어로졸 캔과 패스트푸드, 의약품, 합성 섬유, 비닐봉지, 자동차, 비행기를 혐오했다.

또한 그때부터도 지구 온난화의 위험성에 대해 떠벌렸고 탄소 발자국의 영향을 우려했다. 위협적인 폭염이 닥친 현재를 생각해 보자. 플라스틱 때문에 질식한 해양 생물이 바닷속에 넘쳐 나고 북극곰들은 녹아내린 빙하에 미끄러지는 가운데 지구 종말 시나리오가 착착 진행되어 가는 모양새다.

이러한 관점에서 돌아본다면 버디와 데이비드는 시대를 훨씬 앞서갔다고 볼 수 있다. 하지만 온갖 현대 기술과 값싼 일회용 소비문화가 제공하는 풍요에 전 세계인이 막 눈뜨고 이를 기꺼이 흡수하던 1990년 기준에서 본다면 그들은 별종이었다.

데이비드가 다른 모든 구성원에게까지 자기 뜻에 따라 살기를 강요하지 않았더라면 나는 지구를 위해 헌신하는 데이비드와 버디를, 그들의 강한 의지를 어느 정도 존경했을지도 모른다.

하지만 두 사람이 맨바닥에 매트리스를 깔고 자는 것만으로는 부족했다. 그래서 우리 모두 맨바닥에 매트리스를 놓고 자야만 했다. 데이비드와 버디 둘이서 자동차와 아스피린과 냉동 생선튀김을 멀리하는 걸로는 충분치 않았다. 반드시 우리 모두 자동차와 아스피린과 냉동 생선튀김을 멀리해야만 했다.

한참 전 데이비드와 버디의 입맞춤을 목격했던 때 내가 예견했던 바가 실현된 것이다. 점점 더 그러한 확신이 들었다. 버디는 데이비드의 내부에 갇혀 있던 끔찍한 괴물을 풀어 주었을 뿐 아니라, 이제 모든 일의 통제권이 그 남자의 손에 쥐어지길 원했다.

이제 우리는 자유 의지마저 박탈당한 듯했다.

33

거의 10시가 다 되어서야 주위가 캄캄해지기 시작했다. 정원 테이블을 사이에 두고 앉아 이야기 나누던 리비와 밀러는 상대방의 눈 흰자위가 더 이상 보이지 않을 때에서야 그동안 서서히 어둠이 내려앉았음을 눈치채고 초를 켰다. 촛불이 산들바람에 춤을 추듯 너울거렸다. 두 사람은 해가 지기 직전까지 집 안을 뒤졌다. 그리고 지금은 아까 발견한 것들에 대해 얘기해 보는 중이었다.

'나는 핀이다'라는 낙서는 식탁 서랍 안쪽만이 아니라 다락 층 욕조 밑면에서도, 어느 침실 문 굽도리널 주변에서도, 2층 침실 중 한 곳의 붙박이 옷장 안에서도 발견되었다. 1층의 작은 거실 한 군데에서는 현악기 몇 개를 찾아냈고, 구석 찬장에 처박힌 악보 지지대도 발견했다.

옛날에 리비가 요람 속에 누워 있던 방 안 옷장에서는 차곡차곡 쌓인 깨끗한 타월 기저귀, 옷핀, 기저귀 발진 크림, 일체형 아기 잠옷을 찾았다. 뒤쪽 복도에 놓인 트렁크에서 칙칙하고 곰팡이 핀 책 무더기도 나왔다. 약초와 초목의 효능에 대한 책이나 중세 마법이라든지 주문에 대한 책이 보였는데, 누군가 그 책들을 낡은 담요로 싸맨 데다 한때 정원 가구용이었을 듯한 헝겊 쿠션들로 덮어 놓기까지 했다.

두 사람은 나무 바닥과 굽도리널 틈새에서 가느다란 금반지를 발견했다. 품질 보증 각인이 새겨져 있기에 밀러가 카메라로 찍은 다음 사진을 확대해 보았다. 구글에 검색해 보니 1975년, 즉 헨리와 마티나가 결혼식을 올린 해에 새겨진 각인이었다. 이 자그마한 물건은 바깥세상과 단절된 채, 약탈자와 형사 떼거리의 눈에 띄는 일 없이 25년 이상 어두운 은신처에 잠들어 있던 것이다.

이제 리비는 왼손 약지에 그 반지를 끼고 있다. *어머니의 반지*가 손가락에 딱 맞는다. 밀러와 대화하는 사이 반지를 빙글빙글 돌려 보았다.

두 사람은 몇 분에 한 번씩 말을 멈추고 혹시 덤불 속에서 발소리가 나지 않는지 귀를 기울였다. 밀러는 이따금 정원 뒤편으로 가서 벽에 난 문을 통해 누군가 들어온 낌새나 흔적이 있는지 살펴보았다. 자정이 되자 둘은 트렁크에서 찾은 쿠션을 집어 들고 촛불을 끈 다음 뒷문에서 제일 멀찍이 떨어진 잔디밭 한구석에 앉았다. 그리고 소곤소곤 대화했다. 한 시간쯤 지나자 마침내 리비는 잠이 들었다.

얼마 뒤 깨어나니 언제부터인지 밀러의 가슴에 머리를 기댄 상태였다.

"쉿." 밀러가 눈을 휘둥그레 뜨고 리비를 쳐다보며 자기 입술에 손가락을 가져다 댔다. "쉬잇." 그러더니 정원 뒤편을 향해 눈을 휙 돌렸다.

리비도 머리를 들어 올리고 밀러의 시선을 좇았다. 거기 뭔가가 있다. 리비는 똑바로 일어나 앉았다. 저기, 정원 뒤에서 뭔가 움직였다. 지켜보고 있자니 살금살금 잔디밭을 가로질러 오는 키크고 마른 남자가 보였다. 짧은 머리에 흰 운동화를 신고 숄더백을 맸으며, 안경엔 달빛이 반사되고 있었다. 리비와 밀러는 그 남자가 벙커 꼭대기로 숄더백부터 던져 올린 다음 제 몸뚱이도 끌어 올리는 모습을 지켜보았다. 그 뒤엔 배수관을 타고 2층 돌출부까지 올라가는 진동음이 들렸다. 두 사람도 아주 살금살금 이동한 다음 그 남자가 지붕 위로 사라질 때까지 지켜보았다.

리비의 심장이 거세게 쿵쿵거렸다.

"아, 이런, 어떡하지."

그녀는 밀러에게 속삭였다.

"세상에. 어떻게 하죠?"

"전혀 모르겠어요."

밀러도 속삭인다.

"정면으로 맞부딪혀 볼까요?"

"모르겠어요. 어떻게 하는 게 좋을까요?"

리비가 머리를 절레절레 흔들었다. 반쯤은 겁이 나고 반쯤은 그 남자의 얼굴을 직접 보고 싶은 마음이 간절했다.

리비는 밀러를 쳐다보았다. 이 사람이 날 지켜 줄 거야. 아니면 최소한 그럴 능력이 있다는 듬직한 인상을 주긴 할 거야. 방금 본 남자는 밀러보다 키도 작고 안경도 썼으니까. 이렇게 생각하고는 고개를 끄덕였다.

"그래요, 들어가요. 그 남자랑 얘기해 보자고요."

밀러는 약간 겁먹은 듯 보였지만 얼른 마음을 다잡고 동의했다.

"그럽시다. 좋아요."

집 안은 캄캄했다. 바깥의 흐릿한 가로등 불빛, 그 밖에는 강물에 반사되어 희미하게 일렁이는 은색 달빛만이 미약하게 비쳐 들 뿐이었다.

리비는 밀러를 졸졸 따라갔다. 그의 실팍한 몸집을 보니 마음이 든든해졌다. 두 사람은 계단 아래에서 멈춰 섰다. 그다음에 천천히 한 계단 한 계단 신중하게 밟으며 2층까지 올라갔다. 이쪽은 거리에 면한 커다란 창문 밖으로 달이 보이는 위치라 그나마 밝다. 리비와 밀러는 위를 흘끔 올려다본 다음 서로를 쳐다봤다.

"갈까요?"

밀러가 속삭였다.

"가요."

다락 층 천장의 뚜껑 문이 열려 있고 화장실 문은 닫힌 상태였다. 오줌발이 변기에 부딪히다 마지막에 찔끔찔끔 떨어지는 소리, 수돗물 트는 소리, 목을 가다듬는 소리가 들렸다.

그러더니 화장실 문이 열리고 남자가 걸어 나왔다. 귀여운 인상이다. 리비의 머릿속엔 그 생각부터 떠올랐다. 깔끔하게 자른 금발 머리에 앳된 얼굴, 면도도 말끔하게 한 귀여운 남자였다. 탄탄한 팔뚝, 회색 티셔츠, 딱 붙는 블랙 진, 세련된 안경, 멋진 운동화도 눈에 띈다.

남자는 복도에 서 있는 밀러와 리비를 보더니 펄쩍 뛰어오르며 가슴팍을 움켜잡았다.

"놀라 자빠질 뻔했네."

리비 역시 펄쩍 뛰었다. 밀러도 마찬가지다.

잠깐 동안 모두들 서로를 빤히 바라보았다.

"당신 혹시……?"

그 남자가 마침내 묻는데, 바로 그 순간 리비도 입을 열었다.

"그쪽은 혹시……?"

둘은 서로를 손으로 가리키다 동시에 고개 돌려 밀러를 쳐다본다. 마치 밀러가 답을 내려 줄지 모른다는 듯. 그러다 그 남자가 다시 리비를 바라보며 물었다.

"서레니티 맞아요?"

리비가 고개를 끄덕였다.

"그럼 헨리 씨인가요?"

남자는 잠시 당황한 듯했지만 이내 밝은 표정을 되찾았다.

"아뇨, 난 헨리가 아니고 핀이에요."

2
장

34

첼시, 1990년

독일인인 내 어머니는 크리스마스를 제대로 즐길 줄 알았다. 가히 어머니의 특기라 할 만했다. 12월 초부터 설탕으로 코팅한 오렌지, 빨간색 깅엄 체크 패브릭, 색칠한 솔방울 등으로 손수 만든 장식물들이 구석구석에 놓였고, 진저브레드와 슈톨렌과 데운 와인 향기가 집 안을 가득 채웠다.

조잡한 반짝이 장식이나 주렁주렁 거는 종이띠, 퀄리티 스트리트의 틴 캔이나 캐드버리의 특선 세트퀄리티 스트리트와 캐드버리 모두 오랜 역사를 지닌 영국의 제과업체 따위는 어머니의 사전에 없었다.

내 아버지조차도 크리스마스를 제법 즐기는 사람이었다. 우리 남매가 어렸을 때는 크리스마스이브마다 아버지가 꼭 산타클로스 복장을 하고 나타났다.

그 시절 나는 산타가 아버지인 줄 알면서도 동시에 그 모습을 아버지라고 생각할 수 없었다. 어떻게 그런 일이 가능했는지는 아직도 설명할 수가 없다.

이제 와 돌이켜 보면, 데이비드 톰슨에게 우리 모두가 품었던 감정에도 이와 같은 종류의 지독한 자기기만이 한몫했음을 깨닫게 된다. 사람들은 제 앞에 서 있는 게 그저 한 명의 남자에 불과하단 사실을 알면서도, 동시에 자기네의 모든 문제를 해결해 줄

답이 눈앞에 보인다고 생각했던 것이다.

그해 크리스마스이브에 아버지는 산타 옷을 입지 않았다. 그러기엔 우리 모두 너무 컸다는 게 아버지 입장이었고, 그야 옳은 말이었으리라.

하지만 아버지는 몸이 영 좋지 않다는 말도 했다. 아무튼 어머니는 늘 해 오던 대로 크리스마스이브 파티를 준비했다. 크리스마스 캐럴이 라디오에서 흘러나오고 벽난로 안에서는 불꽃이 탁탁거리는 동안 우리는 (예년보다 작은) 북유럽 소나무 주위에 둘러앉아 (예년보다 적은) 선물을 뜯어보았다. 30분쯤 지났을까, 저녁 식사를 하기 직전에 아버지가 두통이 심하니 방에 가서 좀 누워야겠다고 말했다.

그리고 30초 뒤 뇌졸중을 일으켜 거실 바닥에 쓰러졌다.

당시 우리는 그게 뇌졸중인지 몰랐다. 무슨 발작이나 심장 마비일 거라고 생각했다.

아버지의 주치의인 브로턴 박사가 왕진을 왔다. 아버지는 여전히 크리스마스이브용 빨간색 모직 브이넥 스웨터와 호랑가시나무 무늬 나비넥타이를 차려입은 상태였다. 아버지에게 이제 사설 의료 보험이 없다는 얘기를 듣고 그 의사가 어떤 표정을 지었는지, 얼마나 빨리 우리 집에서 나가 버렸는지, 유들유들한 태도를 얼마나 극적으로 싹 지워 버렸는지 아직도 기억난다. 브로턴 박사는 곧장 내 아버지를 국영 구급차에 태워 병원으로 보내고 작별 인사도 없이 떠났다.

아버지는 크리스마스 다음 날 집에 돌아왔다.

병원에서는 아버지가 잠시 인지와 운동 능력에 문제를 보였지만 곧 괜찮아질 거라고 말했다. 두뇌가 알아서 회복될 테니 몇 주 안에, 어쩌면 그보다 빨리 정상으로 돌아올 거라고 말이다.

하지만 첫 번째 뇌졸중을 일으켰을 때와 마찬가지로 이번에도 아버지는 절대 제대로 회복되지 못했다. 멍한 상태가 더욱 심각해졌고 종종 단어를 잘못 골랐다. 아니면 아무 단어도 떠올리지 못하거나.

아버지는 하루 종일 침실 안락의자에 앉아 아주 천천히 비스킷을 씹어 먹었다. 때때로 부적절한 시점에 웃음을 터뜨리곤 했고, 그런가 하면 농담을 전혀 알아듣지 못하는 때도 있었다.

아버지는 느릿느릿 움직였고 계단을 피해 다녔다. 외출도 완전히 관두었다.

그리고 아버지가 쇠약해질수록 데이비드 톰슨은 자기가 점찍은 목표에 한 발 한 발 가까워져 갔다.

1991년 5월, 내가 14살이 되던 때부터 우리는 규칙에 따라 생활해야 했다. 평범한 가정에서 세울 법한 규칙, 예컨대 가구에 발 올리지 말라거나 TV 보기 전에 숙제부터 끝내라는 식의 규칙이 아니라 웬만해선 평생 떠올릴 일도 없는 종류의 규칙이었다.

그렇다. 이제 독재적이며 정신 나간 규칙이 우리를 지배했다. 커다란 포스터에 검은 매직펜으로 적어 부엌 벽에다 테이프로 붙여 놓았던 그 규칙들이 지금까지도 기억난다.

데이비드나 버디의 **허락 없이** 머리 자르기 금지

텔레비전 시청 금지

데이비드나 버디의 **허락 없이** 손님 초대 금지

허영과 탐욕 금지

데이비드나 버디의 **분명한 허가**가 없을 경우 누구도 집 밖으로 나가지 말 것

육류 섭취 금지

동물성 식품 섭취 금지

가죽/스웨이드/모직/깃털 제품 사용 금지

플라스틱 용기 사용 금지

음식물 쓰레기를 포함해 쓰레기는 1인당 1일 최대 4개 배출 허용

인공적으로 염색된 의복 착용 금지

의약품 사용 금지

화학약품 사용 금지

세수나 샤워는 **1인당 1일 1회** 허용

주 1회 샴푸 사용 허용

모든 거주자는 반드시 1일 2시간 이상 데이비드와 운동실에서 활동할 것

모든 아동은 반드시 1일 2시간 이상 버디와 음악실에서 활동할 것

모든 음식은 반드시 유기농 재료로 집에서 조리할 것

전기나 가스 난방 금지

소리 지르지 말 것

욕설하지 말 것

뛰지 말 것

이 규칙 목록은 처음에는 꽤 짧았지만 데이비드가 우리 집에서 차지하는 통제력이 점점 더 강력해지면서 간간이 추가되었다.

이 시점까지는 아직 샐리도 일주일에 한두 번쯤 집에 들러서 아이들을 데리고 나가 차를 마시곤 했다.

샐리는 브릭스턴에 사는 친구네 집 소파에서 쪽잠을 자며 자식들과 함께 지낼 수 있을 만큼 넓은 거처를 필사적으로 찾는 중이었다.

핀은 자기 어머니를 만나고 오면 훨씬 더 부루퉁해지곤 했다. 그럴 때면 방문을 잠그고 틀어박혀 식사도 두어 끼 거르곤 했다. 사실 바로 핀 때문에 숱한 규칙들이 생겨났다고 볼 수 있었다. 데이비드는 그런 변덕을 도저히 두고 보지 못했다. 그는 버려지는 음식이나 자기 마음대로 열 수 없는 방문을 견딜 수 없었다. 본인의 세계관과 정확히 부합하지 않는 일이라면 누가 뭘 하든 참지 못했고. 또한 그는 청소년을 참아 줄 수가 없었다.

그리하여 두 가지 규칙이 새로 추가되었다.

문 잠그기 금지

매 식사 시간에 모든 구성원이 반드시 참석할 것

어느 날 아침 나는 드릴 소리에 놀라 눈을 떴다. 핀이 어머니와 함께 오후를 보내고 돌아와 **문 잠그기 금지** 규칙을 다섯 번째로 어긴 직후였다.

데이비드가 이를 악문 채 한 손에 드라이버 손잡이를 꽉 쥐고서 핀의 방 안쪽 잠금장치를 제거하고 있었다.

핀은 팔짱을 단단히 끼고 침대에 앉아 그 꼴을 지켜보았다.

저녁 식사 시간이 왔을 때도 핀은 그대로 팔짱을 낀 채 쥐 죽은 듯 조용히 침대에 앉아 있었다. 데이비드는 핀의—여전히 팔짱을 풀지 않은—팔을 잡아끌고 내려와 내동댕이치듯 의자에 앉혔다.

데이비드가 의자를 억지로 밀어 넣고 커다란 그릇에 호박 커리와 밥을 담아 핀 앞에다 차려 주었다. 핀은 여전히 팔짱을 낀 자세였다.

데이비드가 일어서서 숟가락으로 커리를 듬뿍 푼 다음 핀의 입술에 억지로 갖다 댔다. 핀은 입을 꽉 다물었다. 치아에 숟가락이 부딪히는 소리가 들렸다. 방 안 분위기는 소름 끼쳤다.

그 시점에 핀은 14살 반이었지만 그보다 더 성숙해 보였다. 그 애는 이미 키도 크고 건장했다. 금방이라도 폭력이 발생할 듯 아슬아슬한 상황이었다.

하지만 핀은 꿋꿋이 버텼다. 분노와 투지가 굳게 아로새겨진 얼굴로 맞은편 벽을 뚫어지게 쏘아볼 뿐이었다.

결국 데이비드는 아들에게 밥을 떠먹이길 포기하고 숟가락을 방 건너편으로 집어 던졌다. 누런 커리가 벽으로 날아가 흉측하게 포물선을 그렸고, 숟가락이 바닥에 부딪히며 성난 비명을 지르듯 쇳소리를 냈다.

"네 방으로 올라가!"

데이비드가 소리 질렀다.

"당장!"

관자놀이의 혈관이 불끈거렸고 팽팽하게 긴장된 목은 벌겋게 달아올랐다. 나는 그렇게까지 분노한 인간을 한 번도 본 적이 없었다. 그 순간 데이비드는 그야말로 피가 거꾸로 솟게 분노한 상태였다.

"기꺼이 그렇게 하죠."

핀이 식식거렸다.

그때 데이비드의 손이 거의 슬로 모션처럼 움직이더니 그 앞을 스쳐 지나가는 핀의 뒤통수로 날아갔다. 핀이 고개 돌려 아버지를 똑바로 마주 보았다. 나는 두 사람 사이에 흐르는 진정한 증오를 알아볼 수 있었다.

핀은 계속 걸어갔다. 쉼 없이 착실히 계단을 오르는 그 애의 발소리가 들렸다. 누군가 헛기침을 했다. 버디와 데이비드가 눈빛을 주고받는 모습이 내 눈에 띄었다. 버디는 퀭하고 탐탁잖은 듯한 눈으로 이렇게 말했다. *당신, 통제권을 잃고 있잖아. 뭐라도 해 봐.* 데이비드는 어둡고 격노한 눈빛으로 대꾸했다. *그럴 작정*

이야.

나는 식사가 끝나자마자 핀의 방으로 올라갔다.

핀은 무릎을 턱까지 바짝 끌어당긴 자세로 침대 위에 앉아 있었다. 그러다 나를 힐끗 올려다보았다.

"뭐야?"

"괜찮아?"

"네가 보기엔 어떤데?"

나는 방 안으로 살짝 더 들어갔다. 나가 달라는 말을 기다렸지만 핀은 날 내버려 두었다.

"아팠어?"

내가 물었다.

"그 사람이 너 때렸을 때?"

내 부모님은 둘 다 이상한 면이 있었지만 내게 손찌검을 한 적은 한 번도 없었다. 아이를 때리다니, 나로선 상상조차 할 수 없는 행위였다.

"별로."

나는 조금 더 가까이 다가갔다.

그때 갑자기 핀이 날 올려다보았다. 다시 그 눈빛이 돌아왔다. 오랜만에 그 애가 나를 제대로 바라보고 있었다.

핀이 고개를 절레절레 흔들며 말했다.

"난 여기 못 있겠어. 빠져나가야만 해."

나는 심장이 철렁했다. 실낱같은 가능성의 불꽃이나마 꺼지지 않게 해 주는 존재가 있다면 오로지 핀뿐이었는데.

"어디로 갈 건데?"

"모르겠어. 엄마한테 갈까."

"하지만……."

나는 샐리가 브릭스턴의 친구 집 소파에서 자는 신세 아니냐는 말을 꺼내려던 참이었다. 하지만 핀이 끼어들었다.

"나도 몰라, 됐냐. 그냥 이 집구석에서 나가야 돼. 더 이상은 여기 처박혀 있을 수가 없다고."

"언제 가게?"

"지금."

핀이 터무니없이 긴 속눈썹 사이로 나를 쳐다보았다. 나는 그 애의 표정을 읽으려고 애썼다. 거기서 얼핏 도발적인 기미가 보인 듯했다.

"그럼 너…… 혹시…… 나도 같이 갈까?"

"아니! 지랄하지 마. 안 돼."

나는 다시 움츠러들었다. 그래, 참, 당연히 안 되지.

"내가 뭐라고 말해야 되지? 어른들이 물어보면?"

"말하긴 뭘 말해. 말할 거 전혀 없어. 그냥 아무 말도 하지 마."

핀이 식식거렸다.

나는 눈을 크게 뜨고 고개를 끄덕였다. 그리고 핀이 끈으로 졸라매는 가방에 바지와 양말, 티셔츠, 책, 칫솔을 처넣을 동안 가만히 지켜보았다. 그 애가 이쪽으로 고개 돌리다가 내 시선을 의식했다.

"가."

핀이 말했다.

"나가 줘."

나는 방에서 나와 천천히 뒤쪽 계단으로 걸어간 다음 세 계단 내려가 앉았다. 그리고 아주 살짝만 틈을 남기고 계단 위 문을 닫았다.

문틈으로 지켜보자니 가방을 맨 핀이 뚜껑 문 위로 사라졌다. 나는 그 애가 이제 뭘 하려는지, 또 어디로 가려는지 도무지 짐작할 수 없었다. 어쩌면 지붕 위에서 살 작정인지도 모르겠다는 생각까지 잠시 해 봤다.

하지만 아직 3월이라 날이 추웠으니 그러긴 힘들 터였다.

그때 밖에서 버스럭대는 소리가 들렸다. 나는 핀의 침실로 뛰어 들어가 창유리에 두 손을 오므려 붙이고 뒤뜰을 내려다보았다. 핀이 보였다. 그 애는 컴컴한 정원을 쏜살같이 가로질러 칠흑처럼 검은 나무 그늘로 달려가다 어느 순간 갑자기 사라져 버렸다.

나는 몸을 돌려 텅 빈 방을 마주했다. 핀의 베개를 집어 들어 얼굴에 갖다 댔다. 그리고 그 애의 냄새를 들이마셨다.

35

다음 날 아침 루시는 아직 어두운 시간에 블루하우스를 나섰다. 아이들은 아무 말 없이 눈만 흐리멍덩하게 껌뻑였다.

루시가 숨죽이며 파리행 기차표 요금을 현금으로 건넸다. 표를 끊어 주는 여자는 꼭 루시의 가장 내밀한 비밀까지 속속들이 알고 있는 것처럼 보였다.

기차에 탑승할 때도, 검표원이 객차에 들어와 기차표를 확인할 때도 루시는 숨을 죽였다. 또한 기차가 속도를 늦출 때도 번번이 숨죽이며 선로 옆에 경찰차의 파란 경광등이 번쩍이지 않는지, 경찰모를 쓴 경관이 보이지 않는지 살펴보았다.

파리에 도착한 뒤엔 가장 조용한 카페의 가장 조용한 구석 자리에 아이들과 개를 데리고 앉아 셰르부르행 기차를 기다렸다. 그리고 다시 공포가 몰려왔다. 모든 단계, 모든 고비마다 온몸을 무력감으로 마비시키는 공포.

아침 8시, 다음 기차에 탑승할 때 루시는 마이클의 집으로 출근한 조이를 상상했다. 그러자 몸속에서 아드레날린이 너무도 빠르고 거세게 솟구쳐서 이러다 죽을지도 모르겠다는 생각마저 들었다.

루시는 머릿속으로 마이클의 집 안 곳곳을 조명하며 자기가 깜빡 잊어버린 게 없는지 살폈다. 거대한 빨간 깃발이 펄럭이듯 조이에게 당장 지하실을 들여다보라고 경고해 줄 증거물은 없는지.

그래, 없다. 어떤 단서도, 흔적도 흘리지 않았다고 완벽하게 확신한다.

루시는 시간을 벌었다. 최소한 하루, 어쩌면 사나흘까지도. 설령 그 뒤에라도 조이가 어떤 식으로든 루시를 의심하게 만들 만한 얘기를 경찰에게 풀어놓을까? 그 가정부가 보기에 루시는 마이클과의 사이에 아들을 둔 선량한 여자일 뿐인데.

그래, 조이는 '사업'을 논의하기 위해 가끔 찾아오던 험악하게 생긴 남자들, 즉 마이클의 흉흉한 암흑가 연줄에 관해서만 이야기할 것이다. 그렇게 완전히 다른 방향으로 경찰의 관심을 이끌 테고, 마침내 경찰이 막다른 길에 부딪혔다는 사실을 깨달았을 때쯤엔 어디서도 루시의 자취를 찾을 수 없으리라.

기차가 셰르부르에 도착할 무렵엔 심장 박동도 잠잠히 가라앉고 파리에서 산 크루아상을 먹을 만큼 식욕도 되찾았다.

택시 승차장에서 루시 일동은 허름한 르노 세닉 뒷좌석에 올라 탔다. 루시가 운전기사에게 디엘레트로 가 달라고 부탁했다. 개는 루시의 무릎 위에 앉아 반쯤 열린 창문에 턱을 얹었다. 아이들은 둘 다 잠이 들었다.

디엘레트는 초목이 우거지고 구릉이 많은 소규모 항구도시다. 영국령 건지섬으로 향하는 소형 페리를 잡아타는 이들은 영국 휴양객뿐이고, 그중에서도 어린 자녀가 딸린 가족이 대부분이다. 루시는 땀에 젖은 손으로 여권들을 꽉 움켜쥐었다. 전부 프랑스 여권이지만 사실 루시는 영국인이다.

더구나 두 아이의 여권엔 각각 루시와 다른 성이 적혀 있었다. 또 스텔라는 루시와 피부색도 다르다. 지금 루시네 가족은 다들 커다랗고 꾀죄죄한 배낭을 짊어진 데다 너무 피곤해서 어디 아파 보일 정도였다. 그리고 결정적으로 여권 4개가 몽땅 위조품이었다.

루시는 곧 출항을 제지당하고 옆으로 불려 가 이런저런 질문에 답해야 하리라고 전적으로 확신했다.

페리 항구에서 검표원에게 여권을 보여 주는 동안 심장이 어찌나 거세게 쿵쿵 뛰는지 상대방 귀에도 그 소리가 그대로 들릴 것만 같았다. 검표원은 사진과 실물을 번갈아 힐끗거리며 여권을 획획 넘겨 보고 돌려주더니 들어가라고 눈짓했다.

이윽고 루시 일동은 회색빛 도는 남색 포말이 출렁이는 영불 해협을 건너갔다.

프랑스가 금세 등 뒤로 멀어졌다.

루시는 페리 뒤쪽에서 무릎 위로 스텔라를 들어 올려 주었다. 본인의 유일무이한 고국, 태어나 쭉 자란 나라가 수평선 위로 흐릿하게 멀어져 가는 모습을 아이가 두 눈으로 볼 수 있도록.

"안녕, 프랑스." 스텔라가 손을 흔들며 말했다. "안녕, 프랑스."

36

리비가 핀이라는 남자를 바라보았다.

그 남자도 리비를 마주 보았다.

"정말 예쁘네요."

그가 말했다.

"아."

리비는 이렇게만 답했다.

핀이 밀러에게 시선을 돌렸다.

"그쪽은 누구시죠?"

밀러가 곰처럼 커다란 손을 내밀었다.

"안녕하세요. 저는 밀러 로입니다."

핀은 미심쩍다는 눈으로 밀러를 빤히 쳐다보았다.

"어째 어디서 들어 본 이름 같은데요?"

그러자 밀러가 들릴 듯 말 듯 이상한 소리를 내며 어깨를 으쓱했다.

"당신이 그 기자군요, 맞죠?"

"넵."

"그 기사 진짜 거지 같았어요. 죄다 잘못 짚었던데요."

밀러가 또 수긍했다.

"넵. 이제 보니 아무래도 그런 것 같네요."

"정말 믿기지 않을 정도로 예쁘군요."

핀이 다시 리비를 바라보며 말했다.

"서레니티 씨 얼굴을 보니까 꼭……."

"어머니랑 빼닮았다고요?"

핀이 대답했다.

"맞아요. 어머니랑 진짜 똑같네요."

리비는 옛날 사진 속 어머니를 떠올렸다. 검게 염색해 프리실라 프레슬리처럼 손질한 머리, 새카맣게 아이라인을 그린 눈. 왠지 어깨가 으쓱해졌다.

이어서 핀에게 물었다.

"그런데 여기서 뭐 하시는 거예요?"

"서레니티 씨를 기다리고 있었죠."

"하지만 저는 며칠 전에도 여기 왔는데요. 그때 위층에서 핀 씨의 기척이 들렸거든요. 왜 그때 아래로 내려오시지 않은 거예요?"

핀은 어깨를 으쓱했다.

"당연히 내려갔죠. 하지만 계단 아래로 내려가 보니까 이미 서레니티 씨가 나가 버린 다음이더라고요."

"아."

"가 볼까요……?"

핀이 계단을 가리켰다.

리비와 밀러는 핀을 따라 계단을 내려가 뒷방을 지나 부엌으로 들어갔다.

핀이 식탁 한쪽에 앉자 나머지 두 사람은 맞은편에 나란히 앉았다. 리비는 핀의 얼굴을 찬찬히 관찰했다. 분명 사십 줄에 접어들었을 텐데 그보다 훨씬 더 젊어 보였다. 그리고 놀라울 정도로 속눈썹이 길었다.

핀이 두 팔을 넓게 벌리며 말했다.

"그러니까— 이제 전부 다 서레니티 씨 거네요."

리비가 고개를 끄덕였다.

"사실 제 오빠와 언니 것이기도 해야 했지만요."

"뭐, 참 바보 같은 사람들이죠. 아, 참, 조금 늦었지만 생일 축하를 해야겠는데요."

"고맙습니다. 여기엔 얼마 만에 오신 거예요?"

"저야 몇십 년 만이죠."

몹시 불안한 침묵이 오래 지속되었다. 핀이 그 침묵을 깨고 이렇게 말했다.

"그래서, 저한테 묻고 싶은 게 몇 가지 있을 것 같은데요."

리비는 잠깐 밀러와 눈짓을 주고받은 다음 고개를 끄덕였다.

"그럼 일단 여기서 나가는 게 어떨까요? 제가 바로 강 건너에 살거든요. 집에 차가운 와인도 있고, 테라스도 있고, 푹신한 쿠션처럼 생긴 고양이들도 있는데, 어때요."

리비와 밀러가 또 한 번 눈짓을 주고받았다.

"안 죽여요." 핀이 안심시킨다. "저도 제 고양이들도 여러분을 해치지 않으니 걱정 말고 놀러 오세요. 제가 전부 다 얘기해 드릴게요."

핀을 따라나선 리비와 밀러는 20분 뒤 반들반들한 엘리베이터에서 내려 대리석 깔린 아파트 복도에 발을 내디뎠다.

핀의 집은 복도 맨 끝이었다.

핀이 현관을 지나 거실로 두 사람을 안내하는 사이 조명이 자동으로 켜졌다. 거실 유리문 밖 테라스에서는 강 경치가 훤히 내려다보였다.

집 안은 전체적으로 옅은 색조이며 모두 반듯하게 정리된 상태였다. 아주 기다란 크림색 소파 등받이에 커다랗고 흰 양가죽이 덮여 있었다. 꽃병엔 백합과 장미가 현란하게 꽂혀 있었는데, 노스본 키친 쇼룸에 갖다 놓아도 어색하지 않을 듯한 모습이었다.

핀이 작은 리모컨을 눌러 테라스 문을 열고 낮은 탁자 옆 소파에 리비와 밀러를 앉혔다. 두 사람은 집주인이 와인을 가지러 간 사이 얼른 시선을 교환했다.

"여긴 집값이 수백만 파운드는 되겠는데요."

밀러가 말했다.

"최소한 그 정도는 나가겠어요." 리비도 동의했다. 그리고 자리에서 일어나 강이 내려다보이는 경치를 감상했다. "봐요!" 리비가 말했다. "저기 그 집이 보여요. 정확히 딱 마주 보는 위치네요."

밀러도 내다보았다. "음." 그가 슬쩍 의견을 내놓았다. "이게 우연은 아닐 거라고 짐작해 볼 수 있겠군요."

"저 사람이 그 집을 쭉 관찰하고 있었을 거라 생각하세요?"

"네, 전적으로 그렇게 생각합니다. 그게 아니고서야 왜 이런 전망이 보이는 아파트를 골랐겠어요?"

"저 사람, 어때 보여요?"

리비가 속삭였다.

밀러는 어깨를 으쓱했다.

"제 생각엔 좀……."

"이상하다고요?"

"네, 좀 이상해 보여요. 그리고 좀……."

하지만 그때 핀이 한 손엔 와인 한 병과 유리잔 세 개가 담긴 얼음통을, 다른 한 손엔 고양이를 꽉 안아 들고 돌아왔다. 그러더니 고양이를 품에 안은 채 얼음통만 탁자에 내려놓았다.

"얘는 민디예요."

그가 인사를 건넨다는 뜻으로 고양이 앞발을 들어 올렸다.

"민디, 리비와 밀러 씨란다."

고양이는 손님들을 본체만체하고 핀의 품에서 빠져나가려 버둥거렸다. "하." 도망치려는 고양이에게 핀이 중얼거렸다. "그래. 계속 싸가지 없게 굴어라. 내가 어디 신경이나 쓸 줄 아나."

그러고는 다시 리비와 밀러를 바라보며 말했다.

"제가 제일 좋아하는 애예요. 저는 늘 저를 싫어하는 상대에게만 반하죠. 그래서 독신으로 사는 거랍니다."

핀이 와인병을 따서 커다란 유리잔 세 개에 따랐다.

"건배." 그가 말했다. "재회를 축하하며."

서로서로 유리잔을 맞부딪치고 나자 약간 부담스러운 침묵이 뒤따랐다.

"경치가 정말 굉장하네요." 밀러가 입을 열었다. "여기서 얼마나 오래 사셨습니까?"

"얼마 안 됐어요. 그게, 이 아파트 단지는 작년에야 완공됐거든요."

"체이니워크랑 정면으로 마주 보는 위치라는 게 정말 놀라운데요?"

핀이 고개를 끄덕이더니 리비에게 말했다.

"리비 씨가 돌아올 때 가까이 있고 싶었어요."

페르시아고양이가 또 한 마리 테라스로 나타났다. 이 고양이는 심각하게 비만이고 눈이 불룩 튀어나왔다. "아." 핀이 말했다. "관심에 목마른 녀석이 등장했네요. 손님들이 온 걸 알아챘군." 그리고 거대한 고양이를 들어 올려 무릎에 앉힌다. "얘는 딕Dick. '음경'의 비속어이라고 해요. 뭐라도 하나 실하게 손에 쥘 방법을 찾다 보니, 얘한테 그런 이름을 붙여 주는 것밖에 생각이 안 나더라고요."

리비는 웃으면서 와인을 한 모금 홀짝였다.

다른 차원에서라면 오늘 밤 외출은 아주 흡족한 시간이 되었으리라. 따사로운 여름밤, 템스강이 내려다보이는 멋진 테라스에서 잘생긴 남자 두 명과 함께 차가운 화이트와인을 기울이고 있으니 말이다.

하지만 지금 이곳에서는 모든 게 뒤틀린 듯하고 어쩐지 위협적으로 느껴진다. 저 고양이들조차도.

"그래서—" 밀러가 말했다. "체이니워크에서 실제로 무슨 일이 일어났던 건지 전부 다 말씀해 주신다고 했는데, 비공개를 조건으로 거시겠습니까? 아니면 제가 기자의 소임을 다해도 될까요?"

"하고 싶은 대로 하세요."

"말씀하시는 내용을 녹음해도 될까요?" 밀러가 뒷주머니에 넣어 둔 핸드폰을 꺼내려고 손을 뻗었다.

핀은 빽빽한 털로 뒤덮인 고양이 등을 손가락으로 긁으며 대답했다.

"그럼요. 안 될 게 뭐 있겠어요? 더 이상 잃을 것도 없는데. 뭐든 다 하세요."

밀러가 잠시 핸드폰을 만지작거렸다. 리비는 그의 손이 살짝 떨리고 있음을 눈치챘다. 지금 얼마나 흥분했는지가 고스란히 드러난다. 리비도 긴장을 풀기 위해 와인을 또 한 모금 홀짝였다. 이제 밀러는 탁자에 핸드폰을 올려놓고 질문하기 시작했다.

"그래요. 아까 제 기사가 전부 다 틀렸다고 말씀하셨는데요. 거기서부터 이야기를 시작해도 될까요?"

"물론이죠."

뚱뚱한 고양이가 무릎에서 뛰어내리자 핀은 멍하니 바지에 묻은 털을 손날로 털어 냈다.

"좋습니다. 제가 그 기사를 쓰려고 조사하던 당시 데이비드 톰슨이라는 남자의 존재를 포착했습니다. 알파벳 E가 들어가는 톰슨Thomsen이요."

핀이 말했다.

"네. 제 아버지예요."

리비는 밀러의 얼굴에 일종의 의기양양한 안도감이 가득 차오르는 모습을 바라보았다. 밀러가 숨을 내쉬며 말을 이었다. "그럼 제 직감이 옳았네요. 역시 톰슨 가족이었던 거예요. 어머니는 샐리 씨였죠?"

"네, 맞아요."

"그리고 클레먼시였나요……?"

"맞아요, 제 여동생이죠."

"그럼 세 번째 시신은……."

"아버지였어요." 핀이 고개를 끄덕였다. "정확해요. 기사를 쓰기 전에 다 밝혀내지 못하셨다니 참 안타깝네요."

"뭐, 거의 다 밝혀냈다고 볼 수 있죠. 하지만 핀 씨 가족 중 누구도 찾을 수가 없었습니다. 몇 달 동안 캐고 다녔지만 아무 흔적도 없더군요. 그래서, 모두들 무슨 일이 있었던 겁니까?"

"음, 저한테 무슨 일이 있었는지야 알지만, 어머니와 클레먼시가 어떻게 됐는지는 전혀 모르겠네요."

"연락을 안 하고 지내셨던 겁니까?"

"전혀요. 15살 때 이후로는 어머니를 만난 적이 없어요. 16살

때 이후론 동생도 못 봤고요. 제가 알기로 어머니는 콘월에 살고 계시는데, 아마 동생도 거기 살지 않을까 짐작해 봅니다." 핀은 어깨를 으쓱하고 와인 잔을 집어 든 다음 이렇게 덧붙인다. "펜리스."

밀러가 의아한 눈길로 핀을 쳐다본다.

"분명 펜리스 해변에 살고 있을 거예요."

"아. 좋아요. 고맙습니다."

"천만에요." 그러더니 핀은 두 손을 맞비비며 말한다. "다른 것도 물어보세요! 다들 죽은 날 밤에 정말로 무슨 일이 있었던 건지 물어보셔야죠."

밀러가 뚱하게 미소 짓는다.

"그러죠. 그날 정말로 무슨 일이 일어났던 겁니까? 다들 사망한 날 밤에 말입니다."

핀은 짓궂은 표정으로 두 사람을 쳐다본 다음 밀러의 핸드폰 마이크 위에 입이 거의 닿을 만큼 몸을 푹 숙이고 이렇게 말했다.

"음, 일단 그건 자살이 아니었어요. 살인이지."

37

첼시, 1991년

핀은 일주일 동안 돌아오지 않았다. 그 애가 곁에 없으니 만사의 무의미함을 도무지 견딜 수가 없었다. 핀이 떠나기 전엔 부엌으로 향할 때면 그 애의 얼굴을 곧 볼 수 있겠구나 싶어 설렜고, 매일 아침 눈 뜨자마자 혹시 오늘 그 애랑 우연히 마주칠 수 있을까 하는 생각부터 했다. 핀이 없으니 낯선 이들만 우글거리는 컴컴한 집에 덩그러니 남겨진 기분이었다.

그러다 일주일 뒤, 현관문이 쾅 닫히더니 문가에서 언성을 높이는 소리가 들렸다. 거기 핀이 서 있었다. 핀 뒤에 선 샐리가 다급한 말투로 데이비드에게 뭐라 말하는 중이었고, 데이비드는 배 위에다 팔짱을 끼고 서서 들었다.

"난 애한테 오라고 한 적 *없다니까*. 돌겠네. 내가 그런 소릴 할 리가 없잖아. 토니네 집에서 *나* 한 몸 이렇게 오래 신세 지는 것만으로도 충분히 나쁜 상황인데, 10대 아들까지 보태는 게 말이 되냐고."

데이비드가 입을 열었다.

"왜 전화 안 했지?"

"얘가 당신한테도 알리고 날 보러 온 거라고 말했으니까! 뭐가 어찌 된 건지 내가 대체 어떻게 알겠어? 그리고 내가 전화도 했잖아, 어?"

"누가 저 애를 죽이기라도 한 줄 알았잖아. 우린 속이 타들어
가게 걱정하고 있었다고."

"*우리?* 썅, '우리'가 누군데?"

"우리." 데이비드가 대꾸했다. "우리 모두 말이야. 그리고 우리
집에서 그런 상스러운 말은 쓰지 말아 줘."

"핀 얘기론 당신이 애를 때렸다던데."

"아, *때린* 게 아니야. 이것 참. 손바닥으로 찰싹 친 정도를 가지
고서."

"애를 쳤다고?"

"이런, 샐리, 당신은 몰라. 저 녀석이랑 같이 사는 게 얼마나 힘
든지 전혀 모른다고. 버르장머리 없고 손버릇도 나쁘지. 마약에
도 손대지. 한집에 사는 사람들을 무시하고 말이야……."

"그만해." 샐리가 손을 딱 들어 올렸다. "핀도 이제 청소년이잖
아. 사춘기라 그렇지 착한 애야. 10대엔 자기 영역이 중요해지는
법이고."

"뭐, 당신 입장에선 그게 옳을 수도 있지. 당신이 세상을 바라
보는 시각이란 게 좀 한심하다 보니. 하지만 당신 빼고 온 세상이
반대 의견을 표할 거야. 어떤 변명의 여지도 없어. 내가 저 녀석
나이였을 땐 그딴 식으로 처신한다는 건 정말 꿈에도 생각하지
못했는데. 그런 극악무도한 짓거리를 하다니."

나는 샐리가 핀의 어깨를 힘주어 잡는 모습을 지켜보았다. 샐

리는 볼을 움푹 꺼트렸다가 다시 입을 열었다. "내일 해머스미스에서 아파트를 찾아볼 거야. 침실 두 개짜리로. 아이들 양육 문제를 어떻게 분할할 건지도 차차 결정해 보자고."

데이비드는 회의적인 표정을 지었다.

"돈은 어떻게 낼 건데?"

"난 꾸준히 일하면서 저축도 하고 있어."

"글쎄, 두고 보자고. 하지만 진심으로 하는 말인데, 당신한테 맡기면 어째 핀이 무탈하게 클 것 같지가 않아. 당신은 애한테 너무 물러."

"난 무른 게 아냐, 데이비드. 애정을 주는 거지. 당신도 언제 한번 그렇게 해 보는 게 좋을걸."

샐리는 두 시간쯤 머물렀다. 집 안엔 유독한 공기가 흘렀다. 버디는 방에 틀어박혀서 내려오지 않았지만 다 들으란 듯이 기침하고 한숨 쉬며 서성거렸다. 마침내 샐리가 떠나자, 그 여자는 후다닥 계단을 내려와 데이비드의 품에 몸을 던지며 연극조로 속삭였다.

"자기야, 괜찮은 거야?"

데이비드는 침착하게 고개를 끄덕였다.

"괜찮아."

그다음에 핀을 똑바로 쳐다보며 눈을 가늘게 뜨더니 진정한 악몽의 시작을 알리는 말을 했다.

"이제부터 상황이 바뀔 거다. 내 말 명심해."

제일 먼저 바뀐 부분은 데이비드나 버디가 직접 감시할 수 없을 때마다 핀을 침실에 감금했다는 점이다. 웬일인지 어른들은 자기네끼리 공모하여 그게 정상적이고 합리적이고 온당하며 공정한 방식이라고 우리를 열심히 설득했다. *이게 다 그 아이의 안전을 위해서야* 하고 주문처럼 되뇌면서.

핀은 샤워하거나 정원을 가꾸거나 부엌일을 도울 때, 바이올린이나 운동 수업에 참여할 때, 밥을 먹을 때만 허락받고 밖으로 나올 수 있었다.

글로 읽자면 몹시 흉흉한 느낌이 들지만 당시엔 그리 위협적으로 와닿지 않았다. 우리 모두 진작부터 자유 시간엔 주로 자기 방안에 틀어박혀 지냈으니까. 아이들이 얼마나 고분고분하게 별별 말도 안 되는 행동 계획을 받아들일 수 있는지, 다시 생각해 보면 참 기이할 따름이다. 아무튼 이제 와서 이렇게 글자로 적어 놓고 보니 정말로 충격적이다.

핀이 자기 어머니와 동행해 돌아오고 얼마 지나지 않은 어느 날, 나는 책상다리를 하고 침대에 앉아 몇 주 전 핀에게 빌린 책을 읽고 있었다. 그러다 눈앞에 서 있는 핀을 보고 화들짝 놀랐다. 늦은 저녁 시간이기도 했거니와, 핀이 밤새 자기 방에 갇혀있을 거라고 생각했기 때문이다.

"어떻게……?"

내가 입을 열었다.

"저녁 먹고 나서 저스틴이 날 데려다줬는데. 깜빡 잊어버린 척 방문을 제대로 안 잠그고 가 버렸지."

"저스틴 아저씨는 참 좋은 사람이라니까." 이어서 나는 이렇게 물었다. "어떻게 할 거야? 도망치진 않을 거지?"

"응. 지금은 그럴 이유가 없어. 다음 주에 엄마가 아파트로 이사하고 나면 거기서 같이 살 거야. 그럼 이 지랄도 다 끝나는 거지."

그 말을 듣는 순간 목을 한 대 세게 얻어맞은 느낌이었다. 나는 갈라진 목소리로 대꾸했다.

"하지만 네 아버지는 어쩌고? 허락해 줄까?"

"그 인간이 허락하든 말든 난 좆도 신경 안 써. 이제 12월이면 나도 15살이야. 내가 엄마랑 같이 살고 싶다는데 어쩌라고. 그 인간도 별도리 없을걸."

"클레먼시는 어떡해?"

"걔도 엄마네로 올 거야."

"그럼 너희 아버지랑 버디도 우리 집에서 나가게 될 거 같아? 너랑 클레먼시가 떠나면?"

핀이 매몰차게 웃음을 터뜨렸다.

"음, 아니. 그럴 리가 있냐. 지금 그 인간은 이 집에 아주 뿌리를 내렸는데. 만사가 자기 뜻대로 풀리는데 왜 나가."

우리 사이에 잠시 침묵이 감돌았다. 그러다 핀이 입을 열었다.

"그날 밤 기억나? 우리 같이 옥상 올라가서 LSD 했던 날?"

나는 격하게 고개를 끄덕였다. 내가 어찌 그날을 잊을 수 있겠는가?

"옥상에 아직 하나 더 있는 거 알아?"

"하나 더……?"

"약. 남은 LSD 말야. 켄싱턴 마켓에서 두 개 얻어 왔는데 우린 그때 하나밖에 안 했잖아."

나는 핀의 말을 곱씹어 보느라 잠시 뜸을 들였다.

"그러니까 네 말은 지금……?"

"그럼 어떨까 싶은데. 봐, 다들 날 무사히 가둬 놨다고 생각하잖아. 여자애들은 잠들었고. 이제 아무도 위로 올라오지 않을 거야. 네가 내려가서 사람들한테 바로 잘 거라고 말한 다음에 물 한 컵 떠서 올라와도 좋겠지. 난 여기서 기다릴게."

물론 나는 정확히 핀이 시키는 대로 했다.

우리는 담요를 챙기고 점퍼를 입었다.

내가 먼저 출입구를 통과했고, 핀은 내게 물을 건네준 다음 뒤따라 올라왔다. 7월이었지만 공기는 습하고 서늘했다. 핀은 화분 속에 놓아둔 작은 봉지를 바로 찾아냈다. 나는 정말로 마약을 하고 싶지 않았다. 몇 달 동안 바깥에서 비바람을 맞았으니 혹시 독성이 빠지지 않았을까 내심 기대해 보았다. 갑자기 돌풍이 불어와 가루를 날려 버렸으면 좋겠다는 생각도 했다. 아니면 핀이 그

걸 도로 내려놓고 "저건 필요 없어. 우리가 함께 있는데 뭐가 더 필요하겠어"라 말해 주기를 바랐다.

우리는 플라스틱 의자에 쌓인 낙엽을 쓸어 내고 나란히 앉았다.

핀이 손바닥에 약을 털었다.

저녁 하늘은 기막히게 멋졌다. 군청색과 암갈색과 립스틱 같은 분홍색이 뒤섞인 하늘빛이 강물에 반사되어 두 겹으로 보였고 저 멀리서 배터시 다리가 반짝거렸다.

옆을 살짝 보니 핀도 하늘을 바라보고 있었다. 지난번에 여기 올라왔을 때랑은 다른 느낌이 들었다. 핀도 뭔가 달라졌다. 그때 보다 덜 반항적인 한편 더 우수에 젖은 분위기였다.

핀이 내게 물었다.

"넌 나중에 뭐 하고 살 거 같아? 어른이 되면?"

"컴퓨터랑 관련된 일을 하지 않을까. 아니면 영화를 찍거나."

"둘 다 할 수도 있겠지?"

나는 유쾌하게 수긍했다.

"응. 컴퓨터로 영화를 만드는 거야."

"멋지네."

"너는?"

"난 아프리카에서 살고 싶어. 사파리 가이드로 일하면서."

나는 웃었다.

"어쩌다 그런 생각을 한 거야?"

"예전에 가족끼리 여행 가서 사파리 체험을 했거든. 6살 때. 거기서 하마가 짝짓기 하는 걸 봤지. 거의 그 장면만 머릿속에 남았어. 그런데 어째서인지 그때 우릴 안내해 준 가이드만큼은 똑똑히 기억난단 말야. 진짜 멋있는 영국 남자였는데. 이름은 제이슨이었고."

이때 핀의 목소리에서 어렴풋이 동경이 묻어났다. 정확한 이유를 딱 꼬집어 설명할 순 없지만 왠지 그 애와 더 가까워진 듯한 기분이 들었다.

"그때 내가 부모님한테 말했던 것도 기억나. 나중에 커서 바로 저 일을 하고 싶다고. 그랬더니 아빠는 랜드로버에 관광객을 태우고 돌아다녀서야 절대 돈을 못 벌 거라고 말했지. 이 세상에서 중요한 게 오로지 돈밖에 없다는 듯이……."

그러고는 한숨을 쉬며 자기 손바닥을 내려다보았다. "그럼—" 핀이 말했다. "해 볼까?"

"아주 쪼끔만. 진짜진짜 쪼끔만."

그 뒤 몇 시간은 아름다운 꿈결처럼 펼쳐졌다. 우리는 모든 색깔이 검은색으로 합쳐질 때까지 하늘을 지켜보았다. 존재의 의미에 대하여 기상천외한 헛소리를 지껄였고 딸꾹질이 날 때까지 킥킥거렸다.

어느 순간 핀이 말했다.

"내가 해머스미스로 이사 가면 꼭 놀러 와야 해. 가끔 우리 집에 와서 지내라."

"응. 정말 그러고 싶어."

또 어느 순간엔 내가 불쑥 말했다.

"내가 키스하면 어떻게 할 거야?"

그러자 핀은 기침이 터질 때까지 발작적으로 웃고 또 웃었다. 나는 포복절도하는 핀을 지켜보며 애매하게 미소 지었다. 그러면서 그 애의 반응이 무슨 의미일까 가늠해 보려고 애썼다.

"아니—" 내가 다시 물었다. "진짜로, 어떻게 할 거냐니까?"

"널 이 지붕에서 밀어뜨릴 거야." 핀이 여전히 웃으면서 대꾸했다. 그러더니 손가락을 쫙 벌리며 이렇게 말했다. "*철썩.*"

나는 부러 웃음 지었다. 하하. 너무 웃기네.

그때 핀이 제안했다.

"자, 밖으로 나가자."

"어디로 가게?"

"내가 알려 줄게. 따라와."

그래서 나는 핀을 따라갔다. 바보 같으니. 난 정말 바보 같은 녀석이었다. 아무튼 핀을 따라 다시 다락으로 내려왔다가 창문 밖으로 빠져나가 집 측면을 타고 내려갔다. 속이 울렁거릴 만큼 지독한 두려움이 몰려왔지만, 그게 오히려 무모하고 어리석은 짓을 하게끔 부추겼다.

"지금 뭐 하는 거야?" 나는 손톱으로 벽돌 표면을 깊이 긁어 대며 계속 물어보았다. 그사이 내 바지는 툭 튀어나온 돌벽에 쓸려 너덜너덜해졌다. "우리 어디 가는 거야?"

"이게 내 비밀 통로야!" 핀이 흥분한 눈으로 나를 올려다보며 말했다. "강으로 가자! 아무도 모를 거야!"

잔디밭에 철퍼덕 착지했을 땐 딱 봐도 세 군데쯤에서 피가 줄줄 흘렀지만 그러거나 말거나 나는 신경 쓰지 않았다. 핀이 어둠을 뚫고 문 쪽으로 저벅저벅 걸어가기에 나도 따라갔다. 우리 집 정원 끄트머리에 그런 문이 있는 줄도 몰랐는데. 마치 나니아영국 작가 C.S. 루이스의 판타지 소설 시리즈 『나니아 연대기』에 등장하는 신비의 왕국처럼 갑자기 다른 집 정원이 펼쳐졌다.

곧 핀에게 손을 붙잡혀 끌려가며 모퉁이를 두 번 홱 돌았다. 신비로운 어둠에 감싸인 첼시 제방을 지나 4차선 도로를 가로질러 강기슭으로. 물가에 다다르자 핀이 내 손을 떨구었다.

잠시 동안 우리는 아무 말 없이 나란히 서서 물결을 지켜보았다. 금빛 은빛 벌레들이 수면 위로 꿈틀거리며 지나가는 듯했다. 나는 계속해서 핀을 바라보았다. 어둠 속에서 빛이 어른거리는 이 순간, 그 애는 어느 때보다도 더 아름다워 보였다.

"그만 좀 쳐다봐."

핀이 말했다.

나는 더 뚫어져라 쳐다보았다.

"진짜로— 그만 쳐다보라고."

하지만 나는 더더욱 뚫어져라 쳐다보았다.

그러자 핀이 양손으로 나를 힘껏 떠밀어 시커먼 물속으로 빠뜨려 버렸다. 어느새 물에 잠긴 내 귓속으로 보글대는 물소리가 가득 차올랐고, 묵직해진 옷은 피부에 척척 달라붙었다. 비명을 지르려고 했지만 목구멍으로 강물만 꿀떡꿀떡 들어왔다. 손을 허우적대며 강 벽을 더듬어 찾았다. 뻑뻑하고 질척대는 물을 두 다리로 차 보아도 발에 닿는 게 아무것도 없었다.

그러다 눈이 뜨이고 몇 사람의 얼굴이 보였다. 캄캄하게 그늘진 얼굴 여러 개가 내 얼굴 주위로 무리 지어 빙글빙글 돌았다. 나는 그들에게 말을 걸려고, 도와 달라 부탁하려고 안간힘을 썼으나 모두들 날 외면했다. 그때 물 위로 몸이 끌려 올라갔다. 손목께가 아팠고, 저 위에 핀의 얼굴이 보였다. 그 애가 나를 돌계단 위로 끌어 올려 강둑에 내려놓았다.

"야 이 미친놈아."

핀은 이렇게 말하며 웃었다. 마치 내가 오롯이 내 의지로 템스강에 뛰어들었다는 듯이, 이 모든 게 한바탕 신나는 장난질이라는 듯이.

나는 핀을 힘껏 밀치며 소리 질렀다. "개새끼야!" 아직 변성기가 안 된 나의 새된 목소리가 참을 수 없이 거슬렸다. "이 좆같은 새끼!"

그러고서 성난 걸음으로 핀을 지나쳐 누가 경적을 울리든 말든 4차선 도로를 마구 건넌 다음 우리 집 현관문까지 달렸다.

문 앞까지 뒤쫓아 온 핀이 숨을 헐떡거리면서 내게 다가왔다.

"씨팔 너 지금 뭐 하는 거냐?"

그때 거기서 멈췄어야 했는데. 정말 그랬어야 했다. 심호흡을

하며 상황을 검토해 보고 다른 결정을 내렸어야 했다. 하지만 나는 울화가 머리끝까지 치민 상태였다. 얼음장처럼 차갑고 더러운 템스강에 떠밀렸기 때문이 아니라, 지난 몇 년 동안 핀이 몹시 변덕스럽게 굴면서 자기한테 득이 될 때만 내게 관심을 찔끔 주고 그 외의 경우엔 철저히 날 무시했기 때문에 쌓인 분노였다. 나는 핀을 쳐다보았다. 그 애는 보송보송하고 아름다웠는데 난 축축하게 젖고 흉한 꼬락서니였다. 돌아서서 손끝으로 초인종을 꾹 눌렀다.

핀이 나를 바라보았다. 여기 남을지 도망칠지 고민하는 기색이 느껴졌다. 하지만 눈 깜빡할 사이에 문이 열리더니 데이비드가 나타나 나와 핀을 번갈아 쳐다보았다. 어깨를 쑥 올리고 입을 꽉 다문 모습이 마치 철창 속에서 막 덤벼들려는 짐승 같았다. 아주 천천히 천둥처럼 쩌렁쩌렁한 목소리로 그가 말했다. *당장 들어와라.*

그때 핀이 몸을 돌려 뛰기 시작했다. 하지만 데이비드는 자기 아들보다 키도 크고 건장했으니, 길모퉁이를 돌기도 전에 능히 핀을 따라잡아 보도에 자빠뜨렸다.

나는 방어적으로 턱을 젖힌 채 두 팔로 몸을 감싸고 그 모습을 지켜보았다. 덜 자란 내 머리통 속에서 이빨이 맞부딪쳐 덜그럭거렸다.

어머니가 문가에 나타났다. "대체 무슨 일이야?" 어머니는 내 정수리 위를 응시하며 물었다. "너희 도대체 뭘 하다 온 거니?"

"핀이 저를 강물로 떠밀었어요."

나는 달그락대는 잇새로 더듬더듬 말했다.

"세상에." 어머니가 나를 집 안으로 끌어당겼다. "이게 웬일이니. 들어와. 옷 좀 벗고. 아니, 대체……."

나는 집에 들어가 옷을 벗는 대신 그 자리에 못 박힌 채 데이비드와 핀의 모습을 지켜보았다. 데이비드는 다 큰 아들을 보도 위에서 질질 끌고 다녔다. 마치 막 잡아 죽인 사냥감처럼.

이제 그만해. 나는 속으로 생각했다. *됐으니까 그만 좀.*

38

수요일 아침, 거의 기본적인 시설만 갖춰진 민박집에서 이틀을 나고 풍랑이 거센 영불 해협을 마저 건넌 뒤 루시는 포츠머스에서 렌터카를 빌렸다. 그리고 다 함께 런던으로 출발했다.

겨울에 영국을 떠나와서인지 루시의 마음속에서 영국이란 늘 춥고, 나뭇가지는 늘 앙상하고, 사람들은 늘 궂은 날씨에 맞서 두툼한 옷을 껴입고 다니는 나라였다.

하지만 지금 영국은 무덥고 긴 여름이 한창이라 길거리엔 선탠한 몸에 반바지를 입고 선글라스를 낀 유쾌한 사람들이 한가득하고 보도에는 야외 테이블이 빼곡했다. 분수 앞에 모여 복작거리는 아이들, 상점마다 바깥에 펴놓은 접의자도 눈에 들어왔다.

차 뒷좌석에 탄 스텔라는 피츠를 무릎에 앉히고서 차창 밖을 내다보았다. 태어나서 지금까지 단 한 번도 프랑스를 떠나 본 적 없는 아이였다. 프랑스는 물론이고 코트다쥐르를 벗어난 적도 없었다. 스텔라는 몇 년 안 되는 인생 내내 니스의 길거리, 그중에서도 블루하우스와 할머니의 아파트, 유치원 사이를 오락가락하며 살아왔다.

"그래, 네가 보기에 영국은 어때?"

루시가 백미러로 딸을 쳐다보며 물었다.

스텔라가 대답했다.

"마음에 들어. 색깔이 예쁜 곳이네."

"아하, 색깔이 예뻐?"

"응. 나무들이 특히 더 푸르러."

루시가 미소 지었다. 마르코는 구글 지도 앱을 보며 다음에 어느 방향으로 가야 고속도로가 나오는지 알려 주었다.

세 시간 뒤 지저분한 번화가에서 번쩍이는 불빛이 런던에 다 왔다는 신호를 보냈다.

루시는 창밖을 내다보는 마르코를 살폈다. 저 아이는 빅벤과 버킹엄 궁전이 어디 있을까, 딕시 프라이드치킨을 먹을 수 있을까, 중고 가전제품 가게를 구경할 수 있을까 기대하고 있으리라.

드디어 루시 일행은 강을 건넜다. 눈부시게 화창한 날이라 햇빛에 반사된 강물이 다이아몬드처럼 반짝이고 체이니워크의 주택들도 환히 빛났다.

루시가 마르코에게 말했다.

"다 왔어. 바로 여기야."

"어느 집?"

마르코가 살짝 숨을 헐떡이며 물었다.

"저기."

루시는 16번지를 가리켰다. 가벼운 말투로 말하긴 했지만 그 집을 직접 보니 심장이 미친 듯이 뛰었다.

마르코가 물었다.

"저기 판자로 막힌 데? 저 집이야?"

"응."

루시는 그 집을 유심히 보는 동시에 주차할 자리를 살피며 대꾸했다.

마르코가 말했다.

"크다."

"그래. 진짜 크지."

하지만 이상하게도 루시의 눈엔 그 집이 전보다 더 작아 보였다. 성인의 눈으로 봐서 그렇겠지. 어렸을 적엔 웅장한 대저택이라고 생각했는데, 이제 와서 보니 그저 주택일 뿐이라는 사실을 알겠다. 아름다운 주택이긴 하지만, 아무튼 그저 집 한 채에 불과한 것이다.

집 근처에는 주차할 공간이 전혀 없다는 점을 확실히 깨달은 뒤 결국 킹스로드의 반대편 끝, 핸드폰에 주차 앱을 다운로드해야 이용할 수 있는 월즈엔드 주차장까지 갔다.

지금 기온이 30도이니 프랑스 남부만큼이나 더운 셈이다.

집에 도착할 때쯤엔 모두들 땀을 줄줄 흘리고 개는 숨을 헐떡거렸다.

대문을 감싼 나무판자는 자물쇠로 잠겨 있었다. 일동은 나란히 서서 건물을 관찰했다.

마르코가 물었다.

"이 집이 확실해? 이런 데서 어떻게 사람이 살 수 있지?"

"지금은 여기 아무도 안 살아. 어쨌든 우린 집 안에 들어가서 다른 사람이 올 때까지 기다릴 거야."

"그런데 어떻게 들어가게?"

루시는 숨을 깊이 들이마시며 말했다.

"따라와."

39

다음 날 아침 리비는 밝은 햇살을 받으며 눈을 떴다. 그리고 침대 아래 바닥과 머리맡 탁자 위를 손으로 더듬으며 핸드폰을 찾았다. 하지만 거기 없었다. 지난밤을 떠올리니 형체가 불분명하고 부옇게 느껴졌다.

재빨리 일어나 앉아 방 안을 훑어보았다. 작고 하얀 방이다. 앉은 자리를 내려다봤다. 몹시 낮은 높이에 거대한 매트리스가 얹힌 나무 침대였다.

옆에 밀러도 누워 있었다.

리비는 본능적으로 시트를 움켜잡아 가슴을 가린 다음에야 자기가 옷을 입고 있다는 사실을 깨달았다. 어젯밤과 똑같은 상의와 속옷을 그대로 입은 상태였다.

밀러가 욕실에 간 틈에 자신이 반바지를 벗고 이불 속으로 쑥 들어갔던 게 어렴풋이 떠올랐다. 입속에서 치약을 헹궜던 순간도 희미하게 기억난다. 아직도 치아에서 치약 맛이 났다. 많은 게 어렴풋이 기억난다.

리비는 지금 핀의 아파트에 있다.

밀러와 한 침대에 누워 잤고.

둘 다 옷을 입은 채 서로 거꾸로 누워 잤다.

어젯밤에 핀은 와인을 연거푸 따라 주었고, 두 사람에게 여기서 자고 가라며 약간 이상하다 싶을 만큼 강권했다.

"가지 마세요." 핀이 고집했다. "부탁이에요. 이제야 막 찾은 인연인데. 리비 씨를 다시 잃어버리고 싶지 않단 말이에요."

그래서 리비는 이렇게 말했다.

"절 잃어버릴 일은 없을 거예요. 이제 이웃이나 다름없잖아요. 보세요!"

그리고 강 건너 한 줄로 늘어선 고급 주택을 가리켰다. 그중에 16번지도 굳게 자리 잡고 있으니.

"제발요."

핀이 살살 구슬렸다. 완벽하게 다듬은 눈썹에 기다란 속눈썹이 닿았다.

"그 집에 있는 오래되고 지저분한 매트리스에서 자는 것보단 나을 거예요. 네? 맛있는 아침도 차려 드릴게요! 집에 아보카도 있는데. 밀레니얼 세대가 좋아하는 음식이잖아요, 맞죠?"

"저는 계란이 더 좋은데요."

밀러가 대꾸했다.

"정말 밀레니얼 세대 맞아요?"

핀이 가늘게 뜬 눈으로 밀러를 보며 약간 심술궂게 물었다.

밀러가 응수했다.

"딱 그 세대죠. 어쩌다 보니 아보카도 유행을 놓치긴 했어도."

리비는 침대 머리맡 탁자 위 자명종을 확인했다. 8분 안에 나가면 9시까지 출근할 수 있겠다. 리비 기준에서 9시면 벌써 늦은 시간이지만, 본격적으로 전화가 울리거나 길을 지나던 손님들이 문을 열고 들어서는 때를 따지자면 아직 괜찮은 시간이다.

조심스럽게 반바지를 다시 입고 나지막한 침대에서 간신히 빠져나왔다.

밀러의 몸이 살짝 꿈틀했다.

리비는 밀러를 힐끔 훑어보았다.

말려 올라간 티셔츠 소매 아래로 팔죽지에 새긴 문신이 살짝 보였다. 문신이라면 꼴도 보기 싫다. 그렇다 보니 요즘 같은 시대엔 누구랑 사귀기가 특히나 까다롭다.

하지만 밀러는 다정한 사람 같았다. 참지 못하고 찬찬히 뜯어본다. 참 부드럽고 매력적인 남자였다.

이제 리비는 잠든 밀러에게서 눈을 떼고 방에 딸린 욕실로 살금살금 걸어갔다. 어젯밤 아주 늦게 이 욕실을 사용한 기억이 어렴풋이 떠올랐다.

거울을 보니 제법 말짱해 보였다. 하루 동안 별별 일이 다 일어났는데도 전날 아침 드라이한 머리가 아직 그대로였다. 리비는 다시 양치질을 했다. 그다음에 머리를 포니테일로 묶고 욕실 수납장에서 체취 제거제를 꺼냈다.

방으로 돌아오니 그새 밀러도 일어나 앉아 있었다.

그가 리비를 보고 미소 지었다.

"좋은 아침이에요."

곧이어 두 팔을 머리 위로 뻗자 문신을 새긴 부위가 다 드러났다. 켈트 문양 같은 거였다. 이만하길 다행이지.

"전 이제 가 볼게요."

리비가 핸드백을 집어 들며 말했다.

"어디로요?"

"출근해야죠."

"아이고, 진짜 가게요? 상사가 오늘 아침은 쉬게 해 주지 않겠
어요?"

리비는 잠시 가만히 생각해 봤다. 오전 휴가 정도야 당연히 내
줄 거다. 하지만 그녀는 그런 식으로 사는 사람이 아니다. 상상만
해도 신경이 곤두섰다.

"그게 아니라, 제가 일하러 가고 싶어서요. 오늘은 중요한 날이
기도 하고요. 고객 면담이 몇 건 잡혀 있거든요."

"사람들을 실망시키고 싶은 생각은 없어요?"

"네, 그러고 싶지 않아요."

"뭐, 그럼—" 밀러가 시트를 걷어 내자 빨간색과 파란색이 섞인
사각팬티와 럭비 선수처럼 탄탄한 다리가 드러났다. "같이 나가
게 30초만 기다려 주세요."

"혹시 제 전화기 어디 있는지 모르시죠?"

리비가 물었다.

"모르겠네요."

밀러는 침대에서 빠져나와 바지를 입으며 대답했다.

이제 보니 저 남자, 머리카락이 엉망진창이다. 수염도 마찬가
지고. 리비는 웃음을 참았다.

"밀러 씨, 저기, 혹시 거울 한번 보실래요?"

"그러는 게 좋을까요?"

밀러가 어리둥절한 표정으로 물었다.

리비는 시간이 별로 없음을 떠올리고 이렇게 말했다.

"아뇨. 보기 좋아요. 얼른 우리 핸드폰 챙겨서 나가자고요."

그러고서 문손잡이에 손을 얹고 아래로 눌렀다. 문이 안 열린다. 다시 한 번 손잡이를 누른다. 역시나 안 열린다. 네 번이나 더 손잡이를 내리눌러 본다.

그다음에 밀러를 돌아보며 말했다.

"잠겼어요."

40

첼시, 1991년

핀이 나를 강물에 밀어뜨린 날 밤 이후로 데이비드는 일주일 동안 그 애를 방에 가둬 놓았다. 일주일 내내. 나로서야 어떤 면에서는 다행이었다. 차마 핀의 눈을 똑바로 쳐다볼 엄두가 안 났으니까. 그 애는 나를 강물로 떠밀었지만, 내가 한 짓은 훨씬 더 나빴다.

하지만 내 안에는 주로 고통만이 가득했다. 나는 자책과 후회, 분노, 무력감, 그리고 핀을 향한 그리움 때문에 몸부림쳤다. 핀은 식사도 자기 방 안에서 해야 했고 하루에 두 번만 화장실 출입을 허락받았다. 그때마다 데이비드는 심술 사나운 문지기처럼 배 위에다 팔짱을 딱 끼고서 문밖을 서성거렸다.

그 시절 집 안 분위기는 갑갑하게 가라앉았고 뭐가 어찌 흘러가는지도 도통 파악하기 힘들었다. 모든 게 데이비드 한 사람에게서 뿜어져 나왔다. 그가 시종 끔찍하게 어두운 기운을 발산했기에 나를 포함해 모두들 그의 분노를 더 자극하는 일이 없도록 조심하며 지냈다.

핀이 감금되어 있던 시기, 어느 날 오후 나는 저스틴과 함께 앉아 약초를 분류했다. 그러다 집 뒤편 핀의 방 창문 쪽을 힐끗 올려다보았다.

"데이비드 씨가 핀을 저렇게 가둬 놓는 거 말이에요—,"

내가 말을 꺼냈다.

"나쁜 일이라고 생각하지 않으세요?"

저스틴이 어깨를 으쓱했다.

"그 아이가 널 죽일 수도 있었잖아, 이 친구야. 네가 죽을 수도 있었다고."

"네, 그건 아는데요. 핀은 안 그랬잖아요. 저도 별 탈 없었고요. 그냥 이건…… *부당해요.*"

"음, 그래, 아마 나라면 이런 식으로 대처하진 않을 거야. 하지만 난 애 아빠가 아니고, 자녀를 키운다는 게 어떤 느낌인지 모르니까. 내 생각에 데이비드는 그저 '자기 할 일'을 하고 있는 게 아닐까 싶네."

저스틴은 이렇게 말하며 허공에다 따옴표를 그렸다.

내가 물었다.

"자기 할 일이요? 무슨 뜻이에요?"

"뭐, 이런 거지. 하나도 빠짐없이 모든 것을 근본적으로 통제하는 일."

"저는 그 사람이 싫어요."

본의 아니게 목멘 소리가 나왔다.

"그래, 뭐, 나도 마찬가지야."

"아저씨는 왜 안 떠나세요?"

저스틴이 우선 나를 한번 보더니 뒷문을 힐끗 쳐다보며 속삭였다.

"떠날 작정이야. 하지만 아무한테도 말하지 마, 알았지?"

나는 고개를 끄덕였다.

"웨일스에 소규모 농지가 있거든. 시장에서 만난 여자가 얘기해 줬는데, 약초 농원을 차릴 사람을 찾고 있대. 공짜로 숙식을 제공하는 거라든지 뭐 그런 조건은 여기랑 비슷할 거야. 하지만 제 좆대로 설쳐 대는 대장 같은 건 없지." 그러면서 다시 한 번 집 쪽으로 눈을 굴렸다.

나는 싱긋 웃었다. *좆대로 설쳐 대는 대장이라.* 그 말이 마음에 들었다.

"언제 가시게요?"

"금방." 저스틴이 답했다. "정말 곧 뜰 거야." 그러더니 나를 재빨리 올려다보았다. "같이 갈래?"

나는 눈을 깜빡거렸다.

"웨일스로요?"

"그래. 웨일스로. 계속 내 꼬마 도제로 일하면서 지내도 돼."

"하지만 저는 겨우 14살인데요."

그러자 그는 아무 말 없이 고개를 끄덕이고서 약초에 끈 묶는 작업을 계속했다.

얼마 후에야 이날 저스틴이 넌지시 꺼낸 얘기가 무슨 의미였는지 크게 와닿았다. 웨일스에 같이 가겠느냐고 권한 건 꼬마 도제로 일하라는 뜻이 아니었다. 그가 날 데려가 주려던 이유는 내 도움이 필요해서가 아니라, 우리 집보다 거기가 내게 더 안전할 거라고 생각해서였다.

저스틴은 이틀 뒤 사라졌다. 아무한테도 알리지 않고 아침 일찍, 데이비드조차 아직 일어나지 않은 이른 새벽에 떠나 버렸다. 핀이랑 그런 일을 겪고 나서 고자질의 대가를 따끔하게 깨우쳤기에 나는 누구에게도 웨일스의 소규모 농지에 대해 말하지 않았다. 내가 느끼기에 저스틴은 본인이 어디로 가는지 아무에게도 알리기 싫은 듯했다.

저스틴이 떠난 날 나는 그의 방에 들어가 보았다. 이 집에 처음 왔을 때도 짐이 아주 조금밖에 없었는데, 떠날 땐 그보다도 더 조금만 챙겨서 갔다. 또한 자기 책까지 전부 다 가지고 나갈 순 없다고 판단한 모양이었다. 나는 책이 일렬로 놓인 창턱으로 다가갔다.

『현대적인 마법과 주술 안내서』

『입문용 위카1954년 영국의 제럴드 가드너가 창시한 종교 운동. 유럽이 기독교화되기 이전의 옛 종교로 회귀하고자 하는 사상을 공유하나 확정적인 교리나 교단은 없다』

『위카 약초 주술서』

복도를 힐끗 내다보며 주변에 아무도 없는지 확실히 확인한 다음 점퍼 밑에 책들을 꽁꽁 숨겼다.

내 방으로 막 뛰어가려는 순간 저스틴의 침대 머리맡 탁자에 놓인 작고 북슬북슬한 뭔가가 눈에 띄었다. 처음엔 죽은 쥐인 줄 알았는데 잘 살펴보니 몸통에서 잘라 낸 토끼 발이었다. 짤막한 쇠줄에 대롱대롱 달려 있었다.

토끼 발이 네잎클로버나 헤더 줄기처럼 어떤 식으로든 행운을 가져다주는 징표라는 건 어렴풋이 알고 있었다. 나는 그것도 잽 싸게 주머니에 쑤셔 넣고 내 방으로 후다닥 뛰어 들어왔다. 그리 고 저스틴의 방에서 빼낸 물건들을 매트리스 밑에다 몽땅 다 밀 어 넣었다.

나는 저스틴의 소식이 다시 들려올 날을 늘 기다렸다.

시신들이 발견되고 경찰이 사망 사건을 수사하며 램 일가의 '가 련한 실종 아동들'을 추적하려 애쓴 이래로, 언제쯤 6시 뉴스에 저스틴이 불쑥 등장하여 그 집에서 지내는 동안 무슨 일이 있었 는지 풀어놓게 될까 기다리고 또 기다렸다. 그러면 데이비드 톰 슨이 사춘기인 자기 아들을 침실에 감금했을 뿐 아니라 모든 식 구들에게 무엇을 먹고 입을지, 어디에 갈 수 있고 갈 수 없는지까 지 일일이 지시했다는 사실이 폭로되겠지.

그 뒤로 저스틴의 이름을 구글에 거듭거듭 검색해 보았지만 어 디에서도 그의 흔적을 찾아볼 수 없었다. 그저 그 사람이 죽었거 나 어딘가 멀고 외진 데로 이주했거나, 이도 저도 아니라면 우리 에게 무슨 일이 일어났는지 전부 알지만 입 꾹 닫고 엮이지 않기 로 결심한 모양이라고 짐작할 수밖에 없는 노릇이다.

진실이 무엇이든 간에 나는 언제나 내심 안도했다. 하지만 저스틴을 다신 볼 수 없어 그립기도 했다. 처음에는 별로 호감이 가지 않았지만, 지나고 보니 내가 겪은 끔찍한 골칫거리들 중에서는 그나마 가장 괜찮은 사람이었으니까.

몇 달이 지나갔다. 계절은 여름에서 겨울로 넘어갔다.

그사이 나는 저스틴의 약초 정원을 이어받았다. 본인의 이념에 들어맞는 일이었기에 데이비드도 적극적으로 장려해 주었다. 아이들은 건전한 활동에 열심히 몰두해야 하며, 자본주의나 상업적인 성공을 추구하는 길로 빠질 염려가 있는 기술은 배우지 말아야 한다는 이념 말이다. 데이비드는 내 침대 밑에 숨겨진 책이라든지 내가 익히고 있던 여러 가지 기술에 대해서는 전혀 몰랐다.

매일 저녁 나는 누가 됐든 그날 요리를 담당하는 사람에게 신선한 바질과 민트를 한 움큼씩 가져다주고 칭찬을 듬뿍 받았다.

어느 날 밤 비를 맞아 가며 새로 심은 여린 묘목들에 덮개를 덮고 왔더니, 그 모습을 본 버디가 나를 위해 목욕물을 받아 주기까지 했다.

"네가 요즘 아주 잘해 주고 있어."

버디는 계단을 올라가는 내게 수건을 건네주며 말했다.

"데이비드가 널 보며 아주 흐뭇해하더라."

데이비드가 널 보며 아주 흐뭇해하더라.

나는 개처럼 달려들어 그 여자를 물어뜯고 싶었다.

예상했던 대로 샐리는 해머스미스에 아파트를 구하지 못했다. 여전히 브릭스턴의 친구 집 소파에 얹혀 지내면서 이젠 콘월로 내려가네 어쩌네 하는 형편이었다.

어느 날 저녁 샐리는 세 시간이나 늦게 핀과 클레먼시를 데리고 돌아왔다. 오후에 아이들과 함께 친구네 파티에 간다고 했는데, 거기서 술을 너무 많이 마신 게 분명했다. 내 부모님이 아직 사교적이라 주말마다 파티를 열던 시절에 나는 술 취한 어른들을 참 많이 보았다. 하지만 그날 저녁 샐리만큼이나 심하게 취한 사람은 달리 본 적이 없는 듯싶다.

분노로 잔뜩 굳어진 데이비드의 목소리가 들렸다.

"믿을 수가 없군. 당신이 이 아이들을 데리고 살 수 있을 거라 생각하다니. 만에 하나라도 그러라고 허락해 줄 사람이 있을 거 같아? 당신 꼴을 좀 봐."

샐리가 말했다.

"너! 그러는 넌 뭐가 그렇게 잘났는데! 네 꼬락서니나 잘 좀 보시지! 네가 뭔데? 이 한심한 인간아. 한심하다고. 너나 그 못생긴 계집애나. 걔 말고도 또 누구랑 떡 치는지 알 게 뭐야. 참 나, 모를 일이지."

지켜보고 있자니 데이비드가 샐리를 문 쪽으로 난폭하게 밀치려 했다. 한 대 때리고 싶지만 최선을 다해 꾹꾹 참는 기색이 역력했다.

그때 내 어머니가 나타났다.

"내가 커피 한 잔 따라 줄게."

어머니는 샐리의 팔꿈치에 손을 얹는 한편 데이비드에게 조심하라는 시선을 던졌다.

"자, 어서. 커피 좀 마시면서 추슬러 보자."

나는 이 사태를 모르는 척 시치미 떼고 잠시 뒤 부엌에 들어갔다.

"물 좀 마시려고요."

사실 아무도 내게 신경 쓰지 않았지만 일단 이렇게 밝혀 두었다. 그러고는 부엌에서 나가는 체하며 식기실 문 바로 안쪽에 살그머니 숨었다.

샐리는 손수건으로 얼굴을 누르며 소리 없이 울고 있었다. 샐리의 목소리가 들렸다.

"제발 아이들을 안전하게 지켜 줘. 날 위해서라도 제발 지켜 줘야 해. 지금으로선 정말 모르겠거든. 언제가 됐든 과연 내 능력으로……"

그 뒷말은 강을 지나는 배가 현관문 너머에서 경적을 울리는 바람에 묻혀 버렸다.

"너무 걱정돼. 핀 얘기를 들어 보니까 자기 방에 갇혀 지낸다던데. 그래, 그 애가 나쁜 짓을 했다는 건 알겠어. 그게 참, 맞아, 헨리가 죽을 수도 있었으니까. 하지만 이건 그냥 너무…… 냉정하잖아? 그렇지 않아? 아이를 그런 식으로 가둬 놓는다고? 저 남자는 너무 냉정해……"

"데이비드가 어떤 사람인지 자기도 알잖아."

내 어머니가 대답했다.

"데이비드는 그런 식으로 모두를 단결시키는 거야. 그 사람이 우릴 구했어, 샐리. 정말이야. 데이비드가 오기 전에 난 하루하루를 살아가는 게 무슨 의미인지 알 수가 없었어. 하지만 이젠 매일 아침 눈을 뜰 때마다 내 삶에, 나 자신에 대해 만족감을 느껴. 나는 이 세상에서 무엇도 착취하지 않아. 난 지구를 함부로 약탈하지 않아. 지구 온난화에 일조하지도 않고. 내 아이들은 유리판 덮인 책상 뒤에 앉아 가난한 사람들 돈이나 빼앗는 인간으로 자라지 않을 거야. 나는 그저—" 어머니는 이렇게 말을 맺었다. "데이비드가 훨씬 더 일찍 우리 삶에 들어왔더라면 얼마나 좋았을까 안타까울 뿐이야."

41

리비가 주먹으로 문을 쾅쾅 두드렸다. 밀러도 가세했다. 방문은 견고한 방화문이었다. 밀러는 창문 앞으로 가서 혹시나 탈출할 방도가 없는지 살폈지만 창문 역시 굳게 잠긴 데다 어차피 10층 아래로 곧장 떨어지는 구조였다.

두 사람은 한 번 더 방 안을 샅샅이 뒤지며 핸드폰을 찾아보았다. 그러나 아무 소득도 없었다.

30분 뒤엔 문 두드리기도 관두고 바닥에 맥없이 주저앉아 침대 발치에 등을 기댔다.

"이제 어쩌죠?"

리비가 물었다.

"30분만 더 두고 봤다가 제가 발로 차서 문을 부숴 보겠습니다."

"지금 바로 차 버리지 그래요?"

"그게요, 제가 보기보다 약하거든요. 옛날에 허리를 다쳐서 조심해야 돼요."

"그럼 10분 있다가 해요."

"알았어요, 10분."

"핀이라는 사람이 지금 대체 뭔 짓을 하는 거 같아요?"

"진짜로 전혀 모르겠네요."

"우리를 죽일 작정인 걸까요?"

"음, 그렇진 않을걸요."

"그럼 우릴 왜 여기 가둬 놨죠?"

"혹시 실수는 아닐까요?"

리비가 밀러에게 불신의 눈길을 보냈다.

"말해 놓고도 안 믿는 거 같은데, 맞죠?"

자명종을 보니 이제 7시 37분이었다. 두 사람은 문소리를 듣고 똑바로 고쳐 앉았다. 이 순간까지도 리비는 지금 출근하면 몇 분이나 지각할지를 따져봤다.

그때 목소리가 들렸다. 핀이 고양이 한 마리를 부르는 소리다. 쪽쪽거리며 입 맞추는 소리가 났다. 두 사람은 벌떡 일어서서 다시 침실 문을 두드리기 시작했다.

잠시 후 문이 열리더니 핀이 두 사람을 빤히 바라보았다.

그가 손으로 입을 틀어막으며 말했다.

"아이고, 이런. 세상에. 정말 미안해요. 제가 끔찍한 몽유병이 있거든요. 예전에 손님들 방에 들어가서 나란히 누워 자려고 한 적도 있다니까요, 진짜로. 그래서 제가 어제 자기 전에 두 분 방문을 잠갔는데, 그래 놓고 오늘 아침 바보같이 일찍 일어나서 조깅이나 하고 오자고 생각한 거예요. 두 분을 까맣게 잊어버리고 말이죠. 정말 몸 둘 바를 모르게 죄송합니다. 얼른 나오세요. 자, 아침 먹자고요."

"아침은 못 먹겠네요. 출근하려면 벌써 늦었어요."

"아, 그냥 회사에 전화해서 사정을 얘기하지 그래요. 분명 이해해 줄 거예요. 신선한 오렌지 주스랑 이것저것 다 있단 말이에요, 네? 오늘도 날씨가 끝내줘요. 테라스에 나가서 아침 먹으면 딱 좋겠어요. 제발요."

핀이 어젯밤처럼 또 사람을 살살 구슬렸다. 리비는 덫에 걸린 듯한 기분이 들었다.

리비가 물었다.

"왜 저희한테 얘기하지 않으셨죠? 어젯밤에요. 문을 잠글 거라는 얘기를 왜 안 하신 거예요? 아니면 저희더러 안에서 방문을 잠그라고 하실 수도 있었잖아요?"

핀이 대꾸했다.

"너무 늦은 시간이었고— 제가 너무 취하기도 했고, 너무 생각이 없었네요."

"핀 씨 때문에 저희는 정말 기겁했다고요. 저 진짜 무서웠어요."

리비는 갈라져 나오는 제 목소리를 의식했다. 아까 느꼈던 불안감이 희미해지기 시작한다.

"제발 용서해 주세요. 제가 바보예요. 생각이 너무 짧았어요. 벌써 잠드셨길래 깨우고 싶지 않아서 그만 아무 생각 없이 잠가 버렸네요. 자, 그러지 말고 이리 오셔서 아침 좀 드세요."

리비와 밀러는 눈짓을 주고받았다. 리비가 보기에 밀러는 여기 더 머물고 싶어 하는 게 분명했다.

그녀는 고개를 끄덕였다.

"좋아요, 하지만 얼른 먹고 일어나 볼게요. 그리고 핀 씨—?"

핀이 리비를 상냥하게 쳐다보았다.

"저랑 밀러 씨 핸드폰은 어디 있죠?"

"아. 방에 없나요?"

"네. 둘 다 없어요."

"음, 어젯밤에 밖에 놔두셨나 보네요. 한번 찾아보자고요."

두 사람은 핀을 따라 복도를 지나 아무 구획 없이 탁 트인 거실로 돌아갔다. "아하." 핀이 가볍게 말했다. "여기 있네요. 부엌 콘센트에 쭉 꽂아 두셨군요. 이 지경인 걸 보니 어젯밤에 우리 모두엄청 심하게 취했었나 봐요. 가시죠. 테라스에 가서 앉으세요. 제가 아침을 차려서 나갈게요."

리비와 밀러는 소파에 나란히 앉았다. 지금은 맞은편 강둑에 햇살이 내리쬐는 시간이라 체이니워크의 주택 창문마다 빛이 번쩍였다.

리비는 좀 더 가까이 다가앉는 밀러의 움직임을 느꼈다. 밀러가 그녀의 귀에 속삭였다.

"저는 '내가 취해서 일언반구도 없이 너희를 침실에 가뒀다'는 소리 안 믿습니다. 그리고 핸드폰 얘기도 안 믿어요. 어젯밤에 취하긴 했지만 핸드폰을 손에 들고 침실로 갔던 건 기억하거든요. 수상한 냄새가 나요."

리비도 고개를 끄덕이며 동의했다.

"그러니까요. 뭔가 좀 앞뒤가 안 맞아요."

그러고 나서 핸드폰 화면을 켜고 다이도에게 전화했다. 음성사서함으로 연결된다.

"사연이 긴데요. 아무튼 저 아직 첼시에 있어요. 클레어 씨한테 10시에 모건 부부가 오면 응대 좀 해 달라고 부탁해 주실래요? 클레어 씨가 세세한 부분까지 다 알고 있거든요. 최신 견적서는 서버에 있으니 그냥 출력만 하면 돼요. 그다음 고객이 오기 전까지는 저도 도착할 거예요. 약속해요. 정말 죄송하고요. 만나서 전부 다 설명해 드릴게요. 그리고 혹시 제가 10시 반까지 안 나타나면 저한테 전화해 주세요. 만약에 제가 전화도 안 받으면—,"

재빨리 등 뒤를 힐끗 본다. 핀은 아직 부엌 조리대에 서서 빵을 썰고 있다.

"지금 제가 배터시에 있는데요. 첼시 집이랑 정확히 맞은편에 있는 아파트 건물이에요. 아셨죠? 호수는 모르겠어요. 하지만 대강 10층쯤인 것 같아요. 곧 봬요. 미안해요. 그럼 끊을게요."

리비는 전화를 끊고 밀러를 쳐다보았다.

밀러가 곁눈질로 그녀를 보며 부드럽게 미소 지었다. "절대로 리비 씨한테 나쁜 일이 생기게 놔두지 않을 거예요. 반드시 다음 고객이 오기 전에 출근할 수 있게 해 드릴게요. 안 죽고 무사히. 알았죠?"

리비의 마음속에 애정이 파도처럼 확 밀려들었다. 그녀는 미소 지으며 고개를 끄덕였다.

핀이 쟁반을 들고 와서 두 사람 앞에 내려놓았다. 스크램블드

에그, 으깬 아보카도에 씨앗을 뿌린 샐러드, 호밀빵 토스트 한 무더기, 흰 버터 한 덩어리, 얼음 넣은 오렌지 주스 병이 담겨 있었다.

"제법 괜찮아 보이죠?"

그가 접시를 나눠 주며 말했다.

"정말 굉장하네요."

밀러가 양손을 맞비비더니 자기 접시에 토스트를 쌓기 시작했다.

"커피 드릴까요? 아니면 차?"

리비는 커피를 달라고 한 다음 유리병에 든 우유를 부어 섞었다. 토스트 한 조각을 집어 들긴 했는데 영 입맛이 없었다.

리비가 핀을 바라보았다. 어젯밤 핀이 들려준 이야기에 대해 뭔가 더 물어보고 싶었지만, 전부 다 좀처럼 이해가 안 가고 손에 닿을 듯 말 듯 빠져나가는 느낌이었다.

우선 바이올린을 연주하던 버디라는 여자에 관해 들었고. 고양이 얘기도 나왔고, 규칙 목록과 주술적인 제물, 그리고 헨리와 얽힌 아주 나쁜 일에 대해서도 들었는데. 하지만 이 모든 얘기가 전부 모호하다 보니 꼭 핀이 아무 얘기도 들려주지 않은 것 같은 기분마저 들었다.

리비는 곰곰이 생각하다 그냥 이렇게만 물었다.

"어린 시절 사진 좀 갖고 계세요? 핀 씨나 다른 아이들 사진이요."

"아뇨."

핀이 미안한 듯한 말투로 대답했다.

"한 장도 없어요. 우리가 떠났을 당시 집 안이 텅텅 비어 있었던 거 아시죠. 내 아버지가 허접쓰레기 하나하나까지 전부 다 내다 팔았으니까요. 안 팔 거면 죄다 자선 상점에 넘겨 버렸고요. 하지만……."

잠시 주저하다 말을 잇는다.

"그 노래 기억나세요? 80년대에 나온 건데…… 아니, 당연히 모르겠네요. 한참 어리니까요. 아무튼 '오리지널 버전'이라는 밴드의 노래가 있었거든요? 우리가 그 집에 들어가 살기 전에 여름 동안 몇 주나 1위를 차지했던 노래인데요. 버디라고, 어젯밤에 제가 말씀드렸던 여자 있죠. 그 여자가 한때 그 밴드에서 활동했어요. 버디랑 저스틴 둘 다요. 그 밴드 뮤직비디오를 체이니워크 집에서 촬영했죠. 한번 보실래요?"

리비가 헉하고 숨을 들이마셨다. 여태껏 《가디언》에 실린 밀러의 기사에서 야회복을 입은 부모님의 사진만 한 장 봤을 뿐이니, 이 비디오야말로 자신이 태어난 장소를 가장 밀접하게 엿볼 수 있는 자료일 것이다.

세 사람은 거실로 들어갔다. 핀이 대형 플라스마 TV에 핸드폰을 연결한 다음 유튜브에 노래 제목을 검색해 재생 버튼을 눌렀다.

리비는 곧바로 그 노래를 알아들었다. 제목이 무엇인지, 가수가 누구인지는 전혀 몰랐지만 어쨌든 아주 귀에 익은 노래였다.

비디오는 밴드가 강가에서 연주하는 장면으로 시작했다. 모두 트위드와 멜빵, 모자, 닥터마틴 부츠로 비슷하게 차려입었다. 밴드 멤버도 상당히 많은데, 다 합쳐서 10명쯤 되는 것 같았다. 여자는 2명뿐이고 그중 하나는 바이올린, 다른 하나는 가죽 재질의 드럼을 연주했다.

"저 사람이에요." 핀이 영상을 멈추고 화면을 가리켰다. "저게 버디예요. 머리 긴 여자요."

리비는 화면 속 여자를 들여다보았다. 삐쩍 마르고 턱이 약해 보이는 여자가 심각한 표정을 짓고 있었다. 그 여자는 바이올린을 턱에 단단히 대고 오만한 시선으로 카메라를 쳐다보았다.

"저 사람이 버디라고요?"

리비가 물었다.

이 허약하고 범상해 보이는 여자가 어젯밤 핀이 들려준 이야기 속의 가학적인 여자, 잔혹한 학대를 일삼으며 한 가정에 군림한 여자와 동일인이라는 게 믿기지 않았다.

핀이 고개를 끄덕였다.

"넵. 더럽게 마귀 같은 년이죠."

그리고 다시 재생 버튼을 누르자 이제 집 안에 들어온 밴드가 보였다. 격조 높고 휘황찬란한 집 안은 유화와 요란한 모양새의 가구, 붉은 벨벳이 깔린 왕좌, 번쩍이는 칼, 광택 나는 패널, 치렁치렁한 커튼, 사슴 머리통, 여우 박제, 반짝반짝 빛나는 샹들리에

로 가득 차 있었다. 밴드 멤버들은 화려하게 조각된 계단에서 포즈를 취하는가 하면 패널이 둘린 복도로 후다닥 뛰어가며, 온갖 악기들과 함께 집 안을 넘나들었다. 또한 기사 투구를 쓴 채로 앞뜰의 대포에 걸터앉아, 혹은 활활 타오르는 통나무가 가득한 벽난로 앞에서 칼싸움하는 시늉을 벌였다. 그동안 카메라는 부지런히 그들의 움직임을 좇았다.

리비가 감탄했다.

"세상에. 저땐 정말 아름다운 집이었네요."

핀이 무미건조하게 대답했다.

"역시 그렇죠? 그런데 저 망할 년이랑 내 아버지가 일사불란하게 파괴한 거죠."

리비의 시선은 다시 텔레비전 화면 속 이미지에 못 박혔다. 청년 10명이 뛰어다니고, 생동감과 재력과 힘과 온기가 흘러넘치는 집. "이해가 안 돼요." 리비가 나지막이 말했다. "어쩌다 그렇게 흘러가고 말았을까요."

그리고 핀을 올려다보며 말로는 내뱉지 않고 속으로만 물었다. *또 이 모든 일에서 당신은 대체 어떤 역할을 한 건가요?*

42

햇볕이 여전히 따갑게 내리쬐는 이른 오후, 루시와 아이들과 개는 모퉁이를 돌아 체이니워크 16번지 뒤편의 아파트 단지로 걸어갔다. 그리고 까치발로 잽싸게 공용 정원을 지나 다 쓰러져 가는 뒷문 앞으로 다가갔다. 루시가 아이들에게 조용히 하라고 손짓하며 숲을 통과했다. 그러자 길고 무더운 여름 동안 바싹 말라 갈색으로 변한 잔디밭이 나왔다.

루시는 그 집 뒷문이 잠겨 있지 않은 것을 보고 깜짝 놀랐다. 유리판이 깨졌는데, 최근에 파손된 것처럼 보였다. 등골이 오싹해졌다.

깨진 유리창 사이로 손을 넣어 안쪽 손잡이를 돌리니 문이 열렸다. 집 옆면을 타고 올라가 지붕으로 들어가지 않아도 된다는 생각에 안도의 한숨이 나왔다.

"으스스해."

스텔라가 루시를 따라 집 안으로 들어서며 말했다.

루시도 동의했다.

"그래. 좀 그렇지."

"내가 보기엔 아주 멋진 것 같은데."

마르코가 기둥형의 거대한 라디에이터 꼭대기를 손으로 훑으며 방을 둘러봤다.

아이들에게 집 안을 구경시켜 주는 동안 루시는 자신이 떠났을 때부터 지금까지 이 집의 먼지 한 점, 거미줄 한 가닥도 움직이지 않은 것 같다고 느꼈다. 마치 그녀가 돌아오기만 기다리며 온 집 안이 가만히 멈춰 있던 것만 같다.

곰팡내가 나긴 하지만 이 집의 냄새 역시 기이하게 익숙했다. 캄캄한 방들로 얇게 비쳐 드는 빛줄기, 마룻바닥에 부딪히는 자신의 발소리, 벽에 드리우는 그림자까지 전부 정확히 똑같았다.

루시는 집 안을 뚜벅뚜벅 걸으며 손끝으로 이곳저곳 훑고 지나 갔다. 인생에서 제일 의미심장한 집 두 군데를 이번 일주일 동안 다시 방문하고 있는 셈이다. 자신이 상처받고 파괴되고 끝내 도 망쳐 나와야만 했던 곳들. 그 무게가 루시의 마음을 육중하게 짓 눌렀다.

집을 한번 둘러본 뒤 다 함께 정원에 나가 앉았다. 마구잡이로 자란 나뭇잎들이 길고 서늘한 그림자를 드리웠다.

루시는 막대기로 정원을 파헤치는 마르코의 모습을 지켜보았 다. 검은 티셔츠를 입고 있는 아이의 모습이 일순 헨리로 보였다. 약초 정원을 가꾸고 있는 헨리 오빠. 벌떡 일어나 그 얼굴을 제대 로 확인하려 들 뻔했다. 그러다 문득 깨달았다. 헨리 오빠는 이제 소년이 아니라 성인 남성이지.

헨리 오빠의 모습을 상상해 보려 하지만 쉽지 않았다. 다 함께 있던 마지막 날 밤에 본 모습으로만 떠오를 따름이었다. 그날 벌 어진 일 때문에 충격 받아 굳어진 턱, 오빠의 뺨에 일렁이던 촛 불, 두려우리만치 침묵으로 일관하던 모습 말이다.

"이게 뭐야?"

마르코가 루시에게 외쳤다.

루시는 손을 이마에 대고 정원 저편을 응시했다. 그리고 일어서서 마르코 쪽으로 걸어갔다.

"아. 옛날 약초 정원이야. 이 집에 살던 사람 중 하나가 여기서 약재를 길렀어."

마르코가 손장난을 멈추더니 마치 정원 일꾼처럼 막대기를 발 사이에 끼고 집 뒤편을 올려다보았다.

"이 집에서 무슨 일이 있었던 거야?"

"그게 무슨 소리니?"

"뭐, 딱 보면 알 수 있거든. 여기 온 다음부터 엄마가 내내 이상하게 구니까. 지금도 손이 떨리고 있잖아. 그리고 엄마는 항상 자기가 고아라서 이모를 따라 프랑스로 건너갔다고만 말했는데, 이젠 아주아주 나쁜 일이 일어났기 때문에 그렇게 이모를 따라가야 했던 게 아닐까 하는 생각이 조금씩 들어. 또 그 나쁜 일이 바로 이 집에서 벌어졌을 거 같고."

"그 얘기는 나중에 하자. 아주 긴 얘기니까."

"엄마의 부모님은 어디 계셔?"

마르코가 또 물었다. 여기까지 오니 예전엔 전혀 물어볼 생각도 못 했던 것들이 죄다 봇물 터지듯 쏟아져 나오는 모양이다.

"어디에 묻혀 계셔?"

루시는 숨을 들이쉬고 딱딱하게 미소 지었다.

"모르겠네. 전혀 모르겠어."

더 어렸을 때 루시는 끊임없이 전부 다 적어 내려가곤 했다. 유선 메모장과 펜을 산 다음 아무 데나 앉아서 쓰고 쓰고 또 썼다. 의식의 흐름에 따라.

핀은 침실 파이프에 묶여 있었고, 어른들은 죽었고, 소형 트럭이 엔진을 덜덜거리며 그늘에서 기다리고 있었고, 차에 타고 밤새 오래도록 어둠 속을 달렸고, 충격으로 얼이 빠져 침묵했고, 앞으로 다가올 일을 기다리고 또 기다렸지만 그 일은 결코 일어나지 않았으며, 거의 25년이나 지난 지금까지도 그 일이 닥치길 기다리고 있는데, 이젠 정말로 코앞까지 성큼 다가왔기에 그 맛이 혀뿌리에 느껴질 정도다.

이게 루시가 끊임없이 쓰고 또 쓴 이야기였다. 글을 다 쓴 다음에는 메모장에서 종이를 찢어 내 공처럼 구겨 쓰레기통에, 바다에, 눅눅한 자동차 발밑 공간에 던져 버리곤 했다. 태우거나 물에 푹 담그거나 잘게 찢어 버리기도 했다. 하지만 자신의 삶을 진실 대신 이야기로 각색하기 위해서는 그렇게 글로 적어야만 했다.

그리고 내내 그 진실 때문에 신경이 곤두서고, 찢어질 듯 위경련이 일고, 심장이 두방망이질 치고, 꿈에서조차 조롱당하고, 눈을 뜨면 구역질이 나고, 그래서 밤에 눈을 감아도 잠들지 못했다.

루시는 자신을 런던으로, 끔찍한 일이 너무도 많이 벌어졌던 이곳으로 다시 불러들이게 될 유일한 존재가 그 아기라는 점을 늘 알고 있었다.

하지만 그 아이는 어디 있을까? 이미 여기 와 봤다는 것만큼은 확실하다. 최근에 누군가 이 집 안에서 돌아다닌 흔적이 보였다. 냉장고에 음료수가 들어 있고, 싱크대엔 설거지하지 않은 유리잔들이 놓여 있으며, 뒷문엔 구멍이 나 있으니까.

이제 루시는 그저 그 아기가 돌아오기만 기다리면 된다.

43

첼시, 1992년

그다음에 벌어진 사건은 내 어머니의 임신이었다.

뭐, 아버지의 아이가 아닌 건 분명했다. 아버지는 의자에서 몸을 일으킬 힘조차 거의 없었으니. 그런데 어머니의 임신 소식을 들었을 땐 이상하게도 놀랍지가 않았다. 이때쯤엔 이미 내 어머니가 데이비드에게 심하게 집착하고 있다는 사실을 소름 끼칠 만큼 뚜렷이 알 수 있었기 때문이다.

나는 데이비드가 처음 우리 집에 왔던 날 밤 그에게서 멀찍이 거리를 두는 어머니의 모습을 보았다. 또한 그렇게 물러나려 하는 이유가 그 남자에게 끌리기 때문이라는 점도 알 수 있었다. 그 뒤 내 아버지가 점점 쇠약해지고 데이비드의 영향력은 강해지면서 그 호감이 들뜬 열병으로 변해 간 것이다.

내가 보기에 이제 어머니는 데이비드의 마력에 완전히 사로잡혀 있었다. 데이비드를 위해서라면, 그의 인정을 받기 위해서라면 내 어머니는 자기 가족을 포함해 모든 것을 기꺼이 제물로 바칠 터였다.

하지만 그즈음에는 전과 다른 점도 문득문득 눈에 띄었다.

우선 한밤중에 문이 여닫히는 소리가 들렸다. 어머니의 목이 붉게 달아오른 게 보였고, 뭔가 수상한 낌새도 종종 느껴졌다. 다급하게 속삭이는 목소리가 들리거나, 어머니의 머리칼에서 그의 체취가 나기도 했다.

나는 버디가 어머니를 경계의 눈초리로 지켜보는 모습도, 데이비드가 내 어머니의 몸 이곳저곳을 훑어보는 모습도 목격했다. 그의 시선이 거기 머물러야 할 하등의 이유가 없는데도.

내 어머니와 데이비드 사이에 무슨 일이 벌어지고 있든 간에 야만적인 힘이 꿈틀거리며 집 안 구석구석으로 퍼져 나가고 있었다.

임신 소식은 다른 모든 소식처럼 저녁 식사 자리에서 발표되었다. 당연히 데이비드가 통보했다. 심지어 버디와 내 어머니 사이에 앉아 두 여자의 손을 하나씩 잡고 있었다. 데이비드의 피부 밑 혈관을 타고 자부심이 용솟음치는 게 눈에 보일 지경이었다. 그는 스스로에 대한 만족감에 흠뻑 젖어 있었다. 참 대단한 남자 아닌가. 두 마리 새가 양쪽에서 지저귀고 이젠 제 자식까지 떡하니 배 속에 들어섰으니. 참. 대단한. 남자야.

내 동생은 곧바로 울음을 터뜨렸고 클레먼시는 식탁을 박차고 나갔다. 뒷문 쪽 화장실에 들어가 토하는 소리가 들렸다.

나는 완전히 경악해서 어머니를 바라보았다. 이런 전개에 무방비하게 놀란 건 아니지만, 어머니가 임신 소식을 저렇게나 공공연히 기쁘게 알리도록 허락했다니 깜짝 놀랄 수밖에 없었다. 그런 일을 자기 아이들에게 알려 주려면 어두운 구석에서 단둘이 소곤소곤 얘기하는 게 더 나은 방법 아닐까? 어머니가 그 정도의 생각도 못 했다는 게 믿기지 않았다. 민망하지도 않은 걸까? 수치스럽지도 않은가?

어머니는 아무래도 상관없는 모양이었다. 내 여동생의 손을 꼭 붙잡고 이렇게 말하기까지 했다.

"애야, 넌 늘 남동생이든 여동생이든 생겼으면 좋겠다고 노래를 불렀잖아."

"응. 하지만 이런 식으론 아니야! 이건 아니지!"

내 동생은 매사에 참 호들갑스러운 아이였다. 하지만 이번 경우엔 차마 동생을 탓할 수 없었다.

"아빠는요?"

나는 절망적으로 물었다.

"아빠도 알아." 어머니가 이제 내 손을 붙들고 꼭 쥐었다. "아빠도 다 이해해. 아빠는 엄마가 행복하길 바라고 있어."

데이비드는 두 여자 사이에 앉아 우리를 가만히 지켜보고 있었다. 딱 봐도 내 어머니의 비위를 맞춰 주느라고 이렇게 아이들 달랠 시간을 하사하는 모양새였다. 우리가 자길 어떻게 생각하는지, 우리 어머니를 범하고 임신시킨 행동을 얼마나 역겹게 생각하는지는 손톱만큼도 신경 쓰지 않는 게 분명했다. 그 남자는 자기 자신 말고는 아무것도 신경 쓰지 않았다.

나는 버디를 쳐다보았다. 묘하게도 의기양양한 얼굴이었다. 마치 이 역시도 자신이 짠 원대한 마스터플랜의 결과라는 듯이.

"난 아이를 낳을 수 없는 몸이야."

버디가 내 마음을 읽기라도 한 것처럼 이렇게 말했다.

"그럼 우리 엄마는 뭔데요?" 나도 모르게 꽤나 신랄하게 내뱉고 말았다. "씨받이라도 돼요?"

데이비드가 한숨을 쉬더니 손가락 옆으로 입술을 만졌다. 그 사람이 자주 내보이던 버릇이어서 지금까지도 나는 누가 그런 동작을 취하면 마음이 불안해진다. 그가 말했다.

"이 가정엔 중심이 필요해. 심장이랄까, 어떤 도리랄까. 너희의 훌륭한 어머니는 우리 모두를 위해 몸소 이 일을 하시는 거야. 여신과 같은 존재지."

버디도 점잔 빼며 고개를 끄덕끄덕했다.

그때 클레먼시가 해쓱해진 얼굴로 돌아왔다. 그리고 자기 자리에 털썩 주저앉아 몸을 떨었다.

데이비드가 클레먼시에게 말했다.

"얘야. 한번 이렇게 생각해 봐라. 이 일이 두 가족을 하나로 묶어 줄 거야. 너희 넷 모두의 동생이 생기는 거라고. 두 가족이—,"

그러면서 아이들의 손을 잡으려고 식탁 위로 손을 뻗었다.

"하나로 통합되는 거야."

내 동생은 또 한 번 울음을 터뜨렸고 클레먼시는 주먹을 꽉 쥐고 풀지 않았다.

버디가 한숨을 쉬더니 짜증스레 핀잔을 주었다.

"아아, 제발 너네 둘 철 좀 들어라."

나는 데이비드가 버디에게 경고의 눈빛을 던지는 모습을 포착했다. 버디도 심술 사납게 고개를 휙 쳐들며 시선을 맞받았다.

"여기 익숙해지려면 며칠 정도 시간이 필요할 거야. 이해한다."

데이비드가 말을 이었다.

"하지만 너희들이 날 믿어야 해. 이 일이 우리 모두를 온전하게 만들어 줄 거다. 정말로 그럴 거야. 이 아기는 우리 공동체의 미래가 될 거야. 이 아기만큼 중요한 건 세상에 또 없을 거라고."

어머니의 몸은 내가 상상도 못 했던 양상으로 불어났다. 원래 길고 가느다란 허리와 툭 튀어나온 골반뼈가 두드러질 만큼 날씬한 체질이었는데 갑자기 식구들 중 가장 비대한 사람이 되어 버린 것이다. 어머니는 아무 일도 하지 말라는 지침에 따르는 한편 끊임없이 뭔가 받아먹었다.

그 '아기'에게는 하루 천 칼로리도 넘게 필요한 모양이었다. 우리 모두 버섯 비리야니향신료에 재운 고기나 해산물 위에 생쌀이나 반쯤 익힌 쌀과 채소를 올려 함께 쪄 낸 뒤 섞어 먹는 요리와 당근 수프를 깨작거릴 동안 어머니는 스파게티와 초콜릿 무스를 게걸스레 먹어 치웠다.

이때쯤 우리 모두 몸이 얼마나 말랐는지 앞에서 짚고 넘어갔던가? 내 아버지만 빼고 애초에 딱히 과체중이었던 사람은 아무도 없었다. 하지만 어머니가 제사에 쓰이는 염소처럼 살이 찌던 시기에 우리는 사실상 뼈만 앙상한 상태였다.

나는 거의 15살이 다 되었지만 11살 때 딱 맞던 옷을 여전히 입고 지냈다. 클레먼시와 내 동생은 거식증에 걸린 것처럼 보였고 버디야 원래부터 나뭇가지처럼 말라비틀어진 꼴이었다. 정말이지 엄격한 채식은 하나도 살로 가서 붙지 않고 우리 몸속을 그저 통과해 지나갈 뿐이라는 점을 알아야 한다.

하지만 아무리 몸에 좋은 채식이어도 늘 모자라게 배급받으며 '한 그릇 더 달라는 탐욕스러운 요청은 하지 말라'는 소리를 계속 듣는다면, 요리 담당 한 명이 버터를 혐오해서 절대로 지방을 충분히 먹을 수 없다면(성장기 어린이들은 반드시 지방을 섭취해야 하는데도), 다른 요리 담당자는 소금을 싫어하기에 언제나 음식 간이 부족하다면, 또 다른 담당자는 배에 고무 쿠션이 들어찬 듯 속이 더부룩해진단 이유로 밀을 안 먹기에 탄수화물이라든지 포만감 주는 성분도 늘 모자란다면, 뭐, 아주 깡마르고 영양실조에 허덕일 수밖에 없는 노릇이다.

시신들이 발견되고 우리 집 주변에 마이크와 카메라를 든 기자들이 몰려들어 한바탕 시끌벅적하게 소란을 피운 직후, 동네 이웃 한 명이 저녁 뉴스에 나와 우리가 전부 얼마나 말랐었는지 이야기했다.

"의심이 들긴 했죠."

그 이웃이 말했다(생전 처음 보는 사람이었다).

"그 집 식구들이 제대로 건강을 챙기고 있는 건지, 좀 걱정이 되더라고요. 다들 너무 심각하게 말랐으니까요. 하지만 남의 일에 간섭하기는 꺼려지지 않아요?"

그래요, 정체 모를 이웃 아주머니, 분명 그러시겠죠.

어쨌든 우리가 비실비실해지는 사이 어머니는 몸집이 불어나고 또 불어났다. 버디는 몇 달 전 할인 판매를 노려 뭉치로 싸게 사들였던 검은 면 원단으로 임신부용 튜닉을 만들었다. 원래는 그 원단으로 숄더백을 만들어 캠든 시장에서 팔 계획이었다. 판매 허가를 받은 노점상들 등쌀로 쫓겨나자마자 장사를 포기하는 바람에 그때 만든 가방은 고작 두 개 팔고 끝났지만 말이다.

이제 버디는 내 어머니가 겪는 일에 자기도 한몫하고 싶다는 갈망을 품고 바느질에 열을 올렸다. 곧 데이비드와 버디도 똑같이 검은 튜닉을 입기 시작했다. 그때까지 입던 다른 옷들은 몽땅 자선 단체에 기부했다. 그들의 모습은 지극히 우스꽝스러워 보였다.

우리들도 똑같은 옷을 입게 될 날이 머지않았다는 것을 짐작했어야 했는데.

어느 날 버디가 쓰레기봉투를 들고 내 방에 들어왔다.

"우리 옷을 전부 자선 단체에 보낼 거야. 우리한테는 별로 필요 없으니까 더 잘 쓸 사람들한테 넘겨줘야지. 옷 꾸리는 거 도와주려고 왔어."

돌이켜 보면 그때 그렇게나 쉽게 굴복했다는 사실이 나 스스로도 믿기지 않는다. 데이비드의 정신세계를 마음으로 받아들인 적은 결코 없지만, 나는 그 남자가 무서웠다. 한 해 전 그 끔찍한 소동이 벌어졌던 밤에 그가 핀을 집 밖 보도에 쓰러뜨리던 장면도 내 눈으로 직접 보지 않았던가. 그 애를 때리는 모습도 목도했고.

분명 그보다 더 나쁜 짓도 능히 할 수 있는 인간이었다.

또한 나는 버디도 똑같이 무서웠다. 데이비드의 내면에 잠들어 있던 괴물을 풀어 준 게 바로 그 여자였으니까. 그래서 나는 종종 구시렁대거나 툴툴대긴 했어도 그들의 명령을 거역한 적은 없었다.

그리하여 4월 말의 화요일 오후 3시에 서랍과 벽장 속 옷가지를 싹 털어 쓰레기봉투에 눌러 담았던 것이다. 가장 아끼던 청바지들도, 핀에게 넘겨받은 진짜 멋진 H&M 후드티도 떠나보내야 했다.

요전에 내가 그 옷을 보고 너무 멋지다고 감탄했더니 핀은 아무렇지 않게 나더러 입으라고 했었다. 그 밖에 내 티셔츠도, 점퍼도, 반바지도 전부 다 봉투로 들어갔다.

"하지만 밖에 나갈 땐 뭘 입어요? 홀딱 벗고 나갈 순 없잖아요."

버디가 검은색 튜닉과 검은색 레깅스를 건네며 말했다.

"여기. 이제부터 우리 모두 이걸 입을 거야. 잘 알겠지?"

"이런 차림으로 밖에 나갈 순 없어요."

나는 기겁하며 항의했다.

"외투는 계속 가지고 있을 거야. 뭐 어차피 네가 밖에 나갈 일은 없겠지만 말야."

맞는 말이었다. 나는 어지간히 은둔자처럼 지냈으니까. 온갖 '가정 규칙' 때문에, 또한 내가 '학교에 가지 않는 상태'이며 달리

갈 곳도 없다는 사실 때문에 집에서 거의 나갈 일이 없었다. 나는 검은색 가운과 레깅스를 넘겨받아 가슴께에 안아 들었다. 버디가 의미심장한 눈길로 나를 빤히 바라보았다.

"그럼 얼른. 나머지도."

나는 내 몸을 내려다보았다. 그 말인즉 지금 입고 있는 옷도 내 놓으란 뜻이었다.

한숨이 나왔다.

"잠깐 혼자 있게 해 주실래요?"

버디는 못 미덥다는 듯 나를 한번 쳐다봤지만 곧 방에서 나갔다. 방문 밖에서 외치는 소리가 들렸다.

"얼른 해. 나 바쁘다고."

나는 최대한 빨리 옷을 훌렁 벗은 다음 대충 접어 쌓았다.

"속옷은 계속 입어도 되는 건가요?"

나도 방문 너머로 외쳤다.

"그래, 당연하지."

버디가 조급하게 대꾸했다.

한심한 검정 가운과 레깅스를 스르륵 입은 다음 거울에 비친 내 모습을 뜯어보았다. 아주 왜소하고 삐삐 마른 수도승처럼 보였다. 나는 큰 소리로 웃어 젖히고 싶은 욕구를 꾹 참았다. 그리고 아주 잽싸게 서랍 깊숙한 데를 손으로 더듬으며 뭔가를 찾았다. 손가락으로 그 물건을 끄집어내 잠시 바라보았다. 2년 전 켄싱턴 마켓에서 산 가느다란 넥타이였다. 여태 한 번도 매 본 적 없었다. 하지만 이 넥타이를 맬 일이 절대 없으리라고 생각하니 참을 수 없었다. 나는 매트리스 밑, 저스틴의 마법 서적과 토끼 발을 숨겨 둔 자리에 넥타이를 슬쩍 밀어 넣은 다음 방문을 열었다. 그리고 차곡차곡 쌓은 옷가지를 버디에게 넘겼다.

"잘했어."

버디가 말했다.

그러더니 잠깐 동안 내 머리를 쓰다듬으려는 듯한 표정을 지었다. 하지만 그 대신 미소 지으며 이렇게만 덧붙였다.

"착하다."

잠시나마 버디가 온화해진 듯 보였기에 나는 그간 간절히 묻고 싶었던 질문을 꺼내 볼까 싶어 잠시 망설였다. 그러다 숨을 한번 들이마시고 그 질문을 툭 내뱉었다.

"질투 안 나세요? 그 아기 때문에 질투 나지 않아요?"

아주 잠깐이지만 버디는 와르르 무너진 듯 보였다. 갑자기 그 여자의 내면이, 노른자처럼 흐물흐물한 속내가 그대로 들여다보이는 느낌이었다. 잠시 주춤했던 버디가 곧 평정을 되찾고 말했다.

"질투라니, 그럴 리가 있니. 데이비드는 아기를 원해. 그이가 아기를 얻을 수 있게 해 준 네 어머니한테 감사하는 마음뿐인걸."

"하지만, 그러려면 데이비드 씨가 엄마랑…… 섹스를 해야 되는 거였잖아요?"

여태까지 내가 *섹스*라는 단어를 한 번이라도 입에 올린 적이 있었는지 긴가민가했고, 순식간에 얼굴이 발갛게 달아오르는 느낌이 들었다.

버디는 새침하게 대꾸했다.

"그래. 당연하지."

"하지만 데이비드 씨는 버디 씨 남자친구잖아요?"

버디가 내 말을 정정했다.

"파트너야. 데이비드는 내 파트너야. 나는 그 사람을 소유하지 않아. 그 사람도 날 소유하지 않지. 중요한 건 그이의 행복뿐이야."

나는 사려 깊은 말투로 물었다.

"그래요. 하지만 버디 씨의 행복은요?"

버디는 대답하지 않았다.

어머니의 임신 소식이 알려지고 며칠 지나지 않아 내 여동생은 14살이 되었다. 내가 딱히 수준 높은 안목을 갖췄다고 자신하긴 힘들지만 그 아이는 자랄수록 점점 더 예뻐졌다. 어머니처럼 키가 컸고, '머리 자르기 금지' 규칙이 시행된 지 2년이 지난 이때는 검은 머리가 허리까지 치렁치렁 내려왔다.

끄트머리가 가늘고 갈라진 클레먼시나 버디의 머리카락과 달리 동생의 풍성한 머리채엔 윤기가 반지르르 흘렀다.

우리 모두 그랬듯 내 동생도 깡말랐지만 그런대로 몸매가 고운 게 눈에 띄었다. 6킬로그램쯤만 체중을 늘리면 얼마나 기가 막히게 예뻐 보일지 상상이 갔다(물론 그런 상상에 쓸데없이 오래 몰두하지 않았다는 점만큼은 분명히 밝힐 수 있다). 그리고 여태까지 쭉 봐 온 앳된 이목구비 아래에서 참신한 개성이 올라오기 시작했다.

그 덕에 그 아이의 얼굴엔 묘하게 장난기 어린 매력이 더해졌다. 아름답다고 말해도 좋으리라.

지금 굳이 이런 얘기를 짚고 넘어가는 이유는 내가 동생의 외모를 어떻게 생각했는지 알리고 싶어서가 아니라, 아직도 네가 그 아이를 어린 여자애의 모습으로 상상할 것 같아서다. 하지만 그때 그 아이는 더 이상 어린 소녀가 아니었다.

그다음 일이 일어났을 때 내 동생은 소녀라기보다는 성숙한 여성에 훨씬 더 가까운 상태였다.

44

리비는 숨을 몰아쉬며 사무실에 들어섰다. 세리언 타하니와의 약속에 2분 늦었다. 지역 DJ이며 그럭저럭 유명 인사인 세리언은 이번에 5만 파운드나 들여 주방을 새로 꾸미는 중이다. 그렇다 보니 세리언이 문을 열고 들어올 때마다 쇼룸 안은 미약한 전류가 흐르듯 술렁였다.

평소 리비라면 만반의 준비를 갖추고 고객을 맞이했으리라. 서류 작업을 미리 끝내고 커피잔을 꺼내 놓는 건 기본이고, 거울로 복장을 점검하며 치맛단을 반듯하게 정돈하고 박하사탕까지 한 알 먹었겠지. 그런데 오늘은 세리언이 먼저 자리에 앉아 어색하게 핸드폰을 들여다보며 리비를 기다리고 있었다.

"정말, 정말 죄송합니다." 리비가 사과했다. "정말로요."

"괜찮습니다." 세리언이 핸드폰을 끄고 핸드백에 넣으며 말했다. "그럼 얼른 시작해 볼까요?"

그 뒤 한 시간 동안은 어제 벌어진 사건들에 대해 생각할 틈이 없었다.

대신 카라라 대리석 조리대와 포크 나이프 서랍, 환풍기 덮개, 구리 펜던트 조명과 에나멜 펜던트 조명의 장단점이 머릿속을 가득 채웠다. 그러니 마음이 편안해졌다. 리비는 주방에 관해 이야기하는 게 즐거웠다. 주방이라면 훤히 꿰고 있기도 했고.

하지만 주방 가구를 안내하는 시간은 금세 뚝 끝났다. 세리언이 독서용 안경을 벗어 핸드백에 도로 넣은 다음 리비를 껴안으며 작별 인사하고 떠났다. 그러자 잔뜩 긴장되어 있던 쇼룸 안 분위기가 푹 꺼져 느슨해지고 모두들 털썩 주저앉다시피 했다.

다이도가 손짓하며 안쪽 사무실로 리비를 불러들였다.

다이도는 다이어트 콜라 캔 뚜껑 고리를 딸깍 잡아당기며 물었다. "그래서 대체 어떻게 된 거예요?"

리비가 눈을 깜빡였다.

"저도 정확히 잘 모르겠어요. 뭐라 말할 수 없을 만큼 전부 다 요상했거든요."

그리고 꼭대기 층 계단참에서 핀과 마주친 일부터 차근차근 설명했다. 그다음에 첼시 다리를 건너 배터시에 있는 핀의 집으로 갔더니 그 멋들어진 강변 아파트에서 첼시 주택이 정면으로 마주 보였다는 것까지. 핀이 테라스에서 들려준 사연도 기억나는 대로 옮겼다. 오늘 아침 눈떠 보니 커다란 더블베드에 밀러와 서로 반대 방향으로 누워 있더라는 얘기도 했다.

그러자 다이도가 말했다.

"뭐, 내가 말은 안 했지만 그렇게 흘러갈 줄 알았다니까."

리비가 무슨 소리냐는 듯 다이도를 흘낏 봤다.

"네?"

"리비 씨랑 밀러 씨요. 둘이 통하잖아요."

"저희 그런 사이 아닌데요."

"둘이 통한다니까. 내 말 믿어요. 내가 이런 쪽으로는 도사야.

사실상 양쪽이 아직 만나기도 전에 '저 사람들 결혼하겠다' 예언
해서 맞춘 게 벌써 세 건이나 된다고요. 진짜로."

리비는 손을 내저으며 다이도의 실없는 소리를 일축했다.

"저희 둘 다 취해서 옷도 다 입은 채로 침대에 쓰러져 잔 것뿐
이에요. 아침에 일어났을 때도 그대로 다 입은 상태였고요. 아,
그리고 밀러 씨 몸에 문신이 있던데 저는 문신이라면 딱 질색이
거든요."

"요새는 다들 문신 좋아하는 줄 알았는데."

"네, 분명 그렇겠지만 저는 싫어요."

그때 진동이 울리길래 핸드폰을 집어 들었다. 리비가 화면에
뜬 밀러의 이름을 확인하고 "호랑이도 제 말 하면 온다더니"라 말
하며 통화 버튼을 눌렀다.

"여보세요?"

밀러가 다급하게 말을 쏟아 냈다.

"들어 봐요. 뭔가 이상해요. 어젯밤에 녹음한 파일을 방금 열어
봤는데요. 핀이랑 대화한 내용 말이에요. 그게 없어졌습니다."

"없어져요?"

"네. 삭제됐어요."

"지금 어디 계세요?"

"빅토리아의 카페에 와 있습니다. 이제 막 자리 잡고 앉아 파일
을 녹취하려고 했더니 보관함에 아무것도 없는 거예요."

"그런데— 파일이 저장됐던 게 확실한가요? 혹시 녹음 버튼이

제대로 안 눌렸던 건 아닐까요?"

"녹음 버튼은 확실히 눌렀습니다. 제대로 녹음됐는지 확인하려고 어젯밤에 다시 들어 본 것까지 생생히 기억나는데요. 분명히 잘 저장됐었어요. 파일명까지 입력해 놨단 말이죠."

"그럼, 밀러 씨 생각은……?"

"분명 핀이 한 짓이에요. 리비 씨도 잠자리에 들 때 핸드폰을 챙겨 온 줄 알았다고 말씀하셨죠. 음, 저도 마찬가지거든요. 그리고 제 핸드폰은 지문 인식으로 설정되어 있습니다. 즉, 저희가 잠든 뒤에 그 사람이 방으로 들어와서 *제 엄지손가락을 사용해* 핸드폰 잠금을 풀었다는 얘기죠. 제가 곯아떨어진 동안에 말이에요. 그러고는 리비 씨 핸드폰도 같이 가져간 다음에 저희를 가둬 놨고요. 이뿐만이 아닙니다. '핀 톰슨'을 구글에 검색해 봤는데 인터넷에서 아무런 흔적도 찾을 수가 없어요. 또 그 사람이 살고 있는 아파트를 검색해 보니 에어비앤비로 내놓은 숙소더군요. 예약 시스템상으로는 6월 19일부터 묵었다고 나와요. 그렇다는 건……."

"딱 제 생일부터군요."

밀러가 한숨을 쉬며 한 손으로 수염을 쓸어내렸다.

"리비 씨 생일날부터죠. 그래서 일단은 그 남자가 누군지 전혀 모르겠습니다. 어쨌든 엄청나게 수상한 인간이에요."

"어제 그 얘기요. 다 기억나세요? 진상을 이해할 수 있을 만큼 세세하게."

밀러는 잠시 주저하다 대답했다.

"살짝 흐릿해요. 대부분은 기억나는데, 막판으로 갈수록 정말로……."

리비가 맞장구쳤다.

"저도 그래요. 정말 흐리멍덩해요. 그리고 너무 졸려서 그만……."

"죽은 듯이 곯아떨어졌죠."

밀러가 대신 끝맺었다.

"그리고 하루 종일 몸이……."

"정말 심각하게 이상하고요."

"정말 이상해요."

리비도 동의했다.

"그래서 슬슬 드는 생각이……."

리비가 끼어들었다.

"맞아요. 제 생각에도 그 사람이 저희 음식에 약을 탄 것 같아요. 하지만 왜 그랬을까요?"

"그건 저도 모르겠습니다. 좌우간 리비 씨 핸드폰을 한번 확인해 봐야 해요. 잠금 설정은 해 두셨나요?"

"네."

"비밀번호가 뭐죠?"

리비는 한숨을 내쉬었다. 어깨까지 축 처진다.

"제 생년월일이에요."

"그렇군요. 음, 핸드폰에 뭐 이상한 점은 없는지 확인해 보세요. 뭔가 심어 놨을지도 모르니까요. 스파이웨어든 뭐든."

"스파이웨어요?"

"뭔 짓을 했을지 누가 알겠어요. 아주 이상한 사람이에요. 어젯밤을 떠올려 보면 모든 게 이상했어요. 리비 씨 집에 몰래 침입하고, 저희한테 약을 먹이고—."

"정확히는, 약을 먹였을 수도 *있다* 이거죠."

"네, 약을 먹였을 수도 있고. 최소한 저희가 잠들었을 때 방에 살금살금 들어와 제 지문으로 핸드폰 잠금을 해제했고, 리비 씨 가방에서 핸드폰을 빼내고 저희를 방에 가뒀죠. 이 남자라면 그보다 더한 짓도 충분히 벌일 수 있다고 봅니다."

"네." 리비가 부드럽게 대답했다. "밀러 씨 말이 맞아요. 알았어요, 확인해 볼게요. 그럼, 그 사람이 지금도 우리 대화를 듣고 있을지 모르겠네요."

"네, 그럴 수도 있죠. 이봐, 지금 듣고 있다면 말인데, 네 속셈은 우리도 다 안다, 이 소름 끼치는 새끼야."

밀러가 숨을 들이쉬었다. 리비의 귀에도 그 숨소리가 들렸다.

"그나저나 저희도 얼른 다시 만나야 해요. 버디 에버스 던롭에 대해 조사를 좀 해 봤거든요. 흥미로운 뒷이야기가 있더군요. 그리고 정원에서 약초를 재배하던 남자도 찾은 것 같습니다. 언제쯤 시간 나세요?"

새로운 국면이 펼쳐질 듯한 기대감에 리비의 심장 박동이 빨라졌다. "오늘 밤 괜찮아요." 리비가 숨 가쁘게 말했다. "아니, 밤까지 기다릴 것도 없이……." 그러면서 자신을 뚫어지게 보고 있는 다이도를 올려다보았다. "지금은 어때요?" 이 질문은 사실상 다이도에게 던진 셈이었다. 다이도는 열성적으로 고개를 끄덕이며 입 모양으로만 *가요, 가* 하고 말했다.

"지금 봐도 돼요. 아무 데서나."

"그럼 그 카페에서 볼까요?"

밀러가 물었다.

리비는 그가 말하는 곳이 어디인지 정확히 알았다.

"그래요, 그 카페에서 봐요. 한 시간 안에 도착할 거예요."

전화를 끊자 다이도가 리비를 바라보며 이렇게 말했다.

"있잖아요, 지금이야말로 리비 씨가 연차 휴가를 쓰기에 딱 좋은 때라고 봐요."

리비가 얼굴을 찡그렸다.

"하지만—,"

"아무 문제 없어요. 모건 부부랑 세리언 타하니는 내게 맡겨요. 리비 씨가 아프다고 말해 둘게요. 지금 뭐가 어떻게 돌아가는지는 몰라도 주방 회사 업무보단 더 중요한 일이잖아요."

리비는 주방 회사 업무의 중요성을 피력하려고 입을 반쯤 벌렸다. 주방은 *실로* 중요하다. 주방은 사람들을 행복하게 만든다. 사람들에겐 주방이 필요하다. 주방, 그리고 새 주방을 의뢰하는 사람들은 지난 5년 동안 리비의 삶 자체였다. 하지만 다이도의 말이

옳다는 사실도 안다.

그래서 그냥 고개를 끄덕였다.

"고마워요, 다이도 씨."

그러고 나서 책상을 정돈하고, 새로 온 메일 두 통에 답신을 보내고, 앞으로 '부재중'이라는 자동 회신이 가도록 설정한 다음 세인트올번스 중심가에서 기차역으로 발길을 옮겼다.

45

첼시, 1992년

1992년 5월쯤 이미 우리 집안은 기괴하게 응어리져 아주 끔찍한 형태로 탈바꿈했다. 육식에 환장한 자들과 매연과 세균으로 가득 찬 바깥세상은 땀이 뻘뻘 나는 체조나 예쁜 꽃만으론 쳐부술 수 없기에, 데이비드의 연약한 새싹들이 그런 데 나갔다간 시름시름 죽고 말 게 분명했다.

따라서 우리 모두에게 외출 금지령이 떨어졌다. 매주 현관문 앞으로 채소가 배달되었고 우리 집 식품 저장실에는 적어도 5년치는 되는 씨앗과 곡물, 콩이 그득그득 쌓였다.

그러던 어느 날 데이비드는 우리에게 신발을 내놓으라고 명령했다. 내 열다섯 번째 생일을 앞둔 시점이었다.

우리 모두의 신발.

꼭 죽은 동물의 부속으로 만든 신발이 아니라 해도, 신발이란 아주 나쁘기 짝이 없는 물건인 게 분명했다. 지저분한 포장도로라든지 아무 기쁨 없이 터덜터덜 걷는 출근길을 연상케 하니까. 그렇게 악의 소굴과도 같은 직장에 출근해서 부지런히 노동해 봐야 상위 1퍼센트의 배만 불려 주고 나머지 99퍼센트는 국가가 찍어 낸 빈곤의 족쇄에서 벗어날 수 없지 않은가.

듣자 하니 인도의 빈곤층은 신발을 신지 않는 모양이었다. 그러므로 우리도 신발을 신지 말아야 했다. 우리가 신던 신발은 한 켤레도 남김없이 검은 비닐봉지에 싹 담겨 집 근처 자선 상점 문 앞에 버려졌다.

데이비드가 우리 신발을 앗아간 날부터 1년 뒤 우리가 탈출하던 날 밤까지 누구도 집 밖으로 나가지 않았다.

46

리비가 웨스트엔드 거리의 카페로 들어섰다. 밀러는 이미 뭔가 먹고 있었다.

"뭐 드세요?"

리비는 핸드백을 의자 등받이에 건 다음 자리에 앉으며 물었다.

밀러가 입가에 묻은 소스를 닦으며 대답했다.

"치킨과 초리조 랩 샌드위치인데요. 아주 맛있네요. 진짜 되게 맛있어요."

"지금 4시인데. 그럼 이게 점심이에요, 저녁이에요?"

밀러가 곰곰이 생각해 본다.

"늦은 점심? 아니면 이른 저녁? 점저? 저점? 식사하셨어요?"

리비는 고개를 저었다.

오늘 오전에 핀의 테라스에서 아침 식사를 한 뒤로 아무것도 안 먹었고 식욕도 없었다.

"전 배가 안 고파서요."

밀러가 어깨를 으쓱하더니 샌드위치를 한 입 더 베어 먹었다.

리비는 차를 주문하고 상대방이 샌드위치를 다 먹을 때까지 기다렸다.

밀러의 먹성에는 묘하게 매력적인 구석이 있다. 만사 제쳐 두고 오로지 먹는 일에만 몰두하는 느낌이었다. 밀러는 열심히 먹고, 리비는 그 모습을 유심히 관찰했다.

밀러가 노트북을 열고 뭔가 입력한 다음 리비 쪽으로 화면을 돌렸다.

"자, 그럼— 버디 에버스 던롭을 한번 살펴볼까요. 정식 이름을 대자면 브리짓 엘스페스 베로니카 에버스 던롭이죠. 1964년 4월 글로스터셔에서 태어났고 1982년 런던으로 이주해 왕립 음악 대학에서 바이올린을 전공했습니다. 주말에 종종 거리 공연을 하다가 당시 남자 친구였던 로저 밀턴과 함께 '그린 선데이'라는 밴드에 합류했죠. 여담이지만 로저 밀턴은 '더 크로우즈the Crows'의 리드 보컬이 됐고요."

밀러가 호응을 기대하는 눈빛으로 쳐다보았다.

리비는 그의 시선을 멀뚱멀뚱 맞받았다.

"유명한 밴드인가요?"

밀러가 눈을 굴리더니 바로 말을 이었다.

"뭐, 그냥 넘어가죠. 아무튼 버디는 몇 년 정도 바이올린 연주로 돈벌이를 하다 '오리지널 버전'이라는 밴드 오디션을 보게 됩니다. 그 뒤 저스틴 레딩과 교제를 시작하고는 그 남자를 밴드 타악기 연주자로 영입하는데요. 당시 인터뷰를 보면 버디가 그 밴드를 꽤나 좌지우지했다더군요. 다들 그 여자를 싫어했고요. '오리지널 버전'은 1988년 여름에 발표한 곡으로 인기 순위 1위를 차지한 뒤 버디와 저스틴 두 사람과 함께 싱글을 한 곡 더 발매했습니다. 하지만 그 싱글이 폭삭 망하자 버디는 자기 빼고 모두를 비난하며 씩씩거리다 저스틴을 데리고 탈퇴해 버렸어요. 인터넷에 올라온 버디 에버스 던롭의 신상 이야기는 여기까지입니다. 그 이후로는 정보가 없어요. 그야말로……."

그러면서 한 손을 움직여 절벽에서 떨어지는 모양을 만들어 보인다.

"그렇지만 버디의 부모님은 어쩌고요?"

"별거 없어요. 버디는 상류층 가톨릭 집안의 8남매 중 한 명이었고, 제가 알기로 부모님은 아직 살아 계십니다. 적어도 작고했다고 추측할 만한 근거는 전혀 눈에 띄지 않았죠. 또 *수십 명*이나 되는 에버스 던롭스 집안의 고상한 자제들이 악기를 연주하거나 비건 음식 배달업체를 운영하며 잘 살고 있고요. 그런데 무슨 이유에선지 버디의 가족은 1994년 이후 넷째 딸이 온데간데없이 사라져 버렸다는 사실을 알아차리지 못했든지 아무 신경도 안 쓰는 모양입니다."

"그럼 그 남자 친구는요? 저스틴이라고 했나요?"

"건질 만한 게 없어요. '오리지널 버전'의 히트송 두 곡에 타악기 연주자로 참여한 짧은 기간 동안은 저스틴에 관한 언급이 몇 가지 눈에 띄지만 그 밖엔 아무것도 없습니다."

리비는 잠시 묵묵히 앉아 지금까지 들은 이야기를 정리해 보았다. 어떻게 사람들의 존재가 그런 식으로 벼랑에서 미끄러지듯 말살될 수 있단 말인가? 아무도 그 사실을 알아차리지 못한다는 게 말이 되나?

밀러가 노트북 화면을 다시 자기 앞으로 돌리고 뭔가 입력했다.

"그래서— 그다음엔 핀에 대해 조사해 봤습니다. 에어비앤비로 아파트를 내놓은 집주인에게 연락해서 지금 살인 사건을 수사 중이니 제일 최근 예약자 이름을 알려 달라고 했죠. 그랬더니 기꺼이 알려 줬는데, 자극적인 일에 동참하고 싶은 눈치가 역력하더라고요. 예약자는 저스틴 레딩이라네요."

리비가 깜짝 놀라 밀러를 쳐다봤다.

"뭐라고요?"

"그 남자가 핀이든 누구든 간에 버디의 예전 남자 친구 이름으로 에어비앤비를 예약했다는 얘기죠."

리비는 그저 이렇게 내뱉었다.

"우와."

"그러니까요. 놀랍죠?" 밀러가 노트북에 또 뭔가 입력했다. "그리고 마지막으로 하나 더, 중요한 걸 보여 드리죠. 샐리 톰슨입니다."

그러더니 다시 노트북 화면을 리비에게 돌렸다. 나이 든 여성의 모습이 보였다. 헬멧처럼 둥그렇게 자른 은발 머리, 뿔테 안경, 옅은 파란색 눈, 희미하게 미소 짓는 입, 세 번째 단추까지 풀어 입은 하늘색 블라우스, 창백한 쇄골, 왕년의 미모가 느껴지는 얼굴선을 차례로 훑어본다. 사진 아래 '인생 상담사 겸 치료사'라 적혀 있었다.

"이름 철자도 연령대도 일치합니다. 통상적으로 직업 분야도 딱 들어맞는 것 같죠. *인생 치료사*라잖아요. 결국엔 그딴 허튼짓으로 굴러가게 되지 않겠어요? 샐리 톰슨 입장이라면요. 그리고 보세요, 콘월에 살고 있어요. 즉, 우리가 찾는 샐리가 확실해요."

리비는 자신을 의기양양하게 쳐다보는 밀러의 눈 속에서 의문 부호를 읽었다.

"밀러 씨는 우리가 그리 가야 한다고 생각하세요?"

"네, 그래야 한다고 생각해요."

"언제요?"

밀러가 눈썹을 치켜올리더니 미소를 띠며 핸드폰에 전화번호를 입력했다. 곧이어 목청을 가다듬고 말했다.

"안녕하세요, 샐리 톰슨 씨인가요?"

수화기 너머에서 그렇다고 대답하는 소리가 들린다.

밀러는 갑자기 전화를 걸었던 만큼이나 갑작스레 뚝 끊었다. 그리고 리비를 바라보며 이렇게 말했다.

"지금 어때요?"

"하지만—," 리비는 지금 바로 떠날 수 없는 이유를 어떻게든 대 보려고 했다. 그러나 이내 그럴듯한 이유가 하나도 없음을 깨달았다. "샤워를 좀 해야 되는데요." 간신히 이렇게 말했다.

밀러가 미소 지으며 노트북을 다시 제 앞으로 돌리고는 키보드를 두드리기 시작했다.

"에어비앤비로 할까요? 아니면 프리미어 인영국의 호텔 체인?"

"프리미어 인으로 해요."

"좋아요."

밀러는 터치 패드를 몇 번 더 클릭해 프리미어 인 르루로 지점에 방 두 개를 예약한 다음 리비에게 말했다.

"거기 도착해서 샤워하시면 되겠네요."

이어서 노트북을 닫고 플러그를 뽑은 다음 나일론 케이스에 밀어 넣었다.

"가 볼까요?"

리비는 남은 하루를 밀러와 함께 보낼 수 있다는 생각에 묘하게 짜릿함을 느끼며 일어섰다.

"가죠."

47

첼시, 1992년

나는 곧 태어날 아기가 우리에게 닥친 모든 재앙의 원인이라고 판단했다. 내 어머니가 점점 뚱뚱해지는 사이 나머지 식구들은 모두 야위어 갔다. 데이비드는 꽁지깃을 부풀리고 우쭐우쭐 으스댔다. 어머니의 몸집이 불어날 때마다, 아기가 발길질을 하거나 꿈틀거릴 때마다, 데이비드의 구역질 나는 자기 확신은 한층 더 두터워졌다.

나는 켄싱턴 마켓에 갔던 날 핀에게 들은 이야기를 기억하며 희망을 놓지 않으려 애썼다. 데이비드가 지난번 집에 침투해 통제권을 틀어쥐려다 쫓겨났다는 이야기 말이다. 집주인의 물건을 도둑질하다 덜미를 잡혔을 때 얼마나 치욕스러웠을까. 그 굴욕감을 상상해 보려 했다. 또 지금 몸을 잔뜩 부풀린 칠면조처럼 우리 집 안에서 활개 치는 저 남자가 집도 없고 돈도 한 푼 없는 처지로 4년 전 우리 집 문간에 나타난 남자와 동일인이라는 사실을 잊지 않으려고 노력했다.

아기가 태어난다고 생각하면 참을 수가 없었다. 데이비드는 우리의 뒤틀린 작은 우주에서 자기가 맡은 신 역할을 공고히 하는데 그 아기를 이용할 게 뻔했다. 만약 아기가 태어나지 않는다면 내 어머니는 하루 종일 먹지 않아도 될 테고 우리도 다시 집 안으로 세균을 들여올 수 있을 터였다.

보다 중요한 건, 우리가 더 이상 데이비드 톰슨과 관계를 맺을 이유가 전혀 없으리란 점이었다. 우리를 연결하고 하나로 묶어 줄 게 아무것도 없어지는 셈이니.

난 내가 뭘 해야 할지 깨달았다. 아무래도 내게 불리하게 작용할 만한 이야기지만, 당시 난 어린애였고 절박했다. 내 행동은 우리 모두를 구하려는 노력이었다.

약물을 투여하는 일은 놀랄 만큼 쉬웠다. 가능한 한 어머니를 위한 요리는 내가 전담하는 쪽으로 해 두고 허브차와 채소 주스도 만들어 먹였다. 그리고 어머니에게 가져다주는 모든 음식에다 저스틴의 책 속 '원치 않는 임신을 자연적으로 중절하는 방법' 부분에 열거된 재료들을 섞어 넣었다. 파슬리와 계피, 쑥, 참깨, 캐모마일, 달맞이꽃 종자유를 듬뿍듬뿍.

내가 주스 잔을 건네줄 때면 어머니는 내 손을 쓰다듬으며 말했다.

"헨리, 넌 정말 착한 아이야. 네게 이렇게 보살핌을 받으니 엄마는 참 복 받은 사람이야."

그러면 나는 대답 없이 살짝 얼굴을 붉히곤 했다. 데이비드의 족쇄에 어머니의 발목이 영영 묶여 버리는 일 없게끔 애쓰는 중이었으니, 어떤 면에서는 내가 어머니를 보살피고 있는 게 *맞았다*. 하지만 또 다른 측면에선 조금도 보살핀다고 볼 수 없었다.

임신 5개월에 접어들어 태아가 확실한 존재감을 드러내며 발로 차고 꿈틀거리며 이리저리 움직이던 무렵이었다. 어느 날 어머니가 부엌으로 내려오더니 버디와 대화를 나눴다. 이렇게 말하는 어머니의 목소리가 들렸다.

"아기가 움직이질 않아. 오늘은 전혀 움직임이 없어."

그날 하루 동안 경악이 점점 더 고조되었고 나는 이제 무슨 일이 닥칠지 알았기에 명치를 꽉 짓누르는 끔찍한 고통에 시달렸다.

당연한 일이지만 집으로 의사를 부르지도 않았고 어머니를 응급실로 옮기지도 않았다. 별별 기술을 다 갖춘 데이비드 톰슨은 산파술마저 통달한 모양이었다. 그는 전 과정을 관장하면서 타월이나 물, 쓸데없는 동종 요법 팅크를 얼른 가져오라며 다른 사람들을 이리저리 뛰어다니게 만들었다.

죽은 아기를 몸 밖으로 빼내는 데 닷새가 걸렸다.

데이비드, 버디, 그리고 아기가 함께한 가운데 어머니는 자기 방 안에서 몇 시간이나 통곡했다. 울음소리가 온 집 안에 울려 퍼졌다.

나를 포함한 아이들 넷은 방금 일어난 일을 제대로 감당할 수 없어 그저 숨죽이고 다락방에 옹기종기 모여 앉아 있었다.

그날 늦게, 마침내 어머니가 검은 숄로 싸맨 아기를 아래층으로 안고 내려왔고 데이비드는 정원 맨 끝에 무덤을 만들었다. 아기 시체는 캄캄한 밤, 사방에 촛불이 일렁이는 가운데 땅속에 묻혔다.

그날 밤 나는 아버지를 찾아가 마주 보고 앉았다.

"아기가 죽은 거 알고 계셨어요?"

아버지가 고개 돌려 나를 바라보았다. 아무 대답도 못 들으리란 건 알고 있었다. 아버지는 말을 할 수 없는 상태였으니. 그래도 눈빛을 잘 들여다보면 그날 일에 대해 아버지가 어떻게 생각하는지 느껴지지 않을까 싶었다. 하지만 아버지의 눈 속에는 오로지 두려움과 슬픔만이 비칠 뿐이었다.

"조그만 남자아이였어요. 저 사람들은 그 아기를 일라이자라 불러요. 지금 뒷마당에다 묻어 주는 중이고요."

아버지는 계속 나를 바라보았다.

"이렇게 되는 편이 낫지 않을까요? 그렇지 않아요?"

나는 내 죄를 구원받을 길을 찾고 있었기에, 아버지의 침묵을 승인이라 해석하기로 마음먹었다.

"제 말은요, 어차피 결국 죽었을 것 같지 않아요? 의사 도움도 못 받는데? 더 나쁘게는 엄마가 죽게 될지도 모를 일이었다고요. 그러니까 뭐, 이쪽이 차라리 나을 거예요."

그리고 아버지 등 뒤의 캄캄한 유리창에 비친 내 모습을 힐끗 보았다. 참 어리고 멍청해 보였다.

"아기는 되게 작았어요."

이렇게 말하려니 목이 메었다. 아기는 너무도 작아서 기묘한 인형처럼 보였다. 그 모습을 보니 가슴이 아팠다. 내 막냇동생.

"어쨌든. 지금은 그렇게 돌아가고 있어요. 그리고 이젠 우리 모두 정상으로 돌아가려고 노력할 때가 된 것 같아요."

하지만 그게 문제였다. 정상적인 게 없었으니까. 아버지의 삶은 정상적이지 않았다. 우리의 생활도 정상이 아니었다. 아기는 떠났지만 나한테는 여전히 신발이 한 켤레도 없었다. 아기가 떠났는데도 아버지는 여전히 하루 종일 의자에 앉아 벽만 쳐다보았다. 아기는 떠났으나 학교도, 방학도, 친구도, 바깥세상도 없었다. 아기가 떠났다 해도 데이비드는 여전히 여기 버티고 있었다. 버디도 마찬가지이고.

아기는 떠났지만 우리는 해방되지 못했다.

48

9시다. 루시와 아이들은 옛날에 저스틴이 쓰던 침실에서 하룻밤 묵기로 했다. 방 안 벽에 촛불이 어룽거렸다. 스텔라는 벌써 반쯤 잠들었고 개는 아이의 무릎 뒤쪽에 몸을 웅크리고 누웠다.

루시는 조그만 진토닉 캔을, 마르코는 환타 캔을 땄다. 두 사람은 캔을 맞부딪치며 런던을 향해 짠 하고 건배했다.

마르코가 가만히 말을 꺼낸다.

"그래서— 이제 그 아기에 대해 말해 줄 거야?"

루시는 한숨을 쉬었다. 그러고는 두 손으로 얼굴을 쓸어내렸다.

"아이고. 모르겠어. 전부 다 너무…….."

"그냥 얘기해 줘."

루시는 어디서부터 시작해야 할지, 이야기의 물꼬를 트려면 어떤 지점부터 짚는 게 좋을지 따져 보았다. 그때 루시와 마르코 둘 다 머리 위에서 나는 발소리를 듣고 고개를 돌렸다. 두 사람은 얼어붙었다. 루시가 한 손을 마르코의 손 위에 얹고 자기 입술에 집게손가락 끝을 갖다 댔다.

주위가 고요해지자 루시는 마음을 놓기 시작했다. 하지만 그때 다시 소리가 났다. 분명히 마룻바닥을 삐걱삐걱 디디는 발소리였다.

"엄마…….."

루시는 마르코의 손을 꽉 잡고 천천히 자리에서 일어섰다. 그리고 방을 가로질러 문 쪽으로 살금살금 걸어갔다. 스텔라에게 딱 붙어 웅크리고 자던 개가 깨어나 고개 들더니 문 앞까지 따라왔다. 피츠의 발톱이 나무 바닥에 부딪혀 요란한 소리를 냈다. 루시가 안아 올리자 녀석은 곧 으르렁거릴 듯 목구멍에 시동을 걸었다. 루시는 쉿 소리를 내며 피츠를 달랬다.

등 뒤에서 마르코의 거칠고 무거운 숨소리가 들렸다.

"뒤로 물러나."

루시가 아들에게 날카롭게 속삭였다.

피츠도 점점 더 크게 목구멍을 그르렁거렸다. 위층에서 또 한 번 삐걱대는 소리가 나자 녀석이 맹렬히 짖었다.

삐걱거리는 소리가 딱 멈췄다.

하지만 이젠 침실과 이어지는 나무 계단을 거침없이 내려오는 발소리가 착실하고도 꾸준히 들려왔다. 루시는 숨을 참았다. 개가 다시 짖어 대며 루시의 품에서 빠져나가려 버둥거렸다. 루시는 방문을 닫고 온몸의 체중을 실어 문 안쪽에 기댔다.

스텔라도 깨어나 눈을 커다랗게 뜨고 문가를 물끄러미 바라봤다.

"무슨 일이야, 엄마?"

루시가 스텔라에게 속삭였다.

"아무것도 아냐, 아가야. 별일 없어. 그냥 피츠가 바보같이 굴어서 그래."

2층으로 통하는 문이 삐거덕거리더니 쾅 닫혔다.

아드레날린이 혈관을 타고 흘렀다.

"그 아기야?"

마르코가 겁에 질려 눈을 휘둥그레 뜨고서 다급하게 속삭였다.

"나도 몰라. 누군지 모르겠어."

루시가 대꾸했다.

계단참을 디디는 발소리가 들리더니 이젠 바로 문 너머에서 누군가 숨소리를 냈다. 피츠가 잠잠해지며 귀를 뒤로 젖히고 이빨을 드러냈다. 루시는 뒤로 물러나 문을 빼꼼 열었다. 그 순간 피츠가 루시의 품에서 뛰어내려 문틈으로 비집고 나갔다. 그러고는 문밖에 서 있는 남자를 보고 짖으며 발목을 깨물었다. 남자는 개를 내려다보며 살짝 미소 짓고는 손을 내밀어 녀석이 냄새 맡을 수 있게 해 줬다. 피츠는 조용히 손을 킁킁거린 다음 남자가 자기 정수리를 쓰다듬게 놔두었다.

"안녕, 루시." 남자가 말했다. "착한 개네."

3
장

리비는 친숙한 보라색 베드 스카프_{침대에 신발을 신고 올라갈 때 발을 얹는}
_{형겊 덮개}가 발치에 깔린 호텔 침대에 몸을 쭉 뻗고 누웠다. 프리미
어 인 호텔 방에 있자니 행복한 기분이었다. 여자 친구들끼리 떠
나는 여행과 도심에서 보내는 휴가, 먼 도시에서 열리는 결혼식
이 자연스레 연상되니까.

프리미어 인의 침대는 친숙하고 편안하다. 하루 종일 침대에서
뒹굴뒹굴할 수도 있다. 하지만 아침 9시에 로비에서 밀러와 만나
야 했다.

리비는 핸드폰 시계를 힐끗 보았다. 8시 48분이다. 침대에서
빠져나와 재빨리 샤워했다.

어젯밤 런던에서 여기까지 먼 길을 오며 밀러와 5시간을 함께
보냈다. 그러는 사이 그에 대해 더 많이 알게 되었다.

밀러는 22살 때 교통사고를 당해 1년 동안 휠체어 신세를 지며
재활 치료를 받았다. 젊은 시절엔 아주 마르고 민첩한 사람이었
지만 사고 이후로는 예전의 날렵한 몸매를 결코 되찾지 못했다.
게이인 아버지와 누나 두 명이 있으며 레밍턴 스파 지역에서 자
랐다. 대학에서는 정치학을 전공했고 그 시절에 전 부인 마틸다,
약칭 '마티'와 만났다.

밀러가 핸드폰에 저장된 전 부인의 사진을 보여 주었다. 굉장
한 미인이었다. 짙은 빨간 머리에 도톰한 입술, 층지게 자른 힙스

터 헤어스타일이 돋보였다. 99퍼센트의 사람들한테는 끔찍이도 안 어울릴 머리였다.

"왜 헤어지셨어요?" 리비는 이렇게 묻고 곧바로 덧붙였다. "이런 질문 해도 될까요?"

밀러가 가슴에 손을 얹으며 대답했다.

"아, 제 잘못이죠. 전적으로 제 잘못이었어요. 제 우선순위에서는 아내가 꼴찌로 밀려났으니까요. 아내보단 친구들이나 취미를 우선시했고, 그중에서도 주로 일에 집중했죠. 그리고 특히—,"

그러다 잠시 말을 멈추고 쓴웃음을 지었다.

"《가디언》지의 기사를 쓰는 일에 매달렸는데요. 아내가 대장내시경 검사를 받던 날, 서머싯 하우스에서 시간 가는 줄 모르고 자료 조사를 하다가 제시간에 데리러 가지 못했거든요. 그래서 마티는 택시를 타고 집에 돌아가야 했고요. 그때 마티의 인내심이 한계에 도달한 거예요."

그가 어깨를 으쓱했다.

"하지만 덕분에 뼈저린 교훈을 얻었죠. 다시는 개인적인 삶보다 일을 우선시하지 않을 겁니다."

그러더니 이렇게 물었다.

"리비 씨는요? 리비 씨만의 남자를 찾으셨나요?"

"아뇨. 아직요. 진행 중인 프로젝트라 할 수 있죠."

"아, 하지만 리비 씨는 아직 젊으니까요."

평소 리비는 한껏 높여 잡은 목표들을 전부 다 달성하려면 시간이 촉박하다고 생각해 왔지만, 이번만큼은 본인의 지론을 잠시 잊고 밀러의 말에 동의했다.

"그렇죠. 맞아요."

리비는 어제와 같은 옷을 다시 입고 9시 2분에 로비로 내려갔다. 밀러가 벌써 나와 기다리고 있었다. 변한 게 하나도 없고, 샤워도 하지 않은 듯 보였다. 어느 모로 보나 지난 48시간 동안 집에 못 들어간 사람처럼 후줄근한 꼴이다.

하지만 그 부스스하고 꺼칠한 모습을 바라보자니 왠지 기분이 좋아졌다. 리비는 그의 머리칼을 정돈하고 티셔츠 목 부분을 펴주고 싶은 유혹을 간신히 물리쳤다.

역시나 밀러는 프리미어 인이 제공하는 푸짐한 아침을 벌써 해치웠고 리비가 나타났을 땐 커피를 마지막 한 모금까지 쭉 들이켜는 참이었다. 그러다 리비를 보고 미소 지으며 커피잔을 내려놓았다. 두 사람은 함께 호텔을 나섰다.

샐리는 펜리스 시내의 작은 석조 건물에서 일했다. 건물 전면엔 '더 비치'라는 스파가 자리 잡았고, 샐리의 사무실은 2층으로 계단을 쭉 올라가야 나온다. 밀러가 초인종을 울리자 아주 앳된 소녀가 응대했다.

"어떻게 오셨죠?"

"안녕하세요." 밀러가 말했다. "샐리 톰슨 씨를 만나 뵈러 왔습니다."

"지금은 손님과 함께 계시는데요. 제가 뭐 도와드릴 게 있을까요?"

타고난 금발 머리에 살빛이 창백한 소녀다. 반듯한 골상이 샐리 톰슨과 빼닮았다. 잠시 동안 리비는 이 아이가 샐리의 딸이리라고 생각했다. 하지만 그럴 리가 없다. 샐리는 최소한 예순 살은 됐고, 아마 그보다도 더 나이가 많을 테니까.

"으음, 아뇨. 저희는 꼭 샐리 씨와 직접 이야기를 해야 돼서요."

밀러가 밀고 나간다.

"약속 잡고 오신 건가요?"

"아뇨. 안타깝게도 약속은 못 잡았습니다. 말하자면 긴급한 상황이거든요."

소녀는 눈을 살짝 가늘게 뜨더니 침대 겸용인 가죽 소파로 시선을 돌리며 말했다.

"앉아서 기다리시겠어요? 그렇게 오래 걸리진 않을 거예요."

"정말 감사합니다."

밀러는 이렇게 답한 다음 리비와 나란히 앉았다.

비좁은 공간에 다닥다닥 모여 있다 보니 책상 뒤에 앉은 소녀의 숨소리까지 고스란히 들렸다.

전화벨 소리에 어색한 침묵이 깨졌다. 리비가 밀러에게 고개 돌리고 속삭였다.

"그 사람이 아니면 어쩌죠?"

"아니면 아닌 거죠."

밀러는 그저 어깨를 으쓱했다.

리비는 잠깐 밀러를 바라보았다. 그리고 이 남자의 인생관이 자신과 다르다는 사실을 깨달았다. 밀러는 틀릴 준비가 되어 있고, 다음에 무슨 일이 일어날지 항시 알고 대비해 둬야 한다는 생각 따윈 하지 않는다. 밀러처럼 살아 나가면 어떨까 생각하니 묘하게 짜릿했다.

키 큰 여자가 나타났다. 회색 반소매 원피스와 금색 샌들 차림이었다. 그녀는 어느 중년 남성과 작별 인사를 나눈 뒤 두 사람의 시선을 받고는 애매한 표정을 지었다. 그러더니 고개 돌려 책상 뒤의 소녀를 쳐다봤다.

"롤라?"

소녀가 두 사람을 쳐다보며 말했다.

"저분들이 긴급하게 만나 뵙고 싶다고 하세요."

여자는 다시 리비와 밀러에게 눈길을 주며 어중간하게 미소 지었다.

"안녕하세요?"

딱 봐도 누가 불쑥 찾아와 긴급한 면담을 요청하는 게 마뜩잖은 눈치였다.

하지만 밀러는 전혀 당황하지 않고 일어섰다.

"샐리 씨. 저는 밀러 로라고 합니다. 이쪽은 제 친구 리비 존스고요. 저희에게 10분 정도만 시간을 내주실 수 있을까요?"

샐리가 다시금 롤라라는 소녀를 힐끗 돌아본다. 롤라는 다음 예약이 11시 반이니 그때까지는 시간이 빈다고 확인해 주었다. 샐리는 두 사람에게 상담실로 들어오라고 손짓한 다음 자기도 들어와 방문을 닫았다.

샐리의 상담실은 스칸디나비아 스타일로 아늑하게 꾸며져 있었다. 연한 회색 벽, 흰색으로 페인트칠한 책상과 의자, 뜨개 담요를 걸쳐 놓은 옅은 색 소파가 보였다. 벽에는 흑백 사진 액자를 수십 개나 걸어 두었다.

"그래요— 무슨 용건으로 찾아오셨나요?"

밀러가 리비를 힐끗 쳐다보았다. 당사자인 리비 입으로 운을 떼길 바라는 기색이었다. 리비는 샐리를 마주 보며 말했다.

"제가 최근에 집을 상속받았거든요. 첼시에 있는 저택이요."

"첼시요?"

샐리가 애매모호하게 되물었다.

"네. 체이니워크요."

"으흠."

샐리는 고개를 딱 한 번만 끄덕였다.

"16번지고요."

"네, 네." 이제 조바심이 드러난다. "저는 잘—," 샐리가 뭐라 말하려다 멈추더니 눈을 약간 가늘게 떴다. "그럼 그쪽이……? 서레니티인가요?"

리비가 고개를 끄덕였다.

"아!" 샐리가 감탄한다. "얼굴이 정말……."

리비는 숨을 죽이고 기다렸다.

"그 여자랑 쏙 빼닮았네요!"

"마티나 말씀이신가요?"

샐리의 얼굴에 어두운 그림자가 스쳤다.

"아뇨."

그러더니 말을 이었다.

"그래요. 글쎄, 저는 잘 모르겠네요. 서레니티 씨가 태어난 직후에 제 아이들을 만나러 찾아간 적이 있었죠. 아가씨가 마티나의 딸일 거라는 생각은 안 했어요. 당시 유산한 지 얼마 안 지났으니 아기를 또 낳기엔 너무 이른 것 같았거든요. 하지만 아가씨가 누구의 아기인지 아무도 알려 주지 않더라고요. 그 집 사람들은 그저 모두의 아기라고만 말했죠. 하지만 버디가 아이를 안고 있었고 피부나 머리 색도 둘이 아주 비슷한 데다가, 원래 버디와 데이비드가 한 쌍이기도 했으니 그냥 그렇게 짐작했던 거예요. 아가씨가 버디의 아이일 거라고요."

50

첼시, 1992년

어머니는 아기를 잃은 충격을 극복하지 못했다.

천천히 단체 생활에서 물러났고, 데이비드에게서도 물러났다. 그리고 차츰 아버지와 단둘이 나란히 앉아 묵묵히 시간을 보낼 때가 많아졌다.

물론 나는 어머니의 불행이 전적으로 내 책임이라 느꼈다. 저스틴의 책에서 우울증에 효험이 있다는 약재를 찾아본 다음, 어머니에게 그 혼합물을 먹여서 상황을 바로잡으려고 해 봤다. 하지만 어머니한테 뭔가 먹인다는 것 자체가 사실상 불가능했기에 내 시도는 아무 소용도 없었다.

데이비드는 어머니를 내팽개친 것처럼 보였다. 나로선 놀랄 수밖에 없었다. 그가 어머니의 재활을 돕고 싶어 할 줄 알았으니까. 하지만 그는 거의 냉랭한 태도로 어머니와 거리를 뒀다.

어머니가 유산하고 얼마 지나지 않았던 때, 나는 데이비드에게 이렇게 물어보았다.

"왜 이제 저희 어머니랑은 얘기도 안 하세요?"

그러자 데이비드는 나를 쳐다보며 한숨 쉬었다.

"너희 어머니는 치유 중이야. 자기만의 길로 치유에 이르러야 하는 거지."

자기만의 길.

내 안에서 격한 분노가 넘실대기 시작했다.

"저는 어머니가 치유되는 중이라고 생각하지 않아요. 점점 더 나빠지는 것 같은데요. 또 저희 아버지는요? 뭔가 관리를 받아야 하지 않나요? 무슨 치료든? 그런데 그냥 하루 종일 저 의자에만 앉아 있잖아요. 바깥세상에 나가면 아버지가 적절한 도움을 받을 수 있을지도 몰라요. 재활 요법이라든지, 아니면 전기 충격 요법이든 뭐든. 의학 발전 덕에 뇌졸중 환자들을 치료할 방법도 점점 더 개선되고 있다면요? 그렇다 해도 우리는 알 길이 없죠. 죄다 *그냥 집 안에만 틀어박혀 있으니⋯⋯.*"

나는 악을 쓰기 시작했는데, 입 밖으로 말을 내뱉자마자 영 나쁜 방향으로 꼬였음을 깨달았다. 그다음 순간 차갑고 매서운 데이비드의 손바닥이 내 턱 한쪽에 맹렬히 날아들었다.

입속에 피가 배어 쇠 맛이 났고, 입술 주위도 점점 얼얼하게 마비되었다. 나는 손끝으로 피를 더듬으며 겁에 질려 데이비드를 쳐다보았다.

그 남자는 떡 벌어진 어깨가 제 귓가에 닿도록 몸을 구부리고 나를 내려다보았다. 머리 옆면에서 정맥이 꿈틀거리는 게 보였다. 이 조용하고 영적인 남자가 얼마나 빨리 격노한 야수로 변할 수 있는지 믿기지 않을 정도였다.

"너한텐 이런 문제에 관해 이러쿵저러쿵할 권리가 없다."

데이비드가 으르렁거렸다.

"네 녀석은 쥐뿔도 몰라. 젖비린내 나는 애새끼 주제에."

"하지만 제 아버지란 말이에요. 아저씨는 우리 집에 처음 왔을 때부터 아버지를 개똥같이 무시했잖아요!"

데이비드가 또 손을 치켜들더니 반대쪽 뺨을 후려갈겼다. 나는 언젠가 이런 일이 일어날 줄 진작부터 알고 있었다. 데이비드 톰슨을 처음 본 순간부터, 그에게 맞서다가는 손찌검을 당하게 되리란 사실을 알았다. 마침내 그때가 온 것이다.

"당신이 전부 다 망쳐 놨어."

나는 이제 더 잃을 것도 없다는 기분으로 마음속 응어리를 마구 쏟아 냈다.

"당신은 자기가 엄청나게 중요하고 강한 인간이라 생각하겠지만 그렇지 않거든! 당신은 그냥 양아치야! 우리 집에 비집고 들어와서는 모든 사람이 꼭두각시처럼 당신 뜻에 맞춰 움직이도록 윽박질렀잖아. 그러더니 우리 엄마를 임신시켰고, 이젠 엄마가 슬퍼하든 말든 신경도 안 써. 아예 신경 안 쓰지. 당신이 신경 쓰는 거라곤 자기 자신밖에 없으니까!"

이번엔 바닥에 나동그라질 만큼 호되게 얻어맞았다.

데이비드가 소리 질렀다.

"일어나! 일어나서 방으로 가. 일주일 동안 격리다."

나도 맞섰다.

"날 방에 가둬 놓겠다고? 당신한테 말을 걸었다는 이유로? 내가 어떤 기분인지 말한 것뿐인데 가둔다고?"

그가 고함쳤다.

"아니. 네 면상을 도저히 참아 줄 수가 없어서 가두는 거다. 보기만 해도 역겨우니까. 자, 네 발로 걸어 올라갈래, 내가 질질 끌고 갈까. 뭐가 낫겠냐?"

나는 일어나서 뛰었다. 계단이 아니라 현관문 쪽으로. 손잡이를 돌려 밀면서 속으로는 곧장 달아나 행인을 불러 세우고 "제발 도와주세요. 저희는 지금 과대망상증 환자가 지배하는 집에 갇힌 상태예요. 제발 도와주세요!"라 호소할 태세를 갖췄다. 하지만 현관문은 잠겨 있었다.

어떻게 여태 이걸 몰랐지? 나는 손잡이를 거듭거듭 잡아당기다 데이비드에게 돌아서서 말했다.

"우리를 가둬 놓다니!"

"아니. 문이 잠겨 있는 거지. 두 가지는 전혀 다른 문제야. 자, 이제 갈까?"

나는 발을 쿵쿵거리며 다락으로 이어지는 뒤쪽 계단을 올라갔다. 데이비드가 등 뒤에서 따라왔다.

이윽고 방문이 철컥 잠기는 소리가 들렸다.

나는 몸만 커다란 아기처럼 끔찍하게 한심한 꼬락서니로 엉엉 울부짖었다.

핀이 자기 방 벽에 대고 내게 소리 질렀다. 닥쳐! 좀 닥치라고!

나는 목청껏 어머니를 불렀지만 어머니는 오지 않았다.

몇 시간이 흐르도록 아무도 오지 않았다.

그날 밤, 데이비드에게 맞은 자리가 욱신거렸고 배 속은 꼬르륵거렸다. 잠을 이룰 수 없어 밤새 뜬눈으로 지새우며 달 위로 지나가는 구름이나 나무 꼭대기에 앉은 새들의 어두운 형체를 지켜보았고, 삐걱거리거나 씨근대는 집 안 소음에 귀를 기울이기도 했다.

그다음 일주일 동안 나는 살짝 머리가 돌았던 것 같다. 손톱 밑에서 피가 날 때까지 벽을 할퀴어 흠집을 냈다. 방바닥에다 머리를 쾅쾅 찍었다. 동물 울음소리를 냈다. 눈앞에 허깨비가 보였다. 데이비드는 내가 감금에서 풀려나오면 한결 차분해져서 새로이 마음을 다잡을 거라 판단했겠지만, 실상은 그렇지 않았다.

일주일이 지나 드디어 방문이 열리고 다시 집 안을 자유롭게 돌아다닐 수 있게 되었을 때 나는 차분히 마음을 가라앉힌 상태가 아니었다. 오히려 의분이 걷잡을 수 없이 활활 타올랐다. 나는 데이비드를 영영 끝장내 버릴 작정이었다.

마침내 자유를 되찾고 보니 집 안에 뭔가 다른 분위기가 흘렀다. 커다란 비밀이 공기 중에 떠돌며 먼지와 햇빛을 타고 떠오르거나 천장 구석에 늘어진 거미줄 몇 가닥에도 걸려 있었달까.

격리에서 풀려나 첫 아침 식사를 하러 내려갔을 때 나는 다 함께 모인 자리에서 핀에게 물었다.

"무슨 일이야? 왜 다들 이렇게 이상하게 구는 건데?"

핀이 어깨를 으쓱하며 말했다.

"이 집에선 원래 다 이러지 않나?"

"아냐. 평소보다 더 이상한데. 뭔 일이라도 있는 것처럼."

핀은 이때쯤 이미 몸이 안 좋았다. 내 눈에는 뚜렷이 보였다. 예전엔 그렇게나 매끄럽고 잡티 하나 없던 피부가 이제 칙칙하고 우툴두툴해 보였다. 번질번질 기름 낀 머리카락이 한쪽으로 축 처졌고, 몸에서 살짝 상한 듯한 쉰내도 풍겼다.

나는 버디에게도 그 사실을 알렸다.

"핀이 아파 보여요."

하지만 버디는 새침하게 대꾸했다.

"핀은 아주 말짱해. 그저 운동 부족일 뿐이야."

데이비드가 아들에게 좀 더 힘내 보라고 애걸하는 소리가 운동실 문틈으로 새어 나오곤 했다.

"더 해 봐, 할 수 있어. 다시 밀어 올려. 제대로 밀어 올리라고. 자, 얼른! 아예 노력하는 시늉도 안 하는 거냐!"

그러고 나면 핀이 고통스러운 듯 창백하게 질린 채 운동실에서 나왔다. 나는 다락으로 느릿느릿 올라가는 핀의 모습을 바라보았다. 마치 계단 한 칸 한 칸을 디딜 때마다 통증을 느끼는 듯했다.

핀에게 이렇게 제안해 보기도 했다.

"나랑 같이 정원으로 나가는 게 좋겠어. 신선한 공기를 쐬면 좀 나을 거야."

핀이 대꾸했다.

"너랑은 아무 데도 가고 싶지 않은데."

"뭐, 나랑 같이 갈 필요는 없어. 혼자서라도 정원에 나가 봐."

"상황 파악이 안 돼? 이 집구석에는 날 낫게 해 줄 만한 게 아무것도 없다고. 내가 나아지려면 딱 한 가지 방법밖에 없어. 이집에서 나가는 거. 난 떠나야 해. 나는 진짜—,"

핀은 내 눈을 뚫어져라 들여다보며 말했다.

"떠나야 된다고."

이 집 자체가 죽어 가는 듯한 느낌이 들었다. 처음엔 내 아버지가 서서히 시들었고, 그다음엔 어머니, 이제는 핀 차례였다. 저스틴은 우리를 버리고 떠났다. 아기는 죽었다. 뭐가 더 남았든, 이게 다 무슨 의미가 있는지 정말로 알 수가 없었다.

그러던 어느 날 오후 아래층에서 웃음소리가 들려왔다. 복도를 내려다보니 데이비드와 버디가 운동실을 나서고 있었다. 두 사람다 건강미가 넘쳤다.

데이비드가 버디의 어깨에 팔을 두르고 자신에게 바짝 끌어당기더니 구역질 나게 *쮸왑* 소리를 내며 진하게 입을 맞췄다.

바로 저 둘이었다. 나는 분명히 알 수 있었다. 바로 저들이 흡혈귀처럼 집 안의 모든 활기와 사랑과 생명력과 미덕을 죄다 자기네 배 속으로 빨아들이고 우리의 고통과 망가진 영혼을 양껏 포식하고 있었던 것이다.

그 뒤 나는 한때 유화가 가득 걸려 있었지만 이젠 헐벗은 벽을, 훌륭한 가구가 다 사라져 버리고 텅 빈 구석구석을 둘러보았다.

햇빛을 받아 반짝이던 샹들리에를, 표면마다 빛나던 금붙이와 은붙이, 황동으로 된 물건들을 떠올렸다.

명품 옷과 핸드백이 가득했던 어머니의 옷장, 어머니가 즐겨 끼던 반지들, 다이아몬드 귀걸이와 사파이어 펜던트도 생각했다.

이제는 모두 다 사라져 버렸다. 전부 다 소위 '자선 단체'로 가 버렸다. '가난한 사람들'을 돕는다면서.

그렇게 날아가 버린 자산이 총 얼마쯤일지 추산해 보았다. 수천 파운드는 되지 않을까 싶었다. 수천, 수만 파운드.

그러고 나서 다시 데이비드를, 그의 품에 안긴 버디를 내려다보았다. 이 집에서 벌어지는 일들 덕택에 아주 자유롭고 홀가분하게 활개 치는 두 사람을. 그리고 속으로 이렇게 생각했다.

당신은 메시아도, 구루힌두교의 스승이나 지도자를 일컫는 말로, 서구권에서는 추종자들을 거느린 철학과 종교 지도자들을 광범위하게 지칭한다도, 신도 아니야, 데이비드 톰슨. 자선가도 아니고, 하다못해 공상적인 박애주의자도 아니지. 당신은 영적인 인물이 아니라 그저 범죄자일 뿐이야. 우리 집에 저벅저벅 들어와 몽땅 약탈해 버린 범죄자라고.

그리고 당신은 연민을 모르는 인간이야. 연민할 줄 안다면 지금 당신의 아기를 잃고 상심에 빠져 있는 내 어머니 곁에 앉아 있었겠지. 또 내 아버지가 생지옥 같은 생활에서 벗어날 수 있게 도울 방법을 찾고, 당신 아들도 병원에 데려갔겠지. 이렇게 버디랑 희희낙락할 리도 없을 테고. 다른 모든 사람들의 불행이 마음을 무겁게 짓누를 테니까. 그러니까 당신은 연민을 모르는 인간이고, 그렇다면 가난한 사람들에게 돈을 기부하지도 않았을 거란 말이지. 전부 다 자기 주머니에다 꿍쳐 놨을 거야.

그렇다면 어디에 쌓아 놨을까? 그 돈으로 뭘 하려는 수작이지?

51

첼시, 1992년

내가 감금에서 풀려난 지 2주 지났을 때 데이비드는 저녁 식탁에서 내 여동생의 임신을 발표했다. 그 애는 겨우 14살이었는데.

클레먼시가 뜨거운 기름에 덴 것처럼 움찔하며 내 동생에게서 몸을 멀찍이 뗐다. 나는 죽은 듯이 멍한 어머니의 얼굴을 바라보았다. 이미 이 사실을 알고 있던 게 분명했다.

버디의 얼굴도 쳐다보았다. 그 여자는 나를 보고 씩 미소 지었다. 그 조그만 이빨들을 보는 순간 나는 폭발하고 말았다. 식탁 건너편으로 와락 달려들어 데이비드에게 온몸을 날렸다. 그 인간을 때리려 했다. 음, 사실 죽여 버리려 했다. 그게 주된 의도였다.

하지만 거구인 데이비드와 달리 나는 몸집이 작았고, 으레 버디도 우리 사이에 끼어들어 뜯어말렸다. 그렇게 여차여차 다시 내 자리로 물러난 뒤 동생을 쳐다보니, 그 애의 입술에 기묘한 미소가 걸려 있었다.

내가 여태껏 이 사실을 눈치채지 못했다는 게 믿기지 않았다. 내 멍청한 여동생이 아주 홀랑 넘어갔다는 사실을, 그 아이도 내 어머니처럼, 그리고 버디처럼 데이비드를 바라본다는 사실을. 동생은 데이비드가 자신을 선택했다는 데에, 그의 아기를 임신했다는 데에 *자부심*을 느끼고 있었다.

그때 문득 깨달았다.

데이비드는 우리의 돈만 노리는 게 아니었다. 데이비드는 이 집을 원했다.

그 인간은 현관문에 처음 발을 들여놓던 순간부터 다른 무엇보다도 이 집 자체를 강렬히 원했다. 이제 내 여동생과 아기를 낳게 되면 집에 관해서도 제 지분을 확보할 수 있을 터였다.

다음 날 나는 부모님의 침실로 가서 마분지 상자들을 열어 보았다. 가구를 싹 내다 버린 뒤 그 안에다 돈 안 되는 잡동사니를 죄다 쌓아 놓고 지냈으므로. 그때 내게 꽂힌 아버지의 시선이 느껴졌다.

내가 말을 걸었다.

"아빠. 유언장은 어디 있어요? 아빠가 돌아가시면 이 집을 어떻게 처리할 건지 적힌 유언장 있잖아요?"

아버지가 목구멍에서 몇 단어를 쥐어짜려는 듯했다. 그러더니 입술이 아주 미세하게 벌어졌다. 나는 아버지에게 가까이 다가갔다.

"아빠? 알고 계세요? 서류가 다 어디 있는지 아세요?"

아버지의 시선이 내 얼굴을 지나 침실 문으로 향했다.

"저 밖에 있어요? 서류들이?"

아버지가 눈을 깜빡였다.

누가 밥을 먹여 줄 때 가끔 보이던 행동이었다. 어머니가 "맛있어, 여보?" 하고 물으면 아버지는 눈을 깜빡였다. 그러면 어머니는 "그래, 그래" 대답하며 한 숟가락 더 떠먹이곤 했다.

내가 물었다.

"어느 방이요? 어느 방에 있어요?"

아버지의 시선이 살짝 왼쪽으로 움직였다. 데이비드와 버디의 방 쪽으로.

"데이비드의 방에 있나요?"

아버지가 눈을 또 깜빡였다.

심장이 철렁 내려앉았다.

나는 데이비드와 버디의 방에 들어갈 방도가 없었다. 일단은 방문이 잠겨 있었고, 만약 열려 있더라도 거기 들어갔다 잡히면 어찌 될지는 상상조차 할 수 없었다.

나는 다시 한 번 저스틴의 주술서를 뒤적거렸다. 내게는 엄청나게 유용한 책이었다.

일시적인 혼절을 일으키는 주문.

지금 나한테 딱 필요한 주문 같았다. 그 주문을 쓰면 대체로 잠시 동안 정신을 잃고 졸게 된다고, 즉 '인지하기 힘들 만큼 경미한 실신'에 빠진다고 했다.

주문을 실행하려면 가지과 독초 *벨라도나*도 필요했다. 한참 전 저스틴이 이야기해 준 적 있는 독초였다. 나는 저스틴의 약제 상자에서 종자를 발견한 뒤로 그 독초도 은밀히 기르고 있었다. 씨앗을 땅에 심기 전에 우선 물에 푹 적셔서 2주 동안 냉장고에 불려야 했다. 어른들에게는 새로운 약초를 써서 핀의 *권태감*을 완화해 보려 한다고 설명했다.

그러고 나서 커다란 화분 두 개에 씨앗을 나눠 심었다. 새싹이 솟아나기까지 3주가 걸렸는데, 지난번에 보니 꽃이 활짝 피어난 상태였다. 문헌에 따르면 *벨라도나*는 재배하기가 아주 까다로운 식물이었기에, 보랏빛 꽃이 처음으로 피었을 때 이루 말할 수 없이 뿌듯했다. 이제 나는 정원으로 살금살금 나가 잔가지 두어 개를 꺾어 레깅스 허리끈에 쑤셔 넣은 다음 잽싸게 물러났다. 그 뒤 내 방으로 돌아와 캐모마일 잎과 설탕물을 섞어 팅크를 만들었다. 털이 붉은 고양이의 등 털 두 가닥과 노파의 입김도 첨가해야 했는데, 나는 그저 약제사이지 마법사는 아니니 별수 없었다.

다들 내가 만든 허브차를 무척 좋아했다. 나는 데이비드와 버디에게 캐모마일과 라즈베리 잎으로 새로운 조합을 시도해 봤다고 설명했다. 그들은 다정다감한 시선으로 나를 쳐다보며 참 맛있을 것 같다고 말했다.

버디가 찻잔을 집어 들었다. 나는 단맛이 약간 강할지도 모른다고 양해를 구했다. 라즈베리 잎에서 다소 쓴맛이 나기 때문에 균형을 잡기 위해 꿀을 가미해서 그렇다고도 덧붙였다.

책에 따르면 주문의 대상자가 최소한 반 컵은 마셔야 했다. 그래서 나는 마치 두 사람의 인정을 받고 싶어 안달이 난 것처럼 살가운 표정을 가득 머금고 앉아 지켜보았다. 그래야 차 맛이 별로여도 내 정성을 봐서 쭉 들이켤 테니까.

하지만 그럴 필요도 없이 두 사람 다 차가 입맛에 맞아서 한 잔씩 싹 비웠다.

잠시 후 설거짓거리를 치우면서 버디가 말했다.

"헨리, 아까 그 차 정말 엄청나게 심신을 편안하게 해 주는걸. 사실 말야…… 지금 아무래도……. 잠깐 눈 좀 붙여야겠어."

지켜보자니 버디의 눈이 슬슬 감기기 시작했다.

보아하니 데이비드도 자꾸만 감기는 눈을 어떻게든 치켜뜨려고 씨름하는 중이었다.

"그래. 잠깐 낮잠 좀 자는 게 좋겠어."

데이비드의 말에 내가 호응했다.

"그러세요. 제가 두 분 다 모셔다드릴게요. 이런, 정말 죄송해요. 차에 캐모마일이 너무 많이 들어갔나 봐요. 자, 여기."

그러고서 버디에게 내 팔을 붙들라고 내주었다. 버디는 내 어깨에 뺨을 기대고 중얼거렸다.

"헨리, 네가 만든 차 아주 좋아. 최고야."

"진짜로 훌륭한 차야."

데이비드도 맞장구쳤다.

데이비드는 포개진 옷자락을 더듬으며 침실 열쇠를 찾았다. 그러는 동안 유심히 쳐다보니 튜닉 아래 사선으로 멘 가죽 지갑이 보였다. 필시 집 안 모든 방 열쇠를 그 안에 보관하겠구나 싶었다. 데이비드가 열쇠도 제대로 못 꽂고 끙끙대길래 내가 도와주었다. 두 사람은 내가 침대에 눕혀 주자마자 곧바로 깊은 잠에 빠져들었다.

그렇게 나는 데이비드와 버디의 침실 한복판에 들어섰다. 이 방에는 지난 몇 년 동안 발을 들여놓을 일이 없었다. 데이비드와 샐리가 아직 함께 지내던 때부터도.

주위를 둘러보았다. 눈에 보이는 광경이 선뜻 이해되지 않을 지경이었다. 얼핏 봐도 잔뜩 쌓인 마분지 상자마다 옷과 책, 사악하고 유해한 것이라 딱지 붙였던 소지품들이 흘러넘쳤다. 방 한 구석에 데이비드와 버디의 신발도 한 켤레씩 보였다. 술도 보였다. 반쯤 마시고 코르크를 끼워 놓은 와인 병, 바닥에 끈적끈적한 찌꺼기가 검게 남은 유리잔, 내 아버지의 아주 값비싼 위스키 몇 병. 나는 비스킷 상자와 초콜릿 바 포장지를 보았고, 실크 속옷과 로레알 샴푸 병을 보았다.

하지만 일단 이 문제는 접어놓았다. 이 '일시적 혼수상태'가 얼마나 지속될지 알 수 없었으니.

아버지의 서류만 찾아내 여기서 빠져나가야 했다.

상자를 하나씩 손으로 헤치다 초등학교에 마지막으로 등교한 날 이래로 본 적 없던 필통을 발견했다. 나는 잠시 그 필통을 집어 들고 사라진 문명의 유물이라도 되는 듯 응시했다. 갈색 반바지 교복을 입은 남자애의 모습도 잠시 떠올렸다. 마지막으로 학교에 출석한 후 이제는 의기양양하게 턱을 치켜든 채 제 앞에 곧 다가올 찬란한 신세계를 상상하는 꼬마 아이.

필통 지퍼를 열고 코에 갖다 댄 다음 연필 깎은 부스러기와 천

진난만함의 냄새를 들이마셨다. 그러고는 이따 내 방에 감춰 두려고 일단 레깅스에 밀어 넣었다.

어머니의 이브닝드레스, 아버지의 산탄총도 발견했다. 왜 꼬불쳐 뒀는지 전혀 가늠이 안 되지만 루시의 발레 레오타드와 튀튀도 있었다.

그 뒤 세 번째 상자에서 아버지의 파일 무더기를 찾았다. 회색 대리석 무늬의 단단하고 각진 파일 속에 금속 클립들이 우악스럽게 달려 있었다. 옆면에 *집안 관련*이라고 적힌 파일을 꺼내 재빨리 휙휙 넘겨 보았다.

서류들을 좀 더 자세히 살펴보니 헨리 로저 램과 마티나 제이넙 램의 최신 유언장이 있었다. 이 역시도 바지 허리끈에 슬쩍 밀어 넣었다. 내 방에 돌아가서 은밀히 읽어 볼 작정이었다.

이제 버디의 호흡이 점차 빨라지며 다리도 꿈틀거렸다. 나는 재빨리 다른 상자를 또 하나 끌어당겼다. 그 안에 여권들이 보이길래 집어 들어 뒷장까지 휙 넘겼다. 나와 동생, 부모님의 여권이었다. 가슴속에서 분노의 불길이 타올랐다.

우리 여권까지! 이 자식이 우리 여권을 빼앗았어! 우리를 집에 가둬 놓는 것만으로도 사악하기 짝이 없는 짓인데, 이건 그보다도 더 끔찍한 짓 같았다. 다른 사람의 여권, 다시 말해 탈출, 모험, 탐사, 탐구의 수단이자 세상을 한껏 누리기 위해 꼭 필요한 도구를 훔치다니—격한 분노로 심장이 쿵쿵 뛰었다. 살펴보니 내 여권은 만료되었고 여동생의 여권은 6개월밖에 남지 않았다. 이제는 쓸모가 없었다.

데이비드가 들릴락 말락 하게 뭐라 웅얼거렸다.

'일시적인 혼수상태'의 지속 시간이 너무 짧은 듯했다. 두 사람을 또 구슬려 특별한 '새 차'를 마시게 할 수 있을지 자신이 없었다. 이 방에 묻혀 있던 비밀을 파헤칠 기회는 이번 한 번뿐일지도 몰랐다.

해열 진통제 한 통, 멘톨 캔디 한 통, 콘돔 한 통을 찾았다. 그리고 이 모든 물건 밑에 묻혀 있던 현금 무더기도 찾았다. 손가락으로 옆면을 더듬어 보았다. 한참 아래까지 탐탁히 만져지는 걸 보니 상당한 액수일 듯싶었다. 천 파운드쯤, 아니면 그 이상 되려나? 맨 위쪽 10파운드 지폐 몇 장을 꺼내 허리 고무줄에 끼워 둔 서류 사이에 접어 넣었다.

버디가 신음했다.

데이비드도 신음했다.

나는 자리에서 일어났다. 아버지의 유언장과 내 필통, 10파운드 지폐 다섯 장을 허리춤에 꽉 끼운 채.

그리고 살금살금 움직여 조용히 방문을 닫고 나왔다.

52

루시는 머릿속이 빙빙 도는 것 같았다. 어둠 속에서 그 남자의 형체가 또렷이 보였다 희미해졌다 했다. 어느 순간엔 어떤 사람처럼 보이다 다음 순간에는 또 다른 사람처럼 보였다. 루시가 남자에게 누구냐고 물었다.

"누군지 알잖아."

남자가 대답했다.

익숙하면서도 낯선 목소리였다.

스텔라가 다가와 두 팔로 루시의 다리에 매달렸다.

루시는 자기 곁에 당당하게 우뚝 버티고 선 마르코를 보았다.

낯선 이의 관심을 달갑게 받아들인 피츠는 바닥에 등을 대고 누워 다정한 손길에 배를 내맡겼다.

"아이쿠 착해라. 어쩜 이렇게 착할까."

남자가 말했다.

그리고 루시를 올려다보며 집게손가락 끝으로 안경을 치켜올렸다.

"나는 개가 너무 좋아. 하지만 개만 집에 놔두고 하루 종일 밖에서 일하다 오는 건 부당하잖아? 그래서 아쉬운 대로 고양이들로 만족하며 살지."

그가 한숨을 내쉬더니 똑바로 서서 루시를 위아래로 훑어보았다.

"그건 그렇고, 너 참 보기 좋다. 네가 이렇게나, 뭐랄까, *보헤미안*이 될 줄은 상상도 못 했네."

"그럼 당신은⋯⋯?"

루시가 눈을 가늘게 뜨고 남자를 쳐다봤다.

남자는 장난스럽게 말했다.

"말 안 해 줄 거야. 알아맞혀 봐."

루시가 한숨을 쉬었다. 지금은 너무 피곤하다. 여태 장거리 여행을 했으니. 루시의 삶은 너무 지난하고 혹독했으며 쉽게 풀리는 일이 하나도 없었다. 단 한 순간도.

살면서 거듭 끔찍한 판단을 내렸고 결국 나쁜 사람들과 나쁜 장소에 떨어지곤 했다. 루시는 종종 자신이 유령이라고 느꼈다. 한때는 존재했을지 모르나 삶에 치여 지워져 버리고 아주 희미한 윤곽만 남은 유령.

그리고 어머니이자 살인자이자 불법 이민자인 루시는 이제 여기, 자기 소유도 아닌 사유지에 무단으로 들어와 있다. 그녀가 바라는 건 다만 그 아기를 보고 자기 존재의 고리를 매듭짓는 것뿐이다.

하지만 지금 눈앞엔 웬 낯선 남자가 서 있다. 오빠일지도 모른다는 생각은 들지만 어떻게 오빠인 동시에 오빠가 아닌 것만 같을까? 그리고 왜 이 남자에게 겁을 먹게 되는 걸까?

루시는 남자를 올려다보고, 광대뼈에 그림자를 드리운 기다란 속눈썹을 바라보았다. 핀이구나. 속으로 생각했다. 이 사람은 핀 오빠야. 하지만 손을 힐끗 내려다보니 자그마하고 섬세하며 손목이 가느다랗다.

"헨리 오빠지." 루시가 말했다. "맞지?"

53

첼시, 1992년

여동생의 임신 소식을 들은 뒤 나는 어머니에게 가서 말했다.

"어떻게 엄마는 딸이 엄마 또래 남자랑 섹스하게 놔둘 수 있어요? 정말 역겹네요. 정신 나간 짓이라고요."

어머니는 반응이 없었다.

"나랑은 상관없는 일이었어. 내가 아는 거라곤 그저 아기가 태어난다는 것, 그러면 우리 모두 아주 행복해진다는 것뿐이야."

그러더니 그냥 가 버렸다. 내겐 이제 어머니도 아버지도 없었다. 그때만큼 철저하게 고독한 기분을 느낀 적은 지금까지의 인생을 통틀어 단 한 번도 없었다.

우리 집에는 아무도 찾아오지 않았다. 초인종이 울리는 일도 없었다. 전화선은 벌써 한참 전에 끊겼다. 어머니가 유산한 뒤 누군가 우리 집에 찾아와 꼬박 30분 동안 현관문을 쾅쾅 두드린 적은 있었다. 그 사람이 문을 두들기는 동안 우리는 각자의 방에 머물러야 했다.

나중에 어머니는 그때 찾아온 게 자기 남동생, 그러니까 칼 삼촌이었다고 말했다. 나는 삼촌이 좋았다. 칼 삼촌은 흥겹고 떠들썩한 젊은 삼촌 스타일이라, 딱 봐도 아이들을 수영장에 던져 버리거나 어른들이 전부 혀를 끌끌 찰 만한 상스러운 농담을 해 댈 듯한 느낌이었다.

10살 무렵 함부르크에서 마지막으로 삼촌을 봤다. 삼촌의 결혼식 날이었는데, 그때 삼촌은 꽃무늬 스리피스 정장을 입고 있었다. 우리 집 현관문 앞까지 찾아온 칼 삼촌을 그냥 돌려보냈다고 생각하니 마음 한구석이 찢어지는 듯했다.

"그렇지만, 왜요?"

나는 어머니에게 물었다.

"왜 집에 들여보내지 않았던 거예요?"

"칼은 우리가 택한 삶의 방식을 이해하지 못할 테니까. 너무 경박한 성격이기도 하고, 그 애는 무의미한 삶을 살고 있거든."

나는 딱히 대꾸할 말이 없어서 입을 다물었다. 삼촌은 이해하지 못하겠지. 누구도 이해하지 못하리라. 어머니도 최소한 그 정도는 알고 있었던 것이다.

일주일에 한 번 마분지 상자에 담긴 채소가 배달되었고, 대금은 현관문 옆 봉투에 숨겨 두었다. 한두 번쯤 채소 배달원이 초인종을 눌러서 어머니가 현관문의 우편물 투입구를 빼꼼 열기도 했다.

배달원은 이렇게 말했다.

"아가씨, 오늘은 파스닙^{미나릿과의 한해살이 또는 두해살이풀로, 달콤한 뿌리를 채소로 먹는다}이 없어서 스웨덴순무로 대체했는데 괜찮으실까요?"

그러면 어머니는 미소 지으며 "괜찮습니다. 정말 감사합니다" 하고 대답했다.

시신들이 발견된 뒤 그 채소 배달원은 경찰에 찾아가 우리 집이 폐쇄적인 수도원인 줄 알았다고 진술했다. 내 어머니를 수녀라 생각했으며, 당연히 배달지 이름도 '수녀원'으로 지정해 뒀다고 말이다. 그 배달원은 집 안에 아이들이 살고 있을 거라고는 생각도 못 했다고 말했다. 집에 남자가 있을 줄도 전혀 몰랐고.

이때쯤 나는 몹시 외로웠다. 핀과의 우정(혹은 뭐가 됐든 대강 우정과 엇비슷했던 감정)을 되살리려고 애썼지만, 그 애는 내가 강물로 떠밀렸던 날 밤 자기를 배신했다는 이유로 아직도 화가 단단히 나 있었다.

그래, 일단 핀이 나를 강으로 밀쳤다는 부분에서는 내 쪽에서 화를 내는 게 당연했다.

하지만 그때 우리는 마약에 취한 상태였고, 내가 짜증 나게 군 것도 사실이었다. 내가 얼마나 짜증 나게 굴었는지 돌이켜 보면 강에 떠밀릴 만했구나 싶기도 했다.

강물에 빠진 뒤 내가 느낀 분노는 핀이 나를 치명적인 위험에 빠뜨렸다는 점보다는 짓밟힌 자존심과 상처 받은 마음에 더 밀접하게 닿아 있었다. 또한 나는 핀을 사랑했고, 사랑에 빠졌을 땐 거의 모든 것을 용서하게 되는 법이다.

불행하게도 이런 특성은 성인이 되어서도 고쳐지지 않았다. 언제나 나를 싫어하는 사람들에게만 반하고 마는 게 내 고질병인 셈이다.

내 여동생의 임신이 공표되고 얼마 지나지 않은 어느 날 오후, 부엌에서 클레먼시와 마주쳤다.

"너 알고 있었어?"

클레먼시는 살짝 얼굴을 붉혔다. 몇 년 동안 나와 말을 섞을 일이 거의 없기도 했고, 더구나 지금은 자기 아버지와 자기 단짝 친구가 섹스하는 사이라는 화제를 입에 올려야 했으니.

"아니. 전혀 몰랐어."

"하지만 너희 둘이 엄청 친하잖아. 어떻게 그걸 모를 수가 있지?"

그 아이는 어깨를 으쓱했다.

"나는 그냥 둘이 운동하는 줄만 알았어."

"넌 이 문제를 어떻게 생각해?"

"토 나온다고 생각해."

나는 격하게 고개를 끄덕였다. *이심전심이야, 바로 그거지* 하고 말하듯이.

"혹시 너희 아버지가 전에도 이런 짓을 한 적이 있었어?"

"그러니까 오빠 말은……?"

"아기 말이야. 전에도 다른 여자들을 임신시킨 적 있어?"

클레먼시가 가만히 대답했다.

"아니. 우리 엄마 말곤 없었어."

나는 다시 고개를 끄덕였다.

클레먼시에게 내 방으로 따라오라고 말했더니 그 애는 잠시 겁먹은 표정을 지었다. 그 모습에 기분이 상했지만 곧 오히려 잘됐다는 생각이 들었다. 데이비드를 타도하고 우리 모두를 이 집에서 탈출시킬 작정이라면 두려움을 자아내는 편이 나았다.

내 방으로 올라간 다음 매트리스를 벽에서 떼어 냈다. 그리고 데이비드와 버디의 방에서 찾은 물건들을 끄집어내 바닥에 늘어놓고 클레먼시에게 보여 주었다. 어디서 찾아낸 건지도 이야기했다.

"그런데 그 방엔 어떻게 들어간 거야?"

"그건 말해 줄 수 없어."

그 물건들을 내려다보는 클레먼시의 얼굴에 당혹감이 요동쳤다.

"헨리 오빠 필통이야?"

"응, 내 필통이야. 다른 물건들도 엄청 많았어."

나는 클레먼시에게 실크 속옷과 위스키와 현금 더미에 대해 말해 주었다. 그러는 사이 그 애의 마음이 점점 무너져 가는 게 느껴졌다. 핀에게 데이비드와 버디의 키스 장면을 목격했다고 알렸던 날처럼.

나는 이 모든 게 클레먼시의 친아버지 얘기라는 사실을 깜빡 잊고 있었다. 같은 핏줄과 기억과 유대로 깊이 접합된 마음을 내 입에서 나오는 말들로 갈기갈기 찢고 있다는 사실을.

"그럼 여태까지 쭉 우리한테 거짓말했던 거네!"

클레먼시가 손바닥 아래쪽으로 눈을 문지르며 말했다.

"난 우리가 하는 일이 전부 가난한 사람들을 위한 거라고 생각했는데! 이해가 안 돼. 이해가 안 된다고!"

나는 클레먼시의 눈을 똑바로 들여다보았다.

"간단한 문제야. 너희 아버지는 내 부모님한테서 돈 될 만한 건 뭐든 다 빼앗아 갔고 이젠 우리 집까지 원하는 거야. 봐 봐."

그러고는 상자에서 꺼내 온 유언장을 보여 주었다. 데이비드의 필체로 추가 조항이 적혀 있었다. 그 인간은 법률 용어를 흉내 낸 문장으로 내 부모님이 사망할 경우 즉시 이 집의 소유권을 데이비드 서배스천 톰슨과 그의 자녀에게 양도한다고 써 놓았다. 이 추가 조항 작성에 내 어머니와 버디가 입회하여 연서했다. 이딴 수작이 법원에서 통과될 가망은 절대 없겠지만 그 의도만큼은 아주 명확했다.

"그리고 이젠 이 집의 지분을 단단히 확보하려고 아기까지 가진 거야."

클레먼시는 한동안 아무 말도 없었다. 그러다 이렇게 물었다.

"우리 이제 어쩌면 좋지?"

"아직 잘 모르겠어."

마치 턱수염을 쓰다듬는 현자처럼 턱을 문지르며 말했지만 물론 수염 같은 건 전혀 없었다. 나는 20대가 되어서야 수염을 길러 보았고 그마저도 그리 멋져 보이지 않았다.

"하지만 뭔가 하긴 해야 해."

클레먼시가 눈을 커다랗게 뜨고 나를 쳐다보았다.

"좋아."

"그런데—"

나는 단호하게 말을 이었다.

"이건 우리만의 비밀로 해 두겠다고 약속해야 해."

그러면서 데이비드와 버디의 방에서 훔쳐 온 물건들을 가리켰다.

"네 오빠한테도, 내 동생한테도 말하면 안 돼. 아무한테도 말하지 마. 알았어?"

클레먼시가 고개를 끄덕였다.

"약속할게."

그리고 잠시 묵묵히 앉아 있다가 날 올려다보며 말했다.

"아빠는 전에도 이런 짓을 한 적이 있어."

"뭐라고?"

그 애는 자기 무릎으로 시선을 떨구었다.

"증조할머니가 노망들었을 때 그분 집을 자기 혼자 넘겨받으려고 했어. 삼촌이 눈치채고서 우리를 집안에서 내친 거야. 그때 우리끼리 프랑스로 이주했고."

그러고는 나를 올려다보며 물었다.

"경찰에 알려야 한다고 생각해? 그 사람이 무슨 짓을 해 왔는지 경찰에 알리는 게 좋을까?"

"아니."

나는 곧바로 대답했다.

"아니야. 왜냐면 그 사람이 실제로 법을 어긴 적은 없잖아. 그렇지? 우리한테는 계획이 필요해. 우리는 여기서 빠져나가야만 해. 너도 도와줄래?"

클레먼시가 고개를 끄덕였다.

"무슨 일이든 다 할 거야?"

그 애가 또 다시 고개를 끄덕였다.

정말이지 갈림길 앞에 선 상태였다. 돌이켜 보면 그 모든 트라우마를 극복해 나갈 수 있는 다른 방법도 무수히 많았건만, 세상에서 제일 사랑하는 사람들 모두에게 외면당하고 있던 나는 최악의 선택지를 고르고 말았던 것이다.

54

리비와 밀러는 10분 뒤 샐리의 사무실을 떠났다.

"괜찮아요?"

숨 막히게 더운 바깥으로 나서며 밀러가 물었다.

리비는 간신히 미소를 지어 보였다. 하지만 금세 눈물이 왈칵 쏟아지겠구나 싶었다. 도저히 참을 도리가 없었다.

"아, 이런." 밀러가 말했다. "아이고. 이리 와요. 자, 어서요." 그러면서 조용한 안뜰의 나무 아래 벤치로 인도했다. 이어서 옷 주머니를 더듬어 본다. "휴지가 없네요. 미안해요."

"괜찮아요. 저 휴지 있어요."

밀러는 가방에서 여행용 티슈 한 갑을 꺼내는 리비를 보며 미소 지었다.

"리비 씨는 딱 여행용 티슈를 가지고 다닐 법한 타입이에요."

리비가 밀러를 바라보았다.

"그게 대체 무슨 뜻이죠?"

"그러니까…… 무슨 뜻이냐 하면—," 밀러의 표정이 누그러졌다. "아무 뜻도 없어요. 그냥 리비 씨가 아주 계획성 있는 사람이라는 뜻이에요. 그게 다예요."

리비가 고개를 끄덕였다. 그야 본인도 아는 사실이다.

"저는 그래야만 하거든요."

"그건 왜죠?"

밀러가 물었다.

리비는 어깨를 으쓱했다. 원래 사적인 얘기는 잘 안 하는 성격이다. 하지만 지난 이틀 동안 겪은 일들을 고려하면 평소 자신이 맺고 끊던 대화 주제의 경계선 따위는 이미 허물어진 느낌이 들었다.

"제 엄마, 그러니까 양어머니 말이에요. 엄마는 뭐랄까, *사실* 살짝 좀 어수선한 사람이에요. 어찌나, 어찌나 맑고 엉뚱한지. 그런 엄마가 차근차근 제대로 생활할 수 있게 해 주던 사람이 바로 제 아빠인데요. 아빠는 제가 8살이던 때 돌아가셨고, 그 뒤로……저는 제때 한 게 하나도 없어요. 학교 준비물을 제대로 챙겨 간 적도 없고요. 수학여행이든 뭐든 통지서가 나와도 엄마한테 굳이 안 보여 줬죠. 그래 봐야 아무 소용도 없으니까요. 엄마는 제가 중등 과정 학력고사를 한창 치르고 있을 때 휴가를 예약해 놓기도 했어요. 제가 18살 됐을 때 스페인으로 훌쩍 이주했고요." 또한 번 어깨를 으쓱한다. "그래서 저는 얼른 철이 들 수밖에 없었어요. 무슨 말인지 아시죠."

"항시 휴지를 휴대하는 사람이 됐다?"

리비가 웃었다.

"네. 휴지를 휴대하는 사람이 됐죠. 어릴 적에 놀이터에서 놀다 넘어져서 팔꿈치가 찢어진 적이 있거든요. 그때 엄마가 뭔가 피를 닦을 만한 걸 찾느라 핸드백을 뒤적이며 법석 떨던 게 기억나요. 그 와중에 우리 엄마랑 똑같은 크기의 핸드백을 든 다른 아이 엄마가 다가오더니 가방에서 소독용 물티슈와 반창고 상자를 꺼냈어요. 그 순간 저는 딱 이렇게 생각했죠. 우와, 나도 마법의 핸드백을 들고 다니는 사람이 되고 싶어. 뭔 말인지 아시죠?"

밀러가 리비를 보고 미소 지었다.

"그렇다면 진짜 잘하고 있어요. 리비 씨도 알죠?"

리비는 초조하게 웃으며 말했다.

"노력은 하고 있어요. 늘 최선을 다하려고 하죠."

나란히 앉은 두 사람은 잠시 침묵에 빠졌다. 둘의 무릎이 잠깐 닿았다가 용수철 튀듯 떨어졌다.

그러고 나서 리비가 입을 열었다.

"음, 아까는 그냥 시간 낭비였던 것 같죠?"

샐리는 누가 어디에 사는지 전혀 몰랐다. 아무도 그녀에게 뭔가 얘기해 준 적이 없었다. 샐리는 전에 무슨 일이 일어났던 건지 몰랐고, 두 사람이 무슨 질문을 하든 "기억이 안 나요"나 "저는 그때 그 자리에 없었어요"나 "정말로 모르겠네요"라고만 대답했다. 그리고 몇 분 뒤 다음 예약 시간이 다가오자 밀러와 리비를 몰아냈다.

"글쎄요." 밀러는 리비에게 꿍꿍이가 있는 눈길을 던졌다. "완전히 시간 낭비였던 것만은 아니에요. 그 여자애 있죠. 롤라였나? 그 애는 샐리의 손녀예요."

리비가 숨을 헉하고 들이마셨다.

"어떻게 알았어요?"

"샐리의 책상에서 사진을 하나 봤거든요. 갓난아이를 안은 젊은 여자와 샐리가 함께 찍은 사진이요. 금발 머리 여자아이와 찍은 사진도 벽에 붙어 있었고요. 나오는 길에 보니 어린이가 그린 그림이 액자에 담겨 있던데 거기 '할머니 사랑해요'라 적혀 있었죠." 그가 어깨를 으쓱했다. "이 모든 정보를 종합해 보면, 짜잔." 그러더니 리비에게 몸을 기울이고 자기 핸드폰 화면에 띄운 이미지를 보여 주었다.

"이게 뭐예요?"

"롤라 앞으로 온 편지예요. 롤라의 책상 밑 핸드백에서 삐져나와 있더라고요. 저는 *무릎을 꿇고 신발 끈을 묶는* 고전적인 수법을 썼죠. *찰칵.*"

리비는 경외의 눈으로 밀러를 바라보았다.

"하지만 어떻게 그런 생각을……?"

"리비 씨. 저는 탐사 보도 전문 기자예요. 제가 맨날 하는 일이 이거라고요. 그리고 만약 제 가설이 맞는다면 롤라는 클레먼시의 딸일 겁니다. 즉 클레먼시도 이 지역에 살고 있다는 얘기지요. 따라서 이 주소는―" 그러면서 핸드폰 화면을 가리켰다. "클레먼시의 집 주소이기도 하겠죠. 당시 실종된 청소년을 방금 또 한 명 찾은 것 같습니다."

한 여자가 세련된 단층집 현관문을 열어 주었다. 벌써 꽤 늦은 시간이다. 얌전한 골든레트리버가 여자 곁에 서서 방문객들을 향해 느긋하게 꼬리를 흔들었다.

여자는 살짝 과체중이었다. 굵직한 허리와 기다란 다리, 육중한 가슴이 눈에 들어왔다. 진한 갈색 머리는 단발로 잘랐고 금빛의 커다란 링 귀고리를 했으며, 청바지에 리넨 재질의 연한 분홍색 민소매 상의 차림이었다.

"누구시죠?"

밀러가 나섰다.

"안녕하세요. 클레먼시 씨 맞으세요?"

여자가 고개를 끄덕였다.

"저는 밀러 로라고 합니다. 이쪽은 리비 존스고요. 방금 시내에서 클레먼시 씨네 어머님과도 얘기 나누고 오는 길입니다. 어머님께서 클레먼시 씨도 근방에 산다고 말씀하셔서……"

클레먼시가 리비를 바라보더니 흠칫 놀라며 다시 찬찬히 보았다.

"인상이 꼭…… 어디서 뵌 적이 있는 것 같은데요."

리비는 고개를 숙이며 밀러에게 설명을 양보했다.

"이쪽은 클레먼시 씨의 동생이에요." 그가 말했다. "서레니티입니다."

클레먼시가 잠깐 동안 두 손으로 문틀을 꽉 잡았다. 머리도 뒤로 약간 젖혀지기에 한순간 리비는 상대가 곧 기절할까 봐 염려했다. 하지만 클레먼시는 바로 정신을 다잡고 리비에게 손을 뻗었다.

"맞아! 그렇지! 이제 25살이 됐구나! 그럼, 그럼. 미리 생각을 못 했네. 당연히 알았어야 하는데. 네가 찾아올 거라고 짐작했어야 하는데 말야. 아이고. 얼른 들어와. 들어오세요."

주택 안쪽은 아름다웠다. 단단한 원목 마루와 추상화, 꽃이 가득 찬 꽃병, 스테인드글라스 창문으로 환히 비쳐 드는 햇빛.

클레먼시가 손님들에게 물을 내오는 사이 리비는 자기 발치에 와서 앉은 개의 정수리를 쓰다듬었다. 후텁지근한 저녁이라 녀석은 숨을 헐떡거리고 있었다. 몸에서 쿰쿰한 냄새도 풍겼다. 그러든 말든 리비는 신경 쓰지 않았다.

곧 클레먼시가 돌아와 맞은편에 앉았다.

"우와."

그녀는 리비를 바라보며 감탄했다.

"이렇게 자랐구나! 너무 예쁘다! 정말이지…… *실감 난다.*"

리비는 그저 초조하게 웃었다.

클레먼시가 말문을 열었다.

"내가 떠났을 때 넌 정말 아기였으니까. 네 사진도 한 장 없었고. 네가 어디로 갔는지, 누구한테 입양됐는지, 어떤 삶을 살게 됐는지 전혀 몰랐지. 난 네 모습을 상상할 수가 없었어. 아예 안 떠오르더라. 그냥 갓난아기였던 모습만 생각나고. 인형처럼 생긴 아기. 별로 실감이 안 났어. 전혀 실감이 안 났지. 그리고, 아아……."

두 눈에 눈물이 가득 고인 채 갈라진 목소리로 말을 이었다.

"정말, 정말 미안해. 너 지금……? 여태까지……? 아무 탈 없이 잘 지냈니?"

리비는 고개를 끄덕이며 머릿속으로 데니아의 침실 1개짜리 아파트(리비가 찾아가도 머물 공간이 없는 집)에서 지내는 자기 어머니를 떠올렸다.

핫핑크색 카프탄터키나 아랍 지역의 사람들이 입는 허리통이 헐렁하고 소매가 긴 옷을 입고 '나의 귀여운 연하남'(어머니보다 겨우 6살 어리지만)이라 부르는 남자와 조그만 테라스에 몸을 쭉 뻗고 누워 화상 통화로 이런저런 설명을 늘어놓는 어머니. 너무 바빠서 리비의 생일에 맞춰 항공편을 예약해 놓지 못했는데, 온라인으로 알아볼 때쯤엔 저렴한 항공편은 전부 매진되었더라고 말이다.

리비는 또 아버지의 장례식 날을 떠올렸다. 어머니의 손을 잡고 하늘을 올려다보며 아버지가 천국에 무사히 도착했을까 궁금해하는 한편, 어머니는 운전을 못 하는데 앞으로 학교에 어떻게 가야 하나 걱정하던 날을.

"잘 지냈어요."

리비가 대답했다.

"저는 훌륭한 분들께 입양됐어요. 정말 운이 좋았죠."

클레먼시의 얼굴이 밝아졌다.

"그럼 지금은 어디 살아?"

"세인트올번스요."

"아! 좋네. 결혼은 했고? 아이는?"

"아뇨, 싱글이에요. 그냥 저 혼자 살아요. 아이도 없고 반려동물도 없어요. 고급 주방 디자인 회사에서 일하고요. 저는 아주…… 음, 정말 자기소개할 거리가 별로 없네요. 적어도 얼마 전까지는 그랬는데 갑자기……."

클레먼시가 말을 받았다.

"그래. 그렇지. 상상도 못 했던 일이니 좀 충격을 받았겠구나."

"온건하게 표현하자면 그렇죠."

클레먼시는 조심스럽게 물었다.

"그럼 얼마나 알고 있어? 그 집에 대해서나, 모든 일에 대해서 말이야."

"음." 리비가 풀어놓았다. "전부 좀 복잡한데요. 우선 제 부모님이 늘 들려줬던 얘기는 이거예요. 제가 생후 10개월이던 때 친부모님이 자동차 사고로 사망했다고요. 그러다 최근에 밀러 씨의 기사를 읽어 봤더니 친부모님이 광신자 집단에 속해 있었는데 일종의 동반 자살을 했고 그때까지 저는 집시들 손에서 자랐다는 거예요. 그러고 나서 방금 전엔 클레먼시 씨 어머니께서 제가 헨리와 마티나 부부의 딸이 아닐 거라는 말씀도 하셨죠. 그게 아니라 버디와 데이비드, 그러니까 클레먼시 씨 아버지가 제 친부모일 거라고요. 그리고 또, 음, 이틀 전 밀러 씨와 제가 밤까지 체이니워크의 집에 있었는데 어떤 남자가 나타났어요. 꽤 늦은 밤이었죠. 10시쯤이었으니까. 그 사람 말로는……." 잠시 숨을 고르고 말을 이었다. "그 사람은 자기가 핀이라고 말했어요."

클레먼시가 눈을 휘둥그레 뜨고 숨을 몰아쉬었다.

"핀 오빠를 만났다고?"

리비가 주저하며 고개를 끄덕였다.

그러자 클레먼시는 한숨을 쉬었다.

"확실해? 내가 핀 오빠를 집에 놔두고 떠났을 때 오빠는 몹시 아팠어. 그래서 오빠가 죽었을 거라 생각하고 살았는데. 그게 아니라면 왜 돌아오지 않았겠어? 왜 우리를 찾아오지 않았을까? 음, 오빠라면 분명 찾아왔을 거야. 그렇지 않아?" 잠시 말을 멈추었다가 이렇게 물었다. "그 남자 어떻게 생겼어?"

리비가 뿔테 안경과 금발 머리, 기다란 속눈썹, 도톰한 입술을 세세하게 설명했다.

클레먼시가 고개를 끄덕였다.

이어서 리비는 고급 아파트와 페르시아고양이들 이야기도 했다. 딕이라는 고양이에 관한 농담도 똑같이 전하자 클레먼시가 고개를 가로저었다.

"아냐. 얘기를 들어보면 전혀 우리 오빠 같지가 않아. 정말로. 내 생각엔 헨리 오빠인 거 같아."

"헨리라고요?"

"응. 헨리 오빠는 우리 오빠한테 홀딱 빠져 있었거든. 완전히 짝사랑이었지. 거의 집착증 수준이었다고. 헨리 오빠는 핀 오빠를 하염없이 바라보곤 했어. 옷도 비슷하게 입고, 헤어스타일도 똑같이 따라 하고 말야. 한번은 헨리 오빠가 핀 오빠를 죽이려고

한 적도 있는데, 강물로 떠밀고 못 올라오게 누른 거야. 다행히도
편 오빠가 더 힘세고 몸집도 커서 간신히 떨쳐 낼 수 있었지. 글
쎄, 헨리 오빠가 버디의 고양이도 죽였다니까?"

"뭐라고요?"

"고양이를 독살하고 꼬리를 잘라 냈어. 나머지 몸통은 강물에
던져 버리고. 그러니까 그런 조짐은 처음부터 쭉 깔려 있었던 거
야. 어린아이에 대해 이렇게 말하기는 참 끔찍한 일이지, 정말로.
하지만 내가 보기에 헨리 오빠한테는 타고난 것 같은 악한 면이
있었어."

55

첼시, 1993년

나는 버디의 고양이를 죽이지 않았다. 절대 안 그랬다. 하지만 뭐, 나 때문에 죽기는 했지.

당시 나는 벨라도나를 이용해서 다른 수면제를 만드는 중이었다. 데이비드와 버디를 방으로 기어 들어가게 만든 것보다 센 물약이 필요했다. 조금 더 지속적인 혼수상태를 유발하는 물약. 나는 일단 고양이에게 시험해 보았다. 고양이에게 해롭지 않다면 인간에게도 안전할 거라는 판단에서였다. 애석하게도 그 약물은 고양이에게 해로웠다. 이 경험을 토대로 다음 물약은 훨씬 더 약하게 조제했다.

고양이 꼬리에 대해서라면, *꼬리를 잘랐다*고 말하면 너무 잔혹하게 느껴지는데, 무척이나 아름답고 보드라우며 눈부시게 멋진 색깔들이 어우러진 꼬리였기에 내가 가졌을 뿐이다.

그 당시 소지품을 몽땅 빼앗겨서 내 수중에 부드러운 물건이라고는 아무것도 없었다는 사실을 생각해 보라. 고양이에겐 더 이상 꼬리가 필요치 않았다. 그래, 그래서 내가 고양이 꼬리를 가졌다. 그리고—이건 *가짜* 뉴스인 셈인데—나는 고양이를 템스강에 던져 넣지 않았다. 내가 어떻게 그럴 수 있었겠는가? 집 밖으로 나갈 수도 없었는데. 그 고양이는 사실 지금까지도 나의 약초 정원에 묻혀 있다.

내 이야기와 반대로 오히려 *내*가 핀을 템스강에 떠밀었다는 주장에 대해서는, 글쎄, 단연코 사실이 아니다. 내가 핀을 밀치려 한 뒤 몸싸움을 하다 핀이 나를 강물에 빠뜨렸다고 한다면야 사실이라고 봐도 되겠지만.

그렇다. 그랬던 것 같다. 핀은 왜 자기를 뚫어져라 쳐다보느냐고 했다. 나는 대꾸했다. 네가 아름다워서 쳐다보는 거라고.

그러자 핀이 말했다.

"너 지금 이상해. 넌 왜 항상 그렇게 이상하게 구는 거야?"

"핀, 왜 그런지 몰라? 내가 널 사랑하는 거 몰라?"

(나를 너무 모질게 비판하기 전에 내가 LSD에 취한 상태였다는 점을 부디 유념해 주길 바란다. 그때 나는 제정신이 아니었다.)

"그만해."

핀은 당황한 눈치였다.

"제발, 핀." 내가 애원했다. "제발. 나는 널 처음 본 순간부터 사랑했어. 널 원해, 핀. 나는……."

그러고서 핀에게 입 맞추려 했다. 내 입술이 핀의 입술에 살짝 닿았고, 잠깐은 그 애도 내게 입 맞춰 주지 않을까 싶었다. 그때의 충격이 아직도 생생하다. 무척이나 부드럽던 핀의 입술, 그 애의 입에서 내 입으로 흘러 들어오던 미약한 숨결.

나는 핀의 **뺨**에 손을 갖다 댔다. 그때 그 애가 멀찍이 물러나

노골적인 혐오감이 담긴 시선으로 나를 쳐다보았다. 그 눈빛이 꼭 내 심장을 관통하는 칼날처럼 느껴졌다.

핀에게 떠밀린 나는 엉덩방아를 찧을 뻔했다. 그래서 나도 핀을 밀쳤고, 다시 핀과 내가 한 번씩 서로를 떠밀었다. 그러다 마지막으로 핀이 밀쳤을 때 나는 강물에 빠지고 말았다. 고의가 아니었다는 건 나도 알았다. 그렇기 때문에 내가 한 짓이 훨씬 더 악질적이었던 것이다.

핀이 무슨 짓을 했는지 그 애 아버지에게 이르고, 식구들 모두 핀이 나를 고의로 떠밀었다고 생각하는데도 수수방관하고, 며칠 씩이나 그 애가 방에 감금되게 놔두고서 그날 일이 그냥 사고였다는 말을 아무한테도 털어놓지 않았으니.

그리고 핀 또한 그 사건이 우연한 사고였다는 말은 전혀 꺼내지 않았다. 그러려면 내가 그 애에게 키스했다는 이야기도 나와야 했기 때문이다. 뭐, 분명 그런 끔찍한 고백만큼은 절대로 하기 싫었으리라.

56

첼시, 1993년

6월 중순에 접어들던 여름밤, 여동생이 '음매' 하고 울기 시작했다.

달리 표현할 방법이 없었다.

그 소리는 완전히 소 울음소리랑 똑같았다.

한동안 울음소리가 났다. 동생은 이날을 위해 미리 준비해 둔 빈 침실에 들어가 있었다. 어른들은 클레먼시와 나를 방문에서 멀찍이 떼어 놓고는, 나오라는 지시가 떨어질 때까지 각자의 방에 머물라고 명령했다.

음매 소리가 몇 시간이고 이어졌다.

그러다 자정을 10분쯤 넘겼을 때 아기 울음소리가 들렸다.

그래, 맞아, 그게 너였다.

서레니티 러브 램. 루시 어맨다 램(14)과 데이비드 서배스천 톰슨(41)의 딸.

그날 늦게야 너를 볼 수 있었는데, 솔직히 말해 나는 네 생김새가 정말 마음에 들었다. 얼굴이 꼭 아기 물개 같았다. 그리고 너는 눈도 깜빡이지 않고 나를 빤히 쳐다보았다. 누군가 정말로 나를 바라봐 주고 있다는 느낌이 들게끔.

오랫동안 느껴 보지 못한 기분이었다. 네가 조그만 손으로 내 손가락을 꼭 쥐는 느낌도 묘하게 좋았다. 나 스스로는 늘 아기를 싫어한다고 생각했는데 사실은 그렇지도 않았던 모양인지.

그리고 며칠 뒤 너는 여동생 품에서 떨어져 데이비드와 버디의 방으로 옮겨졌다. 위층으로 쫓겨난 여동생은 클레먼시와 함께 쓰던 방으로 돌아갔다. 밤이면 아래층에서는 네 울음소리가 들렸고, 옆방에서는 내 동생의 울음소리가 들렸다. 동생은 낮에 아래층으로 끌려가 케케묵은 중세 시대 유물처럼 보이는 기구로 젖을 짰다. 그렇게 짠 모유를 역시 중세 시대 유물 같은 우유병에 담은 뒤 다시 위층 방으로 돌아가라는 명령에 따랐다.

그렇게 모든 것이 다시 바뀌었다. '그들'과 '우리들'을 가르는 경계선이 몇 도쯤 이동했고 내 여동생은 다시 한 번 우리 중 하나로 돌아왔다. 그리고 바로 이 마지막 잔학 행위 때문에 우리는 다시 하나로 뭉쳤다.

57

루시가 남자에게 다가갔다.

오빠.

자신의 친오빠다.

이제 알겠다.

루시는 헨리의 눈을 진지하게 들여다보며 말했다.

"오빠, 그동안 어디 있었던 거야? 대체 어디 있었어?"

"아, 뭐 그냥 여기저기."

격랑처럼 분노가 솟구쳐 루시를 집어삼켰다. 오랜 세월 동안 그녀는 혼자였다. 기나긴 시간 동안 곁에 아무도 없었다. 그런데 여기 키 크고 잘생긴 데다 얼굴에 생기가 넘치고 말도 술술 잘하는 헨리가 떡하니 서 있는 거다.

루시는 맥없이 주먹을 쥐고 헨리의 가슴을 때렸다.

"오빠는 그 아이를 내팽개쳤어!" 루시가 울부짖었다. "그 애를 버렸어! 아기를 버려두고 떠나다니!"

헨리가 루시의 손을 붙들었다.

"아냐! 떠난 건 *너지*! 네가 떠나 버린 거잖아! 나만 집에 남았고. 나 혼자 남아 집을 지켰다고! 보자, 내가 그동안 어디 있었냐고 물었지. 그럼 넌 대체 어디 있었는데?"

"나는—,"

루시는 손에서 힘을 풀고 두 팔을 떨구며 말을 이었다.

"나는 지옥에 있었어."

그들은 잠시 침묵에 빠졌다. 그러다 루시가 뒤로 물러서 마르코를 불렀다.

"마르코. 이쪽은 헨리, 네 삼촌이야. 오빠, 내 아들 마르코야. 그리고 얘는 내 딸 스텔라."

마르코는 루시와 헨리를 번갈아 쳐다보며 물었다.

"이해가 안 돼. 지금 이 상황이 그 아기랑 무슨 상관이 있는데?"

"헨리 삼촌은—,"

루시가 운을 떼다 한숨을 쉬고 다시 설명하기 시작했다.

"옛날에 아기가 있었어. 우리가 어렸을 적에 이 집에서 함께 살던 아기야. 그런데 우린 아기를 여기에 두고 떠나야 했어. 왜냐하면…… 음, 그럴 수밖에 없었거든. 헨리 삼촌도 엄마처럼 그 아기를 보러 여기 온 거야. 아기가 이제 다 컸으니까."

헨리가 헛기침하더니 "음" 하고 소리 냈다.

루시는 고개 돌려 헨리를 쳐다보았다.

"난 벌써 만나 봤어. 서레니티랑. 어젯밤에 여기 왔었거든."

루시가 조용히 숨을 헉 들이쉬었다.

"이럴 수가. 그 아이는 좀 어때? 괜찮아?"

"응. 건강하고 씩씩해. 눈이 휘둥그레지게 예쁘고."

"그럼 서레니티는 어디 있어? 지금 어디 있는 거야?"

"음, 지금은 우리의 옛 친구 클레먼시랑 같이 있지."

루시는 숨을 다급히 들이마셨다.

"클레먼시라고! 세상에. 클레먼시는 어디 있어? 지금 어디 살아?"

"콘월에 사는 것 같네. 자, 봐 봐."

헨리가 핸드폰 화면을 켜서 루시에게 보여 주었다. 지도 위에서 작은 점이 깜빡거렸다.

"서레니티의 현재 위치야."

그가 점을 가리키며 말했다.

"콘월 펜리스 메이지웨이 12번지. 내가 서레니티의 핸드폰에 작은 위치 추적기를 심어 놨거든. 그 애를 또 잃어버릴 일 없게 말이야."

"하지만 클레먼시가 거기 있다는 건 어떻게 알아?"

"아하."

헨리는 서레니티의 위치가 표시된 앱을 닫고 다른 앱을 켰다.

그리고 소리 표시선 위의 화살표를 누르자 갑자기 목소리가 들렸다. 두 여자가 조용조용 이야기 나누는 중이었다.

"지금 그 아이가 말하는 거야? 서레니티 목소리야?"

헨리가 잠시 귀 기울이더니 볼륨을 높이며 대답했다.

"응, 맞는 것 같아."

다른 목소리가 끼어들었다.

"이건 클레먼시 목소리야. 들어 봐." 헨리는 말했다. "마침 우리 얘기를 하고 있네."

58

클레먼시는 밀러에게 잠시 자리를 비켜 달라고 부탁했다. 리비에게만 개인적으로 얘기하고 싶다면서. 그래서 밀러는 개를 데리고 산책을 나갔다. 클레먼시가 기다란 두 다리를 소파에 올려 엉덩이 밑에 깔고 앉더니 천천히 이야기를 풀어놓았다.

"우리가 세운 계획은 아기를 구출하는 거였어. 헨리 오빠가 수면제를 조제해 어른들에게 먹인 다음, 우리는 아빠와 버디의 방 안 상자에서 신발이랑 평범한 옷가지를 훔치고 돈과 아기를 챙기는 거야. 그리고 아빠의 지갑에서 열쇠를 빼내 길거리로 달려 나가서 경찰이나 믿을 만해 보이는 어른을 붙잡고 말하는 거지. 그 집 안에 있는 사람들이 몇 년 동안이나 우리를 감금해 놓았다고 말이야. 그러고 나면 어떻게든 우리 엄마한테 갈 방법을 찾아야겠지. 어떻게 엄마랑 연락할지는 제대로 계획하지 못했어. 공중전화 부스에서 수신자 부담으로 전화를 걸면 되지 않을까, 실낱같은 희망을 품었던 거야."

클레먼시가 쓴웃음을 지었다.

"너도 짐작할 수 있겠지만 정말 그때는 이런저런 가능성을 철저히 따져 보지 못했거든. 우리는 그저 그 집에서 나가고 싶었을 뿐이니까.

그러던 어느 날 아빠가 버디의 서른 번째 생일 파티를 열겠다고 알렸어. 헨리 오빠는 우리를 자기 방으로 불러 모았지. 이때쯤엔 헨리 오빠가 우리들 중 비공식적인 리더격이었던 것 같아. 헨리 오빠는 버디의 생일 파티 때 그 일을 결행하자고 말했어. 자기가 자청해서 모든 음식을 조리할 거라고. 나한테는 레깅스 안에 틀어넣을 수 있는 작은 주머니를 만들어 달라고 부탁했어. 수면제 병을 주머니에 넣어 다닐 수 있게 말이야. 그리고 우리 모두는 버디의 생일 파티를 정말로 열렬히 고대하는 것처럼 행동해야 했어. 헨리 오빠의 동생과 나는 버디에게 특별한 축하곡을 연주해 주려고 바이올린 연습까지 했지."

"핀은요? 이 모든 과정에서 핀은 어느 부분에 가담한 건가요?"

클레먼시는 한숨을 내쉬었다.

"우리 오빠는 보통 남과 어울리지 않고 혼자 지냈어. 그리고 헨리 오빠가 핀 오빠를 빼놓고 싶어 했거든. 그 둘은……,"

또 다시 한숨을 쉬었다.

"둘 사이엔 뭔가 위험한 공기가 흘렀어. 헨리 오빠는 핀 오빠를 사랑했고, 핀 오빠는 헨리 오빠를 혐오했지. 게다가 우리 오빠가 아프기도 했고."

"무슨 문제가 있었던 거죠?"

"그건 끝내 알아내지 못했어. 암이나 뭐 그런 중병에 걸린 게 아닐까 싶기도 했는데. 그래서 엄마랑 나는 아마 오빠가 죽었을 거라고 쭉 생각해 왔어."

클레먼시가 말을 이었다.

"어쨌든, 생일 파티 날 우리는 잔뜩 긴장했어. 우리 셋 모두. 하지만 계속해서 그 같잖고 짜증 나는 파티를 신나게 즐기는 척했지. 그리고 물론 어떤 면에서는 파티 덕에 *정말로* 신이 나기도 했고. 우리의 자유를 기념하는 파티였으니까. 그날 파티의 저편에는 평범한 삶이 기다리고 있었어. 아니면 적어도 *다른* 삶.

우리는 버디를 위해 준비한 축하곡을 바이올린으로 연주하면서, 헨리 오빠가 음식을 만드는 동안 어른들의 주의를 딴 데로 돌렸어. 내 아빠와 버디 커플, 그리고 나머지 사람들 사이의 대조가 너무도 기괴했지. 뭐랄까, 우리 모두 병색이 짙었는데 아빠와 버디 두 사람한테서는 활력과 만족감이 흘러넘쳤거든. 아빠는 버디의 어깨에 팔을 걸치고 앉아 있었는데, 완벽하게 지배권을 틀어쥐고 있다는 자신감이 만면에 가득했어."

클레먼시는 무릎 위에 얹은 쿠션을 꾹꾹 눌렀다. 그러면서 딱딱하게 긴장된 눈빛으로 말을 이었다.

"어떤 느낌이었냐면, 넉넉하게 도량을 베풀어 자기 여자한테 파티를 '허락'해 준 것 같았어. 꼭 이렇게 생각하고 있는 것처럼 보였지. 내가 창조한 행복을 좀 봐. 이것 좀 보라고, 나는 뭐든지 내 마음대로 할 수 있지만 그러든 말든 사람들은 나를 변함없이 사랑한다니까."

어느새 클레먼시의 목소리가 갈라지자 리비는 상대의 무릎을 부드럽게 만지며 물었다.

"괜찮으세요?"

클레먼시가 고개를 끄덕였다.

"지금까지 이런 얘기는 아무한테도 한 적 없어. 엄마나 남편, 딸한테도. 너무 버거우니까. 그렇지 않겠니. 아버지에 대해, 아버지가 어떤 인간이었는지, 결국 어떻게 됐는지 말한다는 게. 뭐가 어떻든 간에 어쨌든 내 아버지였고, 아버지를 사랑했으니까."

리비는 자기 아버지를 떠올렸다. 그리고 클레먼시의 무릎을 살며시 잡았다.

"계속 말씀해도 괜찮으시겠어요?"

클레먼시는 고개를 끄덕이고 어깨를 편 다음 말을 이었다.

"보통 우리는 식탁 중앙에 음식을 차려 놓고 덜어 먹었는데 그날 밤 헨리 오빠는 레스토랑 손님들에게 대접하듯 자기가 직접 음식을 나르겠다고 했어. 그렇게 해야 한 명 한 명 앞에 딱 알맞은 음식 접시를 정확히 놓을 수 있으니까. 그다음에 아빠가 건배사를 했어. 아빠는 자기 잔을 잡고 모두에게 들어 보이면서 말했어. '우리 모두에게 삶이 항상 수월하지만은 않았다는 거 알아. 특히 소중한 이를 잃은 경우 더욱 더 아픔이 컸고. 뭐랄까, 가끔은 굳건한 믿음을 지키기가 어려울 때도 있겠지. 그건 나도 알지만, 오랜 시간이 흘렀는데도 우리 모두 여기 있고 여전히 한 가족이라는 사실, 그뿐 아니라 더 커다란 가족이 되었다는 사실은—' 이렇게 말하며 네 정수리를 만졌어. '우리 모두 얼마나 복 받았는지, 얼마나 운 좋은 사람들인지 보여 주지.' 그러더니 버디를 바라보면서 또 말하더라."

클레먼시가 숨을 한 번 들이쉰다.

"'내 사랑, 내 인생, 내 아이의 어머니, 나의 천사, 내 삶의 이유, 나의 여신. 생일 축하해, 내 사랑. 모든 게 다 당신 덕분이야.' 그러고서 둘이 한참이나 소리를 내며 진하게 키스했는데, 나는 그 꼴을 보며 생각했어."

잠시 말을 멈춘 클레먼시가 리비에게 유감스럽다는 시선을 던졌다.

"*정말 진심으로 당신들 둘 다 죽어 버렸으면 좋겠어.* 이런 생각. 약효가 나타날 때까지는 20분쯤 걸렸어. 삼사 분 사이에 어른들이 전부 의식을 잃었지. 우리는 버디의 무릎에서 너를 끌어낸 다음 작전에 돌입했어. 헨리 오빠 말로는 약효가 떨어질 때까지 우리한테 20분쯤, 길어야 30분쯤 있댔어. 어른들을 부엌 바닥에 눕혀 놓은 다음 나는 아빠의 옷자락을 뒤져 가죽 지갑을 끄집어냈지. 그리고 계단 꼭대기에서 열쇠 뭉치를 한참 뒤적인 끝에야 아빠와 버디의 방에 맞는 열쇠를 찾았어.

방에 들어갔더니, 세상에, 정말 충격적이더라. 거기 뭐가 있는지 헨리 오빠가 미리 알려 줬는데도 얼떨떨했지. 몰래 빼돌린 온갖 골동품, 헨리 아저씨와 마티나 아줌마의 멋진 세간살이, 향수나 화장품, 보석, 술……. 헨리 오빠가 말했어. '봐, 이 많은 물건들 좀 보라고. 여태 우리한테는 *아무것도* 없었는데. 이건 악행이야. 지금 악행의 현장을 두 눈으로 보고 있는 거야.'

대략 30분으로 어림잡아 둔 작전 시간에서 5분이 지났어. 기저귀와 아기 옷, 젖병을 추리던 나는 등 뒤에 핀 오빠가 서 있다는 사실을 깨닫고 말했지. '서둘러! 옷 좀 찾아봐. 따뜻하게 입어야 해. 밖은 추우니까.' 하지만 오빠는 꼼짝도 안 했어. 내가 애원하는 표정으로 바라봐도 '나는 안 될 거 같아. 몸이 너무 허약해진 것 같아'라 말할 뿐이었고. 내가 '하지만 오빠를 여기 놔두고 갈 순 없어'라 주장하니 이런 대답이 돌아왔어. '못 해! 난 못 하겠다고. 알았어?'

그때쯤엔 거의 10분이나 지났기 때문에 더 이상은 오빠를 설득하는 데 시간을 허비할 수 없었어. 나는 가방에 현금을 채우는 헨리 오빠를 쳐다보다가 말했지. '돈은 증거로 남겨 둬야 하지 않을까? 경찰이 발견하게?'

하지만 헨리 오빠는 이렇게 말했어. '아니, 이건 내 거야. 두고 가지 않을 거야.'

이제 너는 빽빽 울고 있었고, 헨리 오빠는 헨리 오빠대로 소리 질렀어. '걔 좀 닥치게 해! 미치겠네!'

그때 뒤쪽에서 계단 오르는 소리가 들렸어. 금세 문이 열리더니 버디가 나타났는데, 완전히 돌아 버린 것 같은 느낌에 몸도 제대로 못 가누는 상태였지. 그렇게 비틀비틀 방으로 들어와서 너한테 두 팔을 쭉 뻗으며 말했어. '내 아기 내놔! 나한테 줘!'

버디가 너한테로 마구 달려들었어. 헨리 오빠는 정신 줄을 놓아 버리고 모두한테 고래고래 소리를 지르지, 핀 오빠는 금방이라도 기절할 것 같은 꼴로 서 있지…… 나는 정말로 꽁꽁 얼어붙었어. 버디가 정신을 차렸다면 다른 어른들도 다 깨어났겠구나,

아빠도 깨어났을 테고, 이제 금방 모두가 들이닥치면 우리는 남은 평생 동안 방에 갇혀 지내겠구나 싶었으니까. 심장이 쿵쾅거렸어. 너무 무서웠고. 그런데 그때, 모르겠어, 정말로 무슨 일이 일어났던 건지 아직도 확실히 모르겠는데, 갑자기 버디가 바닥에 쓰러진 거야. 바닥에 누운 버디의 눈 한구석에서 빨간 눈물처럼 피가 뚝뚝 흘렀고. 그리고 머리카락 쪽, 딱 여기가―,"

클레먼시가 귀 바로 윗부분을 가리켰다.

"시커멓고 끈적끈적했어. 그런데 헨리 오빠를 쳐다봤더니 상아를 들고 있더라고."

리비가 의아한 눈길로 클레먼시를 바라봤다.

"코끼리 상아처럼 보였어. 아니면 사슴뿔이든지, 뭐 그런 종류."

리비는 어제 아침에 핀이 보여 준 뮤직비디오를 떠올렸다. 벽에 걸린 무시무시한 동물 머리통들과 거대한 마호가니 책상 위에 여전히 살아 있는 듯 생생한 자세로 우뚝 선 박제 여우들이 머릿속에 스쳐 갔다.

"그리고 상아에 피가 묻어 있었어. 줄무늬처럼 길게. 그게 헨리 오빠의 손에 들려 있었단 말이야. 몇 초 동안 우리 모두 숨을 죽였지. 아기였던 너까지도. 정말 쥐 죽은 듯 조용했어. 우리는 다른 사람들 기척이 나는지 귀를 기울였고, 버디의 숨소리에도 귀 기울였어. 꼴까닥대던 숨소리가 어느 틈에 멈췄지. 머리카락에서 가느다랗게 흘러내린 핏방울이 관자놀이를 타고 눈 속으로 들어갔고……."

클레먼시는 손가락 끝으로 제 얼굴에 궤적을 그렸다.

"나는 죽은 *거야?* 하고 물었어. 그랬더니 헨리 오빠가 이렇게 외쳤지. *닥쳐. 생각 좀 하게.*

버디 옆으로 가서 심장 박동을 확인하려는데 헨리 오빠가 날 밀었어. 너무 세게 떠밀려서 뒤로 자빠졌다니까. 헨리 오빠는 또 소리 질렀어. *그냥 놔둬, 놔두라고!*

그러고는 아래층으로 내려가면서 당부했어. *여기 있어. 여기 가만히 있어야 돼.* 나는 핀 오빠를 쳐다봤어. 안색이 영 안 좋더라. 곧 기절하겠구나 싶어서 침대로 데려갔지. 그때 헨리 오빠가 완전히 사색이 된 얼굴로 돌아오더니 이렇게 말했어. *큰일 났어. 뭔가 잘못됐어. 뭐가 어떻게 된 건지 모르겠어. 나머지 어른들이 다 죽었어. 전부 다.*"

클레먼시는 숨을 헐떡이면서 마지막 말을 내뱉었다. 그리고 눈물을 글썽이며 양손으로 입을 가렸다.

"전부 다. 내 아빠도, 헨리 오빠의 엄마와 아빠도. 전부 죽었다는 거야. 헨리 오빠가 계속 중얼거렸어. *이해가 안 돼, 진짜 모르겠어. 약을 썼다고 할 수도 없을 만큼 살짝 탔는데. 고양이 한 마리 못 죽일 정도로 진짜 눈곱만큼이었다고. 이해가 안 돼.*

갑자기 이 모든 일, 이 멋들어진 구출 작전, 자유를 찾기 위해서 벌인 모험이 완전히 우리를 꼼짝 못 하게 가둬 버린 거야. 이제 와서 어떻게 길거리로 달려 내려가 친절한 경찰관을 찾을 수 있겠어? 네 명이나 죽였는데. *네 명이나.*"

클레먼시가 잠시 말을 멈추고 숨을 골랐다. 리비는 클레먼시의 손이 떨리고 있음을 눈치챘다.

"또 우리한텐 보살펴야 할 아기가 있었는데 아무도 아기 돌보는 방법을 몰랐지. 뭐가 됐든. 전부 다 그냥……. 이것 참, 우리 뒷마당으로 나가도 괜찮을까? 담배 한 대 피워야겠어."

"네, 네, 괜찮아요."

리비가 대답했다.

뒷마당엔 여기저기 널조각이 빠진 평상과 부서진 라탄 소파가 가득했다. 이제 해가 졌기 때문에 클레먼시는 우선 조명을 몇 개 켰다. 그리고 다탁 서랍에서 담배 한 갑을 꺼내며 말했다.

"내 비밀 금고야."

담뱃갑 옆면엔 구강암 환자의 사진이 인쇄되어 있었다. 리비는 그 사진을 쳐다볼 엄두가 안 났다. 왜 사람들은 담배를 피울까? 본인이 흡연 때문에 사망할지도 모른다는 사실을 언제쯤 깨달을까? 리비의 어머니도 흡연자다. 어머니는 담배를 *내 새끼들*이라 부른다. "내 새끼들이 어디 있지?"라고 말이다.

리비는 클레먼시가 담배 끝에 성냥불을 붙이고 한 모금 빨아들인 다음 연기를 내뿜는 모습을 지켜보았다. 덜덜 떨리던 손이 즉시 잠잠해지는 모습도. 클레먼시가 말했다.

"어디까지 얘기했더라?"

59

첼시, 1994년

그날 일을 전해 들으면 전부 다 끔찍한 재앙처럼 느껴지겠지. 나도 안다. 그렇고말고. 네 구의 시체는 이상적인 상황과는 거리가 머니까.

하지만 내가 나서지 않았다면 우리 모두 지금까지도 그 빌어먹을 집에 갇혀서 삶을 송두리째 빼앗긴 채 뼈만 앙상한 중년이 되었거나 진작 죽었을 텐데, 어째 이 사실은 아무도 깨닫지 못하는 것 같다. 그렇지, 우리 모두 죽을 수도 있었다는 점을 잊지 말아야 한다. 물론 상황이 정확히 계획대로 흘러가진 않았다는 건 인정한다. 그래도 어쨌든 우리는 빠져나왔다. 거기서 벗어났단 말이다. 그리고 나 말고 작전을 세운 사람이 한 명이라도 있었던가? 누구도 앞장서서 행동에 나설 준비가 되어 있지 않았다. 이러쿵저러쿵 비판하기는 쉽다. 나서서 상황을 주도하는 게 어렵지.

나는 네 구의 시신만이 아니라 아기 한 명과 10대 소녀 두 명, 핀까지 수습해야 했다. 하지만 핀은 방해만 될 것 같았기에 편의상 잠시 자기 방에다 가두어 놓았다.

그래, 어찌 들릴지 나도 안다. 하지만 나는 생각을 명료하게 정리할 필요가 있었단 말이다.

위층 방에서 핀이 울부짖는 소리가 들려왔다. 나는 핀을 살펴보러 가려는 여자애들에게 이렇게 당부했다. "안 돼, 여기 있어. 우리 다 같이 힘을 합쳐야 돼. 아무 데도 가지 마."

내가 보기에 최우선 과제는 버디인 것 같았다. 버디한테서 피가 흘러나와 바닥이 온통 피범벅이었다. 초라하게 무너져 내린 버디의 모습을 보자니 기분이 이상했다. 이 인간이 그렇게 오랫동안 우리 모두의 삶을 좌지우지했다니.

버디는 긴 머리칼을 틀어 올렸고, 클레먼시가 생일 선물로 만들어 준 상의와 데이비드가 준 목걸이를 착용한 상태였다. 옅은 색 눈동자는 미동도 없이 벽을 노려보았다. 한쪽 눈알이 새빨갰다. 맨발은 뼈만 앙상했고, 발톱은 살짝 누렇고 지나치게 길었다. 나는 버디의 목에서 목걸이를 푼 다음 내 주머니에 넣었다.

클레먼시는 울고 있었다. "너무 슬프다." 그 아이가 말했다. "너무 슬퍼! 이 사람도 누군가의 딸인데! 이젠 죽어 버렸잖아!"

"전혀 슬플 것 없어." 내가 대꾸했다. "죽어도 쌌지."

클레먼시와 나는 버디를 다락으로, 그다음엔 지붕 위로 끌어 올렸다. 그 여자의 몸은 아주 가벼웠다. 언젠가 핀의 손을 잡고 앉아 있었던 곳의 반대편에는 일종의 배수구가 있었는데, 낙엽들로 가득 찬 배수구는 건물 측면을 타고 내려가는 홈통으로 이어졌다. 우리는 버디를 타월과 시트로 둘둘 말아 그 안에 쑤셔 넣었다. 그리고서 낙엽 몇 움큼을 뿌리고 옥상에서 찾아낸 낡은 나무 발판 몇 조각도 얹어 배수구를 가렸다.

당시 기억 중 일부는 꼭 2분 전에 일어난 일처럼 지금까지도 생생한데, 또 일부는 너무 흐릿하고 꿈 같아서 나조차도 그런 일이 전혀 없었다고 믿어 버릴 정도다.

그 뒤 부엌으로 돌아가 침착하게 세 구의 시체를 내려다보았다. 차마 이러한 현실을 곰곰이 곱씹을 수가 없었다. 나는 친부모를 죽였다. 아름답고 어리석은 어머니와 가엾고 쇠약한 아버지를.

다시는 어머니가 내 머리카락을 쓰다듬으며 '예쁜 내 아들'이라 부를 일이 없다는 사실, 다시는 아버지를 따라 회원제 클럽에 가서 조용히 레모네이드를 마실 수 없다는 사실을 애써 외면해야 했다. 이제 다 함께 모여 크리스마스를 보낼 고향 집 따위는 영영 없으리라. 혹시 내게 자녀가 생긴다면 그 애들은 조부모가 없을 테고, 나이 들어도 안부를 챙겨 줄 친지 한 명 없으리라. 나이가 든 나를 걱정해 줄 사람도 전혀 없겠지.

나는 고아였다. 고아이자 살인자.

하지만 나는 공황에 빠지지 않고 계속 내 감정을 다스렸다. 그리고 부엌 바닥에 늘어진 세 사람을 보며 광신자 집단 같은 모습이라 생각했다. 누구든 지금 여기 들어오면 검은 튜닉을 맞춰 입은 시신 세 구를 보고 동반 자살이라 짐작할 것 같았다.

이제 내가 뭘 해야 하는지 분명해졌다. 동반 자살 현장을 꾸며야 했다. 우리는 이 자리가 '시시한 서른 번째 생일 파티'보다는 '아주 엄숙한 마지막 만찬'처럼 보이게 파티용품들을 재배치했다. 여분의 음식 접시는 치워 버리고 냄비와 팬을 전부 씻은 다음 묵은 음식도 싹 버렸다. 그리고 시신들을 움직여 모두 같은 방향으로 눕혀 놓았다. 나는 빈 약병들을 세 사람의 손끝에다 대고 꾹 누른 다음 식탁 위에 올려놓았다. 마치 셋이서 일제히 독약을 마신 것처럼 각자의 자리에 한 병씩.

우리는 아무 말도 하지 않았다.

기이하게도 성스러운 느낌이 들었다.

나는 어머니의 뺨에 입 맞추었다. 뺨이 무척 차가웠다.

아버지의 이마에도 입 맞췄다.

그러고 나서 데이비드를 내려다보았다. 한참 전 핀이 예언한 대로 내 인생을 파탄 내 버린 남자가 이제 바닥에 누워 있었다. 우리를 파괴하고, 짓밟고, 음식과 자유를 박탈하고, 여권을 빼앗고, 내 어머니와 여동생을 임신시키고, 우리 집까지 가로채려 한 남자. 나는 그 한심한 인간을 완전히 끝장냈다는 승리감에 도취되었다. 하지만 끔찍한 혐오감 또한 밀려왔다.

네 꼴 좀 봐. 나는 이렇게 말하고 싶었다. 네 꼴 좀 보라고. 네가 결국 얼마나 처참한 패배자였는지 보라니까.

데이비드의 얼굴이 피떡이 될 때까지 발로 짓이기고 싶었지만 그 충동을 눌러 참고 다시 버디와 데이비드의 방으로 올라갔다.

우리는 모든 상자를 싹 비웠다. 그중 한 군데에서 버디가 만든 주머니 모양 가방들이 쏟아져 나왔다. 캠든 시장에 가져가서 판 답시고 쓸데없이 잔뜩 만들었다 처박아 둔 것이었다.

우리는 그 가방들에다 되는 대로 이것저것 꽉꽉 욱여넣었다. 또 거의 7천 파운드나 되는 현금을 찾아내 4등분했다.

어머니의 귀금속과 아버지의 금제 커프스단추와 백금제 셔츠 칼라 고정대와 위스키가 가득 든 상자도 발견했다. 우리는 위스키를 싱크대에 부어 버리고 빈 병들을 샴페인 병과 함께 현관문 옆에 두었다. 보석은 우리 가방에 챙겼다. 그런 다음 상자들을 부숴서 한 무더기로 쌓아 놓았다.

광신자 집단이 맞는지 의구심이 들 만한 물건들을 싹 치운 뒤 우리는 조용히 현관문을 열고 집에서 나왔다. 그리고 강가로 향했다. 이때쯤엔 이른 새벽이었는데, 아마 오전 3시쯤이었을 거다. 자동차 몇 대가 스쳐 갔지만 속도를 늦추는 차는 한 대도 없었고 누구도 우리의 존재를 알아차리지 못하는 듯했다.

우리는 강변에 멈춰 섰다. 하필 한참 전 핀과 내가 몸싸움을 벌였던 자리였다. 바로 여기서 나는 컴컴한 물속에 빠져 허깨비를 보았었다. 그로부터 1년도 넘는 시간이 흐른 지금에야 드디어 자유를 되찾은 것이다. 나는 이 순간을 음미할 만큼 차분한 상태였다. 빈 병과 실크 속옷, 향수병, 이브닝드레스 등을 꽉 채운 가방들에 돌까지 매달아서 죄다 강물에 던져 버린 뒤 우리는 잠시 가만히 서 있었다. 모두의 숨소리가 들렸다. 우리가 처한 참혹한 상황이 잠시나마 무색해질 만큼 아름답고 평화로운 순간이었다.

강철처럼 시커먼 수면에서 실려 오는 공기엔 디젤 기름 냄새와 생명력이 자욱했다. 데이비드 톰슨이 우리 집으로 걸어 들어온 순간부터, 톰슨 가족이 위층에 눌러앉은 날부터 우리가 잃어버리고 만 모든 것들의 냄새가 났다.

"냄새 맡아 봐."

내가 여자애들을 돌아보며 말했다.

"느껴 봐. 우리가 해냈어. 정말로 해냈다고."

클레먼시는 소리 없이 울고 있었다. 그러다 코를 훌쩍이며 손바닥으로 코끝을 닦아 냈다. 하지만 내가 보기에 루시만큼은 우리가 해낸 일의 위력을 느끼고 있는 게 분명했다.

서레니티, 만약 네가 없었다면 루시도 더 나약하게 흔들렸을 거다. 클레먼시처럼 손바닥으로 코를 막고 훌쩍이며 엄마를 애도하고 있었겠지. 하지만 네가 있었기에 그 애는 '어머니와 아버지의 귀한 자식'이라는 정체성보다 더 중대한 문제가 걸린 작금의 상황을 똑바로 파악했다. 루시는 용감하게, 거의 반항적으로 턱을 젖혔다. 나는 동생이 자랑스러웠다.

"다 잘 될 거야."

내가 루시에게 말했다.

"너도 알지?"

루시가 고개를 끄덕였다. 1분 남짓 그렇게 서 있던 우리는 이쪽으로 다가오는 예인선 불빛을 보고 황급히 도로를 가로질러 잰걸음으로 집을 향해 갔다.

그때 일이 터졌다.

클레먼시가 도망친 것이다.

클레먼시는 신발도 없이 양말만 신은 상태였다. 발이 큰 편이라 버디가 보관하고 있던 내 어머니의 신발은 너무 작았는데, 그렇다고 데이비드의 신발을 신자니 너무 컸다.

나는 클레먼시가 뛰어가는 모습을 잠시 바라보았다. 그렇게 망설이며 꾸물대다 한 박자 늦어서야 루시에게 먼저 집에 가라고, 집에 들어가 있으라고 꽤 크게 속삭였다. 그리고 휙 돌아서서 클레먼시를 쫓아갔다.

하지만 이래서야 주위 이목만 끌게 된다는 사실을 금세 깨달았다. 목요일 밤거리를 어슬렁거리는 사람들이 드문드문 보였고, 킹스로드를 오가는 심야 버스에서 내린 청년들도 집을 향해 걸음을 옮기고 있었다. 검은색 가운만 입은 채로 역시 검은 가운만 입은 여자애를 뒤쫓는 상황에 대해 뭐라 해명할 것인가. 심지어 도망가는 여자애는 신발도 못 신고 겁에 질려 있는데.

나는 보퍼트가 모퉁이에서 멈춰 섰다. 갈빗대 아래서 심장이 피스톤처럼 세차게 펄떡거렸다. 달리기 같은 격한 신체 활동을 경험하지 못한 지 아주 오래됐으니까. 이제 곧 토하겠구나 싶었다. 제자리에 풀썩 주저앉아 내 숨소리를 들었다. 목 졸린 가축처럼 거칠게 숨을 들이마시고 내쉬는 소리. 얼마 뒤 몸을 돌려 천천히 집으로 돌아갔다.

루시가 복도에서 나를 기다리고 있었다. 너는 루시의 무릎에 앉아 젖을 먹는 중이었고.

"어디 있어?"

루시가 물었다.

"클레먼시는 어디 있어?"

"갔어."

나는 조금 헐떡이면서 대답했다. 아직도 숨이 찼다.

"가 버렸어⋯⋯."

60

리비가 클레먼시에게 물었다.

"어디로요? 그때 어디로 가셨어요?"

"병원으로 갔어. 표지판을 따라 응급실로 갔지. 사람들의 시선이 느껴졌어. 하지만 사실 오밤중에 응급실에서 정말로 남한테 신경 쓰는 사람은 아무도 없잖아. 다들 취했거나 넋이 나가서 완전히 난장판이지. 겁먹고 정신 팔린 사람들뿐이고. 나는 접수처로 가서 말했어. '제 오빠가 죽어 가는 것 같아요. 병원 치료가 필요해요.' 간호사가 날 쳐다보더니 '오빠가 몇 살이니?'라 물었어. 내가 '17살이에요' 하고 대답하니 또 '부모님은 어디 계셔?'라 물었지. 그러니까 그냥 입이 꾹 다물어지더라. 정말 설명할 수가 없었어. 뭐라고 말해 보려 했지만 그야말로 입에서 떨어지질 않는 거야. 내 머릿속엔 괴상한 성자 같은 모습으로 누워서 죽은 아버지의 모습만 떠올랐어. 미라처럼 둘둘 말려 옥상에 처박힌 버디의 형체도. 이런 상황에 그 집으로 같이 가 달라는 말을 어떻게 하나? 이 생각이 들었어. 사람들이 뭐라고 할까? 그럼 아기는 어떻게 될까? 헨리 오빠는 또 어떻게 될까? 그래서 그냥 돌아서서 걸어 나왔지. 그날 밤은 병원에서 이 의자 저 의자 옮겨 다니면서 어찌어찌 넘겼어. 누가 나를 이상하게 쳐다보거나 말을 걸려고 하는 것처럼 보일 때마다 다른 데로 이동하면서 말야.

다음 날 아침에 화장실에서 씻고 나서 바로 신발 가게로 갔어.

코트를 걸치고 머리카락은 뒤로 묶었지. 3월 하순에 신발도 안 신고 돌아다니는 아이치고는 눈에 띄지 않는 모습이었어. 가방 안엔 돈이 가득했고. 신발을 산 다음 시내를 헤매고 다녔어. 아무도 내게 시선을 던지거나 주의를 기울이지 않더라. 그렇게 거리 표지판만 보고 패딩턴 역까지 쭉 걸어간 거야. 5년 동안이나 런던에 살았지만 내 머릿속엔 지도가 없었어. 런던이라는 도시가 어떻게 짜여 있는지 전혀 감이 안 잡혔다고. 그래도 어쨌든 간신히 거기까지 가서 콘월행 열차표를 샀는데, 어머니 전화번호를 몰랐으니 무모한 짓이었지. 집 주소도 몰랐고, 정확히 어느 동네인지도 몰랐어. 하지만 나는 어머니가 집에 들렀을 때 부엌에서 차 마시며 늘어놨던 이야기를 기억하고 있었거든. 우리 모두 아무 문제 없는 척하던 시절 일이지. 어머니는 우리가 놀러 가면 파란색 아이스크림과 슬러시를 파는 바닷가 레스토랑에 데리고 가겠다고 말했었어. 동네에 서퍼들이 많아서 아파트 창문으로 그 사람들을 구경한다고도 했고. 옆집에 괴짜 예술가가 사는데 그 집 정원에 형형색색의 모자이크로 세공한 남근 조각들이 가득하다고도 했고. 어머니가 사는 집 근처 길모퉁이에서 파는 피시앤칩스 얘기도, 런던행 급행열차를 놓치면 정거장을 18개나 거쳐 와야 한다는 얘기도 기억났어.

그래, 그렇게 겨우 찾아갈 수 있었지. 일단 트루로로 가서 어머니가 사는 동네를 찾고, 마침내 아파트 앞까지 도착한 거야."

이때를 떠올리며 눈물이 그렁그렁해진 클레먼시는 다시 자기

앞의 담뱃갑에 손가락을 뻗쳤다. 이어서 한 개비를 새로 꺼내 불을 붙이고 담배 연기를 빨아들였다.

"현관으로 나온 어머니가 문밖에 서 있는 나를 봤어."

한마디 한마디가 갈라진 목소리로 나온다. 클레먼시는 숨을 깊이 들이마셨다.

"날 보고 곧장 집 안으로 끌어당긴 다음에 한참 동안이나 품에 꼭 안아 줬지. 어머니한테서 텁텁한 술 냄새가 났어. 내 어머니가 완벽한 사람이 아니라는 것도 알았고, 왜 우리를 데리러 와 주지 않았는지도 알았지만, 아무튼 다 끝났다는 느낌이 왔어. 이제 나는 안전하다는 느낌도.

어머니는 나를 집 안으로 들여 소파에 앉혔어. 음, 집은 엉망진창이었어. 물건들이 사방에 널려 있고. 나는 아무것도 없이 텅 빈데서 사는 데 익숙해졌기 때문에 이런 풍경이 낯설었지.

어머니가 소파 위 잡동사니를 치워서 앉을 자리를 마련해 줬어. 그러고서 '핀은? 핀은 어디 있고?' 하고 물었어.

당연히 나는 말문이 막혔지. 사실은 내가 거기, 자기 방에 갇혀 있는 오빠를 놔두고 왔으니까. 그리고 왜 오빠가 방에 갇혀 있었는지 설명하려면 다른 사정도 전부 다 설명해야 했으니까. 어머니를 살펴보니 너무 피폐해 보였고, 나 역시도 너무 피폐했어. 어머니한테 전부 다 털어놨어야 했는데. 하지만 그럴 수가 없었어. 그래서 어른들이 동반 자살했다고 말했어. 헨리 오빠와 루시와 핀 오빠는 아기와 함께 아직 그 집에 있다고. 경찰이 곧 집으로 출동할 거라고. 별일 없을 거라고. 말도 안 되는 소리처럼 들릴 거야. 하지만 생각해 봐. 내가 어떤 환경에서 살았는지, 무슨 일을 겪었는지 말야. 내 마음속 '의리'란 심각하게 편향되어 있었어. 4년 동안 우리들은 서로서로 말고는 의지할 데가 없었거든. 루시와 나는 친자매처럼 떼려야 뗄 수 없는 끈끈한 사이였고…… 음, 그 애가 임신하기 전까진 그랬지."

"루시라고요? 루시가 임신을 했어요?"

리비가 물었다.

"응. 아는 줄 알았는데…… 몰랐어?"

리비의 심장이 쿵쿵 뛰기 시작했다.

"뭘 몰랐냐는 거예요?"

"그야 루시가……"

하지만 리비는 클레먼시가 무슨 말을 하려는지 벌써 알 것 같았다. 한 손을 목에 가져다 대며 물었다.

"루시가 뭐요?"

"음, 루시가 네 어머니라는 거."

"하지만, 샐리 씨는…… 어머님께서는…… 저한테……"

"아 참, 정말 미안해. 버디가 네 어머니라는 얘기를 듣고 왔구나?"

리비가 고개를 끄덕였다. 그러다가 클레먼시의 담뱃갑에 인쇄된 구강암 사진을 뚫어지게 바라보며 역겹고 혐오스러운 모든 요소를 꼼꼼히 살폈다. 지금부터 물밀듯이 덮쳐 올 혐오감을 차단

해 보려는 시도였다.

"그래, 나는 어머니가 그렇게 생각해도 그냥 내버려 뒀어. 갖가지 거짓말에 넘어가도록 놔뒀지. 어머니가 그 문제에 말려드는 게 싫었거든. 난 그냥 어머니와 함께 안전하게 지내고 싶었고 어머니가 아무 행동도 하지 않길 바랐어. 일단 진실을 알게 되면 어머니는 경찰에 연락할 텐데, 그럼 우리 모두, 우리 네 명 모두 살인죄로 감옥에 갈지도 모르니까. 무슨 말인지 알겠지?"

리비가 고개를 끄덕였다.

"제 아버지는 누구였죠? 데이비드인가요?"

클레먼시는 미안한 눈빛으로 리비를 바라보며 대답했다.

"응. 맞아."

"그때 그러면— 그 사람이—?"

"아니. 아냐. 루시는 그렇지 않다고 했어. 루시 말로는 그때……."

"합의하에 했다고요?"

"그래."

"하지만 너무 어렸는데요. 그러니까, 어쨌든 법적으로는 성폭행이죠."

"그렇지. 하지만 내 아버지는…… 카리스마가 넘치는 사람이었어. 상대방을 붕 띄워 주는 재주가 있었지. 마치 특별한 사람이 된 듯한 기분, 아니면 아예 쓸모없는 사람이 된 듯한 기분을 느끼게 만들 줄 알았어. 그리고 기왕이면 특별한 사람이 되는 편이 더 좋았지. 있잖니, 어떻게 그런 일이 벌어진 건지 이제 알겠어. 이제는……. 하지만 내가 그런 행위를 증오하지 않았다는 말은 아냐. 정말정말 싫었어. 그 때문에 아버지를 증오했고, 루시도 증오했지."

"그럼 그 뒤로는 루시를 본 적이 없으신 거예요?"

눈물 한 방울이 클레먼시의 코를 타고 흘러내렸다. 그녀는 고개를 끄덕였다. "그 애가 어디 있는지 알 수 있다면 좋겠어. 잘 지내는지 어떤지 정말 알고 싶어."

"하지만 그 집에 다시 가 보셨을 텐데요? 어머님과 함께요. 핀을 찾으러 가지 않으셨어요?"

"그랬지. 며칠 뒤에. 하지만 우리가 도착했을 땐 이미 너무 늦어 버렸어. 경찰이 와 있더라. 모두들 떠난 뒤였고. 너를 포함해서 말야."

두 사람은 잠시 침묵에 빠져들었다. 리비는 요 몇 분 사이에 새로이 밝혀진 사실들을 숙고해 보았다. 친어머니는 당시 10대 소녀였다. 지금은 중년 여성이겠지만 행방불명 상태이고.

핸드폰에서 울리는 알림 소리에 리비가 흠칫 놀랐다. 모르는 번호로 온 왓츠앱메타에서 운영하는 메신저 앱 메시지다.

핸드폰을 집어 들며 클레먼시에게 양해를 구했다.

"죄송해요. 잠깐 확인해도 괜찮을까요?"

클레먼시는 어깨를 으쓱하더니 담뱃갑을 기울여 또 한 개비 꺼냈다.

첨부된 사진에 설명이 달려 있었다. '우린 여기서 널 기다리고 있어! 돌아와!'

리비는 이게 어디서 찍힌 사진인지 알아봤다. 체이니워크의 집이었다. 어떤 여자가 그 집 마룻바닥에 앉아 카메라를 향해 두 손을 들어 올리고 있었다. 날씬한 몸에 검은 머리이고, 피부는 햇볕에 까무잡잡하게 탔다. 민소매 상의 밖으로 드러난 탄탄한 두 팔엔 문신이 넓게 새겨져 있었다.

왼쪽 옆엔 예쁜 소년이 있다. 역시 까무잡잡하게 탄 피부에 검은 머리다. 그리고 놀라울 만큼 아름다운 소녀도 보였다. 금발 곱슬머리에 올리브빛 피부, 선명한 초록색 눈동자를 지닌 아이다. 일행의 발치엔 갈색과 검은색이 섞인 작은 개가 주저앉아서 더위에 헐떡이고 있었다.

그리고 전면에서 어떤 남자가 두 손으로 카메라를 들고 팔을 쭉 뻗은 채 렌즈를 보며 활짝 웃었다. 본인을 핀이라 소개했던 남자였다. 리비는 클레먼시에게 핸드폰 화면을 보여 주었다.

"이 사람이 혹시……?"

클레먼시가 화면 가까이 손끝을 갖다 대며 여자를 가리켰다.

"세상에. 맞아! 얘가 바로 루시야."

리비는 손끝으로 화면을 터치해 여자의 얼굴을 확대했다. 사진 속 루시는 리비가 잠시 자기 친모라고 생각했던 마티나와 닮았다. 피부가 가무스름하고 새카만 머리에선 윤기가 흘렀다. 하지만 마티나와 달리 머리 끄트머리가 빛바랜 갈색으로 손상되어 있었다. 이마에는 살짝 주름살이 잡혔고. 눈동자는 마티나와 똑같이 짙은 갈색이다. 루시의 아들도 눈동자 색이 같았다. 루시는 모진 풍파에 시달린 듯 지쳐 보였다. 동시에 무척 아름다웠다.

리비 일행은 4시간 뒤 체이니워크에 도착했다. 클레먼시의 차에서 내릴 때쯤 막 동이 트며 하늘에 짙은 보랏빛이 번져 갔다. 세 사람은 팔다리를 한번 털고 묵묵히 16번지로 걸어갔다.

대문 앞에서 리비는 핸드백 주머니 속 열쇠 뭉치를 더듬어 찾았다. 어쨌든 자기 집이니 그냥 문을 열고 들어가도 별 상관없었다. 그러다 불현듯 뇌리를 스치는 생각에 숨을 죽였다. 이건 내 집이 아니다. 전혀. 이 집의 소유권은 마티나가 잃은 아기에게 돌아갔어야 한다. 태어나지 못한 아기 말이다.

법률 사무소에서는 리비를 그 아기라 간주했다.

하지만 사실은 그렇지 않았다.

리비는 루시의 딸이다.

그녀는 열쇠를 다시 핸드백에 넣고 왓츠앱 메시지에 첨부된 번호로 전화 걸었다.

"여보세요?"

여자가 받았다. 듣기 좋고 부드러운 목소리였다.

"혹시…… 루시 씨인가요?"

상대가 말했다.

"네. 누구세요?"

리비가 대답했다.

"저는…… 저는 서레니티예요. 밖에 있어요. 집 앞에요."

이제 곧 어머니와 대면하려니 가슴이 울렁거렸다.

61

루시는 전화를 끊고 헨리를 바라봤다.

"그 애가 왔대."

둘이 함께 현관문으로 다가갔다.

피츠가 바깥에 서 있는 사람들의 기척을 느끼고 짖기 시작했다. 헨리는 개를 안아 올리며 조용히 하라고 쉿 소리를 냈다.

루시가 문손잡이로 손을 뻗었다. 심장이 쿵쾅거렸다. 머리카락을 단정히 쓸어내렸다. 그리고 웃는 표정을 지었다.

눈앞에 그 아이가 서 있다. 여기 버려두고 떠나야 했던 딸. 이 아이에게 돌아오기 위해 루시는 살인까지 불사했다.

루시의 딸은 보통 키에 보통 체격이었다. 해러즈 요람에 두고 떠난 커다랗고 토실토실한 아기하고는 전혀 닮은 구석이 없었다. 부드러운 금발이지만 곱슬머리는 아니다. 눈동자가 파란색이긴 해도 그때 여기 버려두었던 아기의 눈처럼 연한 하늘색은 아니다. 지금은 면 반바지에 반소매 블라우스, 분홍색 캔버스 운동화 차림이고, 진한 연두색 핸드백을 허리께에 움켜쥐고 있다. 크리스털이 달랑거리는 작고 동그란 금귀고리도 양쪽 귓불에 하나씩 달았다. 화장기는 전혀 없다.

"서레니티……?"

상대가 고개를 끄덕이며 살짝 웃었다.

"아니면 리비요. 지금은 그렇게 통하거든요."

루시도 웃었다.

"리비. 그렇지. 물론 리비지. 자, 어서 들어와."

루시는 두 팔로 딸을 껴안고 싶은 충동을 꾹 참아야 했다. 대신 아이의 어깨에 한 손만 올리고 복도로 안내했다.

서레니티 뒤로 키 크고 턱수염 기른 남자가 따라왔다. 서레니티는 그 잘생긴 남자를 밀러 로라 소개하며 이렇게 덧붙였다. "제 친구예요."

좀 더 나이 든 여자도 함께 왔다. 검은 단발머리에 다리가 길고 약간 군살이 붙은 체형이었다. 그 여자를 바라보다가 번쩍 깨달음이 찾아들었다. 루시가 속삭였다.

"클렘?"

여자가 와락 달려들어 루시를 끌어안았다. 맨발로 새벽의 첼시 길거리를 달음박질해 사라진 클레먼시. 그 뒤로 한 번도 만나지 못했지만 24년이 흐른 지금까지도 루시는 친구의 냄새를 맡을 수 있었다. 클레먼시의 영혼, 두피, 피부, 선량함에서 피어나는 냄새였다. 몸을 뗀 다음 클레먼시의 눈을 들여다보았다. 나의 소울메이트. 나의 반쪽. 얼마나 그리웠는지 모른다.

루시는 아이들이 초조하게 기다리고 있는 부엌으로 모두를 안내했다.

"얘들아."

루시가 말했다.

"이쪽은 클렘이야. 클레먼시. 엄마랑 어린 시절 단짝 친구였어.

클레먼시 아줌마도 어렸을 적에 헨리 삼촌이랑 엄마랑 함께 여기 살았지. 정말 멋진 친구야."

루시는 미소 지었다. 그리고 서레니티를 앞으로 데려와 어깨를 붙들었다.

"이쪽은 서레니티야. 사실 리비지. 리비는……."

"이분이 그 아기야?"

마르코가 눈을 커다랗게 뜨고 말했다.

"그래, 리비 누나가 바로 그 아기야."

"무슨 아기 말하는 거야, 엄마?"

스텔라가 물었다.

"옛날에 엄마가 어렸을 때 낳은 아기야. 런던에 두고 떠나야 했던 아기. 지금껏 아무한테도 절대 말한 적 없는 아기. 리비는 너희들의 큰 누나, 큰 언니야."

마르코와 스텔라는 둘 다 입을 떡 벌리고 앉아 있었다. 리비가 두 아이에게 살짝 손을 흔들었다. 잠시 동안 어색한 분위기가 흘렀다. 그러다 마르코가 이렇게 외쳤다.

"그럴 줄 알았어! 처음부터 그럴 줄 알았지! 엄마 핸드폰에서 알림을 본 순간부터! 엄마 아기일 줄 알았어. 느낌이 딱 왔다니까!"

그러더니 벌떡 일어나 후다닥 부엌을 가로질렀다. 그 순간 루시는 엄마에게 숨겨진 아이가 있었다는 사실을 알고 화가 난 아들이 자리를 박차고 나가려는 모양이라고 생각했다. 하지만 마르코는 리비에게 달려들어 두 팔로 허리를 감싸고 꽉 껴안았다. 아이의 머리 위로 눈을 동그랗게 뜬 리비의 얼굴이 보였다. 깜짝 놀란 동시에 기쁜 눈빛이었다. 리비는 마르코의 정수리를 쓰다듬으며 루시에게 미소를 보냈다.

그다음엔 당연히 스텔라도 제 오빠를 따라 리비의 엉덩이에 매달렸다. 루시는 그 모습을 보며 생각했다. 여기 이렇게 다 모였구나. 나의 세 아이가 다 함께. 마침내. 두 손을 입가에 모아 쥐고 선 루시의 뺨에 눈물이 흘러내렸다.

62

첼시, 1994년

서레니티, 맹세컨대 나는 그렇게 비정하기만 한 사람은 아니야.

네가 태어난 날 내 마음이 어땠는지 아니? 너는 내가 내민 손가락을 꽉 붙들었지. 그때 널 바라보는 사이 내 안에서 뭔가가 환히 피어나는 느낌이었어. 이틀 전 밤중에 여기서 너와 얼굴을 마주 보고 섰을 때도 여전히 그런 느낌이 들었고. 내게 넌 여전히 그 아기였어. 너는 여전히 교활함이라고는 전혀 찾아볼 수 없는 천진난만함을 간직하고 있었어.

하지만 네겐 다른 특징도 있었지.

그의 파란색 눈동자, 그의 크림색 피부, 그의 기다랗고 새카만 속눈썹.

너는 루시와 별로 닮지 않았어.

네 아빠를 쏙 빼닮았지.

돌이켜보면 참 어처구니가 없다니까. 바로 코앞에 두고도 전혀 몰라보다니. 네 금발 곱슬머리와 밝은 하늘색 눈동자, 도톰한 입술이 그렇게 또렷하게 두드러지는데도. 어떻게 데이비드는 그걸 몰라봤을까? 버디는 또 어째서 알아채지 못했을까? 어떻게 아무도 모를 수가 있었지? 아마도 절대 믿을 수 없는 일이기 때문이겠지. 누가 감히 상상이나 했겠어?

내 여동생이 데이비드와 자는 동시에 핀하고도 잤을 줄이야.

나는 버디의 생일 파티 다음 날(이렇게 생각하는 쪽이 더 마음 편하다)에야 그 사실을 깨달았다.

루시와 나는 앞으로 어떻게 해야 할지 아직 결정 내리지 못한 상태였다. 핀이 자기 방에서 몸부림치고 있었기 때문에 나는 그 애를 라디에이터에 묶어 놓았다. 그저 핀을 보호하기 위한 조치였다.

하지만 루시는 질겁했다.

"지금 뭐 하는 거야?"

루시가 소리 질렀다.

"그냥 놔두면 몸을 다칠 거야."

나는 꿋꿋하게 대답했다.

"핀을 어떻게 할지 결정할 때까지만 이렇게 해 두자."

루시는 두 팔로 너를 안고 있었다. 전날 밤 버디의 품에서 널 빼낸 이후로 동생은 한시도 너와 떨어지지 않았다.

"우린 핀 오빠가 치료받을 수 있게 해 줘야 해."

"응. 그래야지. 하지만 우리가 살인자라는 점 역시 잊어버리지 말아야 돼. 감옥에 갈 수 있다는 점도."

"하지만 그냥 사고였잖아. 우리 모두 누굴 죽일 생각은 전혀 없었어. 경찰도 그 사실을 알아줄 거야."

"아니, 모를걸. 우리한테는 학대당했다는 증거가 전혀 없어. 여기서 무슨 일이 벌어졌는지 보여 주는 증거도 없고. 그저 이런저런 일이 있었다는 우리 주장밖에 없지."

그러다 문득 말을 멈추었다. 나는 루시와 너를 차례로 쳐다보며 생각했다. 여기 있네. 이게 바로 우리한테 필요한 증거야. 우리가 도움을 요청하기로 결심한다면, 학대의 증거가 *바로 여기* 있다 이거야.

"루시. 아기, 이 아기가 바로 네가 학대당했다는 증거야. 넌 15살이고, 아기가 태어났을 땐 14살이었어. 경찰에서 DNA 검사를 해 보면 데이비드가 친부라는 사실이 증명되겠지. 너는 이렇게 말하면 돼. 아주 어렸을 적부터 그 남자가 수도 없이 강간했다고. 그리고 버디가 옆에서 부추겼다고. 그러더니 네 아기까지 빼앗았고. 뭐, 어쨌든 거의 사실이잖아. 그리고 나는…… 저 상태가 된 어른들을 발견했다고 말하면 되겠네. 가짜 유서를 남겨 놔도 되고. 거기에다 자기네가 한 짓이 너무 수치스럽고 그간 우리를 함부로 다룬 게 후회된다고 적는 거지."

이 수렁에서 헤어날 수 있겠다는 생각에 갑자기 마음이 벅찼다. 감옥에 갈 위험 없이 우리 모두 여기서 빠져나갈 수 있고, 핀은 몸이 낫고, 루시는 아기를 제 손으로 키워도 되고, 다들 우리에게 친절하게 대해 주리라는 가능성이 넘실거렸다.

그때 루시가 말했다.

"헨리 오빠. 얘가 데이비드 아저씨의 딸이 아닌 건 알고 있지?"

세상에, 내가 얼마나 어수룩한 천치였는지, *여전히* 그게 무슨 소린지 깨닫지 못했다. 그저 속으로 '음, 글쎄, 대체 데이비드 말고 누가 있단 거야?'라 생각했던 게 떠오른다.

그러다 어느 순간 아귀가 딱 들어맞았다. 일단 웃음부터 나왔다. 그다음엔 구역질이 치밀었다. 루시에게 물었다. "진짜로? 네가? 핀이랑? 진짜야?"

루시가 고개를 끄덕였다.

"하지만 어떻게? 언제? 이해가 안 가."

루시는 고개를 떨구었다.

"핀 오빠 방에서. 딱 두 번이었어. 모르겠어, 그건 그냥, 위로 같은 일이었어. 핀 오빠가 걱정되어서 방으로 찾아갔었거든. 오빠가 너무 아팠으니까. 그랬는데 어쩌다 보니 우리 둘이……."

"이럴 수가. 이 *창녀!* 이거 그냥 완전 *창녀*네."

루시가 나를 진정시키려 했지만 난 그 애를 밀어냈다. 그리고 이렇게 내뱉었다.

"저리 꺼져. 역겨우니까. 역겹고 추잡해. 넌 잡년이야. 이 더럽고 토 나오는 개잡년아."

그래, 나는 한껏 과장해서 지껄였다. 여태껏 살면서 그날 루시한테 느꼈던 것만큼 강한 혐오감은 누구한테든 거의 품어 본 적이 없다.

나는 루시를 쳐다볼 엄두가 안 났다. 논리적으로 생각을 정리할 수도 없었다. 뭔가 생각해 보려 할 때마다, 다음에 뭘 해야 할지 결정하려 할 때마다 루시와 핀의 모습이 내 머릿속을 가득 채웠다. 루시 위에 몸을 포개고 키스하는 핀, 내 여동생의 온몸을 더듬는 핀의 손, 오래전 그날 옥상에서 나와 맞잡았던 그 손. 그렇게까지 격한 분노와 증오, 상처, 고통은 난생처음 느껴 보았다.

누구든 죽여 버리고 싶었다. 이번엔 실수가 아니라 고의로 말이다.

핀의 방으로 갔다. 루시가 날 막으려 하길래 밀쳐 버렸다.

나는 핀에게 고함쳤다.

"그게 사실이야? 네가 루시랑 섹스했다는 게 사실이냐고?"

핀은 멍하니 나를 쳐다보았다.

내가 또 소리쳤다.

"맞아? 대답해!"

핀이 말했다.

"너하고 아무 말도 안 할 거야. 날 풀어 주기 전에는."

시름시름 죽어 가는 사람처럼 기진맥진한 목소리였다.

내 안의 분노가 식어 가기 시작했다. 핀에게 다가가 침대 발치에 앉았다.

나는 양손에 얼굴을 파묻었다. 얼마 후 고개 들어 보니 핀은 눈을 감고 있었다.

잠시 정적이 흘렀다.

"죽어 가는 거야, 핀?"

"난들, 아냐, 씨팔."

"우리 여기서 나가야 돼. 그러니까 너 정신 바짝 차려야 해. 정말로."

"못 해."

"해야 된다고."

"씨팔 그냥 여기 내버려 둬. 죽고 싶으니까."

고백건대 문득 그런 생각이 떠오르긴 했다. 핀의 얼굴에 베개를 덮어 꾹 누르고, 얼굴을 가까이 대며 그 애의 마지막 숨결을 들이마시고, 마음을 달래는 말을 귓가에 속삭여 주고, 그 애를 제압하고, 촛불처럼 명멸하는 생명력을 후 불어 끄듯 내 손으로 그 애의 목숨을 끊을 수도 있겠다는 생각.

하지만 어머니가 사산한 아기 빼고는—이 역시 그동안 인터넷으로 샅샅이 검색해 본 결과, 정상적인 임신일 경우 파슬리 따위로 유산시키기는 아주 어렵다고 봐도 무방할 듯하다—내가 누구도 고의로 살해한 적 없다는 사실을 명심하도록. 서레니티, 나는 어두운 사람이다. 그 점은 나도 안다. 나는 다른 사람들이 느끼는 감정을 쉬이 공유하지 못한다. 하지만 나도 깊은 연민과 사랑을 품을 수 있는 사람이다.

그리고 내 평생 핀을 향한 사랑만큼 강한 사랑은 누구에게도 품어 본 적이 없다.

나는 라디에이터에서 핀의 손목을 풀어 주고 그 애 옆에 누웠다.

"넌 날 좋아한 적 있어? 정말 잠깐이라도?"

내가 물었다.

"늘 좋아했지. 내가 널 안 좋아할 이유가 뭐가 있겠어?"

나는 그 질문을 두고 잠시 고민해 보았다.

"이유라면, 내가 널 너무 많이 좋아하니까?"

"그보다도, 귀찮으니까." 기력이 다 빠진 핀의 목소리엔 짓궂은 농담기가 깃들어 있었다. "귀찮아 죽겠다니까."

"그래. 나도 알 것 같아. 미안해. 그때 템스강에서 있던 일, 너희 아빠가 오해하게 놔둬서 미안해. 네가 날 강에 떠민 게 아닌데. 너한테 키스하려고 한 것도 미안해. 귀찮게 군 것도 미안해."

우리를 둘러싼 집이 신음하듯 삐걱거렸다. 너는 잠들어 있었다. 루시가 너를 부모님의 옷방 요람에 눕혀 놓았다. 이때쯤 48시간째 잠을 못 잔 상태였던 나는 집 안의 정적과 핀의 숨소리를 자장가 삼아 곧장 단잠에 빠져들었다.

두 시간 지나 눈을 떴을 땐 루시와 핀이 사라져 버린 뒤였다. 너는 그대로 요람에서 자고 있었고.

63

리비는 사랑스러운 아이들에게 둘러싸인 루시를 바라보았다. 이 여자는 아이들만이 아니라 개까지 데리고 프랑스에서 영국으로 건너왔다. 아무리 봐도 사랑하는 사람들을 버리고 떠나 버릴 타입은 아니다. 리비가 물었다.

"왜 저를 놔두고 떠나신 거예요?"

루시는 곧바로 고개를 절레절레 흔들었다.

"아냐, 아냐, 난 너를 두고 떠나지 않았어. 절대 그렇지 않아. 너한테로 돌아왔어! 하지만 그땐 핀 오빠가 너무 아팠어. 일단 너는 아주 건강했고. 그래서 네가 잠들 때까지 기다렸다가 요람에 눕히고 핀 오빠의 방으로 갔지. 헨리 오빠는 잠들어 있었어. 나는 겨우겨우 핀 오빠를 설득해서 일으켜 세웠어. 오빠가 어찌나 무겁던지, 내 허약한 몸으로는 부축하기도 힘들었어. 핀 오빠를 집 밖으로 데리고 나가 아버지의 주치의한테 갔지. 브로턴 선생님 댁. 어렸을 때 거기 따라간 기억이 났어. 모퉁이만 돌면 바로 보이는 선명한 빨간색 대문 집이었던 것도. 그때가 자정 무렵이었을 거야. 브로턴 선생님은 실내복만 입고 문간으로 나왔지. 선생님한테 내가 누군지 밝히고 이렇게 말했는데—"

루시가 당시를 떠올리며 쓴웃음을 지었다.

"*저 돈 있어요! 진료비 낼 수 있어요!* 선생님은 일단 화난 것처럼 보였어. 그러다 핀 오빠한테 눈을 돌리고 제대로 살펴보더니

'아이고, 이런, 이런, 이런' 하고 중얼거렸어. 그리고 낮게 툴툴대면서 재빨리 위층으로 올라갔다가 셔츠와 바지를 다 챙겨 입고 내려왔어.

그다음엔 불 꺼진 진료실로 우리를 데려갔는데, 의사 선생님이 불을 켜자마자 두 줄로 달린 기다란 형광등이 한꺼번에 빛나서 난 눈을 가려야 했지. 선생님은 핀 오빠를 침대에 눕히고 활력 징후를 하나하나 확인하고는 대체 이게 무슨 일이냐고 했어. '부모님은 어디 계시니?' 하고 묻길래 나는 뭐라 말해야 할지 몰라서 이렇게만 대답했지. '두 분은 가셨어요.' 그랬더니 선생님이 그 얘기는 나중에 다시 하자는 듯 나를 힐끗 쳐다보고 나서 다른 사람한테 전화했어. 의학 용어를 많이 섞어서 상황을 설명하더라. 30분 뒤 젊은 남자가 나타났는데, 브로턴 선생님과 함께 일하는 간호사였지. 둘이서 열 가지도 넘는 검사를 했어. 그러고 나서 간호사는 연구실로 가져갈 물건들을 가방에 전부 챙겨 넣고 한밤중에 떠났어. 나는 이틀 동안 잠을 못 잔 상태였어. 그땐…… *눈앞에 별이 보이더라고.* 브로턴 선생님이 핫초콜릿을 한 잔 만들어 줬는데 말야…… 정신 나간 소리 같겠지만 내 인생을 통틀어 최고로 맛있는 핫초콜릿이었지. 나는 진료실 소파에 앉아 잠이 들었어.

정신 차려 보니 새벽 5시쯤이었고 연구실에 갔던 간호사가 어느새 돌아와 있었어. 핀 오빠는 링거를 맞는 중이었는데 눈은 뜨고 있더라. 브로턴 선생님 말씀으로는 가벼운 독극물 중독 증세라고 했어. 또 정확히 무슨 독극물인지는 확인할 수 없었지만, 수분을 충분히 섭취하고 시간을 들여 회복해 나가면 건강해질 거라고.

나는 그저 고개를 끄덕이며 이렇게 말했어. '핀 오빠의 아버지는 돌아가셨어요. 어머니는 어디 살고 계시는지 모르겠고요. 저희한테는 아기도 있어요. 어떻게 해야 할지 모르겠어요.'

우리한테 아기가 있다고 말하니까 선생님의 안색이 어두워졌어. '세상에. 너 정확히 몇 살이니?'

나는 '15살이에요' 하고 대답했지. 그러니까 선생님이 이상하게 쳐다보며 또 물었어. '아기는 어디 있고?'

'집에 있어요. 제 오빠랑 같이.'

'네 부모님은? 어디로 가셨다는 거야?'

'돌아가셨어요.'

그러자 선생님이 한숨을 쉬었지. '그런 줄은 몰랐구나. 정말 유감이야.' 그리고 이렇게 덧붙였어. '저기, 너희 사정이 어떻게 돌아가는지 모르겠고 괜히 얽히고 싶은 생각도 없다. 하지만 저 아이를 병원 문 앞으로 끌고 온 이상, 나한테는 환자를 돌볼 의무가 있어. 그러니까 저 애를 당분간 여기서 지내게 하자. 잠시 머물 만한 방도 있거든.'

그리고 나서 나는 너한테 바로 돌아가고 싶었어. 하지만 선생님이 날 붙잡았지. '넌 빈혈이 있는 것 같구나. 다시 밖으로 내보내기 전에 몇 가지 검사 좀 해 보는 게 좋겠어. 일단 뭘 좀 먹이기

도 해야겠군.'

그리고 내게 시리얼 한 그릇과 바나나 한 개를 먹였어. 시장에 내놓은 말처럼 피도 조금 뽑고, 혈압과 치아, 귀 상태도 확인했지. 선생님은 나한테 탈수 증세가 있으니 얼마간 간호를 받아야 한다고 했어."

루시는 리비를 올려다보며 말을 이었다.

"정말 미안해, 정말, 너무 미안하다. 하지만 선생님이 가 봐도 좋다고 했을 때쯤엔 다 끝난 뒤였어. 경찰과 사회복지과 사람들이 와 있었고 너는 사라져 버렸더라."

눈에 눈물이 그렁그렁해진다.

"내가 너무 늦었던 거야."

64

첼시, 1994년

널 보살핀 건 바로 나다, 서레니티. 나는 네게 으깬 바나나와 두유, 오트밀과 쌀죽을 먹이고 기저귀를 갈아 주고 자장가를 불러 주었다. 우리, 너와 나 단둘이서 20시간을 함께 보냈다. 보아하니 루시와 핀은 돌아오지 않을 게 뻔했고 부엌에 놔둔 시체들도 부패하기 시작했다. 지금쯤엔 누군가가 신고했으리라는 생각이 들었다. 이제 나도 떠날 때가 된 것이다. 유서에 몇 줄을 덧붙였다.

'우리 아이의 이름은 서레니티 램이고 생후 10개월입니다. 부디 이 아이를 좋은 분들께 보내 주십시오.'

메모한 펜을 어머니의 손에 쥐었다가 탁자에 올려놓았다. 그다음에 네게 밥을 한 번 더 먹이고 깨끗한 아기용 통옷을 입혀 주었다.

그러고 나서 막 떠나려는데 재킷 주머니 속에 든 저스틴의 토끼 발이 만져졌다. 행운이 따르라고 넣어 둔 거였다. 딱히 미신을 믿는 건 아니었다. 저스틴의 방에서 가지고 나온 뒤로 이 토끼 발이 내게 행운이라고는 전혀 가져다주지 않은 것도 분명했고. 그래도 나는 네가 잘되기를 진심으로 바랐다, 서레니티. 너는 그 집에서 유일하게 순수한 존재였고, 거기서 빚어진 모든 일 가운데서 유일하게 좋은 것이었으므로. 또한 너는 핀의 일부이기도 했으므로. 그래서 나는 토끼 발을 꺼내 너와 함께 꽁꽁 싸맸다.

그리고 네게 입 맞추며 말했다.

"잘 있어, 사랑스러운 아가야."

나는 아버지의 오래된 새빌로 맞춤 정장과 저민 거리런던 피카딜리 부근 남성복 상점가표 구두를 착용한 채 집 뒤편으로 빠져나갔다. 아버지의 오래된 셔츠에다 가느다란 넥타이도 매고, 앞머리는 옆으로 빗어 넘긴 상태였다. 가방 속엔 현금과 보석이 가득했다. 나는 지친 내 피부에 생기를 쏘아 주듯 찬란하게 빛나는 아침 햇살 속으로 성큼성큼 걸어 들어갔다. 공중전화 부스를 찾아 경찰서에 응급 신고 전화도 한 통 걸었다. 그러고는 가짜 목소리를 꾸며 내 '이웃이 걱정된다'고 알렸다. 한동안 이웃집 사람들을 못 봤으며, 아기 울음소리가 들렸다고.

그 뒤 킹스로드로 걸어갔다. 아직 상점 문이 전부 닫힌 시간이었다. 빅토리아 역까지 쭉 걸어간 다음 새빌로 정장 차림으로 꾀죄죄한 카페 야외석에 앉아 커피 한 잔을 주문했다. 그때까지는 아예 커피를 마셔 본 적도 없었지만, 어쨌든 커피 한 잔이 간절한 기분이었다. 커피가 나온 뒤 한 모금 맛보니 맛이 역했다. 설탕을 두 봉지 넣어 억지로 마셨다. 그리고 특색 없는 호텔을 찾아 3박 요금을 지불했다. 누구도 내 나이를 묻지 않았다. 숙박계에 서명할 때 나는 *피니어스 톰슨*이라는 이름을 적었다. 알파벳 E가 들어가는 톰슨Thomsen 말고 O가 들어가는 톰슨Thomson. 나는 거의 핀처럼 되고 싶었다. 완전히는 아니고 거의.

호텔 방에서 TV를 봤다. 뉴스 단신 끄트머리에 그 사건도 간략하게 보도되었다. 세 구의 시신. 동반 자살. 광신자 집단. 건강하게 보살핌 받은 상태로 발견된 아기. 실종된 것으로 추정되는 아이들. 경찰 수색 진행 중. 언론에서 확보한 우리 남매의 사진은 초등학교에 다니던 마지막 해 학교에서 찍은 사진이었다. 나는 겨우 10살이었고 옆머리와 뒷머리를 바짝 자른 모습이었다. 그 시절 루시는 단발머리를 버섯처럼 둥글게 만 8살 꼬마였다. 우리 둘 다 사진만으로는 전혀 알아볼 수 없을 정도였다. 핀이나 클레먼시에 대한 언급은 없었다.

나는 안도의 한숨을 내쉬었다.

그래서 그다음엔 어떻게 됐느냐고? 싸구려 호텔 나일론 침대보 위에 속옷만 입고 앉아 뉴스를 보던 16살 시절 나와 지금 여기 앉아 널 위해 이 이야기를 적어 내려가고 있는 중년의 나 사이에 무슨 일이 있었느냐고?

알고 싶니? 관심이 있을까?

음, 우선 일자리를 구했다. 핌리코의 전자제품 수리점에서 일했는데, 제시간에 출근하기만 하면 내게 무슨 속사정이 있는지는 신경 쓸 필요도 없다고 생각하는 넋 나간 방글라데시인 가족이 운영하는 가게였다.

나는 단칸방에 세 들었다. 코딩 교재와 컴퓨터를 사 놓고 밤마다 집에서 독학했다.

인터넷과 핸드폰이 보편화된 90년대 중반, 전자제품 수리점을 그만두고 옥스퍼드 거리의 카폰 웨어하우스영국 런던에 본사를 둔 휴대전화 유통업체에 취직했다.

말리본의 집값이 너무 오르기 직전에 그 동네 원룸 아파트로 이사했고, 머리를 금발로 염색하기 시작했다. 운동도 해서 덩치를 좀 키웠다. 밤에 클럽에 가서 낯선 사람들이랑 섹스도 했다. 사랑에 빠졌지만 그 남자는 날 때렸다. 또 다시 사랑에 빠졌지만 이 남자는 날 버렸다. 나는 치아 미백을 받았다. 집에 열대어를 들였지만 다 죽었다. 신생 인터넷 회사에 취직했다. 처음엔 나 포함 5명뿐이던 직원이 3년 만에 50명으로 늘었고, 나는 십만 파운드 단위 연봉을 받으며 개인 사무실도 갖게 되었다.

그 뒤 말리본에 있는 방 3개짜리 아파트를 샀다. 또 어떤 남자를 사귀었는데, 그는 나더러 못생겼다고, 다시는 누구도 나 같은 인간을 사랑해 주지 않을 거라고 말하더니 떠나 버렸다. 나는 코 성형 수술을 받고 속눈썹도 연장했다. 입술에 필러도 조금 맞았다.

하지만 대부분의 시간 동안 나는 모두들 어떻게 된 건지 알아내려 노력하며 지냈다. 루시는 어디 있을까? 클레먼시는? 핀은? 필사적으로 인터넷을 뒤지느라 새벽까지 깨어 있곤 했다. 어떻게 이럴 수 있지? 나는 생각했다. 어떻게 세 사람이 그냥 사라져 버릴 수가 있지? 핀은 죽은 걸까? 루시도 죽었고?

2008년엔 부모님의 원래 유언장에 이름이 인쇄되어 있던 법률 사무소로 찾아갔다. 이제 나는 키 크고 금발 머리인 30대 남자였다. 근육이 탄탄한 몸은 갈색으로 그을렸고. 나는 스스로를 피니어스 톰슨이라 소개했다. 그리고 이렇게 말했다.

"예전에 알고 지내던 가족에 관한 정보를 찾고 있습니다. 체이니워크의 램 가족인데요. 여기서 그 가족의 법률 자문을 맡으셨던 걸로 알고 있습니다."

젊은 여자가 서류를 뒤적이고 키보드를 두드려 본 다음 자기네가 램 가족의 신탁을 관리하고 있지만 그 이상은 말해 줄 수 없다고 했다.

그 사무실에 귀여운 남자애가 하나 있었다. 접수처에 앉아 있을 때 그 애의 시선이 내게 꽂혔다. 나는 점심시간까지 사무실 밖에서 기다렸다가 그 남자애가 나오자마자 따라갔다. 그 아이의 이름은 조시였다. 그렇겠지. 요새 웬만한 애들 이름은 다 조시니까.

나는 조시를 내 아파트로 데려가 요리를 만들어 줬다. 둘이 섹스도 했고. 그리고 조시는 내게 완전히 푹 빠졌다. 그야 당연했다. 내가 그저 그 애를 살살 구워삶는 중이었으니까. 나 역시 상대를 사랑하는 척해서 목표를 달성하는 데는 한 달도 채 걸리지 않았다. 조시는 필요한 서류를 찾아 복사해서 내게 가져다주었다.

그리고 거기 명확하게 인쇄되어 있었다. 체이니워크 16번지와 그 모든 부속은 마티나와 헨리 램의 장손이 25세가 될 때까지 신탁 관리된다고. 나는 31살이었고, 마티나와 헨리 램의 자녀라는 물적 증거가 없었다. 증거를 제시할 수 있다 해도, 그다음엔 어쩔 것인가? 지난 15년 동안 어디서 뭘 했는지 어떻게 설명할 것인가? 왜 피니어스 톰슨이라는 가명을 사용했나? 여동생은 어디 있나? 우리 모두에게 무슨 일이 있었던 건가?

네가 마티나와 헨리 램 부부의 자녀인 것으로 정리됐다는 사실은 뉴스 보도를 통해 알고 있었다. 내가 적어 놓은 '자살' 메모는 액면 그대로 받아들여졌고 진상을 밝혀 줄 DNA 검사도 끝내 이뤄지지 않았다. 그러므로 내가 해야 할 일은 그저 기다리는 것뿐이었다. 네가 25세가 될 때까지. 법률 사무소의 편지를 받을 때까지.

올해 6월 19일, 강 건너편 아파트를 에어비앤비로 빌렸다. 그리고 쌍안경을 사서 테라스에 나가 망을 봤다.

어느 날 아침 나는 체이니워크 집 뒤편을 기어 올라가 하루 종일 지붕 위에서 버디의 해골을 해체했다. 미라처럼 둘둘 말려 있던 시체의 가느다란 뼈들을 잡아 뜯어 검은 비닐봉지에 던져 넣은 다음 캄캄한 밤중에 정원 구석에다 봉지를 묻었다. 뼈를 모은 봉지는 놀라울 정도로 부피가 작았다. 그날 밤은 내 옛날 매트리스에서 자고 다음 날 아침 에어비앤비 숙소로 돌아갔다. 그러고 나서 나흘 뒤 네가 나타났다. 너와 변호사가 나무판자를 낑낑대며 걷어 내고 현관문을 여는 모습이 보였다. 이내 네 등 뒤로 문이 다시 닫혔다.

나는 안도의 한숨을 내쉬었다.

드디어.

아기가 돌아왔구나.

65

리비가 루시를 쳐다보았다.

"그런데 신탁에 대해서는 어떻게 알 수 *있으셨던* 거죠? 25세가 되면 제가 여기로 올 거라는 사실 말이에요."

루시가 경직된 미소를 지었다.

"핀 오빠가 말해 줬어."

"그럼 그분이……?"

리비의 심장이 순간적으로 오그라들었다 풀어졌다. 리비는 자기도 모르게 배를 움켜쥐었다.

"아, 세상에. 아직 살아 계신 거예요? 지금은 어디 계세요?"

"나도 몰라. 18살 때쯤부터는 본 적 없거든. 프랑스에서 몇 년 함께 지냈는데 그 뒤로 연락이 끊겼어."

"두 분은 어쩌다 프랑스로 가시게 됐죠?"

"브로턴 선생님이 보내 준 거야. 정확히는 지인에게 부탁해서 우릴 프랑스로 이주시켰지. 브로턴 선생님은 두루두루 모르는 사람이 없는 것 같더라. 왜, 누구하고든 연결돼 있는 것 같은 그런 사람 있잖아. 선생님은 항상 어디다 전화 걸면 될지, 누구에게 부탁하면 될지, 누구를 알음알음 통하면 될지 꿰고 있었지. 세간의 이목이 쏠리는 범죄자 몇 명의 주치의이기도 했고. 내 생각엔 한밤중에 자다 깨서 진료실로 내려와 총상 입은 부위를 봉합한 적도 꽤 됐을 거야.

브로턴 선생님은 우리 얘기가 뉴스에 나오는 걸 보자마자 우리 둘을 멀리 보내 버리고 싶어 하셨어. 우리에게 이제 가 봐도 좋을 만큼 회복됐다고 말하면서 말야. 내가 병원 대문을 두드린 지 일주일 만이었지. 스튜어트라는 사람이 포드 대형 밴 뒷좌석에 우리를 밀어 넣고 채널 터널영국의 도버와 프랑스의 칼레 사이의 길이 50.5킬로미터의 철도용 해저 터널을 통과해 보르도까지 태워다 줬어. 그리고 조젯이라는 여자가 운영하는 농장으로 데려갔는데, 이 사람 역시 브로턴 선생님의 연줄이었지. 조젯 아줌마는 농장에서 일하는 대가로 몇 달 동안 우리에게 숙식을 제공했어. 우리가 누군지, 왜 거기로 흘러들었는지는 물어보지도 않았고.

핀 오빠와 나는, 우린 더 이상…… 뭐랄까, 전에 우리 사이에 그런 일이 벌어졌던 이유는 단지 우리가 처한 상황 때문이었어. 그런 환경에서 완전히 벗어나고 나니 우리 둘은 다시 편한 친구 사이로 돌아갔지. 마치 오누이 같았어. 하지만 우리는 늘 네 얘기를 했어. 어떻게 지내는지, 누가 널 돌봐 주고 있을지, 네가 얼마나 예쁠지, 얼마나 착한 아이일지, 얼마나 멋진 어른으로 자랄지, 우리가 널 낳은 게 얼마나 잘한 일인지 생각하면서."

"저한테 돌아오는 문제에 대해서도 같이 얘기하셨나요?"

루시가 대답했다. "응, 그랬지. 적어도 난 얘기했어. 핀 오빠는 좀 더 신중한 편이었고, 과거보다는 자신의 장래에 대해 걱정이 많았지. 우리 둘이 다른 얘기는 안 나눴어. 그러니까, 각자의 부모님 이라든지, 그 집에서 벌어졌던 일이라든지 하는 화제는 전혀 입에 안 올렸어. 나는 말해 보려 했지만 핀 오빠가 입을 다물더라고. 오빠는 마치 그 모든 일을 전부 다 깨끗이 지워 버린 것처럼 보였어. 또 그해 동안 아주 건강해져서 햇볕에 타고 몸도 탄탄해졌지. 그야 우리 둘 다 그랬어. 그리고 조젯 아줌마가 안 쓰는 오래된 바이올린이 집에 있었거든. 내 마음대로 써도 된다고 허락받고서 겨울 동안 아줌마한테 종종 연주해 줬어. 그러다 학생이나 뜨내기로 농장이 꽉 차는 여름철엔 손님들 앞에서도 연주했고. 조젯 아줌마가 나더러 시내에 바이올린을 가지고 나가도 된다고 하길래, 금요일과 토요일 밤에 바이올린 연주를 하면서 돈을 좀 벌기 시작했지. 핀 오빠와 함께 런던으로 돌아가 널 찾아 나서는 데 쓸 생각으로 그 돈을 차곡차곡 모았어.

그런데 2년쯤 지난 어느 날 아침 일어나 보니까 핀 오빠가 사라져 버렸더라. 오빠는 '니스로 갈 거야'라 적힌 쪽지만 남겨 놨어. 그리고 괄호 안에다가 '그런데 너희 남매가 25번째 생일을 맞을 때까지 너희를 위해 그 집이 신탁 관리된다는 사실 알고 있었어?'라 덧붙여 놨더라고."

리비가 물었다.

"그럼 왜 안 돌아오신 거예요? 25살이 되셨을 때요."

루시는 한숨을 내쉬었다.

"내가 루시 램 본인이라고 증명할 방도가 없었어. 출생증명서도 없었고, 여권은 위조였고. 그땐 마르코네 아빠랑 끔찍하기 짝이 없는 결혼 생활을 이어 가는 중이기도 했어. 전부 다 그냥……."

잠시 한숨을 쉬었다.

"그러다 이런 생각이 든 거야. 그게, 만약 헨리 오빠도 나도 그 집을 상속받으러 나타나지 않으면 자동적으로 아기한테, 그러니까 너한테 소유권이 돌아가겠구나. 다들 네가 우리 부모님의 딸이라고 생각하니까 말야. 그렇다면 내가 할 일은 그때까지 기다리는 거다, 아기가 25살이 될 때까지 기다렸다가 돌아가서 만나자, 이렇게 마음먹었지. 몇 년 전 처음으로 스마트폰을 장만했을 때 맨 처음 한 일이 달력에 일정 알림을 입력하는 거였어. 혹시나 깜빡 잊어버리지 않게. 그 이후로 매일매일 나는 이날만 기다리면서 살았어. 돌아올 날만 기다리면서."

"핀은요? 그분은 어떻게 된 거예요?"

루시가 한숨을 쉰다.

"나는 핀 오빠가 떠난 해 여름 내내 보르도에 머무르면서 니스행 장거리 버스 요금이 모일 때까지 저축을 했어. 니스로 간 뒤 밤엔 해변에서 노숙하고 낮엔 핀 오빠를 찾아다니면서 몇 주를 보내다 결국 포기했지. 나는 조젯 아줌마의 바이올린으로 매일 밤 연주하면서 여관방에 묵을 만큼 돈을 벌었어. 그렇게 19살, 20살, 21살이 됐고. 그러다 어떤 남자를 만났어. 아주 부유한 남자. 그 남자한테 홀딱 반해서 결혼했고 아기도 생겼어. 아주 부유한 남자와 헤어진 다음엔 또 아주 가난한 남자를 만나서 아기를 한 명 더 낳았지. 그런데 가난한 남자가 날 떠났고, 그다음엔—,"

말이 끊기자 리비는 루시의 표정을 살폈다. 뭔지 모를, 거의 상상조차 할 수 없을 감정이 그 안에 담긴 듯했다. 하지만 루시는 금세 그 표정을 지우고 말을 이었다.

"네 생일이 되어서 이렇게 돌아온 거야."

루시가 리비의 팔에 손을 얹었다.

됐다. 마침내. 퍼즐이 전부 맞춰졌다. 딱 한 조각만 빼고.

핀.

4
장

리비는 핸드폰에 엄지손가락을 대고 앉아 있다. 오늘 아침 9시부터 은행 앱을 켜 놓고 15분마다 한 번씩 잔고를 새로고침하는 중이었다.

오늘은 체이니워크 주택 매매가 완료되는 날이다.

한 달 전에 드디어 집이 팔렸다. 몇 달 동안이나 집을 보러 오는 사람이 없다가 가격을 낮추자 갑자기 문의가 쇄도했다. 그러고도 두 번이나 계약이 될 뻔하다 무산되었는데, 마침내 남아프리카 공화국에서 온 현금 구매자가 2주 안에 모든 계약 과정을 착착 다 끝낸 것이다.

745만 파운드.

하지만 리비의 잔고는 여전히 318파운드이다. 마지막 월급의 마지막 부스러기다.

리비는 한숨을 내쉬고 다시 컴퓨터 화면으로 시선을 돌렸다. 마지막으로 맡은 주방 프로젝트를 띄워 놨다. 페인트칠된 아담한 셰이커 양식에 구리 손잡이와 대리석 조리대를 갖춘 주방이며 어느 신혼부부의 첫 번째 보금자리이기도 하다. 아주 예쁜 주방이 될 것이다. 완성된 다음에 직접 보고 싶지만 리비가 그 주방에 들어가 볼 일은 없으리라. 이젠 어쩔 수 없다. 오늘이 노스본 키친 회사에 출근하는 마지막 날이니까.

또한 오늘은 리비의 26번째 생일이기도 하다. *진짜 26번째 생*

일. 결국 진짜 생일은 6월 19일이 아니라 6월 14일이었다. 사실 자기가 생각하던 것보다 닷새 더 나이 들었단 얘기다. 괜찮다. 닷새 정도야 7백만 파운드와 어머니, 삼촌, 이부동생 둘을 얻은 대가치고는 무척이나 가벼우니까. 그리고 이젠 그럴싸하게 엮어 놓은 머릿속 사다리를 굳이 자의적인 생일에 맞추어 끙끙 올라가지도 않는다. 예정보다 닷새 빨리 거기 도착하면 뭐 어때서?

또 한 번 새로고침을 눌렀다.

309파운드. 일주일 전에 페이팔로 결제한 금액이 그새 계좌에서 빠져나갔다.

날씨가 참 좋다. 리비는 다이도를 힐끗 건너다봤다.

"점심 먹으러 나갈까요? 제가 살게요."

다이도가 독서용 안경 위로 올려다보며 미소 지었다.

"물론이죠!"

"점심 메뉴는 그때까지 대금이 들어오느냐 마느냐에 따라 샌드위치와 콜라가 될 수도 있고 랍스터와 샴페인이 될 수도 있어요."

"어째서 다들 한턱낸다 하면 꼭 랍스터만 떠올리는지."

다이도는 이렇게 말하더니 안경을 내리고 다시 컴퓨터 화면을 들여다보았다.

오전 11시, 리비의 핸드폰이 진동했다. 루시가 보낸 문자 메시지다.

'이따 봐! 저녁 8시에 예약해 놨어!'

루시는 지금 헨리와 함께 말리본의 고급 아파트에서 지낸다.

보아하니 둘이 영 사이가 안 좋은 모양이다. 25년이나 혼자 살아 온 헨리로서는 아이들과 같은 공간에서 지내는 불편을 감내하기 가 힘들 만하다. 거기다 헨리의 고양이들은 개를 싫어한다. 루시 는 이미 세인트올번스에서 집을 보러 다니는 중이다. 리비는 리 비대로 시외의 2천 제곱미터 부지에 자리 잡은 아름다운 조지 왕 조 시대 단층집을 점찍어 두었다.

새로고침을 또 눌렀다.

309파운드.

혹시 뭔가 잘못되었다는 안내 같은 게 왔을지도 모르니 이메일 을 확인해 보았다. 아무 소식도 없었다.

상속세가 처리되고 나면 돈은 삼등분될 것이다. 리비는 상속 을 깨끗이 포기하겠다고 주장했었다. 그 집은 본인의 몫이 아니 었다. 램 남매와 동기간이 아니니. 하지만 루시와 헨리가 한사코 만류했다. 리비가 "3분의 1은 필요 없어요. 몇천 파운드 정도라면 받을게요"라 말해 봐도 두 사람은 꾸준히 설득했다. "너는 우리 부모님의 손녀이기도 해." 루시가 말했다. "우리랑 똑같이 권리가 있다고."

1시에 리비와 다이도는 쇼룸을 나섰다.

"아무래도 샌드위치를 먹어야 될 거 같아요."

다이도가 대꾸했다.

"좋아요. 오늘은 딱 샌드위치가 당기네요."

두 사람은 공원 카페로 가서 햇살이 비치는 야외 테이블에 앉았다.

"리비 씨가 떠난다니 실감이 안 나요. 리비 씨가 없으면 너무너무…… 음, 조용해질 것 같다 말하려고 했는데 그건 좀 표현이 어색하네요. 리비 씨가 요란스러운 사람이었던 건 절대 아니니까. 아무튼 너무…… 빈자리가 클 거예요. 그리고 그 사랑스러운 머리카락이며, 가지런히 쌓인 모양새도."

"가지런히 쌓인 모양새요?"

"그래요, 리비 씨의—" 다이도는 두 손으로 네모난 서류 더미를 그려 보였다. "이거 말이에요. 각을 똑바로 맞춘 종이 더미." 그러면서 미소 지었다. "리비 씨가 그리울 거예요. 그냥 그렇다고요."

리비가 다이도를 힐끗 보며 말했다.

"다이도 씨는 떠날 생각 안 해 보셨어요? 집이랑 이것저것 다 물려받으셨을 때요. 제 말은요, 사실 직장 안 다니셔도 생활하는 데는 별 지장 없으시잖아요?"

다이도는 어깨를 으쓱했다.

"그런 셈이죠. 가끔 그냥 다 집어치우고 하루 종일 마구간에서 스팽글스랑 놀고 싶을 때가 있긴 해요. 녀석이 아직 살아 있을 때 말이죠. 하지만 근본적으로 나한텐 달리 할 일이 없어요. 그에 비해 리비 씨는—이제 전부 다 가졌잖아요. 주방 회사가 줄 수 없는 모든 것을 다."

리비가 미소 지었다. 진실이 담긴 말이었다.

돈이 전부가 아니다. 전혀 그렇지 않다.

이제 리비는 제 주위를 포근히 둘러싼 가족들과 하나로 묶였다. 그리고 차곡차곡 쌓은 서류 더미와 꼼꼼한 계획에 짓눌려 지내던 자기 자신을 발견했다.

사실 리비는 결코 그런 타입의 인간이 아니었다. 양어머니의 두서없는 기질을 상쇄하기 위해 그런 모습으로 본인을 개조했을 뿐이지.

또한 학교생활에 적응하기 위해서. 겉보기엔 어떨지 몰라도 마음속으로는 절대로 가치관을 공유할 수 없는 친구들과 한데 어울리기 위해서.

리비의 삶엔 어이없이 까탈스러운 요구 조건을 내세운 틴더 만남이나 피상적인 우정보다 훨씬 더 소중한 것들이 있다. 그녀는 그래픽 디자인과 패션 홍보 일을 하며 스포츠카를 끌고 다니고 조그만 강아지들을 키우는 공상 속 친부모보다 더 나은 사람들의 자식이다. 어릴 적엔 어찌나 상상력이 부족했던지.

리비는 건성으로 핸드폰의 새로고침 버튼을 눌렀다.

그러다 다시 들여다봤다. 거기 터무니없는 숫자가 찍혀 있었다. 도대체 말도 안 되는 숫자. 0이 이렇게나 많이 붙어 있다니, 정말 이래도 되나 싶었다. 핸드폰 화면을 다이도에게 보여 주었다.

"아아. 세상에나."

다이도가 양손으로 얼굴을 가리고 숨을 헉 들이쉬더니 몸을 돌려 카페 정면에 대고 말했다.

"여기요. 가게에서 제일 좋은 돔 페리뇽 두 병이랑 랍스터 13마리 주문할게요. 빨리 좀 갖다주세요."

물론 어디에도 웨이터는 없다. 옆 테이블에 앉은 사람들이 이상하게 쳐다본다.

"제 친구가요—" 다이도가 말을 건넨다. "방금 복권에 당첨됐거든요."

"아." 건너편 여자가 말했다. "좋으시겠어요!"

"있잖아요." 다이도는 다시 리비를 쳐다보며 제안했다. "진짜로 사무실에 돌아갈 필요 없어요. 리비 씨 생일이잖아요. 더구나 방금 통장에 억만 파운드는 될 만한 돈이 들어왔고요. 쉬고 싶으면 바로 퇴근해도 좋아요."

리비가 종이 냅킨을 구겨서 플라스틱 쟁반에 떨어뜨리며 미소 지었다.

"아뇨. 그럴 리가요. 저는 중간에 관두는 사람이 아니에요. 게다가, 장담하는데 살짝 삐딱하게 놔둔 서류가 있는 것 같아요."

다이도도 미소 지었다.

"그럼 가 봅시다. 3시간 반 더 정상 근무해요. 같이 후딱 끝내 볼까요?"

67

루시는 아파트에서 한 시간 더 혼자만의 시간을 보냈다. 그러면서 목욕하고, 매니큐어를 칠하고, 드라이어로 머리를 말린 다음 어깨 위에서 단정하게 찰랑이도록 모양을 잡고, 수분 크림을 바르고 화장도 했다.

루시는 아직도 이런 일들을 당연시하지 않았다. 헨리가 체이니 워크의 집에서 루시를 발견하고 서레니티를 불러들인 뒤로, 모두들 재회한 뒤로 1년이 지났다. 1년 동안 루시는 말리본에 있는 헨리의 집에서 함께 살았다. 더없이 깔끔한 이 아파트의 더블베드에서 보드라운 면 이불을 덮고 자며, 개를 산책시키거나 맛있는 식사를 준비하는 것 말고는 별다른 일을 안 하고 지냈다.

마르코는 이제 13살이고, 헨리가 등록금을 대 주어서 리젠츠파크의 세련된 사립학교에 들어갔다. 듣자 하니 '모두가 전자담배를 피우고 케타민소량 투입 시 환각 작용을 유발하는 마취용 약물을 흡입하는' 학교인 모양이다. 이제 마르코의 말투에선 프랑스 억양이 완전히 사라졌다. 스스로도 이렇게 말할 정도다.

"나는 이제 나 자신이 런던 사람이라고 생각해."

스텔라는 6살이고 말리본의 훌륭한 초등학교에 갓 입학했다. 학교에서 단짝 친구 두 명이 생겼는데 둘 다 이름이 프레야다.

어제 루시는 지하철을 타고 첼시로 가서 그 집 문밖에 서 있었다. 대문을 막은 나무판자는 철거되었고 바깥에 걸렸던 '판매 중'

표지판은 '판매 완료' 표지판으로 교체되었다.

머지않아 이 집 안엔 드릴과 망치 소리가 활기차게 울려 퍼지리라. 새로운 가족의 취향과 필요에 맞춰 모조리 해체되었다가 다시 조립되겠지. 곧 다른 사람들이 이곳을 '집'이라 부를 테고 그들은 결코 진상을 모를 것이다. 오래전에 저 집 안에서 무슨 일이 벌어졌는지, 어떻게 아이들 넷이 저기 감금되어 망가진 뒤 어딘가 모자라고, 상처 받고, 갈피를 잡을 수 없이 뒤틀린 상태로 바깥세상에 풀려 나왔는지 전혀 상상도 못 할 것이다. 루시는 그 당시 자신이 어떤 소녀였던가 반추하기가 힘겨웠다. 너무도 관심에 목마른 나머지 아버지와 그 아들 양쪽과 동침하던 아이, 그게 바로 본인이라는 사실을 받아들이기가 어려웠다.

이따금 작고 완벽한 딸 스텔라를 바라보며, 14살이 된 이 아이가 그저 사랑받는 기분을 느끼고 싶어 그런 식으로 몸을 내맡기는 모습을 상상해 보려 한다. 그러면 형용할 수 없는 고통이 밀려왔다.

핸드폰이 울리자 언제나 그렇듯 불안감에 몸이 떨렸다. 아마 앞으로도 언제나 그러하리라. 마이클 피살 사건은 해결되지 않았지만 암흑가의 연줄에게 돈을 갚지 못해서 빚어진 일이라는 추측이 정설로 굳어졌다.

루시는 그 살인 사건이 대대적으로 보도된 직후 프랑스 신문에서 본인에 대해 언급한 부분을 발견했다.

'두 차례 결혼한 리머는 첫 번째 부인과 자녀 한 명을 두었다고 한다. 첫 번째 부인은 루시라는 이름으로만 알려진 영국인이다. 리머의 가정부에 따르면 그와 전 부인은 최근에 잠시 재회한 바 있다. 하지만 전 부인이 용의선상에 오르지는 않았다.'

그렇다 해도 루시가 완전히 마음 놓고 지낼 날은 결코 오지 않으리라. 필사적으로 제 능력을 증명하고 싶어 하는 젊고 풋풋한 신입 형사에게 꼬리를 밟힐지 모른다는 불안감에 늘 조마조마할 테니. 다시는 진정으로 두 발 뻗고 잘 수 없으리라는 생각이 들었다.

하지만 이건 신참 형사가 아니라 리비의 메시지였다. 자신의 입출금 내역 화면을 그대로 캡처해서 *짤랑짤랑!*이라 덧붙여 놓았다.

됐다. 루시는 생각했다. 안도의 전율이 온몸을 타고 흘렀다. 삶의 한 단계가 이렇게 끝나고 다음 단계가 열리는구나. 이제는 내 집을 마련할 수 있다. 드디어. 나와 아이들과 개가 함께 살 집. 아무도 빼앗아 갈 수 없는 확고부동한 보금자리. 그리고 나면 앞으로 뭘 하고 살아야 할지 명확히 알아낼 수 있을 거라는 생각이 들었다. 바이올린을 한번 제대로 공부해 보고 싶다. 전문적인 음악가가 되고 싶다. 그리고 이제는 앞길을 가로막는 장벽이 아무것도 없다.

루시의 인생 전반전은 어둡고 더럽혀졌으며 악전고투의 연속이었다. 그러나 앞으로 맞이할 후반전은 찬란하게 빛날 것이다.

리비의 메시지에 답장을 보냈다.

'우리 모두 축배를 들어야겠다! 얘야, 금방 보자. 얼른 너랑 같이 이 모든 일을 축하하고 싶어.'

리비한테서 답장이 왔다.

'저도 얼른 보고 싶어요. 사랑해요.'

'나도 사랑해.'

루시는 이렇게 적고 키스 표시를 주르르 길게 덧붙여 답장을 보낸 다음 핸드폰을 내려놓았다.

큰딸은 눈부시게 멋지고 온화하고 다정한 사람이다. 여러 면에서 스텔라와 마르코를 섞어 놓은 듯하지만 스스로 원칙을 세우고 제 갈 길을 꿋꿋이 가는 면에서는 자기 아빠를 무척이나 닮았다. 이 아이는 그야말로 온전히 독자적인 존재이다. 그리고 본인을 짓누르던 집착이나 강박을 떨쳐 내고 어마어마하게 성장하며 변화하고 있다. 삶의 행로를 억지로 짜 맞추는 대신 삶이 펼쳐지는 대로 자연스럽게 걸어 나가면서. 요람에 남겨 두고 떠날 때부터 이렇게 되찾을 때까지 루시가 겪은 모든 고통스러운 시간을 상쇄할 만큼 귀한 아이다. 천사 같은 아이.

루시는 다시 핸드폰을 들고 연락처 목록을 쭉 내리며 주세페의 번호를 찾았다. 그리고 메시지를 입력했다.

'사랑하는 주세페 아저씨. 루시예요. 아저씨가 정말 많이 그리워요. 저와 아이들, 피츠 모두 건강하고 행복하게 잘 지내고 있다는 말씀 전하고 싶었어요. 저는 프랑스로 돌아가지 않을 거예요. 이제 근사한 새 삶을 찾았고, 여기서 진득하게 자리 잡고 살 생각이거든요. 하지만 늘 아저씨를 생각할 거고, 제 삶이 속수무책이었을 때 곁에서 힘이 되어 준 아저씨께 언제까지나 감사의 마음을 품고 살 거예요. 주세페 아저씨가 없었더라면 저는 진작 자포자기했을 거예요. 변치 않는 사랑을 담아, 루시 올림.'

68

그날 저녁 말리본의 레스토랑에서 가족들이 리비를 기다리고 있었다.

루시, 마르코와 스텔라, 헨리.

마르코가 어색하고도 과장되게 한쪽 팔을 뻗어 엉거주춤 리비를 껴안으며 말했다.

"생일 축하해, 리비 누나."

마르코의 머리통이 리비의 어깨뼈에 부딪혔다.

"생일 축하해, 리비 언니. 사랑해."

스텔라도 리비를 살며시 껴안으며 말했다.

여기 이 두 아이, 어린 동생들이야말로 리비에겐 최고의 선물이었다.

마르코와 스텔라는 정말 훌륭한 아이들이고, 리비는 그게 다 어머니가 두 남매를 잘 키운 덕택이라 믿었다. 리비와 루시는 금세 친밀해졌다. 나이 차가 적다 보니 리비에게 루시는 자신을 낳아 준 어머니라기보다는 새로 사귄 멋진 친구처럼 느껴질 때가 많았다.

루시가 일어나서 두 팔로 리비의 목을 감싸고 귀 옆에다 쪽 소리 나게 뽀뽀했다.

"생일 축하한다. 정식 생일 축하야. 26년 전 오늘, 어휴. 몸이 반으로 쪼개지는 줄 알았네."

헨리도 맞장구친다.

"맞아. 쟤는 그때 4시간이나 소처럼 울부짖었어. 우린 손으로 귀를 막고 있었지."

그러더니 늘 그렇듯 조심스럽게 리비를 껴안았다.

리비는 아직도 헨리를 제대로 이해할 수가 없었다. 가끔은 클레먼시가 헨리를 두고 '타고난 것처럼 악하다'고 말했던 게 떠올라 소름이 끼쳤다. 헨리가 한 짓, 네 사람을 처형하고 젊은 여성의 시신을 미라처럼 만들고 고양이 꼬리를 잘라 낸 일을 생각해 보았다. 하지만 누굴 고의적으로 살해한 적은 한 번도 없지 않은가.

만약 아이들 넷이 그날 밤 지역 경찰에 자수하러 가서 그동안 감금되어 학대당했으며 방금 일어난 일은 그저 끔찍한 사고였다고 자초지종을 설명했다면 경찰에서도 믿어 주었을 테고 아이들의 재활도 도와주었으리라.

리비는 여전히 그렇게 믿었다. 물론 실제로는 그렇게 풀리지 않았고, 아이들 모두 도망자 신세가 되어 삶의 행로 자체가 어마어마하게 뒤틀려 버렸지만 말이다.

헨리는 이상한 사람이지만 자신이 이상하다는 사실을 탁 터놓고 인정한다. 그는 여전히 그날 밤 에어비앤비 숙소의 침실에 리비와 밀러를 고의로 가둔 게 아니며 핸드폰을 가져가 밀러의 녹음 파일을 삭제한 적도 없다고 주장한다. 이렇게 덧붙이면서.

"글쎄, 그때 내가 생각보다 훨씬 더 취했다면야 그런 짓을 했을

지도 모르지만."

리비 역시 자기 핸드폰에서 위치 추적이나 도청 장치를 전혀 발견하지 못했다. 헨리는 핀처럼 보이려고 성형 수술을 받았다는 의혹에 대해서도 "내가 왜 핀처럼 보이고 싶겠어? 이젠 그 녀석보다 훨씬 더 잘생겼는데"라며 부인한다.

또한 아이들에게 너그럽지 못하고, 엄격하게 통제된 자기만의 작은 세계에 갑자기 사람들이 비집고 들어오는 바람에 약간 당혹스러워하는 면도 있지만, 시종 퉁명스럽게 굴다가도 가끔씩 아주 유쾌한 모습을 보여 주곤 한다. 헨리에게 진실이란 막연한 무언가일 뿐이며, 그 자신이 살짝 현실과 환상의 경계를 오가며 사는 사람처럼 보이기도 한다. 하지만 리비가 어찌 헨리를 비난할 수 있겠는가? 그 모든 일을 겪어야 했던 사람인데? 만약 유년기에 헨리만큼이나 큰 정신적 충격을 받았다면 리비 역시도 현실과 환상의 경계선 위에서 아슬아슬하게 살아갔으리라.

리비는 헨리가 준 카드를 펼쳐 보았다.

사랑스러운 리비 존스. 널 조카라고 부를 수 있어서 정말 자랑스럽다.

예전에도 널 사랑했고 앞으로도 늘 사랑할 거야.

내 예쁜 조카, 생일 축하해.

헨리는 쑥스러운지 살짝 얼굴을 붉히며 리비를 쳐다보았다. 이번에 리비는 헨리의 조심스러운 포옹을 받아 주는 대신 먼저 삼촌의 목에 두 팔을 두르고 꽉 껴안았다. 이윽고 헨리도 리비를 꼭 껴안았다. "저도 사랑해요." 리비가 말했다. "절 찾아내 주셔서 고마워요."

그때 밀러가 나타났다.

결국 다이도 말이 맞았다.

둘 사이엔 뭔가 있었다.

'로'와 '존스'라는 성을 이어 붙이면 지독히도 안 어울리고, 밀러의 어머니는 다소 냉랭하고, 밀러는 뱃살이 출렁이고 수염도 너무 덥수룩한 데다, 반려동물 대신 전처를 한 명 두었다는 사실에도 불구하고, 그 모든 것을 뛰어넘는 뭔가가 둘 사이에 있었다. 그리고 사실 문신이야 그냥 피부에 그린 그림일 뿐이지 않은가? 이데올로기가 아니라 그저 낙서란 말씀.

밀러는 리비를 위해 특종 기사를 포기했다. 지난여름 어느 날 밤 리비가 가족들과 재회한 뒤, 그는 자기 수첩을 한 장 한 장 찢어 버렸다.

"하지만—"

리비가 말했다.

"그게 밀러 씨 직업이잖아요. 생계가 달린 일인데. 기사로 쓰면 돈을 많이 벌 수 있을 텐데요."

그때 밀러는 키스로 리비의 입을 막더니 이렇게 말했다.

"저는 리비 씨한테서 가족을 빼앗아 가지 않을 거예요. 제가 특종을 얻는 것보단 리비 씨가 가족을 얻는 게 훨씬 더 가치 있는 일이에요."

이제 리비는 밀러 옆자리에 앉아 반갑게 입맞춤한다.

"생일 축하해, 램."

밀러가 리비의 귓가에 속삭였다.

'램'은 밀러가 붙인 애칭이다. 여태까지 리비는 별명으로 불려 본 적이 한 번도 없었다.

밀러가 두툼한 봉투를 건넸다.

"이게 뭐야?"

리비가 묻자 밀러는 미소 지으며 대꾸했다.

"직접 열어서 확인해 보는 게 어때."

봉투를 여니 두툼하고 광택 나는 책자가 나왔다. 보츠와나의 '초베 사파리 산장'이라는 오성급 사파리 숙소 팸플릿이었다.

"이거 혹시……?"

밀러가 미소 지었다.

"음, 아마 맞을 거야. 아주 서글서글한 접수처 직원이랑 얘기를 해 봤는데, 가이드 총책임자가 핀이라는 40대 초반 남자래. 그런데 지금은 알파벳 'F'를 쓰네. 핀Finn, 핀 톰슨."

"그런데, 맞아? 정말 본인이야?"

"나는 99퍼센트 확신해. 하지만 확실히 알아낼 수 있는 방법은 한 가지뿐이지."

그러더니 프린트한 종이 몇 장을 재킷 주머니에서 꺼내 리비에

게 건네주었다. 초베 사파리 산장 2인 특실 예약 확인 이메일이었
다.

밀러가 말했다.

"나랑 엄마랑 가도 돼. 네가 가고 싶지 않다면 말야. 엄마는 늘
사파리에 가 보고 싶어 했거든."

리비가 고개를 흔들었다.

"아냐. 나도 가고 싶어. 당연히 가고 싶지."

그녀는 종이를 휙 넘겨 보고 나서 다시 팸플릿을 살폈다. 그러
다 사진 한 장에 시선이 꽂혔다. 지프차에 가득 찬 관광객들이 사
자 한 무리를 바라보는 모습이었다. 리비는 그 사진을 찬찬히 들
여다보았다. 그리고 지프차 앞에 앉아 카메라를 향해 미소 짓는
관광 가이드의 모습을 자세히 보았다. 풍성한 금발 머리가 햇빛
에 반짝였다. 솔직담백한 얼굴엔 마치 햇살처럼 환한 미소가 가
득했다.

이 남자는 세상에서 제일 행복한 사람처럼 보였다.

그리고 리비와 닮았다.

"이 사람이 맞는 것 같아?"

리비가 묻는다.

"난 모르지."

밀러가 대답했다. 그리고 식탁 건너편의 헨리와 루시를 힐끗
쳐다보더니 두 사람이 볼 수 있게 책자를 돌렸다. 둘은 가까이 붙
어 앉아 사진을 살펴보았다. 그런 다음 루시는 주먹 쥔 손으로 입

을 틀어막고, 헨리는 의자 등받이에 털썩 기대앉았다.

루시가 세차게 고개를 끄덕였다.

"맞아."

잔뜩 목이 멘 채 중얼거렸다.

"맞아, 저 사람이야. 핀 오빠가 확실해. 살아 있구나. 저 모습 좀 봐! 살아 있었어."

69

그 녀석이 살아 있다. 핀이 살아 있다. 가슴속이 뒤틀리며 요동
치고 머리가 핑핑 돈다. 지랄맞게도 잘생겼다. 저 꼴 좀 보라. 햇
볕에 탄 피부며 카고 바지며 한 대 갈기고 싶은 시건방진 웃음까
지. 무사태평하기도 하지. 장담하건대 내 생각 따위는 전혀 하지
않을 거다. 우리 중 누구도 신경 쓰지 않을 테고, 특히나 너는 안
중에도 없을 거다, 세레니티. 특히나. 핀은 다 함께 우리 집에 살
던 시절에도 네게 아무 관심이 없었고, 그야 지금도 마찬가지일
거다.

루시는 프랑스에서 핀과 함께 지낼 때 둘이 늘 네 얘기를 했다
고 말했는데, 그건 분명 거짓말이다. 핀은 아기를 아끼는 타입이
아니다. '가정적인 남자'가 아니란 말이다. 자기만의 세계에 틀어
박혀 사는 외톨이지.

내가 핀을 밖으로 끄집어낼 수 있었던 순간은 우리 둘이 처음
으로 LSD를 했던 때가 유일했다. 우리가 손을 맞잡았던 순간, 그
애가 내게로 흘러 들어오는 느낌이 들었던 순간, 내가 핀이 되었
던 순간. 물론 핀은 내가 되지 않았지만. 나 같은 놈이 되고 싶은
사람이 대체 어디 있겠는가? 하지만 나는 핀이 되었다. **나는 핀
이다.** 나는 틈만 나면 집 안 구석구석 후미진 데마다 그렇게 적곤
했다. 마치 소리 없는 외침처럼.

하지만 내가 어찌 핀이 될 수 있었겠는가? 핀이 거기 버티고 있

는데, 그러면서 내가 얼마나 핀과 거리가 먼지 *끊임없이* 상기시켜 주는데 말이다. 앞머리를 무심히 휙 넘길 때마다, 어깨를 으쓱할 때마다, 텅 빈 방 너머로 우울한 시선을 던질 때마다, 컬트 소설을 한 장 한 장 넘길 때마다.

원래는 사랑의 묘약으로 출발했다. 핀이 날 사랑하게 만들어 줄 물약. 하지만 효과가 없었다. 그저 그 애를 상하게 만들었을 뿐. 더 약하게, 덜 아름답게. 그리고 그 애가 약해질수록 나는 강해졌다. 그래서 나는 핀에게 계속 물약을 먹였다. 죽이려는 의도는 전혀 없었다. 다만 그 애의 빛을 약하게 만들고 싶었을 뿐이다. 그래야 내가 조금 더 환히 빛날 수 있을 테니까. 그러나 버디의 서른 살 생일 파티 날 밤이 지난 뒤, 루시에게 아기 아빠가 핀이라는 말을 들은 뒤엔 핀을 죽일 작정으로 방에 들어갔다.

그런데 핀이 자기를 풀어 달라고 말했을 때 내 입에선 이런 말이 나왔다.

"내가 너한테 키스하게 해 주면."

그리고 말 그대로 했다. 여전히 라디에이터에 묶여 있는 핀에게, 곧 부서질 듯 쇠약한 그 애에게 다가가 입술과 얼굴 이곳저곳에 키스했다. 그 애는 저항 없이 순순히 허락해 주었고, 나는 한참 동안 키스를 이어 나갔다. 손가락으로 그 애의 입술을 만지고, 두 손으로 그 애의 머리카락을 쓸고, 그간 꿈꿔 왔던 모든 것을 다 했다. 핀이 우리 집에 들어서던 순간부터 내 안에 가득 차오른 열망대로. 그 시절 나는 고작 11살이었고, 누구한테든 키스하고 싫어질 거라고는 상상도 못 했었는데.

나는 핀이 날 밀쳐 내기를 기다렸다. 하지만 그 애는 그저 고분고분히 다 받아 주었다.

그래서 한이 풀릴 만큼 키스를 퍼부은 다음 핀을 라디에이터에서 풀어 주고 곁에 누웠다.

그 애의 따뜻한 몸에 팔을 둘렀다.

눈을 감고,

스르륵 잠이 들었다.

잠에서 깼을 때 핀은 사라진 뒤였다.

그때부터 나는 줄곧 핀을 찾아다녔다.

그런데 드디어 찾은 거다.

리비의 애인, 저 커다란 곰 같은 사내라면 핀을 찾아낼 줄 알았다.

정말로 해냈고.

나는 밀러를 올려다보고, 이어서 너를 바라본다.

그리고 유쾌한 헨리 삼촌다운 미소를 얼굴에 한껏 처바르며 말한다.

"한 사람 더 낄 수 있을까?"

후기

역자 후기

현재 국내에서 가장 영향력 센 멘토를 꼽으라면 역시 '육아 대통령' 오은영 박사를 빼놓을 수 없다. 그는 "문제 아동이란 없고 단지 양육에 문제가 있을 뿐"이라는 관점을 꾸준히 제시해 왔다. 아동의 문제 행동을 교정하고 싶다면 우선 부모의 양육 태도부터 교정해야 한다는 것이다. 일각에서는 정당한 훈육마저 가스라이팅으로 오인하게 만들 여지가 있다며 오은영식 솔루션 맹신에 우려를 표하기도 한다.

최근 몇 년 사이 '가스라이팅'을 고발하는 목소리가 여기저기서 터져 나온다. 열풍이라 봐도 좋을 정도다. 본인의 불행을 전부 다 남의 탓으로 돌리고 싶은 충동과 결합하기 쉬운 개념인 만큼, 섣부른 자가진단으로 피해 의식에 빠져들거나 잘못된 방향의 복수심에 사로잡힐 위험성은 경계해야 한다. 그러나 가스라이팅이라는 새로운 분석틀 덕분에 지금까지 제대로 조명하지 못한 그늘, 즉 친밀한 관계 속에 교묘하게 스며든 구속과 폭력을 인지하고 그에 대항할 길을 모색하기가 좀 더 수월해졌다는 점, 특히 "이게 다 널 위해서야"라는 핑계로 어린이에게 가해지는 정서적, 신체적 학대를 섬세하게 짚어 낼 수 있게 되었다는 점은 부정할 수 없는 순효과다.

"다만 그것만이 내가 아는 세계의 전부였기에 평범하게 느껴졌을 뿐." 작중 헨리는 유년기를 반추하며 이렇게 진단한다. 상식과 비상식의 경계를 아직 습득하지 못한 어린이에게는 자기가 속한 가정—우리 집, 우리 엄마, 우리 아빠—만이 절대적인 기준이다. 각자의 어린 시절을 한번 떠올려 보자. 보호자한테 혼날 게 뻔한 잘못을 저지르고서 차라리 죽어 버리는 게 낫겠다 싶을 만큼 겁먹고 절망한 기억이 누구에게나 있으리라. 지나고 나서 생각해 보면 별것도 아닌 일인데 말이다. 그 취약하고 무방비한 시기에 가정에서 온당한 보살핌을 받지 못한다면, 심지어 해로운 보호자의 손아귀에 붙들려 있다면…… 막막함에 쉬이 말을 잇기도 어렵다.

본 작품은 가정이라는 울타리가 서서히 감옥으로 변해 가는 과정, 그 속에서 악몽처럼 뒤틀려 가는 아이들의 삶을 들여다본다. 가스라이팅의 화신 데이비드 톰슨이 한 가정에 침투해 구성원 모두를 손쉽게 옭아매는 전개에 '과연 이럴 수가 있나? 너무 비현실적인 설정 아닌가?' 의문이 들 때쯤, 하루가 멀다 하고 사회면 기사로 접하게 되는 숱한 학대 사건들이 머릿속을 스쳐 간다. 픽션이 현실을 못 따라가는구나 싶게 잔혹한 사건들. 지금 이 순간에도 호러나 스릴러 장르에 가까운 유년을 버텨 내는 아이들이 얼마나 많을 것인가. 그렇기에 어느새 숨을 참고 읽어 내려가게 된다. 아이들이 어서 집이라는 이름의 감옥을 탈출해 구원에 이르기를 바라면서.

네 명의 아이들은 예기치 못한 방식으로 탈출에 성공한 뒤 트라우마를 떠안은 채 뿔뿔이 흩어져 각기 다른 방향으로 삶의 행로를 개척해 나간다. 의존적이며 충동적이지만 어떻게든 제 힘으로 두 아이를 키우며 큰딸과 재회할 날을 기다려 온 루시. 유년의 상처를 깊이 묻어 두고 가정을 꾸려 살아가는 클레먼시. 직업적으로는 성공했으나 넷 중 가장 심각한 트라우마에 시달리며 핀에 대한 집착을 버리지 못하는 헨리. 마지막에 간략하게 언급될 뿐이지만 어릴 적 꿈을 실현한 듯한 핀. 이들의 간절한 소망은 다른 무엇도 아닌 '평범한' 삶이었으리라. 지옥의 한복판에서 태어났으나 반듯하고 평범한(어찌 보면 살짝 따분해 보일 정도인) 밀레니얼 세대로 자라난 리비처럼.

성장 환경은 스스로 선택할 수 없는 문제다. 안타깝지만 그 과정에서 입은 크고 작은 상처 또한 각자가 감당할 수밖에 없다. 우리가 선택할 수 있는 건 오늘 무슨 맛있는 음식을 먹을지, 다음 휴가 때 어디로 여행을 떠날지 같은 문제다. 그리고 앞으로 어떤 사람이 되고 싶은지, 뭘 하고 싶은지, 그러려면 어디서부터 시작할 건지 같은 문제. 그렇게 하루하루 선택에 골몰하다 보면 오래 묵은 상처의 크기도 어느새 이전보다 작아져 있을지 모른다.

하지만 이상하게도 루시의 눈엔 그 집이 전보다 더 작아 보였다. 성인의 눈으로 봐서 그렇겠지. 어렸을 적엔 웅장한 대저택이라고 생각했는데, 이제 와서 보니 그저 주택일 뿐이라는 사실을 알겠다. 아름다운 주택이긴 하지만, 아무튼 그저 집 한 채에 불과한 것이다.

결코 다시 마주 설 수 없을 것만 같던 그 흉흉한 저택 앞에서 담담하게 규모를 살펴보는 루시처럼 말이다. 그 집 안에 갇힌 채 반강제로 바이올린을 배웠으나 루시는 진심으로 바이올린 연주를 사랑한다. 그리고 바이올린을 사랑하는 마음은 오로지 루시 자신의 것이다.

우리는 누구나 각자의 인생길을 스스로 헤쳐 나가야 한다. 그야 당연하다. 하지만 처음부터 혼자 또박또박 걸을 수 있는 사람은 없다. 우리 모두 한때는 한 걸음 한 걸음 휘청이며 서툴게 내딛던 어린이였고, 계단도 문턱도 높게만 보여 주춤거리다 고개 돌려 엄마를 부르기 일쑤였잖은가. 지금 그럭저럭 평범한 인생을 살고 있다면 아마 그 연약한 시절 운 좋게도 좋은 사람들의 보살핌을 받으며 되도록 똑바른 길로 걸어온 덕택일 거다. 그러니

삶에서 마주치는 작고 여린 존재들에게 좀 더 마음을 기울여 준다면 좋겠다. 이 험한 세상에 태어난 아이들이 다치지 않고 무사히 자랄 수 있도록. 아니, 이 말은 틀렸다. 아이들은 툭하면 넘어지고 다칠 수밖에 없으니. 아이들에게 필요한 건 다친 데다 붙일 반창고, 그보다도 반창고를 붙여 주는 살뜰한 손길일 테다. 반창고를 꼭꼭 눌러 주는 손길에 아이는 다쳐도 괜찮구나, 혼나지 않는구나 안심하고 다시 뛰놀러 나간다. 그러다 보면 금세 다 낫는다.[*]

김원희

---

[*] 아이에게 반창고가 얼마나 각별할 수 있는지는 사노 요코의 짧은 이야기 『세상에 태어난 아이』에 더없이 아름답게 담겨 있다.

가족주의보

초판 1쇄 발행 2023년 5월 30일

지은이　　리사 주얼
옮긴이　　김원희

발행편집인　　김홍민 · 최내현
책임편집　　조미희
편집　　김하나
표지디자인　　이혜경디자인
마케터　　마리
용지　　한승
출력(CTP)　　블루엔
인쇄 제본　　대원문화사

펴낸곳　　도서출판 북스피어
출판등록　　2005년 6월 18일 제105-90-91700호
주소　　(10595) 경기도 고양시 덕양구 동송로 23-28 305동 2201호
전화　　02) 518-0427
팩스　　02) 701-0428
홈페이지　　https://blog.naver.com/hongminkkk
전자우편　　editor@booksfear.com

ISBN　979-11-92313-32-0 (04080)
　　　　979-11-91253-37-5 (세트)

책값은 뒤표지에 있습니다.
파본은 구입하신 곳에서 교환해 드립니다